International English Language Testing System

文脈で覚える IELTS 英単語

圧倒的な合格率を誇るアゴス・ジャパン講師執筆
ジョン・グラント 著
マイケル・サンダークリフ／土橋健一郎 監修

Gakken

はじめに

本書執筆の当初から、私達は市場に出回っている他の IELTS の語彙本とは全く違うものに仕上げたいと考えていました。既刊の IELTS 語彙本の多くは読者を感心させようとして、できるだけ多くの学術的または専門的な言葉を詰め込もうとしています。しかし、これらの言葉の多くは実際の IELTS 試験にはあまり出題されず、したがってこのような語彙を暗記する作業は貴重な時間を無駄にするだけで、テストでのパフォーマンスを向上させません。

既存の語彙本はまた、IELTS がどのように受験者の能力を試しているのかを完全には理解していません。それを如実に示しているのが、IELTS の本文で使用されている語彙と、問題文に使用されている類義語との関連性をこれらの語彙本が提示しきれていないという事実です。この関連性は、IELTS でのスコアアップにとても重要であるにもかかわらず、です。

本書の執筆に当たっては実際の IELTS テストを入念に分析し、本文でよく目にする重要語句を選び出しました。さらにそれらを問題文中の類義語と照らし合わせることで、この関連性を丹念に調べました。本書に収録されているすべての見出し語と類義語はこのようなリサーチに基づいたものであり、実際にテストで役立つもののみが含まれています。したがって、本書で学んだ暁には、IELTS 採点官に好印象を与え皆さんを高得点に導くような、自然で最新の語句やイディオムを身につけられること間違いなしです。

なお、一部の語彙は、本書の中で複数回登場しています。これは、同じ語彙に繰り返し触れることで、記憶への定着を促進させることを意図しています。また、同じ語彙に異なる文脈で出会うことで、その語彙に対する理解がより一層深まります。本書を通じて、ぜひその効果を実感してください。

本著出版にあたり、数多くの方々からご協力およびご助言をいただきました。

英文作成においては、多数のパッセージとさらに多くのサンプルセンテンスを何度も丁寧に読み直し、校正にご協力いただいたJim Giguere先生、Gwen Catley先生に感謝申し上げます。

日本語文の作成に際しては、膨大な量の一次翻訳をご快諾いただいた西海絢乃先生、市村文子先生、そして翻訳の校正を根気強くお手伝いいただいた加藤正人先生、米田王丈先生、岡桃子先生、内山ふじみさん、江田沙織さんに心から感謝の意を表したいと思います。

また、本書執筆中に著者、監修者を励まし、精神的に支えてくださった株式会社アゴス・ジャパンのスタッフの皆さんにも、心より謝意を表したいと思います。

このように本書を読者の皆様にお届けできるのも、数多くの人たちからのお力添えがあったからこそです。この壮大なプロジェクトに携わった全ての人の思いが、本書の１ページ１ページを通して、読者の皆様にも伝わる喜びを感じつつ。

著書、監修者一同

本書は2019年に（株）ディーエイチシーより刊行された名著『文脈で覚えるIELTS英単語』を最新の出題傾向にアップデートし、音声とイラストを再収録してリニューアルしたものです。

CONTENTS

PART 4 意見を話す英単語 287

本書の使い方

❶ トピックス
実際の IELTS テストでよく出題されるトピックスを読み、語彙をチェックできます。

❷ カラーの文字
IELTS 最頻出語です。見出し語として次ページから詳しく紹介しています。

❸ 速読チャレンジ
英文が理解できるようになったら、本番に向け速読の練習も行いましょう。

■ 英文＋和訳ページ

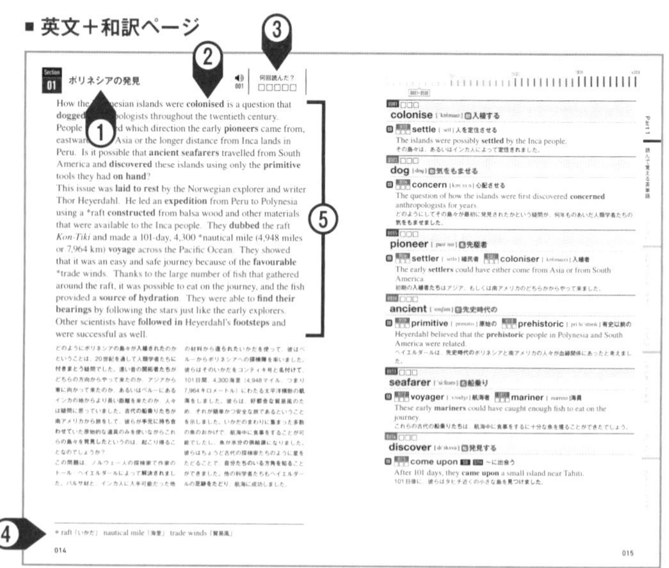
Section 01 ポリネシアの発見

How the ...nesian islands were **colonised** is a question that **dogged** ...pologists throughout the twentieth century. People ...d which direction the early **pioneers** came from, eastwar... Asia or the longer distance from Inca lands in Peru. Is it possible that **ancient seafarers** travelled from South America and **discovered** these islands using only the **primitive** tools they had **on hand**?
This issue was **laid to rest** by the Norwegian explorer and writer Thor Heyerdahl. He led an **expedition** from Peru to Polynesia using a *raft **constructed** from balsa wood and other materials that were available to the Inca people. They **dubbed** the raft *Kon-Tiki* and made a 101-day, 4,300 *nautical mile (4,948 miles or 7,964 km) **voyage** across the Pacific Ocean. They showed that it was an easy and safe journey because of the **favourable** *trade winds. Thanks to the large number of fish that gathered around the raft, it was possible to eat on the journey, and the fish provided a **source of hydration**. They were able to **find their bearings** by following the stars just like the early explorers. Other scientists have **followed in** Heyerdahl's **footsteps** and were successful as well.

＊raft「いかだ」 nautical mile「海里」 trade winds「貿易風」

014

colonise 入植する
settle 人を定住させる
The islands were possibly **settled** by the Inca people.

dog 気をもませる
concern 心配させる
The question of how the islands were first discovered **concerned** anthropologists for years.

pioneer 先駆者
settler 植民者 / coloniser 入植者
The early **settlers** could have either come from Asia or from South America.

ancient 先史時代の
primitive 原始の / prehistoric 有史以前の
Heyerdahl believed that the **prehistoric** people in Polynesia and South America were related.

seafarer 船乗り
voyager 航海者 / mariner 海員
These early **mariners** could have caught enough fish to eat on the journey.

discover 発見する
come upon 〜に出会う
After 101 days, they **came upon** a small island near Tahiti.

015

❹ 注意語
こちらも重要語です。IELTS 頻出語としては取り上げていませんが、トピックスを読み解くためにチェックしておきましょう。

❺ 英文
約 200 words でまとめています。ストーリーを楽しみながら英文を読んでいきましょう。

英文内の単語のカラーや太さについて

カラー太字	IELTS 最頻出語 次ページから見出し語として詳しく紹介
＊印	英文を読み解くための注意語（IELTS にも出ることがあります）

❻ **見出し語**
IELTS 最頻出語を中心に掲載しています。のチェック欄には自分の理解度に応じてやなどをつけ、繰り返しチェックしましょう。

❼ **語義**
IELTS で問われる語義を掲載。品詞は英文中の品詞を表示しています。

■ 単語ページ

❽ **類義語**
IELTS で必ず問われるのが言い換え表現。確実に得点を稼ぐために覚えなければなりません。
※ 同じ意味が続く場合は、意味は右端に1つにまとめています。

❾ **例文**
類義語の例文です。

❿ **Did you know? のコーナー**
知っておくと役立つ英語の豆知識を紹介しています。

■ ライティング・スピーキングの例題でも学べる

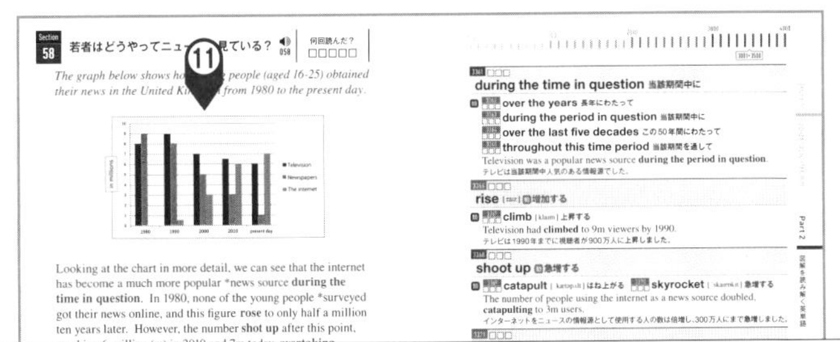

⓫ **ライティング、スピーキングの例題**
ライティングテストの図解、スピーキングテストの例題も使って、語彙を増やしていきましょう。

Step 1 **英文を読む**（10分）

できるだけ最初は和訳を見ずに、英文を素読みしてみましょう。＊印の単語がわからない場合は一番下を見ると意味が見つかります。

Step 2 **単語を覚える**（10～15分）

英文の中のカラー文字はIELTS最頻出語です。すべて意味と類義語を覚えていきます。ただし、いきなりすべてを覚えるのは難しいはずです。効率の良い方法として、次の順番を提案します。

1回目 カラーの見出し語を覚える

► これにより英文が理解できるようになる

2回目 類義語を覚える

► これにより言い換え表現が理解できるようになる

3回目 英文の速読にチャレンジ

► これにより語彙チェックに加え、読解スピードが上がる

Step 3 **英文を繰り返し読む**（10～15分）

10回（少なくとも5回）は英文を音読しましょう。文脈で単語を見ることで、生きた英語が学べます。生きた英語を学んでおけば、みずから英語をアウトプットするときにとてもよい参考になります。

音声再生アプリで再生する

右の QR コードをスマホなどで読み取るか、下の URL にアクセスしてアプリをダウンロードしてください。ダウンロード後、アプリを起動して『文脈で覚える IELTS 英単語』を選択すると、端末に音声がダウンロードできます。

https://gakken-ep.jp/extra/myotomo/

MP3 形式の音声で再生する

上記の方法1の URL、もしくは QR コードでページにアクセスし、ページ下方の【語学・検定】から『文脈で覚える IELTS 英単語』を選択すると、音声ファイルがダウンロードされます。

ご利用上の注意

お客様のネット環境およびスマホやタブレット端末の環境により、音声の再生やアプリの利用ができない場合、当社は責任を負いかねます。また、スマホやタブレット端末へのアプリのインストール方法など、技術的なお問い合わせにはご対応できません。ご理解いただきますようお願いいたします

本書のアイコンについて

■ 品詞のアイコン

動 動詞

名 名詞

形 形容詞

副 副詞

前 前置詞

接 接続詞

間 間投詞

■ その他のアイコン

類 類義語

反 反意語

発音注意

アクセント注意！

STH something
SB somebody
} 目的語が必要な句動詞のあとに入っています

発音記号について

重要な発音については発音記号をつけています。

前置詞ややさしい基本動詞については発音記号を省いているものもあります。

PART 1

読んで覚える英単語

ポリネシアの発見

How the Polynesian islands were **colonised** is a question that **dogged** anthropologists throughout the twentieth century. People wondered which direction the early **pioneers** came from, eastward from Asia or the longer distance from Inca lands in Peru. Is it possible that **ancient seafarers** travelled from South America and **discovered** these islands using only the **primitive** tools they had **on hand**?

This issue was **laid to rest** by the Norwegian explorer and writer Thor Heyerdahl. He led an **expedition** from Peru to Polynesia using a *raft **constructed** from balsa wood and other materials that were available to the Inca people. They **dubbed** the raft *Kon-Tiki* and made a 101-day, 4,300 *nautical mile (4,948 miles or 7,964 km) **voyage** across the Pacific Ocean. They showed that it was an easy and safe journey because of the **favourable** *trade winds. Thanks to the large number of fish that gathered around the raft, it was possible to eat on the journey, and the fish provided a **source of hydration**. They were able to **find their bearings** by following the stars just like the early explorers. Other scientists have **followed in** Heyerdahl's **footsteps** and were successful as well.

どのようにポリネシアの島々が**入植された**のかということは、20世紀を通して人類学者たちに**付きまとう**疑問でした。遠い昔の**開拓者たち**がどちらの方向からやって来たのか、アジアから東に向かって来たのか、あるいはペルーにあるインカの地からより長い距離を来たのか、人々は疑問に思っていました。**古代の船乗りたち**が南アメリカから旅をして、彼らが**手元に持ち合わせていた原始的な**道具のみを使いながらこれらの島々を**発見した**というのは、起こり得ることなのでしょうか？

この問題は、ノルウェー人の探検家で作家のトール・ヘイエルダールによって**解決されました**。バルサ材と、インカ人に入手可能だった他の材料から**造られた**いかだを使って、彼はペルーからポリネシアへの**探検隊**を率いました。彼らはそのいかだをコンティキ号と**名付けて**、101日間、4,300海里（4,948マイル、つまり7,964キロメートル）にわたる太平洋横断の**航海**をしました。彼らは、**好都合な**貿易風のため、それが簡単かつ安全な旅であるということを示しました。いかだのまわりに集まった多数の魚のおかげで、航海中に食事をすることが可能でしたし、魚が**水分の供給源**になりました。彼らはちょうど古代の探検家たちのように星をたどることで、**自分たちのいる方角を知る**ことができました。他の科学者たちもヘイエルダールの**足跡をたどり**、航海に成功しました。

---

* raft「いかだ」 nautical mile「海里」 trade winds「貿易風」

0001 □□□
colonise [ˈkɒlənaɪz] 動 入植する

類 0002 □□□ **settle** [ˈsetl] 人を定住させる

The islands were possibly **settled** by the Inca people.
その島々は、あるいはインカ人によって定住されました。

0003 □□□
dog [dɒg] 動 気をもませる

類 0004 □□□ **concern** [kənˈsɜːn] 心配させる

The question of how the islands were first discovered **concerned** anthropologists for years.
どのようにしてその島々が最初に発見されたかという疑問が、何年ものあいだ人類学者たちの気をもませました。

0005 □□□
pioneer [ˌpaɪəˈnɪə] 名 先駆者

類 0006 □□□ **settler** [ˈsetlə] 植民者　0007 □□□ **coloniser** [ˈkɒlənaɪzə] 入植者

The early **settlers** could have either come from Asia or from South America.
初期の入植者たちはアジア、もしくは南アメリカのどちらかからやって来ました。

0008 □□□
ancient [ˈeɪnʃənt] 形 先史時代の

類 0009 □□□ **primitive** [ˈprɪmətɪv] 原始の　0010 □□□ **prehistoric** [ˌpriːhɪˈstɒrɪk] 有史以前の

Heyerdahl believed that the **prehistoric** people in Polynesia and South America were related.
ヘイエルダールは、先史時代のポリネシアと南アメリカの人々が血縁関係にあったと考えました。

0011 □□□
seafarer [ˈsiːfeərə] 名 船乗り

類 0012 □□□ **voyager** [ˈvɔɪɪdʒə] 航海者　0013 □□□ **mariner** [ˈmærɪnə] 海員

These early **mariners** could have caught enough fish to eat on the journey.
これらの古代の船乗りたちは、航海中に食事をするに十分な魚を獲ることができたでしょう。

0014 □□□
discover [dɪˈskʌvə] 動 発見する

類 0015 □□□ **come upon** SB STH ～に出会う

After 101 days, they **came upon** a small island near Tahiti.
101日後に、彼らはタヒチ近くの小さな島を見つけました。

0016 □□□

on hand 手元に、持ち合わせて

類 0017 □□□ **available** [əˈveɪləbl] 利用可能な

The Inca people only had limited resources **available** to build boats.
船を作るうえで、インカ人は、**利用可能な**限られた資源しか持っていませんでした。

0018 □□□

lay STH to rest ～を解決する、終わりにする

類 0019 □□□ **answer** [ˈɑːnsə] 答える

The voyage of the *Kon-Tiki* **answered** the question whether Incas could have settled Polynesia.
コンティキ号の航海が、インカ人がポリネシアに定住したのかどうかという疑問に**答えを出し**ました。

0020 □□□

construct [kənˈstrʌkt] 動 組み立てる

類 0021 □□□ **fashion** [ˈfæʃn] 作り出す

They used light balsa wood to **fashion** their rafts.
彼らは軽バルサ材を使って自分たちのいかだを**作りました**。

0022 □□□

dub [dʌb] 動 名づける

類 0023 □□□ **name** 名づける

They **named** the raft *Kon-Tiki* after the Inca god.
彼らはインカの神にちなんでいかだをコンティキ号と**名づけました**。

0024 □□□

voyage [ˈvɔɪɪdʒ] 名 航海

類 0025 □□□ **expedition** [ˌekspəˈdɪʃn] 探検旅行

Many people thought that the **expedition** across the Pacific Ocean was too dangerous.
多くの人々が、太平洋を横断する**探検旅行**は危険すぎると考えました。

0026 □□□

favourable [ˈfeɪvərəbl] 形 好都合な、役立つ

類 0027 □□□ **useful** [ˈjuːsfl] 役に立つ　0028 □□□ **auspicious** [ɔːˈspɪʃəs] 都合のよい、幸運な

The winds blowing east to west proved **useful** for the *Kon-Tiki*.
東から西に吹く風が、コンティキ号にとって**役立つ**ものだと判明しました。

0029 □□□

source of hydration [ˈdreɪʃn] 名 水の供給源

類 0030 □□□ **source of water** 水の供給源

The blood of the fish was a **source of water** for the expedition.
魚の血が、探検隊にとって**水の供給源**でした。

0031 □□□
find (one's) bearings [faɪnd (wʌnz) ˈbeərɪŋz] 自分のいる方角（位置）を知る

類 0032 □□□ **navigate** [ˈnævɪgeɪt] 船を操縦（誘導）する、航海する

The crew of the *Kon-Tiki* were able to **navigate** using the night sky.
コンティキ号の乗組員は、夜空を使って**船を誘導**できました。

0033 □□□
follow in (one's) footsteps （人の）足跡をたどる

類 0034 □□□ **copy (one's) achievements** （人）を手本とする

Other explorers have **copied** Heyerdahl's **achievements** and proven the possibility of colonisation from the east.
他の探検家たちはヘイエルダールの**偉業を手本として**、東からの入植の可能性を証明しました。

Section 02

プラスチックの歴史

002

何回読んだ？ □□□□□

Plastic is **arguably** the most useful invention in the world today. Plastic is so **malleable** that it can be **formed** into any shape and used for a **variety of** products, from the **coating** of our undersea internet cables to make them **waterproof**, to making baby bottles **shatterproof**. Where did the idea of using this amazing invention **spring from**?

Mankind has been using simple plastics for longer than most people think. Their **earliest origins** can be traced to 1500 *BCE when the Aztecs played a religious game with natural rubber balls. Closer to our own time, craftsmen in **the medieval period** used **see-through** slices of animal horns for lantern windows. The **turning point** for plastics came in 1862 when the British inventor Alexander Parkes came up with 'Parkesine', which could be easily **moulded** into household products, such as buttons and combs. Unfortunately, he was a terrible businessman, and he quickly **went bankrupt**.

However, the birth of the plastic age truly began in 1907 with the creation of 'Bakelite', the world's first **synthetic** plastic. By using *phenol*, an acid **derived from** coal tar, this new product was **inexpensive** to produce. Unfortunately, plastic's environmental **impact** has become a **growing concern**, and in response, the first biodegradable plastic bottle was recently **launched** by a popular soda company.

プラスチックは**おそらく**今日世界において最も便利な発明と言えるでしょう。プラスチックは**打ち延ばす事ができる**ため、どんな形にでも**形成でき**、海底のインターネットケーブルを**耐水性にするため保護する**事から、哺乳瓶を**粉々にならないよう**加工する事まで、**様々な**製品に使う事ができます。この驚くべき発明を使用するという考えはどこから**生まれた**のでしょう？

人類は、ほとんどの人が思うより長い間、簡易プラスチックを使ってきました。その**最も古い起源**はアステカ人が天然ゴムのボールで宗教的なゲームをしていた紀元前1,500年にまで遡ることができます。現代に近いところでは、**中世**の職人がランタンの窓のために動物の角の**透明**な薄片を使っていました。プラスチックの**転機**は、イギリス人の発明家アレクサンダー・パークスがボタンや櫛などの家庭用品に簡単に**形成**できる「パークシン」を発明した1862年に訪れました。残念ながら、彼は商才がなく、すぐに**倒産**してしまいました。

しかし、プラスチック時代の幕開けは1907年の世界初の**合成**プラスチックである「ベークライト」の生成により本格的に始まりました。コールタールから**得られる**酸であるフェノールの使用により、この新しい製品は**安価**に製造できました。あいにくプラスチックの環境**負荷**への**懸念が高まり**、それに応じて初の生物分解性プラスチックボトルが人気炭酸飲料会社により最近**世に出されました**。

＊BCE「紀元前」＝Before the Common Era

0035 □□□
arguably [ˈɑːgjuəbli] 副 おそらく

類 0036 □□□ **possibly** [ˈpɒsəbli] たぶん、ひょっとしたら
Plastic is **possibly** the greatest threat to the environment.
プラスチックは環境への大きな脅威となり得るでしょう。

0037 □□□
malleable [ˈmæliəbl] 形 打ち延ばしのできる

類 0038 □□□ **flexible** [ˈfleksəbl] 柔軟な
Plastic became much more **flexible** when the chemical 'camphor' was added.
プラスチックは「カンフル」という化学物質が加わると、より柔軟になります。

0039 □□□
form [fɔːm] 動 形成する

類 0040 □□□ **mould** [məʊld] 形作る 0041 □□□ **shape** [ʃeɪp] 成形する
It is possible to **shape** plastic into many household products.
プラスチックを沢山の家庭用品に成形する事が可能です。

0042 □□□
variety of STH 様々な～

類 0043 □□□ **wide range of** STH 0044 □□□ **assortment of** STH
0045 □□□ **diverse array of** STH 0046 □□□ **host of** STH 様々な～
Today, there is a **wide range of** polymers that we call 'plastic'.
今日、「プラスチック」と呼ばれる様々なポリマーがあります。

0047 □□□
coating [ˈkəʊtɪŋ] 名 塗装膜、コーティング

類 0048 □□□ **outer layer** 外層
Many products have an **outer layer** of plastic to protect them from water.
沢山の製品に、水から製品を守るプラスチックの外層があります。

0049 □□□
waterproof [ˈwɔːtəpruːf] 形 防水の

類 0050 □□□ **impermeable** [ɪmˈpɜːmiəbl] 不浸透性の
Plastic coating makes tents and camping gear **impermeable**.
プラスチックのコーティングはテントやキャンプ用品を不浸透性にします。

0051 □□□
shatterproof [ˈʃætəpruːf] 形 割れても粉々にならない

類 0052 □□□ **unbreakable** [ʌnˈbreɪkəbl] 壊れにくい
Children's toys are often made from plastic because it is **unbreakable**.
子供の玩具はよくプラスチックでできていて、それは壊れにくいからです。

0053 □□□

spring from STH ～から生じる

類 0054 □□□ **originate** [əˈrɪdʒɪneɪt] ～から始まる、起こる

Where did the idea for plastic packaging **originate**?

プラスチック包装という考えはどこから**生じた**のでしょうか？

0055 □□□

mankind [mænˈkaɪnd] 名 人類、人間

類 0056 □□□ **human being** 人類、人間

Human beings have been using polymers for thousands of years.

人類は何千年もの間ポリマーを使ってきました。

0057 □□□

earliest origins [ˈɜːliɪst ˈɒrɪdʒɪnz] 最初の起源

類 0058 □□□ **first known use** 知られている最初の使用

The **first known use** of plastic was in South America.

プラスチックが**初めて使用されたとして知られている**のは、南アメリカです。

0059 □□□

the medieval period [ˌmediˈiːvl ˈpɪəriəd] 中世

類 0060 □□□ **the Middle Ages** [ðə ˌmɪdl ˈeɪdʒɪz]

0061 □□□ **the Dark Ages** [ðə ˈdɑːk eɪdʒɪz] 中世

The Middle Ages were the time period in European history from the 5th to the 15th century.

中世は、ヨーロッパの歴史で5世紀から15世紀にかけての時期のことです。

0062 □□□

see-through [ˈsiː θruː] 形 中が透けて見える

類 0063 □□□ **transparent** [trænsˈpærənt] 透明な

Manufacturers often use plastic for PET bottles because it is **transparent**.

製造者はよくプラスチックをペットボトルに使用しますが、それは**透明**だからです。

0064 □□□

turning point [ˈtɜːnɪŋ pɔɪnt] 転機

類 0065 □□□ **revolution** [ˌrevəˈluːʃn] 革命

Bakelite was a **revolution** in food packaging because it completely protected the food from insects.

ベークライトは食物を昆虫から完全に守ったので、食料梱包において**革命的**でした。

0066 □□□

go bankrupt [gəʊ ˈbæŋkrʌpt] 倒産する

類 0067 □□□ **go out of business** 倒産する

Parkes could not find enough customers for his plastic products and **went out of business**.

パークスはプラスチック製品の十分な買い手を見つけられず、**倒産しました**。

0068 □□□
synthetic [sɪnˈθetɪk] 形 合成の、人工の

類 0069 □□□ **artificial** [ˌɑːtɪˈfɪʃl] 0070 □□□ **man-made** [ˌmæn ˈmeɪd] 人工の

The use of **artificial** packaging grew rapidly after World War II.
人工梱包材の使用は第2次世界大戦の後急速に増加しました。

0071 □□□
be derived from STH ～から生じる、～に由来する

類 0072 □□□ **be made from** STH 0073 □□□ **be composed of** STH ～でできている

The balls the Aztecs used for the game were **composed of** rubber.
アステカ人がそのゲームに使ったボールはゴム製でした。

0074 □□□
inexpensive [ˌɪnɪkˈspensɪv] 形 費用のかからない

類 0075 □□□ **cost-effective** [ˌkɒst ɪˈfektɪv] 費用対効果の高い

0076 □□□ **economical** [ˌiːkəˈnɒmɪkl] 経済的な

Using plastic is much more **economical** than using other materials, such as glass.
ガラスのような他の素材を使うより、プラスチックを使う方がはるかにずっと経済的です。

0077 □□□
impact [ˈɪmpækt] 名 影響

類 0078 □□□ **effect** [ɪˈfekt] 0079 □□□ **consequence** [ˈkɒnsɪkwəns]

0080 □□□ **outcome** [ˈaʊtkʌm] 結果、影響

The most significant **consequence** of plastic use may be the environmental damage it has caused.
プラスチックの使用の影響として最も大きいのは、それがもたらした環境破壊です。

0081 □□□
growing concern 懸念の高まり

類 0082 □□□ **serious worry** 0083 □□□ **big headache** 大きな悩み

Small pieces of plastic in the oceans are a **big headache** for fishermen.
海中のプラスチックの小さな破片は漁師にとって大きな悩みです。

0084 □□□
launch [lɔːntʃ] 動（新商品を）世に出す、始める

類 0085 □□□ **introduce** [ˌɪntrəˈdjuːs] 導入する

Manufacturers are looking to **introduce** better plastic products.
製造者はより良いプラスチック製品を導入しようとしています。

Section 03

豪華客船タイタニック

何回読んだ？ □□□□□

The most famous shipwreck in the world may never be **recovered** from **the ocean floor**. *RMS Titanic* **departed** Ireland on the 10th of April, 1912 with many new features such as safety doors that could be **made watertight**. However, considering the number of passengers, there was a severe **lack of** lifeboats. Although **accounts vary** as to exactly what happened, we know that the captain ignored the *iceberg warnings while attempting to keep to a **tight timetable**. On the 14th, the ship hit a large iceberg and **sank**, resulting in the loss of 1,500 lives. **In hindsight**, there were many reasons why so many people died.

Before being found, many people had serious **doubts** that the *Titanic* would be found, and **previous attempts** to locate it had proven unsuccessful. However, in 1985, an expedition by a French-American team discovered the ship's **remains**, finding the **site** by following the **debris** *scattered along **the seabed**. **Initially**, they hoped to find the entire ship **intact**, but it had **split in half** and was **left open** to the salt water and *ocean bacteria. The exterior had **deteriorated** significantly and may be completely gone in 50 years. Since its **discovery**, treasure hunters, **in partnership with** filmmakers, have found a **treasure trove** of historical items.

世界で最も有名な難破船が海底から**引き揚げら**れることは決してないかも知れません。**防水性**の安全ドアなど多くの新しい装備を兼ね備えた豪華客船タイタニックは1912年4月10日にアイルランドを**出航**しました。しかし、乗客人数にしては救命ボートがかなり**不足**していました。正確に何が起こったのか**様々な説がありま**すが、船長が**きつい予定**に合わせようとして、氷山を知らせる警告を無視した事が知られています。14日にその船は大きな氷山に衝突して**沈没**し、1,500人の人命が失われました。**後になってから分かったのは**、そんなに多くの人が亡くなったのには沢山の理由があった事です。

発見されるまで、沢山の人がタイタニックの発見を真剣に**疑っ**ていて、場所を特定する**それまでの試み**も不十分でした。しかし1985年にフランスとアメリカの探索団による海底の**残骸**を辿った**位置**探索で、船の**遺物**が見つかりました。**当初**彼らは**完全なまま**の船全体の発見を望んでいましたが、**半分に割れていて**、海水と海中バクテリアに**晒されて**いました。外側は酷く**腐食**しており、50年で完全に分解され得るほどでした。その**発見**以来、映画制作者**と協力した**トレジャーハンター達は**歴史的埋蔵物**を見つけました。

---

* iceberg「氷山」 scatter along STH「～に沿って散乱した」
ocean bacteria「海洋バクテリア」

0086 □□□
recover [rɪˈkʌvə] 動 回収する

類 0087 □□□ **salvage** [ˈsælvɪdʒ] 引き揚げる、回収する

Some treasure hunters hope to **salvage** some of the gold from the shipwreck.
その難破船から金をいくらか回収しようと望むトレジャーハンターもいます。

0088 □□□
the ocean floor 海底

類 0089 □□□ **the seabed** [ðə ˈsiːbed] 0090 □□□ **the bottom of the sea** 海底

The ship has rested on **the bottom of the sea** for more than a hundred years.
その船は百年以上も海底にありました。

0091 □□□
depart [dɪˈpɑːt] 動 出発する

類 0092 □□□ **launch** [lɔːntʃ] 進水させる 0093 □□□ **embark** [ɪmˈbɑːk] （冒険などに）乗り出す

Everyone in Ireland was excited when the ship **embarked** on its voyage.
その船が出航した時、アイルランドの人は皆興奮していました。

0094 □□□
make STH watertight [meɪk ˈwɔːtətaɪt] ～を防水にする

類 0095 □□□ **completely seal STH** 0096 □□□ **seal STH shut** ～を密封する、密閉する

After they hit the iceberg, they **sealed** the doors **shut**.
氷山に衝突した後、彼らはドアを完全に塞ぎました。

0097 □□□
lack of STH [læk əv] ～が不足している

類 0098 □□□ **inadequate number of STH** [ɪnˈædɪkwət]
0099 □□□ **shortage of STH** [ˈʃɔːtɪdʒ] ～が不足している

There was a **shortage of** lifeboats and life vests.
救命ボートとライフジャケットが不足していました。

0100 □□□
accounts vary [əˈkaʊnts ˈveəri] 様々な説がある

類 0101 □□□ **stories diverge** [ˈstɔːriz daɪˈvɜːdʒ] 様々な説がある

Stories diverge as to what exactly happened after they hit the iceberg.
彼らが氷山と衝突した後正確に何が起こったのか、様々な説があります。

0102 □□□
tight timetable きつい予定

類 0103 □□□ **strict schedule** 0104 □□□ **strict deadline** きついスケジュール

The ship's **strict schedule** caused the captain to sail into dangerous waters.
その船のきついスケジュールが、船長を危険水域に踏み込ませる原因となりました。

0105 □□□
sink [sɪŋk] 動沈む

類 0106 □□□ **go under** 沈む

The ship **went under** off the coast of Newfoundland, Canada.
その船はカナダのニューファンドランド沖で**沈没しました**。

0107 □□□
in hindsight [ˈhaɪndsaɪt] 後に分かったのは

類 0108 □□□ **looking back** 振り返ると

Looking back, there should have been enough lifeboats for all the passengers.
振り返ってみると、全ての乗客のために十分な救命ボートがあるべきでした。

0109 □□□
doubt [daʊt] 名疑い

類 0110 □□□ **disbelief** [ˌdɪsbɪˈliːf] 不信、疑念

There was some **disbelief** among the passengers that the ship would sink.
その船が沈む事を乗客はいくらか**疑って**いました。

0111 □□□
previous attempt [ˈpriːviəs əˈtempt] 以前の試み

類 0112 □□□ **past endeavor** [pɑːst ɪnˈdevə] 過去の努力

0113 □□□ **prior foray** [ˈpraɪə ˈfɒreɪ] それまでの試み

All the **prior forays** to find the ship had been unsuccessful.
その船を見つける**それまでの試み**は全てうまくいきませんでした。

0114 □□□
remains [rɪˈmeɪnz] 名残りもの、遺物

類 0115 □□□ **debris** [ˈdebriː] がれき　0116 □□□ **wreckage** [ˈrekɪdʒ] 残骸

In 1985, Robert Ballard followed the trail of **wreckage** and found the *Titanic*.
1985年に、Robert Ballardは**残骸**の跡を辿りタイタニック号を発見しました。

0117 □□□
site [saɪt] 名場所

類 0118 □□□ **location** [ləʊˈkeɪʃn] 場所

There are two **locations** for the shipwreck, almost a half a mile apart.
難破の**場所**は２か所あり、ほぼ半マイルも離れています。

0119 □□□
initially [ɪˈnɪʃəli] 副最初は

類 0120 □□□ **at first** 最初は

At first, the passengers were calm when they hit the iceberg.
氷山との衝突の後、**最初**乗客は落ち着いていました。

0121 □□□
intact [ɪnˈtækt] 形 完全なままの、傷がない

類 0122 □□□ **unharmed** [ʌnˈhɑːmd] 0123 □□□ **undamaged** [ʌnˈdæmɪdʒd] 無傷の

The captain hoped that the ship was **undamaged** after it hit the iceberg.
氷山との衝突の後、船長は船が無事である事を願っていました。

0124 □□□
split in half 動 二つに割れる

類 0125 □□□ **divide** [dɪˈvaɪd] 0126 □□□ **separate** [ˈsepəreɪ] 分ける
0127 □□□ **break in two** 二つに割れる

Many scientists believe that the ship **broke in two** before it sank to the ocean floor.
多くの科学者が、その船は海底に沈む前に真っ二つになったと考えています。

0128 □□□
leave STH open ～をさらす

類 0129 □□□ **leave STH exposed** ～をさらす

After the ship sank, it was **left exposed** for over one hundred years.
船は沈んだ後、百年以上も晒されたままでした。

0130 □□□
deteriorate [dɪˈtɪəriəreɪt] 動 悪化する、劣化する

類 0131 □□□ **corrode** [kəˈrəʊd] 0132 □□□ **erode** [ɪˈrəʊd] 腐食する

The ship will completely **erode** soon due to the saltwater and bacteria.
船は海水とバクテリアのためにもうすぐ完全に腐食するでしょう。

0133 □□□
discovery [dɪˈskʌvəri] 名 発見（されたもの）

類 0134 □□□ **finding** [ˈfaɪndɪŋ] 発見物

There have been several interesting **findings**, such as old books and jewelry.
古い本や宝石などの興味深い発見物がありました。

0135 □□□
in partnership with SB STH ～と協力して

類 0136 □□□ **in collaboration with SB STH**
0137 □□□ **in concert with SB STH** ～と協力して

America, **in collaboration with** other countries, protects the site of the shipwreck.
他国と協力してアメリカは難破船がある場所を保護しています。

0138 □□□
treasure trove [ˈtreʒə trəʊv] 埋蔵品、宝の山

類 0139 □□□ **many valuable artefacts** 沢山の貴重な埋蔵物

There are still **many valuable artefacts** on the ship.
船には未だに沢山の貴重な埋蔵物があります。

アイダホのビーバー

何回読んだ？ □□□□□

Idaho has always been **overpopulated** with beavers, large *rodents that **inhabit** the rivers of North America. But this **nuisance** became even more serious as the **construction** of homes **encroached on** the *species' natural *habitat. The beaver's **instinct** is to build dams in rivers, which **alter** the **landscape**. However, these dams can also damage people's **domiciles** and **property**.

In 1948, *game wardens decided to **relocate** some of the beavers into Chamberlain Basin. It was an **ideal** location due to the **bounty** of vegetation and the small number of **predators**. Unfortunately, it was in the *interior of the state, and there were no direct **routes** or roads. It also **proved impossible** to use horses to **transport** the beavers, as the different animals **grew agitated** when they were close to each other.

However, the wardens found a **unique** solution. Using a **surplus** of parachutes from World War II, they would drop the beavers out of an airplane. They created a box that would open when it **struck** the ground. After a few **trial runs**, it was ready for a field test. The first beaver, a male named Geronimo, successfully landed and **made a beeline for** the *brush. Soon, three females joined him to start a new life away from people.

アイダホにはいつも、北米の河川に**生息する**大型げっ歯類であるビーバーが**過剰にいます**。しかしこの**厄介事**は、住居の**建設**でビーバーの自然生息地が**侵される**につれより深刻になりました。ビーバーは**本能的**に河川にダムを作り、**地形を変えて**しまいます。しかしながら、これらのダムは人々の**住まい**や**所有地**に害とも成り得るのです。

1948年に、猟区管理人はビーバーの一部をChamberlain Basinへ**移すこと**に決めました。そこは植物が**豊富**で**捕食動物**が少ない事から**理想的**な場所でした。残念ながら、そこは州の内地にあったため、直接通じる**経路**や道路がありませんでした。また、ビーバーを**輸送する**のに馬を使う事も、違う動物が近くにいると**動揺する**ために**不可能だと分かりました**。

しかし、猟区管理人は**独自の**方法を見つけました。第二次世界大戦で使った**余り**のパラシュートを使って、ビーバーを飛行機から降ろす事です。彼らは地面に**打ち当たる**と開く箱を開発しました。何回かの**試験運用**の後、実地試験の準備が整いました。Geronimoと名付けられた最初のオスのビーバーは着陸に成功し、藪に**まっしぐらに走って**行きました。すぐに、三頭のメスが彼に加わり人から離れた生活を始めました。

---

* rodents「げっ歯類」 species「種、種族」 habitat「生息地」
game warden「猟区管理人」 interior「内地」 brush「藪」

0140 □□□
overpopulated [ˌəʊvəˈpɒpjuleɪtɪd] 形 人口過剰の

類 0141 □□□ **inundated** [ˈɪnʌndeɪtɪd] いっぱいの、殺到した
This area of North America is **inundated** with beavers.
北米のこの地域は、ビーバーでいっぱいです。

0142 □□□
inhabit [ɪnˈhæbɪt] 動 住む

類 0143 □□□ **populate** [ˈpɒpjuleɪt] 生息する、居住する
Beavers like to **populate** areas close to rivers and streams.
ビーバーは河川に近い場所に住むのが好きです。

0144 □□□
nuisance [ˈnjuːsns] 名 迷惑

類 0145 □□□ **inconvenience** [ˌɪnkənˈviːniəns] 0146 □□□ **bother** [ˈbɒðə] 迷惑、面倒
In fact, people are more of an **inconvenience** to the beavers.
実際、人はビーバーにとってはむしろ迷惑なものです。

0147 □□□
construction [kənˈstrʌkʃn] 名 建設

類 0148 □□□ **building** [ˈbɪldɪŋ] 建築 0149 □□□ **development** [dɪˈveləpmənt] 建設、開発
The **development** of new housing causes many problems for native animals.
新しい住居の建設は先住動物に多くの問題を引き起こします。

0150 □□□
encroach on STH [ɪnˈkrəʊtʃ] ～を侵害する

類 0151 □□□ **impinge on** STH 0152 □□□ **infringe upon** STH 0153 □□□ **invade** ～を侵す
People **infringed upon** the beavers natural habitat.
人々はビーバーの自然生息地を侵しました。

0154 □□□
instinct [ˈɪnstɪŋkt] 名 本能

類 0155 □□□ **predisposition** [ˌpriːdɪspəˈzɪʃn] 0156 □□□ **inclination** 傾向、性質
Beavers have a natural **predisposition** to live near water.
ビーバーには水域の近くに生息する生まれながらの性質があります。

0157 □□□
alter [ˈɔːltə] 動 変える

類 0158 □□□ **transform** [trænsˈfɔːm] 0159 □□□ **reshape** [ˌriːˈʃeɪp] 変形する
The animals have completely **transformed** the terrain with their dams.
その動物は彼らのダムによって地形を完全に作り変えてしまいました。

0160 □□□
landscape [ˈlændskeɪp] 名 地形

類 0161 □□□ **terrain** [təˈreɪn] 地形
The **terrain** of the basin was perfect for the beavers.
その流域の地形はビーバーにとって完璧でした。

0162 □□□

domicile [ˈdɒmɪsaɪl] 名 住居

類 0163 □□□ **property** [ˈprɒpəti] 不動産物件 0164 □□□ **residence** [ˈrezɪdəns] 住居

People don't want wild animals near their **residence** or on their land.
人々は彼らの住居の近くや土地に野生動物に居て欲しくありません。

0165 □□□

relocate [ˌriːləʊˈkeɪt] 動 移す

類 0166 □□□ **transport** [trænˈspɔːt] 運ぶ 0167 □□□ **move** [muːv] 動かす

It was difficult to **move** the animals to the basin.
その動物を流域に動かすのは大変でした。

0168 □□□

ideal [aɪˈdiːəl] 形 理想的な

類 0169 □□□ **optimal** [ˈɒptɪməl] 最適な

They found the **optimal** place for the animals to live.
彼らは、その動物が住むのに最適な場所を見つけました。

0170 □□□

bounty [ˈbaʊnti] 名 豊富に与えられるもの

類 0171 □□□ **abundance** [əˈbʌndəns] 豊富さ

There was an **abundance** of food for them in the valley.
その谷には、彼らのための食糧が沢山ありました。

0172 □□□

predator [ˈpredətə] 名 捕食者

類 0173 □□□ **natural enemy** 天敵

The **natural enemies** of the beaver are the wolf and the fox.
ビーバーの天敵はオオカミとキツネです。

0174 □□□

route [ruːt] 名 道

類 0175 □□□ **access** [ˈækses] 通路、交通の便

They couldn't find **access** to the basin.
彼らはその流域への道を見つけられませんでした。

0176 □□□

prove impossible 不可能だと分かる

類 0177 □□□ **be unfeasible** 実現不可能である

It **was unfeasible** to get the animals to the interior by using horses.
その動物を馬によって内地へ輸送する事は不可能でした。

0178 □□□

grow agitated 動揺する、イライラする

類 0179 □□□ **grow nervous** 動揺する、イライラする

The beavers **grew nervous** inside the box on the plane.
ビーバーは飛行機の箱の中で動揺しました。

0180 □□□
unique [juˈniːk] 形 独自の、他に類を見ない

類 0181 □□□ **one-of-a-kind** 唯一の、比類のない

Beavers being dropped out of an airplane was a **one-of-a-kind** event.
飛行機からビーバーが落とされるというのは、**珍しい**事でした。

0182 □□□
surplus [ˈsɜːpləs] 名 余剰

類 0183 □□□ **extra** 余分なもの 0184 □□□ **more than enough** 十分すぎるほどの

There were **more than enough** parachutes remaining from the Second World War.
第2次世界大戦で残ったパラシュートは、**十分すぎるくらい**ありました。

0185 □□□
strike [straɪk] 動 打つ、たたく

類 0186 □□□ **impact** 激突する 0187 □□□ **hit** 当たる

When the box **hit** the ground, it released Geronimo.
箱が地面に**当たる**と、Geronimoが放たれました。

0188 □□□
trial run 試験運用

類 0189 □□□ **practice session** 試験運用、練習

They had many **practice sessions** to be sure that the box would open.
彼らは箱が確実に開くように沢山**試験運用**をしました。

0190 □□□
make a beeline for STH ～へ真っ直ぐ進む

類 0191 □□□ **go straight to** STH 0192 □□□ **head straight for** STH ～へ真っ直ぐ行く

Geronimo **went straight to** the brush after he got out of the box.
Geronimoは箱から出ると藪に**真っ直ぐ向かっていき**ました。

日本人は、moveという動詞をよく間違えて使うのをご存知でしたか？
英語では、永続的に住む場所を別の場所に移す際に、この動詞を使います。例えば、I moved to Tokyo after I graduated from university.（私は大学卒業後に東京に移りました）などです。
逆に、一つの場所から別の場所に行くことを一般的に語る際には、moveは使いません。したがって、I move to work by train.（電車で仕事に移動します）は誤りです。I go to work by train.（電車で仕事に行きます）や I get to work by train.（電車で通勤します）とは言えます。

Section 05

どうしてダンスが好き？

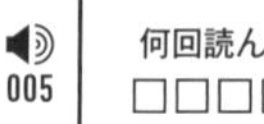

Few things **stimulate** our brains' *reward centres as much as dancing. While there is some **uncertainty** as to why we love *moving to a beat, one **theory** is that we enjoy the **coordination** of music and movement.

One **piece** of the **puzzle** is quite **straightforward**. People love music because it **activates** the *neurons in the brain, located directly behind the eyes. A chemical substance called *dopamine is then **generated**, which makes us feel pleasure.

The other **component** to the theory is less **obvious**. There is **mounting evidence** that we enjoy **predicting** another person's actions and repeating the **pattern**. This stimulates the area in the brain called the *cortex. So as we **mirror** another dancer's movements, our pleasure centres are **activated**.

Interestingly, we also like it when we cannot **anticipate** the pattern. For example, when we see a **professional** athlete try to do something **complicated**, there is a **surge** of dopamine as we become **anxious** about the result, and feel **intense** excitement if it is successful. The same **concept** applies to dancing with a partner and being surprised by a **spectacular** dance move.

Therefore, when we combine both of these **elements**, it is clear why we love to step onto the dance floor.

ダンスほど私達の脳の報酬系を**刺激する**ものはありません。何故私達がビートに合わせて動くことが好きなのかという事に関して**確かでない**部分はありますが、一説としては、私達は音楽と動きの**共同作用**を楽しむという事が言えます。

この謎の１つの要因はとても**簡単**です。人が音楽を好きなのは、目の奥すぐにある脳内ニューロンを**活性化**させるからです。そして快楽を感じさせるドーパミンという化学物質が**生成**されます。

この説の他の要因はあまり**明確**ではありません。私達が人の行動を**予測**し、**パターン**を繰り返すのを楽しんでいるという**証拠**は**沢山**あります。これが大脳皮質と呼ばれる脳の一部を刺激します。よって、他のダンサーの動きを**真似す**ると、私達の快楽中枢は**活性化**されます。

興味深い事に、私達はパターンを**予期**できない時も好みます。例えば、**プロの**競技選手が何か**複雑な**事をするのを見ると、結果に対し**不安**を感じ成功した時に**強い**興奮を感じてドーパミンが**急上昇**します。同じ**事**が、パートナーとダンスしてその**華々しい**ダンスの動きに驚く事にも言えます。よって、これらの両方の**要素**を合わせると、私達がダンスフロアに出て行くのを好む理由は明らかです。

---

* reward/pleasure centre「報酬系/快楽中枢」 move to a beat「ビートに合わせて動く」 neuron「ニューロン、神経細胞」 dopamine「ドーパミン」 cortex「大脳皮質」

0193 □□□
stimulate [ˈstɪmjuleɪt] 動 刺激する

類 0194 □□□ **activate** [ˈæktɪveɪt] 活性化する 0195 □□□ **arouse** [əˈraʊz] 刺激する
0196 □□□ **trigger** [ˈtrɪgə] 引き起こす

Music **triggers** a lot of emotions in people such as happiness and sadness.
音楽は人々に幸せや悲しみなどの沢山の感情を引き起こします。

0197 □□□
uncertainty [ʌnˈsɜːtnti] 名 不確かなこと

類 0198 □□□ **ambiguity** [ˌæmbɪˈgjuːəti] 曖昧なこと

There is still some **ambiguity** about how dancing affects our brain.
踊りがどのように私達の脳に影響するかという事に関し、まだ曖昧なこともあります。

0199 □□□
theory [ˈθɪəri] 名 説、意見

類 0200 □□□ **concept** [ˈkɒnsept] 考え 0201 □□□ **argument** [ˈɑːgjumənt] 議論

The most common **argument** is that music and dance are closely linked to the brain's pleasure centres.
最も一般的な議論は、音楽と踊りは脳の快楽中枢に密接に関わっているという事です。

0202 □□□
coordination [kəʊˌɔːdɪˈneɪʃn] 名 調整、一致

類 0203 □□□ **harmony** [ˈhɑːməni] 調和

Dancing requires **harmony** between the body and the brain.
踊りは身体と脳の調和を必要とします。

0204 □□□
piece [piːs] 名 要素

類 0205 □□□ **factor** [ˈfæktə] 0206 □□□ **element** [ˈelɪmənt]
0207 □□□ **component** [kəmˈpəʊnənt] 要素、要因

There are many **factors** in what makes us feel excited.
私達を興奮させる要因は沢山あります。

0208 □□□
puzzle [ˈpʌzl] 名 謎

類 0209 □□□ **mystery** [ˈmɪstri] 0210 □□□ **riddle** [ˈrɪdl] 謎

It is still a **mystery** as to why people like different kinds of music.
なぜ人々は異なる種類の音楽を好むのかという事に関し、まだ謎があります。

0211 □□□
straightforward [ˌstreɪtˈfɔːwəd] 形 明快な、分かりやすい

類 0212 □□□ **unambiguous** [ˌʌnæmˈbɪgjuəs] 明白な
0213 □□□ **uncomplicated** [ʌnˈkɒmplɪkeɪtɪd] 複雑でない、簡単な

The relationship between music and happiness is **uncomplicated**.
音楽と幸福との関係は簡単です。

0214 □□□
generate [ˈdʒenəreɪt] 動 生み出す

類 0215 □□□ **produce** [prəˈdjuːs] 作り出す
A large amount of dopamine is **produced** when we are excited.
人が興奮すると多量のドーパミンが**生成されます**。

0216 □□□
obvious [ˈɒbviəs] 形 明らかな

類 0217 □□□ **indisputable** [ˌɪndɪˈspjuːtəbl]
0218 □□□ **self-evident** [ˌselfˈevɪdənt] 疑う余地のない、明らかな
The idea that all children love music is **indisputable**.
全ての子供が音楽を好きだという考えは**疑いようがありません**。

0219 □□□
mounting evidence 山のような証拠

類 0220 □□□ **more and more data** 多くのデータ
More and more data prove that there is a link between dancing and being happy.
踊る事と幸せと感じる事の関係を証明する**データは沢山**あります。

0221 □□□
predict [prɪˈdɪkt] 動 予測する

類 0222 □□□ **foresee** [fɔːˈsiː] 0223 □□□ **anticipate** [ænˈtɪsɪpeɪt] 予測する
It is hard to **foresee** what the research will find.
その調査の結果を**予想する**事は難しいです。

0224 □□□
pattern [ˈpætn] 名 決まったやり方、パターン

類 0225 □□□ **sequence** [ˈsiːkwəns] 連続（するもの）
If you follow the same **sequence** of movements, you can learn to do anything.
動きの同じ**流れ**を追えば、何でもできるようになるでしょう。

0226 □□□
mirror [ˈmɪrə] 動 （正確に）真似する

類 0227 □□□ **mimic** [ˈmɪmɪk] 0228 □□□ **copy** 模倣する
Dance students **mimic** the teacher's movements to learn complex dance moves.
ダンスの生徒は複雑なダンスの動きを覚えるため先生の動きを**真似します**。

0229 □□□
professional [prəˈfeʃənl] 形 プロの

類 0230 □□□ **expert** [ˈekspɜːt] 熟練した、専門家の
We like to watch people with **expert** knowledge do something that we cannot.
私達は、**専門**知識を持つ人が自分にできない事をするのを見るのが好きです。

0231 □□□
complicated [ˈkɒmplɪkeɪtɪd] 形 複雑な

類 0232 □□□ **complex** [ˈkɒmpleks] 複雑な

The human brain is very **complex**.
人間の脳はとても**複雑**です。

0233 □□□
surge [sɜːdʒ] 名 急増

類 0234 □□□ **flood** [flʌd] 溢れること 0235 □□□ **rush** [rʌʃ] ほとばしり、奔出

Some people become addicted to the **flood** of dopamine that they get from dancing.
踊りから得るドーパミンの**放出**に依存する人もいます。

0236 □□□
anxious [ˈæŋkʃəs] 形 不安な

類 0237 □□□ **nervous** [ˈnɜːvəs]
0238 □□□ **uncomfortable** 不安な、落ち着かない

We become **nervous** when we cannot predict the pattern.
私達は、パターンを予測できない時に**不安**になります。

0239 □□□
intense [ɪnˈtens] 形 強烈な

類 0240 □□□ **deep** [diːp] 深い

People often have **deep** feelings about certain types of music.
人はある特定の音楽に対し、**深い**感情を抱く事が多いです。

0241 □□□
spectacular [spekˈtækjələ] 形 目を見張るような

類 0242 □□□ **impressive** [ɪmˈpresɪv] 印象的な
0243 □□□ **astounding** [əˈstaʊndɪŋ] 驚くべき 0244 □□□ **amazing** 素晴らしい

Capoeira is an **impressive** combination of fighting, music, and dancing from Brazil.
カポエイラは、ブラジルの格闘技、音楽、踊りの**素晴らしい**融合です。

AIによる芸術

006

何回読んだ？ □□□□□

Creating art is probably the most human activity in the world. The artist shares his or her **perspective**, and we are free to **interpret** it as we wish. However, scientists at Rutgers University have been using AI, artificial intelligence, to produce **artwork** and music **from scratch**. At first, the **notion** that art could be made by computers was met with **scepticism**, but the *computer-generated paintings were **credible** enough to **fool** almost everyone. Seventy-five percent of **lay people** believed that a real artist had painted them rather than a computer. AI can also make **innovative** music. These tunes are not a **haphazard** bunch of *notes but have a real *melody. This development **poses** two **problems**. Firstly, what is the true **value** of this art? A copy of the Mona Lisa costs a few dollars but the original is **priceless**. The reason for the price **disparity** is **scarcity**; in other words, there is only one original. Is it the same for art made by a computer? Secondly, will artists **be made redundant** because of these programmes? We believe art is the last **refuge** for people afraid of losing their jobs to **automation**. However, even this **area of expertise** may be in danger.

芸術を生み出すということは、世の中でおそらく最も人間らしい営みでしょう。芸術家は自分の**視点**を伝え、私たちはそれを自由に**解釈する**のです。しかしRutgers大学の科学者たちは、**芸術作品**や音楽を**一から**作るのにAI、すなわち人工知能を使ってきました。芸術をコンピュータで作ることができるという**考え方**は、初めは**懐疑的**に受け止められましたが、コンピュータで描かれた絵画はほとんどすべての人を**騙せる**ほど**もっともらしい**ものでした。**一般人**の75%は、その絵画はコンピュータではなく、本当の芸術家が描いたものと信じたのです。人工知能は**創造的な**音楽も作ることができます。その旋律は**まとまりのない**音符の集まりではなく、本当のメロディを奏でるのです。

この進歩は2つの**疑問を投げかけて**います。第一に、この芸術の真の**価値**とは何でしょうか。モナリザの複製品は数ドルしかしませんが、原画は**きわめて貴重な**ものです。この価格**差**を生む原因は**希少性**です。言い換えると、原画はたった一つしかないものです。これはコンピュータによってつくられた芸術にも同じようにあてはまるのでしょうか？　第二に、このようなコンピュータプログラムのせいで、芸術家たちは**不要になる**のでしょうか？　**自動化**によって仕事を失うかもしれないと恐れる人々にとって、芸術こそは最後の**安全な場所**だと私たちは信じています。しかし、このような**専門技能の領域**でさえも危険にさらされているのかもしれません。

---

* computer-generated「コンピュータが作った」 note「旋律・調べ」
  melody「メロディ・旋律」

0245 □□□
perspective [pəˈspektɪv] 名（物事に対する）見方

類 0246 □□□ **mindset** [ˈmaɪndset] 考え方 0247 □□□ **viewpoint** [ˈvjuːpɔɪnt] 見方

Sometimes it is difficult to understand an artist's **viewpoint**.
芸術家の考え方を理解するのは時には難しいことがあります。

0248 □□□
interpret [ɪnˈtɜːprət] 動 解釈する

類 0249 □□□ **decipher** [dɪˈsaɪfə] 解釈する 0250 □□□ **decode** [diːˈkəʊd] 意味を読み解く

Art historians spend years learning to **decipher** artwork.
美術史家は芸術作品を解釈することを学ぶのに何年も費やします。

0251 □□□
artwork [ˈɑːtwɜːk] 名 芸術作品

類 0252 □□□ **piece of art** 芸術作品

The **pieces of art** made by AI looked like they were done by people.
人工知能によってつくられた**芸術作品**は、人間によってつくられたように見えました。

0253 □□□
from scratch [skrætʃ] 最初から

類 0254 □□□ **from square one** [skweə] 0255 □□□ **from the beginning** 一から

The scientists had to start **from square one** after the programme crashed.
科学者たちはそのプログラムがクラッシュした後、**一から**始めなければならなりませんでした。

0256 □□□
notion [ˈnəʊʃn] 名 考え方

類 0257 □□□ **concept** [ˈkɒnsept] 考え

The **concept** that computers can make art is an interesting idea.
コンピュータが芸術を作れるという**考え方**は面白い発想です。

0258 □□□
scepticism [ˈskeptɪsɪzəm] 名 懐疑、疑念

類 0259 □□□ **doubt** [daʊt] 疑い

There is some **doubt** about whether some songs on streaming sites are made by people or AI.
ストリーミングサイトにある歌の中には、人間によってつくられたのか、人工知能によってつくられたのか**疑問**があるものが存在します。

0260 □□□
credible [ˈkredəbl] 形 本当らしい、信じられる

類 0261 □□□ **plausible** [ˈplɔːzəbl] もっともらしい

It is **plausible** that everyone will lose their jobs to computers.
すべての人の仕事がコンピュータによって失われるというのは**もっともらしい**話です。

0262 □□□
fool [fu:l] 動 騙(だま)す

類 0263 □□□ **dupe** [dju:p] 0264 □□□ **mislead** [ˌmɪsˈli:d] 騙す、欺(あざむ)く

Even art experts were **duped** by the computer-generated art.
芸術の専門家でさえも、コンピュータが作った芸術に**騙され**ました。

0265 □□□
lay person [ˈleɪ] 一般人

類 0266 □□□ **the common man** 0267 □□□ **non-expert**
0268 □□□ **the man on the street** 普通の人

Some art is difficult to understand for **the man on the street**.
芸術の中には、**一般の人**にとっては理解しにくいものがあります。

0269 □□□
innovative [ˈɪnəveɪtɪv] 形 革新的な

類 0270 □□□ **ingenious** [ɪnˈdʒi:niəs] 独創的な

This **ingenious** technology is changing many jobs.
この**独創的**技術によって沢山の職業が変わってきています。

0271 □□□
haphazard [hæpˈhæzəd] 形 場当たり的な、やみくもの

類 0272 □□□ **erratic** [ɪˈrætɪk] 奇抜な
0273 □□□ **uncoordinated** [ˌʌnkəʊˈɔ:dɪneɪtɪd] まとまりのない

Some modern artists, like Jackson Pollock, painted in an **erratic** way.
近代芸術家の中には、ジャクソン・ポロックのように、**奇抜な**方法で絵を描く人もいました。

0274 □□□
pose a problem [pəʊz] 疑問を投げかける

類 0275 □□□ **raise a question** [reɪz] 問題を提起する

This new technology **raises the question** of what art made by computers is worth.
この新しい技術は、コンピュータによってつくられたどんな芸術に価値があるのかという**問題を提起しています**。

0276 □□□
value [ˈvælju:] 名 価値

類 0277 □□□ **worth** [wɜ:θ] 価値

It is hard to understand art's true **worth** if it is not created by a person.
人によってつくられたのではなければ、芸術の本当の**価値**を理解することは難しいです。

0278 □□□
priceless [ˈpraɪsləs] 形 非常に価値のある

類 0279 □□□ **invaluable** [ɪnˈvæljuəbl] 0280 □□□ **beyond price** [bɪˈjɒnd praɪs] 非常に貴重な

Some pieces of art are **beyond price**.
芸術の中には**非常に貴重な**ものもあります。

0281 □□□
disparity [dɪˈspærəti] 名 隔たり

類 0282 □□□ **difference** [ˈdɪfrəns] 違い 0283 □□□ **gap** [ɡæp] ギャップ

There is a wide **difference** in how experts and regular people view art.
専門家と一般の人が芸術をどのように見るかには大きな**隔たり**があります。

0284 □□□
scarcity [ˈskeəsəti] 名 希少性、稀(まれ)であること

類 0285 □□□ **rarity** [ˈreərəti] 希少性

The price of a work of art is often based on its **rarity**.
芸術作品の価格はその**希少性**で決まることがよくあります。

0286 □□□
be made redundant [rɪˈdʌndənt] 解雇される

類 0287 □□□ **become unemployed** [ˌʌnɪmˈplɔɪd] 失業する

0288 □□□ **be laid off** 解雇される

Many studio musicians could **become unemployed** because of AI.
人工知能のおかげで、多くのスタジオミュージシャンが**失業する**かもしれません。

0289 □□□
refuge [ˈrefjuːdʒ] 名 避難所、隠れ家

類 0290 □□□ **sanctuary** [ˈsæŋktʃuəri] 聖域

There is an artist **sanctuary** in Northern California where many painters live.
カリフォルニア北部には、多くの画家が住む芸術家の**聖地**があります。

0291 □□□
automation [ˌɔːtəˈmeɪʃn] 名 自動化

類 0292 □□□ **mechanisation** [ˌmekənaɪˈzeɪʃn] 機械化

0293 □□□ **computerisation** [kəmˌpjuːtəraɪˈzeɪʃn] コンピュータ化、電子化

Increased **computerisation** will affect many people's jobs.
コンピュータ化が進むことによって、多くの人の仕事に影響が出ます。

0294 □□□
area of expertise [ˌekspɜːˈtiːz] 専門技能の領域

類 0295 □□□ **speciality** [ˌspeʃiˈæləti] 専門分野

Leonardo Da Vinci's **speciality** was oil paintings.
レオナルド・ダ・ヴィンチの**専門**は油絵でした。

Section 07

才能あふれる子どもたちへの学校広告

007

何回読んだ？ □□□□□

We hope that you will choose our *boarding school for your **gifted** boy or girl. We have created a perfect **blueprint** for how to facilitate your child's development and overall **betterment**. First of all, we don't believe in *'spoon feeding' or **coddling** our pupils, and we try to **foster** children's **self-reliance**. We do this by slowly **getting** the students **accustomed to** doing things by themselves, such as making their own beds or cooking their own dinners. This **builds up** their **faith in** their own abilities. They begin to rely on themselves or **lean on** *peers, rather than on **immediate family**. As a result, they begin to make a *close-knit group of friends. This easily **compensates for** being away from their families. We also encourage students to develop their own **know-how** through **trial and error**. Although it may be difficult to *predict every result, it always **spurs inventiveness** in the children. Finally, we encourage each young person **in our care** to **channel** their emotions **into** something positive such as sport.

The waiting list for our school *numbers in the hundreds, so please send in your application as soon as possible. On a final note, we provide **grants** for families from **socially disadvantaged** circumstances.

皆様が**才能あふれる**お子様に対して、全寮制の当校を選んでくださることを期待しています。当校はお子様の発育や全体的な**成長**を促す完璧な**計画**を作り上げております。まず第一に、当校では子供たちを過保護にしたり**甘やかす**ことはせず、子供たちの**自立心**を**育てる**ことに力を入れています。当校では子供たちに自分のことを自分で行うことにゆっくりと**慣れさせ**、子供たちは自分でベッドを整え自分たちの食事を作るといったことができるようになっていきます。このことによって、子供たちは自分の能力への**自信**を**築きあげ**ていきます。そして**身内の方**ではなく、自分自身を信じ、仲間を**頼りにする**ようになります。その結果、強いきずなで結ばれた友人ができはじめます。このことで、ご家族と離れていることを容易に**補う**ことができるのです。当校はさらに、**試行錯誤**を繰り返すことで自分自身の**知識**を深めることを促します。全ての結果を予測することは難しいかもしれませんが、これにより子供たちの**発想力**に常に**磨きがかかります**。最後に、当校ではすべてのお子様が我々の**監督の下**、例えばスポーツなど好ましいものへ感情を**向けられる**ように促します。

当校のキャンセル待ちのお客様の数が百単位になっている状況ですので、お申込書をできるだけ早くご送付ください。最後に、**社会的にお困りの**ご家庭には**補助金**のご用意もございます。

---

* boarding school「全寮制の学校」 spoon feed「甘やかす・過保護にする」
peers「仲間」 close-knit「しっかりと結びついた」 predict「予測する」
number（動詞）「番号をつける」

0296 □□□
gifted [ˈɡɪftɪd] 形 才能のある

類 0297 □□□ **genius** [ˈdʒiːniəs] 才能のある 0298 □□□ **bright** [braɪt] 利口な
0299 □□□ **above average** 平均以上の

This school only accepts **above average** children.
この学校は、平均以上の子供だけを受け入れています。

0300 □□□
blueprint [ˈbluːprɪnt] 名 計画、設計図

類 0301 □□□ **game plan** [ˈɡeɪm plæn] 行動計画 0302 □□□ **framework** [ˈfreɪmwɜːk] 構想、計画
0303 □□□ **model** [ˈmɒdl] 手本 0304 □□□ **template** [ˈtempleɪt] 枠組み

They have an effective **framework** for helping children find success.
彼らは、子供たちが成功を収めるのに役立つような効果的な計画を立てています。

0305 □□□
betterment [ˈbetəmənt] 名 成長

類 0306 □□□ **advancement** [ədˈvɑːnsmənt] 0307 □□□ **progress** [ˈprəʊɡres] 進歩、成長

This school specialises in the **advancement** of young people.
この学校は、若い人たちの成長を専門にしています。

0308 □□□
coddle [ˈkɒdl] 動 甘やかす

類 0309 □□□ **baby** [ˈbeɪbi] 0310 □□□ **overprotect** [ˌəʊvəprəˈtekt] 甘やかす、過保護にする

If you **baby** your child, they will never learn to do anything for themselves.
子どもを甘やかすと、子供は自分ですることを全く学ばないことになります。

0311 □□□
foster [ˈfɒstə] 動 育成する

類 0312 □□□ **cultivate** [ˈkʌltɪveɪt] 0313 □□□ **nurture** [ˈnɜːtʃə]
0314 □□□ **build STH up** [bɪld] ～を育てる

You need to **nurture** a student's abilities.
生徒の能力を育てる必要があります。

0315 □□□
self-reliance [ˌself rɪˈlaɪəns] 名 自立

類 0316 □□□ **independence** [ˌɪndɪˈpendəns] 自立 0317 □□□ **autonomy** [ɔːˈtɒnəmi] 自主性

The people at this school learn to develop their **autonomy**.
この学校の人たちは、自主性を育てることを学びます。

0318 □□□
get accustomed to STH [əˈkʌstəmd] ～に慣れる

類 0319 □□□ **get acquainted with STH** [əˈkweɪntɪd] 0320 □□□ **get used to STH**
0321 □□□ **get familiar with STH** ～に慣れる、親しむ

It takes several weeks to **get familiar with** the new place.
新しい場所に慣れるには数週間かかります。

0322 □□□

faith in [feɪθ] SB STH ～に対する自信

類 0323 □□□ **belief in** SB STH

0324 □□□ **confidence in** SB STH [ˈkɒnfɪdəns] ～に対する自信

Winning competitions helps you build **confidence in** yourself.
競技で勝つことで、自分に**自信**が生まれます。

0325 □□□

lean on SB STH [liːn] ～に頼る

類 0326 □□□ **depend on** SB STH　0327 □□□ **rely upon** SB STH [rɪˈlaɪ]

0328 □□□ **count on** SB STH ～に頼る、～を当てにする

Young children usually **rely upon** their parents for their daily needs.
小さい子供たちは普通日々の必要なものを両親**に頼っています**。

0329 □□□

immediate family [ɪˈmiːdiət] 身内

類 0330 □□□ **blood relative** 血縁者　0331 □□□ **close family** [kləʊsz] 近親者

It's hard for a boy's **blood relatives** to let him live away from home.
血縁者にとっては、子供を家から離れたところに住まわすのは大変です。

0332 □□□

compensate for STH [ˈkɒmpenseɪt] ～の埋め合わせをする

類 0333 □□□ **make up for** STH ～の埋め合わせをする

Close friendships **make up for** the living away from home.
強い友情があれば、家から遠く離れて暮らすことの**埋め合わせ**ができます。

0334 □□□

know-how [ˈnəʊ haʊ] 名 ノウハウ、知識

類 0335 □□□ **knowledge** [ˈnɒlɪdʒ] 知識

Without some **knowledge** of child psychology, it is difficult to be a teacher.
児童心理学の**知識**なしでは、教師になることは難しいです。

0336 □□□

trial and error 試行錯誤

類 0337 □□□ **experimentation** [ɪkˌsperɪmenˈteɪʃn] 実験

Through **experimentation**, the pupils discover answers by themselves.
試行錯誤を通して、子供たちは自分で答えを見つけます。

0338 □□□

spur [spɜː] 動 促進させる

類 0339 □□□ **arouse** [əˈraʊz]　0340 □□□ **stimulate** [ˈstɪmjuleɪt] 刺激する

The after-school activities are designed to **stimulate** the pupils' imaginations.
放課後の活動は、子供たちの想像力を**刺激する**ように作られています。

0341 □□□

inventiveness [ɪnˈventɪvnəs] 名 発想力

類 0342 □□□ **creativity** [ˌkriːeɪˈtɪvəti] 0343 □□□ **ingenuity** [ˌɪndʒəˈnjuːəti] 創造性

This school thinks that **creativity** is very important for students.
この学校では、**創造性**は生徒にとってとても大切だと考えています。

0344 □□□

in (one's) care ～の監督下で

類 0345 □□□ **under (one's) charge** ～の管理下で
0346 □□□ **under (one's) supervision** [ˌsuːpəˈvɪʒn] ～の監視下にある

Students are **under their charge** 24 hours a day, seven days a week.
生徒たちは1日24時間、週7日間、彼らの**監視下**にあります。

0347 □□□

channel STH **into** STH [ˈtʃænl] ～を…へ向ける

類 0348 □□□ **focus** STH **on** STH 0349 □□□ **direct** STH **towards** STH ～を…に向ける

Students are encouraged to **direct** their energy **towards** sports and team building.
生徒たちはエネルギーをスポーツやチーム作り**に向ける**ことを勧められます。

0350 □□□

grant [grɑːnt] 名 補助金

類 0351 □□□ **scholarship** [ˈskɒləʃɪp] 0352 □□□ **stipend** [ˈstaɪpend] 奨学金

They provide **scholarships** to families that cannot afford the school.
彼らは、学校へ行く余裕がない家庭に対しては**奨学金**を提供します。

0353 □□□

socially disadvantaged [ˈsəʊʃəli ˌdɪsədˈvɑːntɪdʒd]
社会的に恵まれていない

類 0354 □□□ **economically deprived** [ˌiːkəˈnɒmɪkli dɪˈpraɪvd] 経済的に恵まれていない

They try to help children that are **economically deprived**.
彼らは**経済的に恵まれない**子供たちを助けようとしています。

Section 08

ハイパーループ

008 何回読んだ？ □□□□□

Travelling from San Francisco to Los Angeles in less than thirty minutes may seem **like something from the pages of a** sci-fi **novel**, but it may soon be a reality. A famous *entrepreneur, who achieved **overnight success** in online businesses, is **bankrolling** 'a hyperloop', a **top-notch** train line between the two **metropolitan** areas. He invented the **groundbreaking** technique of using *magnets to **zip** a pod through a tube that gets to its destination in *record-breaking time. However, there are some **stumbling blocks**.

First and foremost, the project needs to **cut expenditure** to make it cheaper. People may have an **appetite for** better rail travel but the price is too **exorbitant** for most people to **manage**. However, that may not be the **whole story**. The real problem is the law **set down** across California that ensures the general public is not **placed in harm's way**. However, at the moment this super-train cannot **decelerate** quickly enough if there is a problem.

There will be more **lengthy delays** until this company can **sway** local governments to look at the big picture and **authorise** the project. Until then, you will have to wait to **take a spin** in the train of the future.

サンフランシスコからロサンゼルスまで30分未満で移動するということは、SF**小説の中にある想像の世界**のように思えるかもしれませんが、近々現実になるかもしれません。ネットビジネスで**急激な成功**を収めた有名な起業家が、この２つの**大都市**を結ぶ**一流**の鉄道である「ハイパーループ」に**投資をして**います。彼は磁石を使ってトンネルの中を**高速**でポッド（乗客を乗せて走る近未来型のカプセル状の乗り物）を**走らせ**、記録破りの時間で目的地に達する**画期的な**技術を発明しました。しかし**障害**もあります。

まず初めに、このプロジェクトをもっと安価なものにするために**費用を抑える**必要があります。人々はより良い鉄道旅行を**したい**と思っていますが、料金が**法外**すぎて大半の人にとっては**やりくり**できません。しかし、**それだけが**問題なのではなさそうです。本当の問題は、**確実に**一般の人を**危険にさらさ**ないようにしなければいけないというカリフォルニア州に**定められている**法律にあります。しかし、現在のところ、このスーパートレインは、問題が起こってもすぐに**減速することができない**のです。

この会社が地元の行政に対し、全体像を見てこのプロジェクトを**認可する**ように**説得できる**までにはまだ**相当な時間**がかかるでしょう。この未来の列車に**試乗する**ことはそれまで待たなければならないでしょう。

＊ entrepreneur「起業家」 magnet「磁石」
record-breaking「記録破りの、新記録の、記録を塗り替える」

0355 □□□
like STH from the pages of a novel
小説の中の話のように

類 0356 □□□ **like STH beyond your wildest dreams** 夢にも思わないことのように
0357 □□□ **far-fetched** 0358 □□□ **improbable** ありそうもない

These super-trains seem **like something beyond your wildest dreams**.
これらのスーパートレインは、夢物語のように思えます。

0359 □□□
overnight success 一夜にして成功すること

類 0360 □□□ **instant success** 0361 □□□ **immediate success** 瞬時に成功すること

The entrepreneur's commercial venture in electric cars was an **instant success**.
その起業家が興した電気自動車のベンチャービジネスは、すぐに成功しました。

0362 □□□
bankroll [ˈbæŋkrəʊl] 動 投資する

類 0363 □□□ **invest in STH** 0364 □□□ **back** 0365 □□□ **put money into STH**
0366 □□□ **finance** ～に投資する

He has promised to **back** this transport system.
彼はこの交通システムに投資することを約束しました。

0367 □□□
top-notch [ˌtɒp ˈnɒtʃ] 形 最高の、一流の

類 0368 □□□ **blue-chip** [ˌbluː ˈtʃɪp] 一流の 0369 □□□ **topmost** [ˈtɒpməʊst] 最上位の
0370 □□□ **premier** [ˈpremiə] 最高の

It would be the one of the **topmost** train systems in the world.
これは世界で最高の鉄道システムになるでしょう。

0371 □□□
metropolitan [ˌmetrəˈpɒlɪtən] 形 大都市の

類 0372 □□□ **urban** [ˈɜːbən] 都市の

It would go through many **urban** centres.
それは沢山の都市の中心部を通り抜けるでしょう。

0373 □□□
groundbreaking [ˈgraʊndbreɪkɪŋ] 形 画期的な

類 0374 □□□ **innovative** [ˈɪnəveɪtɪv] 0375 □□□ **revolutionary** [ˌrevəˈluːʃənəri] 革新的な

These new trains will be **revolutionary**.
これらの新しい電車は画期的でしょう。

0376 □□□
zip [zɪp] 動 (勢いよく) 走らせる

類 0377 □□□ **dart** [dɑːt] 素早く動く

The train would **dart** through the countryside, avoiding traffic jams.
その電車は交通渋滞を避けて田園を走り抜けるでしょう。

0378 □□□
stumbling block [ˈstʌmblɪŋ blɒk] 障害

類 0379 □□□ **complication** 困難 0380 □□□ **impediment** 障害

Ensuring safety is the biggest **impediment** to building this high speed train.
この高速鉄道を建設する上で、安全性の確保が最大の**障害**です。

0381 □□□
cut expenditure [ɪkˈspendɪtʃə] 支出を抑える

類 0382 □□□ **reduce spending** 0383 □□□ **reduce outlay** 費用を削減する

If they can't **reduce outlay**, they will never build this train line.
彼らが**費用を削減**できなければ、決してこの鉄道を引くことはできないでしょう。

0384 □□□
appetite for STH ～への欲求

類 0385 □□□ **yearning for STH** 0386 □□□ **hunger for STH** ～への切望

He certainly has a **hunger for** a better way to travel by train.
彼は確かに鉄道でより良い旅を**したい**と思っています。

0387 □□□
exorbitant [ɪgˈzɔːbɪtənt] 形 法外な

類 0388 □□□ **excessive** [ɪkˈsesɪv] 0389 □□□ **prohibitively high** 法外なまでに高額な

Unfortunately, the cost of train travel is **excessive** these days.
残念なことには、今日の列車旅は**高すぎ**ます。

0390 □□□
manage [ˈmænɪdʒ] 動 何とかやっていく

類 0391 □□□ **afford** ～に対する余裕がある 0392 □□□ **budget for STH** ～の予算を立てる

It's hard to **afford** a first-class ticket these days.
近頃は、ファーストクラスのチケット代を**工面する**のは難しいです。

0393 □□□
the whole story 一部始終、事情の全て

類 0394 □□□ **the whole picture** 全体像

Sometimes it's important to know **the whole picture** before you decide.
決定をくだす前に**全体像**を知っておくのが大切な時もあります。

0395 □□□
set STH down (規則や法律を) 定める

類 0396 □□□ **pass** 0397 □□□ **enact** [ɪˈnækt] 0398 □□□ **legislate** [ˈledʒɪsleɪt] 法制化する

They need to **pass** a law to allow super-fast trains.
超高速鉄道を走らせるための法律を**作る**必要があります。

0399 □□□
place SB in harm's way ～を危険にさらす

類 0400 □□□ **place SB in certain danger** ～を危険にさらす

Passengers will be **placed in certain danger** if these trains go through city centres.
この列車が市の中心部を通ると、乗客は**危険にさらされる**でしょう。

0401 □□□
decelerate [ˌdiːˈseləreɪt] 動 減速する

類 0402 □□□ **slow down** 減速する

If there is a problem on the line, the train needs to **slow down** in a hurry.
もしその線で問題が起きたら、列車は至急**減速する**必要があります。

0403 □□□
lengthy delay [ˈleŋkθi dɪˈleɪ] 長期間にわたる遅れ

類 0404 □□□ **long wait** 0405 □□□ **prolonged waiting time** 長く待たされること

People can expect **long waits** until these trains are in service.
その列車が運行されるまでには、人々は**長い間待つ**ことになるかもしれません。

0406 □□□
sway [sweɪ] 動 (人の心を) 左右する

類 0407 □□□ **persuade** [pəˈsweɪd] 説得する 0408 □□□ **influence** [ˈɪnfluəns] (人に)影響を与える

The entrepreneur hopes to **persuade** the state government to allow the trains to run.
その起業家は州政府を**説得して**その列車が運行できるようになることを望んでいます。

0409 □□□
authorise [ˈɔːθəraɪz] 動 認可する

類 0410 □□□ **approve** [əˈpruːv] 0411 □□□ **permit** [pəˈmɪt] 許可する

It may take years for the government to **approve** these trains.
政府がその列車を**認可する**には何年もかかるかもしれません。

0412 □□□
take a spin 試乗する

類 0413 □□□ **have a go** 試しにやってみる

Many people really want to **have a go** on these super-fast trains.
多くの人がこの高速列車に**乗ってみ**たいと本当に思っています。

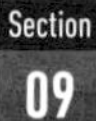

マリア・モンテッソーリの生涯

Maria Montessori (1870-1952) was an Italian female **icon** who spent her life **struggling** for a child's right to a decent education. She came from an **esteemed** family and, with the **approval** of her father, decided to become a doctor, which **challenged convention** at the time. As the **sole** woman in her medical school, she faced a huge **backlash**. However, she **persevered** and graduated with high grades due to her **prodigious** memory and **tenacity**.

While *undertaking work with poor children in Florence, she **came up with** the theory that all children have an **innate** desire to learn. This was a **radical change** as it was commonly thought that children needed to be **forced** to learn. She developed her 'Montessori' method that **emphasised** 'love of learning, independence, and responsibility'. It proved a great success and was soon **picked up** and **replicated** around the world.

However, as she was a strong **champion of** self-determination, freedom, and peace, she ran afoul of Mussolini's fascists during World War II. She escaped to India and stayed there until the end of the war.

Her **subsequent** influence on children's education has **received recognition** in classrooms **far and wide**.

マリア・モンテッソーリ（1970-1952）は、子供たちが適切な教育を受ける権利のために**奮闘**し生涯をささげた**象徴的な**イタリア人女性でした。

彼女は**名家**の生まれで、父親の**承認**を得て医師になることを決めましたが、それは当時の**しきたりへの挑戦**でもありました。医学部で**唯一の**女性であり、**大きな反感**を買うことになりました。しかし彼女は**耐え**、**素晴らしい**記憶力と**不屈の努力**で優秀な成績で卒業しました。

彼女はフィレンツェで貧困家庭の子供たちの仕事を引き受けているときに、すべての子供は**生まれつき**学びたいという願望を持っているという理論を**思いつきました**。一般的には子供たちに学ばせるには**強制する**必要があると信じられていたので、これは**急進的な変化**でした。彼女は「モンテッソーリ」教育を確立し、それは"学ぶことへの愛・自立・責任"を**強調する**ものでした。この教育法は大成功をおさめ、間もなく世界中で**採用され模倣される**ようになりました。

しかし彼女は自決・自由・平和の強力な**擁護者**であったため、第2次世界大戦中ムッソリーニのファシズム支持者と衝突しました。彼女はインドに逃れ、終戦までそこに滞在しました。

子供の教育に対する**その後の**彼女の影響は、**広範囲**の教育現場で**高い評価を受けて**います。

＊ undertake「引き受ける」

0414 □□□
icon [ˈaɪkɒn] 名 象徴（的な人、物）

類 0415 □□□ **leading light** 0416 □□□ **luminary** [ˈluːmɪnəri] 指導者

Montessori was a **leading light** in the feminist movement.
モンテッソーリは女性解放運動の指導者でした。

0417 □□□
struggle [ˈstrʌgl] 動 奮闘する

類 0418 □□□ **battle** [ˈbætl] 0419 □□□ **fight** [faɪt] 戦う

She **battled** against the sexism of the time.
彼女は当時の女性差別主義と戦いました。

0420 □□□
esteemed [ɪˈstiːmd] 形 立派な

類 0421 □□□ **prestigious** [preˈstɪdʒəs] 0422 □□□ **renowned** [rɪˈnaʊnd]
0423 □□□ **distinguished** [dɪˈstɪŋgwɪʃt] 名門の、名高い

She attended a **prestigious** university in Italy.
彼女はイタリアの名門大学に通いました。

0424 □□□
approval [əˈpruːvl] 名 承認

類 0425 □□□ **support** [səˈpɔːt] 0426 □□□ **backing** [ˈbækɪŋ] 支援

At first, she had the **backing** of the Italian government.
彼女は最初はイタリア政府の支援を受けていました。

0427 □□□
challenge convention [ˈtʃælɪndʒ kənˈvenʃn]
しきたりに挑む

類 0428 □□□ **buck social norms** [bʌk ˈsəʊʃl nɔːmz] 社会規範に抵抗する

At the time, Montessori's methods **bucked social norms**.
当時、モンテッソーリ教育は社会規範に反するものでした。

0429 □□□
sole [səʊl] 形 唯一の

類 0430 □□□ **lone** [ləʊn] 0431 □□□ **solitary** [ˈsɒlətri] 唯一の

It was difficult to be the **lone** female medical student.
唯一の女性医学生であることは大変なことでした。

0432 □□□
backlash [ˈbæklæʃ] 名 反感、反発

類 0433 □□□ **retaliation** [rɪˌtæliˈeɪʃn] 報復

She faced **retaliation** during the war because of her social views.
彼女の社会的見解のせいで、彼女は戦争中報復を受けました。

0434 □□□
persevere [ˌpɜːsəˈvɪə] 動耐え忍ぶ

類 0435 □□□ **persist** [pəˈsɪst] 耐える、あくまでやり通す

She **persisted** when they tried to close her schools in the 1930s.
1930年代に彼らが彼女の学校を閉めようとしたとき、彼女は**あくまでやり通しました**。

0436 □□□
prodigious [prəˈdɪdʒəs] 形驚くべき、素晴らしい

類 0437 □□□ **exceptional** [ɪkˈsepʃənl] 0438 □□□ **extraordinary** [ɪkˈstrɔːdnri] 並外れた

She had **exceptional** teaching skills.
彼女は**ずば抜けた**指導技術を持っていました。

0439 □□□
tenacity [təˈnæsəti] 名粘り強さ

類 0440 □□□ **perseverance** [ˌpɜːsəˈvɪərəns] 粘り強さ 0441 □□□ **diligence** [ˈdɪlɪdʒəns] 不断の努力
0442 □□□ **persistence** [pəˈsɪstəns] 粘り強さ

She never gave up and answered each problem with **diligence**.
彼女は決してあきらめず、それぞれの問題に**粘り強く**解答しました。

0443 □□□
come up with STH ～を思いつく

類 0444 □□□ **conceive** [kənˈsiːv] 思いつく

She originally **conceived** her method while working with poor children.
もともとは、彼女は貧困の子供たちの仕事をしている間にその手法を**思いつき**ました。

0445 □□□
innate [ɪˈneɪt] 形生まれつきの

類 0446 □□□ **natural** 0447 □□□ **inborn** 生まれつきの

All children have a **natural** ability to learn.
全ての子供たちは**生まれつき**学ぶ能力を持っています。

0448 □□□
radical change 急進的な変化

類 0449 □□□ **monumental shift** 根本的な変革 0450 □□□ **striking departure** 大きな発展

Her schools were a **monumental shift** from memorising facts and numbers.
彼女の学校は、事実や数字を覚えることから**根本的な変革**をしました。

0451 □□□
force [fɔːs] 動強制する

類 0452 □□□ **compel** [kəmˈpel] 強要する

In traditional schools, the children are **compelled** to learn the same information.
伝統的な学校では、子供たちは同じ知識を学ぶことを**強要され**ます。

0453 □□□

emphasise [ˈemfəsaɪz] 動 強調する

類 0454 □□□ **highlight** [ˈhaɪlaɪt] 0455 □□□ **underscore** 強調する

Her schools **underscore** the need to think of each child as an individual.
彼女の学校は、一人一人の子供が個人として扱われる必要があることを**強調します**。

0456 □□□

pick STH up ～を採用する

類 0457 □□□ **adopt** 0458 □□□ **embrace** 0459 □□□ **take STH up** ～を採用する

The Montessori method has been **taken up** in many classrooms around the world.
モンテッソーリ教育は、世界中の沢山の教室で**採用されて**きました。

0460 □□□

replicate [ˈreplɪkeɪt] 動 模倣する、再現する

類 0461 □□□ **copy** 0462 □□□ **duplicate** 模倣する

Many primary schools **duplicate** the Montessori method.
多くの小学校はモンテッソーリ教育を**模倣しています**。

0463 □□□

champion of STH ～の擁護者

類 0464 □□□ **advocate of STH** ～の擁護者

She was an **advocate of** human rights and this caused her problems in Italy.
彼女は人権の**擁護者**であり、そのことがイタリアで彼女を窮地に立たせました。

0465 □□□

subsequent [ˈsʌbsɪkwənt] 形 その後の

類 0466 □□□ **resulting** 結果として生じる

The **resulting** impact of her method can still be seen in primary education.
彼女の教育法の**結果として生じる**影響は、今でも小学校教育に見られます。

0467 □□□

receive recognition 正当な評価を受ける

類 0468 □□□ **receive acknowledgment** 正当な評価を受ける

It was difficult for a woman to **receive acknowledgement** for her work.
女性が仕事で**正当な評価を受ける**のは難しいことでした。

0469 □□□

far and wide 至るところに、あまねく

類 0470 □□□ **around the world** 世界中に

Her schools have spread **around the world**.
彼女の学校は、**世界中に**広まりました。

Section 10 どうして人はウソをつくの？

While lying may *strike some people as very **troubling**, it is actually an **indication** of a human's **sophisticated** brain. Being **deceitful** goes back a long time and humans probably began to lie shortly after developing **linguistic** ability. If you think about it, the skill of **manipulating** people without *physical force would be an *evolutionary advantage and skilled liars *passed this **trait** on to their children.

We are **untruthful** for a variety of reasons. Sometimes we are trying to **inflate** our image to improve our **standing** in a group. At other times, we want to **appease** someone or not hurt their feelings by telling '*white lies,' relieving **tension** in social situations.

Being dishonest is actually a **milestone** in a child's growth. At the University of Toronto, scientists **delved into** how children lie. Only 30% of 2-year olds could lie, and they had **revealing** signs that they weren't telling the truth, such as using very little eye-contact. However, by 8 years old, they could **mask** their deceit with other lies. This **sudden leap** from being poor liars to **polished** ones is a **sign** that a child's **cognition** is working well, and he or she is **on track** to **maturity**.

嘘をつくことは非常に**問題**だという印象を持つ人もいるかもしれませんが、嘘をつくのは実は人間の脳が**洗練されている**という証なのです。**嘘をつくこと**はずっと以前にさかのぼり、おそらく**言語**能力を獲得するとすぐ人は嘘をつき始めたのです。考えてみれば、暴力を使わずに人を**操る**能力は進化上の利点であろうし、巧みに嘘をつける**特質**はその人の子供へと伝えられていきます。

私たちは様々な理由で**嘘をつき**ます。時には集団の中で**立場**を有利にするため、自分のイメージを**誇張しよう**とすることがあります。また時には、他の人を**なだめたり**、感情を傷つけないために「たわいのない嘘」を言って、社会環境の中で**緊張**を和らげます。

実は不正直であることは、子供の成長過程における**道しるべ**です。トロント大学では、科学者たちは子供たちがどのように嘘をつくのかを**徹底的に調べました**。2歳児で嘘をつくことができたのはたった30%で、アイコンタクトを避けるなど、本当のことを言っていないという**わかりやすい**しぐさをしていました。しかし8歳までには、他の嘘で嘘を**隠す**ことができました。このように下手な嘘つきから**洗練された**嘘つきへの**急激な向上**は、子供の**認知力**がうまく機能していて、**順調な成長過程**にあるという**印**です。

＊ strike「印象を与える」 physical force「暴力」
evolutionary advantage「進化上の利点」 pass STH on to「～に…を伝える、譲る」
white lie「たわいない嘘、罪のない嘘」

0471 □□□
troubling [ˈtrʌblɪŋ] 形 問題となる

類 0472 □□□ **worrisome** [ˈwʌrisəm] 0473 □□□ **disquieting** [dɪsˈkwaɪətɪŋ] 心配させる

Many parents find it **worrisome** when their children lie.
多くの親たちは、子供が嘘をつくと心配します。

0474 □□□
indication [ˌɪndɪˈkeɪʃn] 名 証、しるし

類 0475 □□□ **evidence** [ˈevɪdəns] 0476 □□□ **sign** [saɪn] しるし

There is a lot of **evidence** that lying is a mark of creativity.
嘘をつくことは創造性の印であるという多くの証拠があります。

0477 □□□
sophisticated [səˈfɪstɪkeɪtɪd] 形 洗練された

類 0478 □□□ **refined** [rɪˈfaɪnd] 0479 □□□ **polished** [ˈpɒlɪʃt] 洗練された

As children get older, their lies become more **refined**.
子どもたちは大きくなるにつれて、嘘が上手になります。

0480 □□□
deceitful [dɪˈsiːtfl] 形 うそつきの、誠実でない

類 0481 □□□ **deceptive** [dɪˈseptɪv] 0482 □□□ **untruthful** [ʌnˈtruːθfl] 不正直な

When very young children are **deceptive**, they become nervous.
幼い子供たちは、嘘をつこうとするとき緊張します。

0483 □□□
linguistic [lɪŋˈgwɪstɪk] 形 言語の

類 0484 □□□ **semantic** [sɪˈmæntɪk] 0485 □□□ **verbal** 言葉の

The ability to lie is linked to our **semantic** ability.
嘘をつく能力は言語的な能力と関係しています。

0486 □□□
manipulate [məˈnɪpjuleɪt] 動 操作する

類 0487 □□□ **persuade** [pəˈsweɪd] 0488 □□□ **convince** [kənˈvɪns] 説得して…させる

Human beings use lying to **convince** others to do what they want.
人間は自分が望むことを他人に説得してさせるために嘘を使います。

0489 □□□
trait [treɪt] 名 (人の性格上の) 特徴

類 0490 □□□ **characteristic** [ˌkærəktəˈrɪstɪk] 特徴

Parents pass their own **characteristics** on to their children.
親の特徴は子供に遺伝します。

0491 □□□
inflate [ɪnˈfleɪt] 動 誇張する

類 0492 □□□ **exaggerate** [ɪgˈzædʒəreɪt] 誇張する

People tend to **exaggerate** what their salary is when they meet strangers.
人は知らない人に会うと、自分のサラリーを誇張する傾向があります。

0493 □□□
standing [ˈstændɪŋ] 名 立場

類 0494 □□□ **position** [pəˈzɪʃn] 0495 □□□ **stature** [ˈstætʃə] 立場、地位

Some politicians lie to the public to improve their **stature**.
一部の政治家は、自分の立場をよくするために一般の人に嘘をつきます。

0496 □□□
appease [əˈpiːz] 動 なだめる

類 0497 □□□ **placate** [pləˈkeɪt] 0498 □□□ **mollify** [ˈmɒlɪfaɪ] なだめる

Politicians often try to **placate** angry people by telling lies.
政治家たちは、よく嘘をついて怒っている人を**なだめます**。

0499 □□□
tension [ˈtenʃn] 名 緊張

類 0500 □□□ **stress** [stres] 0501 □□□ **strain** [streɪn] 緊張

If a husband or wife lies, it can cause a lot of **strain** in the marriage.
もし夫もしくは妻が嘘をつくと、結婚生活に重大な**緊張**を引き起こすかもしれません。

0502 □□□
milestone [ˈmaɪlstəʊn] 名 道しるべ

類 0503 □□□ **landmark** [ˈlændmɑːk] 目印 0504 □□□ **turning point** 岐路
0505 □□□ **watershed moment** [ˈwɔːtəʃed ˈməʊmənt] 重要な分岐点

The ability to be dishonest is a **landmark** in a child's brain development.
嘘をつく能力は、子供の脳の発達の**印**です。

0506 □□□
delve into STH [delv] ～を掘り下げて調べる

類 0507 □□□ **investigate** [ɪnˈvestɪgeɪt] 0508 □□□ **research** [rɪˈsɜːtʃ] 詳しく調査する

The professor hopes to **investigate** why some people can't tell the truth.
その教授は、なぜ一部の人は本当のことを言うことができないのか、**詳しく調査する**ことを望んでいます。

0509 □□□
revealing [rɪˈviːlɪŋ] 形 露出する、明らかな

類 0510 □□□ **tell-tale** わかりやすい

Not looking in someone's eyes is a **tell-tale** sign that you are lying.
相手の目を見ないことは、嘘をついている**わかりやすい**合図です。

0511 □□□
mask [mɑːsk] 動 隠す

類 0512 □□□ **cover** STH **up** 0513 □□□ **disguise** [dɪsˈgaɪz] 0514 □□□ **obscure** [əbˈskjʊə] ～を隠す

People often lie to **cover up** something they are ashamed of.
人は恥ずかしいと思うことを**隠す**ために嘘をつくことがよくあります。

0515 □□□
sudden leap [ˈsʌdn liːp] 急な上昇

類 0516 □□□ **rapid advancement** 急速な発展

The research done by the team in Toronto marks a **rapid advancement** in our knowledge.
トロントのチームの調査によって、私たちの知識は**急激に増えました**。

0517 □□□
cognition [kɒgˈnɪʃn] 名 認知力

類 0518 □□□ **thought process** 思考過程

The researchers believe that lying is an important part of higher **thought processes**.
研究者たちは、嘘をつくことはレベルの高い**思考過程**の重要な要素であると考えています。

0519 □□□
on track [træk] 順調に進んで

類 0520 □□□ **on target** 目標に向かって

Lying actually shows that your child is **on target** to becoming a mature person.
嘘をつくことは、実は子供が成熟した大人になる**順調な過程にある**ということを示しています。

0521 □□□
maturity [məˈtʃʊərəti] 名 成熟、十分な成長

類 0522 □□□ **adulthood** [ˈædʌlthʊd] 大人であること

Thinking about other people's feelings is a sign of **adulthood**.
他の人の気持ちを汲むことができるようになるのは、**大人になった**証拠です。

evidence（証拠）は不可算名詞ですが、IELTS受験者はよくこの単語を複数形で使ってしまいます。例えば、There are a lot of evidences.（多くの証拠があります）のように。これは誤りで、正しくはThere is a lot of evidence. です。名詞が可算名詞か不可算名詞か、必ず確認しましょう。

Section 11

マウンテンゴリラ

011

何回読んだ？
□□□□□

One of our closest cousins, the mountain gorilla, is in serious **peril** of becoming *extinct. There are currently fewer than a thousand of these amazing *primates, so scientists are **scrambling** to **monitor** them in their **natural habitat**.

Each *troop has a **rigid** social **structure** with the '*alpha-male' at the top. Under his **direction**, the troop decides when to **trek** to the next feeding place (they never sleep in the same place on two **successive** nights). He also **guards** the family **from harm**, and as the alpha, only he has the right to **have young**. **Subordinate to** him are the females who **tend to** the babies and the **immature** males. As the younger males reach *adulthood, **distinctive** silver fur appears on their backs. At that point, they **face a choice**. They can either fight the alpha for **dominance** or leave to start their own family.

A gorilla's day is **segmented into** three parts: resting, **roaming**, and *foraging. They seldom drink water but get most of their *hydration from their diet of **foliage**. They mostly **shun** meat, except for *army ants, which they **consider as** a *delicacy, catching them using a stick they have *stripped of *bark. This makes them one of the few 'tool-using' creatures alongside humans.

私達に最も近い従兄弟であるマウンテンゴリラは、深刻な絶滅の**危機**に瀕しています。この素晴らしい霊長類は現時点で千頭未満しかいないので、科学者達は**自然の生息地**の中で彼らを**観察することを急いでいます**。

個々の群れにはリーダーの雄をトップとした**厳格な**社会**構造**があります。この雄の**指揮**の下、群れはいつ次の餌場へ**移住する**かを決めます（彼らが2夜**続けて**同じ場所で眠る事はありません）。この雄はまた、**害から**家族を**守り**、リーダーの雄として、彼のみが**子供を持つ**権利を持っています。彼の**子分**は赤ちゃんの**世話をする**雌と**若い**雄です。若い雄が成人期になると、背中に**はっきりとした**銀色の毛が現れます。その時点で彼らは**選択を迫られます**。彼らは最高位の雄と闘って**支配**するか、新しい家庭を築くために群れを去る事のどちらかをすることができるのです。

ゴリラの日常は3部に**分けられています**。すなわち、休息、**放浪**、そして採集です。彼らは滅多に水を飲みませんが、水分補給のほとんどは**葉**から摂取します。彼らはほとんど肉を**食べません**が、珍味**としている**グンタイアリだけは別で、木の皮からはぎ取った棒を使って捕まえます。これが、彼らが人間同様道具を使う数少ない生物の1つである事の証拠です。

＊ extinct「絶滅した」 primate「霊長類」 troop「群れ」 alpha-male「リーダーの雄」
adulthood「成人期」 foraging「採集」 hydration「水分補給」
army ant「グンタイアリ」 delicacy「珍味」 strip「はぎ取る」 bark「木の皮（樹皮）」

0523 □□□
peril [ˈperəl] 名 (差し迫った) 危険

類 0524 □□□ **jeopardy** [ˈdʒepədi] 危機

The forest where the gorillas live is in **jeopardy** of being cut down.
ゴリラが生息する森は伐採の危機にあります。

0525 □□□
scramble [ˈskræmbl] 動 急いで～する

類 0526 □□□ **rush** [rʌʃ] 大急ぎでする

The government is **rushing** to save the mountain gorilla.
政府はマウンテンゴリラを保護しようと急いでいます。

0527 □□□
monitor [ˈmɒnɪtə] 動 観察する

類 0528 □□□ **observe** [əbˈzɜːv] 観察する

Dian Fossey (1932-1985) spent her life **observing** these gorillas.
Dian Fosseyはこれらのゴリラを観察する事に人生をかけました。

0529 □□□
natural habitat 自然生息地

類 0530 □□□ **natural surroundings** 0531 □□□ **natural environment** 自然環境

Mountain gorillas cannot be seen in zoos but only in their **natural surroundings**.
マウンテンゴリラは動物園ではなく、自然環境の中でのみ見る事ができます。

0532 □□□
rigid [ˈrɪdʒɪd] 形 厳格な

類 0533 □□□ **strict** [strɪkt] 0534 □□□ **fixed** [fɪkst] 厳格な

Gorilla families have a **fixed** organization with an alpha-male at the top.
ゴリラの群れにはリーダーの雄をトップとした厳格な組織があります。

0535 □□□
structure [ˈstrʌktʃə] 名 構造

類 0536 □□□ **hierarchy** [ˈhaɪərɑːki] 0537 □□□ **order** [ˈɔːdə] 階級、ヒエラルキー

The social **hierarchy** of the gorilla is similar to those of other apes.
ゴリラの社会階級は他のサルのそれと似ています。

0538 □□□
direction [dəˈrekʃn] 名 指図、命令

類 0539 □□□ **leadership** [ˈliːdəʃɪp] 指導 0540 □□□ **authority** [ɔːˈθɒrəti] 権力、支配権
0541 □□□ **command** [kəˈmɑːnd] 命令

All the gorillas in the troop are under the alpha-male's **command**.
群れの全てのゴリラは、リーダーの雄ゴリラの命令の下にあります。

0542 □□□
trek [trek] 動旅する、移動する

類 0543 □□□ **range** [reɪndʒ] 0544 □□□ **roam** [rəʊm] 歩き回る
0545 □□□ **traverse** [trəˈvɜːs] 横断旅行する

Gorillas **range** through the mountains in search of new food sources.
ゴリラは新しい食料源を求めて山を歩き回ります。

0546 □□□
successive [səkˈsesɪv] 形連続する

類 0547 □□□ **consecutive** [kənˈsekjətɪv] 0548 □□□ **back-to-back** 連続する

They do not stay in the same place on **consecutive** days.
彼らは何日も連続して同じ場所に留まりません。

0549 □□□
guard SB STH from harm ～を危険から守る

類 0550 □□□ **shield SB STH from harm** [ʃiːld] ～を害から守る
0551 □□□ **defend** [dɪˈfend] 守る

The younger males help to **shield** the family **from harm** if they are attacked.
より若い雄は、攻撃に遭った時群れを害から守ろうとします。

0552 □□□
have young 子供を持つ

類 0553 □□□ **produce offspring** 子孫を残す

Females **produce offspring** every four years.
雌は4年に一度子孫を残します。

0554 □□□
subordinate to SB [səˈbɔːdɪnət] ～の下位の

類 0555 □□□ **subservient to SB** 0556 □□□ **of a lower rank than SB** ～に従属する

Male apes with black fur are **subservient to** the alpha-male.
黒い毛の雄ザルはリーダーの雄に従います。

0557 □□□
tend to SB ～の世話をする

類 0558 □□□ **attend to SB** ～の世話をする 0559 □□□ **nurture SB** ～を育てる

The mothers **nurture** their offspring for around 21 months.
母親は21か月ほどの間子供を育てます。

0560 □□□
immature [ˌɪməˈtjʊə] 形未熟な

類 0561 □□□ **adolescent** [ˌædəˈlesnt] 若い

The **adolescent** males have black fur and are called “blackbacks”.
若い雄は黒い毛皮をしていて、「ブラックバック」と呼ばれます。

0562 □□□
distinctive [dɪˈstɪŋktɪv] 形 はっきりした特徴のある

類 0563 □□□ **unique** 0564 □□□ **characteristic** [ˌkærəktəˈrɪstɪk] 特徴的な

After males grow their **characteristic** silver fur, they are called "silverbacks".
雄の特徴的な銀色の毛が伸びてくると、「シルバーバック」と呼ばれます。

0565 □□□
face a choice 選択を迫られる

類 0566 □□□ **need to make up (one's) mind** 決心する必要がある

As the males get older, they **need to make up their mind** whether to stay and fight, or leave.
雄が歳を重ねると、留まって戦うか、去るか決心をする必要があります。

0567 □□□
dominance [ˈdɒmɪnəns] 名 支配

類 0568 □□□ **supremacy** [suˈpreməsi] 0569 □□□ **rule** [ruːl] 支配（権）

Males sometimes fight each other for **supremacy** over the troop.
雄は群れの覇権をめぐってお互いに戦う事もあります。

0570 □□□
segment into STH [segˈment] ～に分ける

類 0571 □□□ **divide into** STH 0572 □□□ **split up into** STH ～に分ける、分かれる

Gorilla families may **divide into** two groups if they become too large.
ゴリラは群れが大きくなり過ぎると二つの群れに**分かれる**事もあります。

0573 □□□
foliage [ˈfəʊliɪdʒ] 名 葉

類 0574 □□□ **vegetation** [ˌvedʒəˈteɪʃn] 植物

Gorillas get up to 90% of their nutrition from **vegetation**.
ゴリラは栄養素の90%までを**植物**から得ます。

0575 □□□
shun [ʃʌn] 動 避ける

類 0576 □□□ **eschew** [ɪsˈtʃuː] 0577 □□□ **avoid** [əˈvɔɪd] 避ける

Surprisingly, gorillas **eschew** violence whenever possible.
驚いた事に、ゴリラは可能な限り暴力を**避けます**。

0578 □□□
consider STH **as** STH [kənˈsɪdə] ～を…と見なす、考える

類 0579 □□□ **regard** STH **as** STH 0580 □□□ **view** STH **as** STH ～を…と見なす

Gorillas are now **regarded as** very intelligent creatures.
ゴリラは今やとても知能の高い生物と**見なされています**。

オリーブの栽培

Fresh olives picked from the olive tree taste incredibly bitter, which serves as a **defense mechanism** against seed-eating animals **in the wild**. However, this raises the question as to how people *modify this fruit to suit their *taste buds if it is so **inedible** in its natural state.

According to historians, the olive has been **harvested** since **the dawn of** civilization. They were first cultivated in a **verdant** area along the Turkish and Syrian border many *millennia ago. Farmers saw the value of the olive with its high oil content and **sought** to *utilise it. First of all, they removed the bitterness from the olives by **soaking** them saltwater; however, this was a **protracted** and **painstaking** process. Romans were possibly the first people that **supplemented** the water with '*lye' (sodium hydroxide) made from burnt wood, and this greatly **reduced** the time they needed to *cure the olives. After curing, they **pressed** the olives to **extract** the oil from the fruit or put them in **airtight** containers to prevent them from **spoiling**.

These days, **the lion's share of** the world's olive **crop** comes from Spain's **arable** region. Olives **thrive** there due to the *temperate climate and **moisture** in the air.

オリーブの樹から採ったばかりの新鮮なオリーブの実は、種を食べる**野生動物から身を守る役割**のため、非常に苦いです。しかし、これは人がどのようにして自然な状態では**食べられない**ものを私達の味蕾に合うように変えるのかという問題を提起しています。

歴史家によると、オリーブは文明が**始まった時**から**栽培されて**きました。オリーブは元々トルコとシリアの国境沿いの**緑多き**地域で何千年も前に栽培されていました。農民たちはその油成分の多さに価値を見出し、利用**しようとしました**。初めは、塩水に**浸す**事でオリーブから苦味を取り除きましたが、これは**長く大変な**作業でした。ローマ人が恐らく初めて、この水に燃やした木材から作られた「アルカリ液」(水酸化ナトリウム)を**加えて**、これがオリーブを処理する必要時間を大幅に**短縮しました**。処理の後、オリーブを**潰して**実から油を**抽出し**、あるいは防腐のためオリーブを密閉容器に入れました。

今日、世界のオリーブ**生産**の**最も大きなシェア**はスペインの**耕作に適した**地域から来ています。オリーブはその地域の温暖な気候と、空気の湿度のため**よく育ちます**。

---

* modify「改良する」 taste buds「味蕾」 millennium「千年」 utilise「利用する」 lye (sodium hydroxide)「アルカリ液（水酸化ナトリウム）」 cure「保存処理」 temperate「温暖な」

0581 □□□
defense mechanism [ˈmekənɪzəm] 防御装置

類 0582 □□□ **protection** [prəˈtekʃn] 0583 □□□ **guard** [gɑːd] 保護、防御

The olive uses its bitter taste as a **guard** against animals that want to eat it.
オリーブはそれを食べようとする動物への防御策として苦味を使います。

0584 □□□
in the wild 野生で、野生の

類 0585 □□□ **in nature** 0586 □□□ **in the natural world** 自然界で

In nature, animals often look for fruits with seeds in them to eat.
自然界では、動物はしばしば種の入っている果物を食べようと探します。

0587 □□□
inedible [ɪnˈedəbl] 形 食べることができない、食用ではない

類 0588 □□□ **inconsumable** 食べることができない

Olives are completely **inconsumable** in their natural form.
オリーブは自然な状態では全く食べることができません。

0589 □□□
harvest [ˈhɑːvɪst] 動 収穫する

類 0590 □□□ **reap** [riːp] 収穫する

Depending on the region and the type of olive, the crop is **reaped** between September and December.
地域とオリーブの種類によって、9月から12月の間に収穫されます。

0591 □□□
the dawn of STH ~の幕開け

類 0592 □□□ **the birth of** STH ~の始まり

The birth of agriculture probably took place in the Middle East.
農業の始まりは、恐らく中東で起こりました。

0593 □□□
verdant [ˈvɜːdnt] 形 植物が生い茂った

類 0594 □□□ **lush** [lʌʃ] 0595 □□□ **green** 緑の多い

The **lushest** land in Spain is in the north.
スペインで最も緑の多い地域は北にあります。

0596 □□□
seek [siːk] 動 ~を求める、~しようとする

類 0597 □□□ **pursue** [pəˈsjuː] 追求する 0598 □□□ **look for** SB STH ~を探す

The Romans **pursued** different ways to cure the olives faster.
ローマ人はオリーブをより早く保存処理するいろいろな方法を追求しました。

0599 □□□
soak [soʊk] 動 浸す

類 0600 □□□ **immerse** [ɪˈmɜːs] 0601 □□□ **submerge** [səbˈmɜːdʒ] 浸す

Submerging the olives in brine (saltwater) removes the bitter taste.
オリーブを塩水に**浸す**事で苦味が取れます。

0602 □□□
protracted [prəˈtræktɪd] 形 長引く、長く続く

類 0603 □□□ **time-consuming** 0604 □□□ **drawn-out** 時間のかかる

Growing olive trees can be a **time-consuming** process because they need so much care.
オリーブの樹を育てる事は沢山世話が必要になるため**時間がかかります**。

0605 □□□
painstaking [ˈpeɪnzteɪkɪŋ] 形 骨の折れる、大変な

類 0606 □□□ **meticulous** [məˈtɪkjələs] 細部まで行き届いた 0607 □□□ **thorough** [ˈθʌrə] 徹底的な

Farmers must be **meticulous** when they make olive oil so that it does not spoil.
農民はオリーブオイルを作る時は腐らないように**注意深く**ならなくてはいけません。

0608 □□□
supplement [ˈsʌplɪment] 動 補う、加える

類 0609 □□□ **augment** [ɔːgˈment] 増加させる、増補する

Romans **augmented** their olives with spices and garlic.
ローマ人はオリーブをスパイスとニンニクで**風味付け**しました。

0610 □□□
reduce [rɪˈdjuːs] 動 減らす

類 0611 □□□ **cut down on** STH 0612 □□□ **decrease** 0613 □□□ **scale** STH **back** ～を減らす

Farmers had to **scale back** the amount of salt they used to cure olives for modern consumers.
農民は現代の消費者に合わせて、オリーブを保存処理するための塩の量**を減らす**必要がありました。

0614 □□□
press [pres] 動 圧縮する、圧搾(あっさく)する

類 0615 □□□ **squash** [skwɒʃ] 0616 □□□ **crush** [krʌʃ] 押しつぶす
0617 □□□ **flatten** [ˈflætn] 平らにする

Before you put the olive into the saltwater, you need to **flatten** it with a hammer.
オリーブを塩水に漬ける前に、ハンマーで**潰す**必要があります。

0618 □□□
extract [ɪkˈstrækt] 動 抽出する

類 0619 □□□ **obtain** [əbˈteɪn] 獲得する

Olive oil is **obtained** by pressing the olives in a special machine.
オリーブオイルはオリーブを特別な機械で圧縮する事で**得られ**ます。

0620 □□□
airtight [ˈeətaɪt] 形 密閉した、気密の

類 0621 □□□ **watertight** [ˈwɔːtətaɪt] 0622 □□□ **sealed** [siːld] 密閉した

Glass jars are used as **sealed** containers for olives.
ガラス瓶はオリーブの密閉容器として使用されています。

0623 □□□
spoil [spɔɪl] 動 腐る

類 0624 □□□ **decay** [dɪˈkeɪ] 0625 □□□ **turn bad** 0626 □□□ **rot** [rɒt] 腐る

Olives begin to **turn bad** a few days after they are picked.
オリーブは収穫後数日で**腐り**始めます。

0627 □□□
the lion's share of STH ～の大半、最大の分け前

類 0628 □□□ **the bulk of** STH 0629 □□□ **the majority of** STH ～の大半

The bulk of olives (90%) are used to make olive oil.
オリーブの**大半** (90%) はオリーブオイルを作るために使われます。

0630 □□□
crop [krɒp] 名 作物、収穫高

類 0631 □□□ **harvest** [ˈhɑːvɪst] 収穫

The annual **harvest** of olives is very important for the Spanish economy.
毎年のオリーブの**収穫**はスペイン経済にとても重要です。

0632 □□□
arable [ˈærəbl] 形 耕作に適した

類 0633 □□□ **food-producing** [fuːd prəˈdjuːsɪŋ] 食物が育つような

There is less and less **food-producing** land due to climate change.
気候変化によって、**食物を育てる**土地がますます減少しています。

0634 □□□
thrive [θraɪv] 動 健康に育つ

類 0635 □□□ **flourish** [ˈflʌrɪʃ] よく育つ

The olive tree **flourishes** in countries around the Mediterranean sea.
オリーブの樹は地中海の周りの国々で**よく育ちます**。

0636 □□□
moisture [ˈmɔɪstʃə] 名 湿度、湿気

類 0637 □□□ **dampness** [ˈdæmpnəs] 湿度

You need the right level of **dampness** to cultivate olive trees.
オリーブの樹を栽培するには、丁度良い**湿度**が必要です。

ロボカップ

Founded in 1997 by professors from Kyoto University, the RoboCup is **little-known outside certain circles** in the robotics field. This annual conference **showcases** the latest **state-of-the-art** robotics in a football tournament and had **ballooned** to 500 teams from over 50 countries by 2017. They have set themselves a **formidable** goal: that by 2050, they will **put together** a team of football-playing robots that can **outplay** the human FIFA World Cup winners.

Why football? In comparison to a **static** game such as chess, football is much more **demanding**. In chess, the players *take turns, whereas football is **dynamic** and each player needs to **react** in real time to changing conditions. Footballers need to **position** themselves in relation to the ball, the goal, and the other players. Unfortunately, current robots are not **adept at** dealing with so many **variables** and look like **awkward** *toddlers when they play. We are still a **long way off** from a **viable** robot soccer team. Until then, the engineers will have to **go back to the drawing board**. If they are successful, it will be a scientific **breakthrough**. There are many **promising** and useful **applications** for these robots such as elderly care, search and rescue, and manual labour.

1997年に京都大学の教授によって創設されたロボカップは、ロボット工学の**特定の世界以外ではほとんど知られていません**。この年次大会はサッカーのトーナメントを通して**最新の**ロボット工学を**披露する**もので、2017年までに50以上の国々からの500チームに**膨れ上がりました**。彼らは自身に**恐るべき**目標を設定しました：2050年までに、人間のFIFAワールドカップ優勝者を**打ち負かす**ようなロボットによるサッカーチームを**招集する**という事です。

何故サッカーなのでしょうか？　チェスのような**静的な**ゲームと比較して、サッカーはずっと**過酷**です。チェスではプレイヤーが順番に動きますが、サッカーは**動的**で各々のプレイヤーが状況変化に即座に**反応する**必要があります。サッカー選手はボールやゴールや他のプレイヤーに合わせて自身を**配置する**必要があります。残念ながら、現在のロボットはそんなに沢山の**変化**に対処する**能力**が無く、試合をしている時は**ぎこちない**幼児のように見えます。私達はまだまだ**実現可能な**ロボットのサッカーチームからは**程遠い**のです。その時まで、エンジニアは**振り出しに戻ら**なくてはならないでしょう。もしうまく行けば、科学的な**突破口**となるでしょう。これらのロボットには、老人のケアや捜索救助、そして肉体労働など、**将来性があり**役に立つ幅広い**応用方法**があります。

---

* take turns「順番に～する」　toddler「よちよち歩きの小児」

0638 □□□
little-known outside certain circles
特定の社会以外ではほとんど知られていない

類 0639 □□□ **practically unknown** ほとんど知られていない
0640 □□□ **fairly obscure** ほぼ無名の
0641 □□□ **relatively unfamiliar** あまり知られていない

The teams competing in the RoboCup are **practically unknown**.
ロボカップに参戦するチームは、ほとんど知られていないも同然です。

0642 □□□
showcase [ˈʃəʊkeɪs] 動 見せる、紹介する

類 0643 □□□ **exhibit** [ɪɡˈzɪbɪt] 展示する、見せる

The conference also **exhibits** the latest in artificial intelligence.
その学会は人工知能における最新技術も披露します。

0644 □□□
state-of-the-art 形（機器などが）最新式の

類 0645 □□□ **cutting-edge** 最新の

You can see a lot of **cutting-edge** technology in Akihabara, Tokyo.
東京の秋葉原では、沢山の最新技術を見ることができます。

0646 □□□
balloon [bəˈluːn] 動 膨れ上がる

類 0647 □□□ **explode** [ɪkˈspləʊd] 0648 □□□ **surge** [sɜːdʒ] 急増する

Jobs in the technology field have **exploded** since the 1990s.
1990年代以降、技術分野の仕事は急増しました。

0649 □□□
formidable [fəˈmɪdəbl] 形 手ごわい、大変な

類 0650 □□□ **complicated** [ˈkɒmplɪkeɪtɪd] 複雑な 0651 □□□ **challenging** [ˈtʃælɪndʒɪŋ] 困難な

Robots can handle many **complicated** tasks.
ロボットは沢山の複雑な仕事をこなす事ができます。

0652 □□□
put STH together ～を作る

類 0653 □□□ **assemble** [əˈsembl] 組み立てる

A factory outside Kawasaki **assembles** a popular type of robot.
川崎郊外の工場では、よくあるタイプのロボットが組み立てられています。

0654 □□□
outplay [ˌaʊtˈpleɪ] 動 勝つ、打ち負かす

類 0655 □□□ **outperform** [ˌaʊtpəˈfɔːm] ～をしのぐ、～より優れている

They hope that the robot team will be able to **outperform** the World Cup winners in 50 years.
彼らは50年後にはそのロボットチームがワールドカップの勝者を**打ち負かす**ことができるようになるのを望んでいます。

0656 □□□
static [ˈstætɪk] 形 静的な、動かない

類 0657 □□□ **stationary** [ˈsteɪʃənri] 静的な、動かない

While computers are **stationary**, robots need to move.
コンピューターは**静的**ですが、ロボットは動くものです。

0658 □□□
demanding [dɪˈmɑːndɪŋ] 形 きつい、要求の厳しい

類 0659 □□□ **ambitious** [æmˈbɪʃəs] 大がかりな、野心的な

They set such an **ambitious** goal because they wanted to motivate the engineers.
彼らは技術者達にやる気を起こして欲しかったので、そのような**大きな**目標を掲げました。

0660 □□□
dynamic [daɪˈnæmɪk] 形 動的な、活動的な

類 0661 □□□ **in flux** [flʌks] 活発な、流動的な

The robotic field will remain **in flux** with new robots being developed.
ロボット工学の業界は、新しいロボットが開発されるので、**活発な**ままでしょう。

0662 □□□
react [riˈækt] 動 反応する

類 0663 □□□ **respond** 反応する 0664 □□□ **act in response** 反応して行動する

At the moment, it is difficult for the robots to **respond** quickly enough.
今のところ、ロボットは十分素早く**反応して行動する**事が難しいです。

0665 □□□
position (oneself) [pəˈzɪʃn]
動（人を適切な場所に）配置する

類 0666 □□□ **place (oneself)** （人を場所に）置く

The robot goalkeeper tends to **place** itself in the middle of the goal.
ロボットのゴールキーパーは、ゴールの真ん中に身を**置く**傾向があります。

0667 □□□
adept at STH ～が上手で

類 0668 □□□ **proficient at** STH 0669 □□□ **deft at** STH ～が上手で

The one thing the robots are quite **deft at** is kicking the ball.
ロボットが唯一とても**得意とする**事は、ボールを蹴る事です。

0670 □□□
variable [ˈveəriəbl] 名 変化するもの

類 0671 □□□ **different factor** 異なる要因 0672 □□□ **different aspect** 異なる側面

There are many **different factors** that make this game so difficult.
このゲームをとても難しいものにしている沢山の**様々な原因**があります。

0673 □□□
awkward [ˈɔːkwəd] 形 ぎこちない、不器用な

類 0674 □□□ **clumsy** [ˈklʌmzi] ぎこちない

Walking robots look **clumsy** if they move too quickly.
歩行ロボットは早く動き過ぎると**ぎこちなく**見えます。

0675 □□□
long way off 遠く離れている

類 0676 □□□ **distant prospect** 0677 □□□ **long way down the road** 長い道のり

Robots that we can have conversations with are a **distant prospect**.
ロボットが私達と会話できるようになるまでは**長い道のり**です。

0678 □□□
viable [ˈvaɪəbl] 形 実現可能な

類 0679 □□□ **feasible** [ˈfiːzəbl] 実現可能な

Robots that help us do chores should be **feasible** in the next ten years.
私達の雑用を手伝ってくれるロボットは、今後10年以内に**実現可能**でしょう。

0680 □□□
go back to the drawing board 振り出しに戻る

類 0681 □□□ **go back to square one** 振り出しに戻る

After the disappointing loss to Germany, the Japanese team had to **go back to square one**.
ドイツに対して残念な敗北を喫した後、日本チームは**振り出しに戻ら**なければなりませんでした。

0682 □□□
breakthrough [ˈbreɪkθruː] 名 突破口、飛躍的な進歩

類 0683 □□□ **quantum leap** [ˌkwɒntəm ˈliːp] 飛躍的な進歩

Honda's first walking robot in 1986 was a scientific **quantum leap**.
1986年のホンダの初の歩行型ロボットは科学的な**飛躍的進歩**でした。

0684 □□□
promising [ˈprɒmɪsɪŋ] 形 見込みのある、期待できる

類 0685 □□□ **potentially exciting** [pəˈtenʃəli] 面白いものになる見込みのある

There are many **potentially exciting** medical uses for robots in old age homes.
老人ホームには**胸躍るような**ロボットの医療使用の**見込み**が沢山あります。

0686 □□□
application [ˌæplɪˈkeɪʃn] 名 適用、応用、利用

類 0687 □□□ **utilisation** [ˌjuːtəlaɪˈzeɪʃn] 利用 0688 □□□ **use** [juːs] 使用

The **utilisation** of robotics in medicine will save both money and lives.
医学でのロボット工学の**活用**は金銭的節約にも人命救助にもなります。

ニコラ・テスラと「電流戦争」

When Nikola Tesla (1856-1943) went to work for his hero, Thomas Edison, he **set** his **sights on revamping** Edison's electrical system of *direct current (DC). However, their relationship soon *soured as Edison was **cool towards** Tesla's views on *alternating current (AC). This new system could send electricity great distances and produce a bright light, unlike the *muddy **glow** of DC light.
The two men soon **despised** each other and started the 'War of the Currents'. The **rivals** tried to **upstage** one another with **outrageous** *stunts. Edison even *electrocuted an elephant with AC power just to **prove** that AC was dangerous. However, the **merits** of AC power **won the day**. Following this, Tesla **outlined** plans to **harness** the *hydropower of Niagara Falls, and people were **dumbfounded** by his inventions, such as the X-ray, remote controls, and satellites. He **established** a new laboratory and *sought **capital** to produce free wireless electricity. However, this project **came to nothing**, and he died **penniless**. He is often considered to be the **archetype** of the 'mad scientist'; however, his body of work, once considered *obscure, is now being **reconsidered** because of his **accomplishments**.

ニコラ・テスラ（1856-1943）が崇拝するトーマス・エジソンのところで働きだしたとき、彼はエジソンの直流電流の電気システムを**改良することに狙いを定めて**いました。しかし、エジソンはテスラの交流電流の考え**に対し冷たく**、2人の関係はすぐに悪化しました。この新しいシステムは電気を遠くまで送る事ができ、直流電流のくすんだ**光**と違って明るい光を放つ事ができました。
この2人はすぐにお互いを**軽蔑する**ようになり、「電流戦争」が始まりました。この**ライバル同士**は**非道な**技でお互いから**人気を奪おう**としました。エジソンは交流電流が危ないという事を**証明する**ためだけに、象を交流電源で感電死までさせて見せました。しかし、交流電流の**利点**が**勝利を得ました**。これに続いて、テスラはナイアガラの滝の水力を**利用する**計画**概要を作り**、レントゲンや遠隔操作、人工衛星などの彼の発明に人々は**非常に驚き**ました。彼は新しい研究所**を作り**、無料の無線電気を製造するために**資本**を探しました。しかし、この計画は**無駄になり**、彼は**一文無し**で生涯を終えました。彼はよく、「マッドサイエンティスト」の**典型**と見なされています。しかし、一時は解し難いと見なされていた彼の一連の発明は、今や彼の**功績**のために**見直され**ています。

---

* direct current「直流電流」 sour「悪化する」 alternating current「交流電流」
muddy「ぼんやりした」 stunt「妙技」 electrocute「感電死させる」
hydropower「水力発電」 seek「求める」obscure「曖昧な」

0689 □□□
set (one's) sights on STH ～に狙いを定める

類 0690 □□□ **aim for** STH [eɪm] 0691 □□□ **strive for** STH [straɪv] ～を求める

Tesla **strived for** the American dream of becoming rich.
テスラはお金持ちになるアメリカンドリームを**求めて**いました。

0692 □□□
revamp [ˌriːˈvæmp] 動 改良する

類 0693 □□□ **overhaul** [ˌəʊvəˈhɔːl] 全面的に見直す

He hoped to **overhaul** the entire electrical system in the United States.
彼はアメリカ全土の電気システムを**見直す**事を望んでいました。

0694 □□□
cool towards SB STH ～に対して冷たい、熱心でない

類 0695 □□□ **aloof towards** SB STH [əˈluːf] ～に対してよそよそしい

0696 □□□ **lukewarm towards** SB STH [ˌluːkˈwɔːm] ～に乗り気でない

At first, the banks and creditors were **lukewarm towards** his ideas.
初め、銀行や債権者達は彼の考え**に対して乗り気では**ありませんでした。

0697 □□□
glow [gləʊ] 名（燃えていない物体が放つ）光

類 0698 □□□ **illumination** [ɪˌluːmɪˈneɪʃn] 照明 0699 □□□ **radiance** [ˈreɪdiəns] 光

The **radiance** from light bulbs using AC electricity was very bright.
交流電流を用いた電球の**光**はとても明るかったです。

0700 □□□
despise [dɪˈspaɪz] 動 軽蔑する

類 0701 □□□ **loathe** [ləʊð] 0702 □□□ **detest** [dɪˈtest] ひどく嫌う

0703 □□□ **hold disdain for** SB STH [dɪsˈdeɪn] ～を軽蔑する

Edison **detested** Tesla's ideas about wireless technology.
エジソンはテスラの無線技術の考えを**嫌って**いました。

0704 □□□
rival [ˈraɪvl] 名 ライバル

類 0705 □□□ **antagonist** [ænˈtægənɪst] 0706 □□□ **adversary** [ˈædvəsəri] 敵対者

Westinghouse Power Company was another one of Edison's **adversaries**.
ウェスティングハウス電力会社はエジソンの**敵**の１つでした。

0707 □□□
upstage [ˌʌpˈsteɪdʒ] 動 人気を奪う

類 0708 □□□ **outdo** [ˌaʊtˈdu] ～に勝る、～を出し抜く

Tesla tried to **outdo** Edison at the 1893 World's Fair with his Tesla Coil.
テスラは1893年のワールドフェアにおいて、テスラコイルでエジソンを**出し抜こう**としました。

0709 □□□
outrageous [aʊtˈreɪdʒəs] 形 非道な

類 0710 □□□ **scandalous** [ˈskændələs] 恥ずべき
Edison did many **scandalous** things, such as stealing ideas.
エジソンは盗作など、**恥ずべき事**を沢山行いました。

0711 □□□
prove [pruːv] 動 証明する

類 0712 □□□ **demonstrate** [ˈdemənstreɪt] 証明する
Tesla **demonstrated** that electronic signals could be sent through the air.
テスラは電子信号が空気中を伝わっていく事を**証明しました**。

0713 □□□
merit [ˈmerɪt] 名 利点

類 0714 □□□ **benefit** [ˈbenɪfɪt] 0715 □□□ **advantage** [ədˈvɑːntɪdʒ] 利益
There are several **benefits** to AC such as safety and the amount of power generated.
交流電流には安全性や発生する動力量など複数の**メリット**があります。

0716 □□□
win the day 勝利を収める

類 0717 □□□ **triumph** [ˈtraɪʌmf] 0718 □□□ **be victorious** 勝利する
Tesla **triumphed** when he provided electricity to the city of Chicago.
テスラはシカゴに電力を供給し**勝利を得ました**。

0719 □□□
outline [ˈaʊtlaɪn] 動 概要を作る

類 0720 □□□ **draft** [drɑːft] 起草する
Tesla **drafted** plans to provide free electricity to the world.
テスラは世界に無料で電気を供給する計画を**起草しました**。

0721 □□□
harness [ˈhɑːnɪs] 動 利用する

類 0722 □□□ **exploit** [ɪkˈsplɔɪt] 利用する
Tesla **exploited** the energy of moving water to create electricity.
テスラは発電するために水力エネルギーを**利用しました**。

0723 □□□
dumbfounded [dʌmˈfaʊndɪd] 形 とても驚いて

類 0724 □□□ **shocked** [ʃɒkt] 0725 □□□ **astonished** [əˈstɒnɪʃt] 驚いて
People were **astonished** by Tesla's remote-controlled boat.
人々はテスラの遠隔操作ボートに**驚愕しました**。

0726 □□□
establish [ɪˈstæblɪʃ] 動 設立する

類 0727 □□□ **set STH up** [set ʌp] 0728 □□□ **found** [faʊnd] ～を設立する
Tesla Motors, an electric car company, was **founded** in 2003.
電気自動車会社テスラモータースが2003年に**設立されました**。

0729 □□□
capital [kǽpətl] 名資本

類 0730 □□□ **funding** [ˈfʌndɪŋ] 0731 □□□ **financing** [ˈfaɪnænsɪŋ]
0732 □□□ **financial backing** 財政的支援

It was difficult to obtain **financial backing** for his final experiments.
彼の最終実験のために**財政的支援**を得る事は困難でした。

0733 □□□
come to nothing [kʌm tə ˈnʌθɪŋ] 無駄になる

類 0734 □□□ **fail** [feɪl] 0735 □□□ **come to naught** 失敗に終わる

His experiments in space travel **failed**.
彼の宇宙旅行実験は**失敗に終わり**ました。

0736 □□□
penniless [ˈpeniləs] 形一文無しの

類 0737 □□□ **destitute** [ˈdestɪtjuːt] 0738 □□□ **broke** [brəʊk] 一文無しの
0739 □□□ **impoverished** [ɪmˈpɒvərɪʃt] 貧しい

He died **broke** and alone in a New York City hotel.
彼はニューヨーク市のホテルで、**一文無し**で孤独に生涯を終えました。

0740 □□□
archetype [ˈɑːkitaɪp] 名典型

類 0741 □□□ **epitome** [ɪˈpɪtəmi] 典型

Many people today consider him the **epitome** of the romantic genius.
今日沢山の人が彼を空想的天才の**典型**とみなしています。

0742 □□□
reconsider [ˌriːkənˈsɪdə] 動考え直す

類 0743 □□□ **reevaluate** [ˌriː ɪˈvæljueɪt] 0744 □□□ **reassess** [riːəˈses] 再評価する

Scientists are **reevaluating** Tesla's ideas about wireless technology.
科学者は無線技術に関するテスラの考えを**再評価して**います。

0745 □□□
accomplishment [əˈkʌmplɪʃmənt] 名業績、成果

類 0746 □□□ **achievement** [əˈtʃiːvmənt] 功績

His greatest **achievement** was providing electricity to the Eastern United States.
彼の最も偉大な**功績**は、アメリカ東部へ電力を供給した事です。

ある思考実験

A **runaway** *trolley is **barrelling towards** five people who are tied up and **unable** to move. You are standing beside a lever, and if you pull it, you **divert** the trolley **onto** a different track. However, there is one person tied up to this second track. You have two **options**:

1. Do nothing and five people die.
2. Pull the lever and be **accountable** for one person's death.

Which is the most **ethical** choice?

If you believe in *Utilitarianism, you will choose one death over five and pull the lever. It is a clear moral **obligation**, although many people would **be reluctant** to make such a decision.

This **dilemma** isn't only a **flight of fancy** but has real world *applications in terms of *autonomous vehicles. As self-driving cars (SDCs) begin to move **freely** in our cities, the **ramifications** must be considered. Imagine the SDC you are travelling in is about to **strike** some *pedestrians. Should it *jump the kerb and avoid them even if it **endangers** you? Our instinct to **survive** is **hard-wired into** our brains, so many of us would want the car to **mitigate** the threat to ourselves. However, this puts us **in conflict with** the **choice** to minimise casualties made in the trolley problem above.

暴走路面電車が、縛られて動く事が**できない**5人の人に**向かって疾走しています**。あなたはレバーの横に立っていて、もしそれを引けば、路面電車を違う軌道に**逸らせます**。しかし、この後者の軌道上には1人縛られている人がいます。あなたには2つの**選択肢**があります。

1. 何もせず5人の人を見殺しにする
2. レバーを引いて1人の死の**責任を負う**

どちらが最も**倫理的な**選択でしょうか。

もしあなたが功利主義を信じるなら、5人の命より1人の命を選択し、レバーを引くでしょう。多くの人はこのような選択を取り**たがらない**ですが、これは明らかな**倫理義務**です。

この**葛藤**は**空想の世界に耽っている**だけでなく、自動運転車の観点から現実世界にも適用される事です。自動運転車が私達の街で**自由に**行き来するとともに、**予期せぬ結果**が考慮される必要があります。あなたが乗っている自動運転車が歩行者に**ぶつかり**そうになっているところを想像して下さい。あなた自身を**危険に晒して**まで、縁石を飛び越えて彼らを避けるべきでしょうか。私達の**生き抜こう**とする本能は私達の脳**に生まれつき備わっている**ので、我々の多くは自身に対する脅威を車が**軽減して**欲しいと思うでしょう。しかしこれは上記の路面電車問題でなされた、犠牲者を最小限にする**選択と対立します**。

---

* trolley「路面電車、トロリー」 Utilitarianism「功利主義」 application「適用」 autonomous「自主的な」 pedestrian「歩行者」 jump the kerb「縁石を飛び越える」

0747 □□□
runaway (vehicle) [ˈrʌnəweɪ] 形 暴走した（車）

類 0748 □□□ **out-of-control (vehicle)** 制御不能な（車）

Many people are scared of being in an **out-of-control** car.
制御不能な車に乗る事を怖がる人は多いでしょう。

0749 □□□
barrel towards SB STH [ˈbærəl] ～に向かって突進する

類 0750 □□□ **speed towards** SB STH [spiːd] ～に向かって疾走する
0751 □□□ **reassess** [ˌriːəˈses] 再評価する

If a trolley were **speeding towards** some people, you would need to think fast.
もし路面電車が人に向かって疾走していたら、あなたは素早く判断する必要があります。

0752 □□□
unable [ʌnˈeɪbl] 形 ～できない

類 0753 □□□ **powerless** [ˈpaʊələs] 無力な、～する力がない

The five people on the track were **powerless** to get up and run away.
その軌道にいる5人の人々は立ち上がって逃げることができません。

0754 □□□
divert STH onto STH [daɪˈvɜːt] ～を…に逸らす

類 0755 □□□ **redirect** STH **onto** STH 0756 □□□ **switch** STH **onto** STH ～を…に方向転換する

You could **redirect** the trolley **onto** the other track and save four people.
あなたは路面電車を他の軌道に方向転換させて4人の命を救う事ができるかも知れません。

0757 □□□
option [ˈɒpʃn] 名 選択肢

類 0758 □□□ **alternative** [ɔːlˈtɜːnətɪv] 0759 □□□ **choice** [tʃɔɪs] 選択肢

In the trolley problem, both **alternatives** are morally difficult.
路面電車問題では、両方の選択肢が道徳的に難しいです。

0760 □□□
accountable [əˈkaʊntəbl] 形 責任がある

類 0761 □□□ **responsible** [rɪˈspɒnsəbl] 0762 □□□ **answerable** [ˈɑːnsərəbl] 責任がある

If an autonomous car hits a pedestrian, who is **responsible**?
もし自動運転車が歩行者をはねた場合、誰に責任があるでしょうか。

0763 □□□
ethical [ˈeθɪkl] 形 倫理的な

類 0764 □□□ **principled** [ˈprɪnsəpld] 道義的な 0765 □□□ **moral** [ˈmɒrəl] 道徳的な

According to some people, pulling the lever is the only **principled** choice.
レバーを引く事が唯一の道義的な選択だと言う人もいます。

0766 □□□

obligation [ˌɒblɪˈgeɪʃn] 名 義務

類 0767 □□□ **duty** [ˈdjuːti] 義務 0768 □□□ **responsibility** [rɪˌspɒnsəˈbɪləti] 責任

Car companies have a **duty** to think about these issues.
自動車会社はこれらの問題について考える**義務**があります。

0769 □□□

be reluctant したがらない

類 0770 □□□ **hesitate** ためらう

Most people would **hesitate** to kill one person even if it saved five.
多くの人は5人の命を救う事ができても1人の人を殺す事を**ためらう**でしょう。

0771 □□□

dilemma [dɪˈlemə] 名 葛藤、ジレンマ

類 0772 □□□ **predicament** [prɪˈdɪkəmənt] 葛藤

It is unlikely that this **predicament** would really happen.
この**葛藤**が本当に起こる可能性は低いでしょう。

0773 □□□

flight of fancy 空想の世界に浸ること

類 0774 □□□ **stretch of the imagination** 想像力を広げること

It's not a **stretch of the imagination** to think that SDCs are dangerous.
自動運転車が危険だと思うのは**空想**ではありません。

0775 □□□

freely 副 自由に

類 0776 □□□ **at will** 自由に

Soon robot cars will move around our neighbourhoods **at will**.
ロボット車はもうすぐ**自由に**私達の地域を走り回るでしょう。

0777 □□□

ramification [ˌræmɪfɪˈkeɪʃn] 名 予期しない結果

類 0778 □□□ **complication** 困難 0779 □□□ **negative outcome** 負の結果

It's hard to predict all of the **negative outcomes** of using these cars.
これらの車を使用する事によるすべての**負の結果**を予測するのは難しいです。

0780 □□□

strike [straɪk] 動 ぶつかる、衝突する

類 0781 □□□ **collide with** STH [kəˈlaɪd] 0782 □□□ **hit** 0783 □□□ **crash into** STH ～に衝突する

If two self-driving cars **crashed into** each other, who would be responsible?
もし2台の自動運転車が**衝突した**場合、誰に責任があるでしょうか。

0784 □□□
endanger [ɪnˈdeɪndʒə] 動 危険にさらす

類 0785 □□□ **put SB STH in jeopardy** [ˈdʒepədi]
0786 □□□ **imperil** [ɪmˈperəl] ～を危険にさらす

Some driverless cars **put** people **in jeopardy** by going over the speed limit.
制限速度を超えた走行で人々を**危険にさらす**無人走行車もあります。

0787 □□□
survive [səˈvaɪv] 動 生き残る、生き延びる

類 0788 □□□ **stay alive** 生き続ける

Our strongest instinct is to **stay alive**.
私達の最も強い本能は、**生き続ける**事です。

0789 □□□
hard-wired into STH ～に（生まれつき）備わって

類 0790 □□□ **embedded in STH** [ɪmˈbedɪd] 0791 □□□ **deep-seated in STH**
0792 □□□ **ingrained in STH** [ɪnˈgreɪnd] ～に植え付けられて

The need to save people is **ingrained in** our brains.
人を助ける必要性は、私達の脳**に植え付けられて**います。

0793 □□□
mitigate [ˈmɪtɪgeɪt] 動 軽減する

類 0794 □□□ **check** [tʃek] 抑制する 0795 □□□ **allay** [əˈleɪ] 0796 □□□ **lessen** [ˈlesn] 軽減する

Car companies are trying to **allay** any fears about autonomous vehicles.
自動車会社は自動運転車に対する恐怖を**軽減し**ようとしています。

0797 □□□
in conflict with SB STH ～と対立して

類 0798 □□□ **at odds with SB STH** [ɒdz] ～と対立して

The benefits of these vehicles are **at odds with** the real-world problems they cause.
これらの車の利点は、それが引き起こす現実問題と**対立して**います。

火星で暮らす

016

Many **leading** scientists are **calling for** the colonisation of Mars to **ensure** human beings' **long-term existence**. An environmental **catastrophe** or an **unforeseen** astronomical event could **render** the Earth **uninhabitable**. To avoid **extinction**, they are **urging** us to become a *multi-planet species. However, the *march of evolution does not stop, and **isolation** on another planet could cause some *mutations to be *passed down, and a new *subspecies of humans to **arise**. What could these new humans look like? One **feature** that would **stand out** would be that the bones in their heads and **limbs** would be much thicker to **counterbalance** the lighter gravity (38% of Earth's). This would give the *Martians a **robust** appearance. The lighter gravity would also make them taller as their spines would **elongate**. There is **considerable debate over** what colour Martians' skin would be. The best guess is that it would be a darker **shade** to **counter** the radiation that they would be exposed to. Finally, as Mars is further from the Sun than the Earth, there is less light available and so their eyes would need to be larger to improve their **vision**.

一流の科学者の多くは、人間が**確実に長期生存する**ために、火星を植民地化することを**求めています**。環境**災害**や**不測の**天文事象により、地球が**居住不可能になる**かもしれません。**絶滅**を防ぐために、彼らは私たちが多惑星に生存できる人種になることを**勧めている**のです。しかし進化の流れはとどまらず、他の惑星に**隔離され**ると突然変異が起こり、それが次の世代に伝えられ人間の新しい亜種が**生まれる**かもしれません。

この新種の人間とはどんな外見なのでしょうか。**際立つ特徴**の一つは、重力が軽いこと（地球の重力の38%）**を相殺する**ために、頭と**手足**の骨がずっと厚いであろうということです。このことで火星人は**がっしりとした**外見になるでしょう。重力が軽いおかげで火星人は脊椎が**長くなる**ので、背も高くなるでしょう。火星人の皮膚がどのような色なのか**について、多くの議論**があります。最も有力な推測は、彼らがさらされる放射線に**対抗する**ために、より暗い**色**になるのではないかというものです。最後に、火星は地球よりも太陽から距離が遠いため、光が届きにくく、**視力**をよくするために火星人の目はより大きくなる必要があるでしょう。

---

* multi-planet「多惑星の」 march of evolution「進化の行進、絶え間ない進化の流れ」 mutation「突然変異」 pass STH down「～を次の世代に伝える」 subspecies「亜種」 Martian「火星人」

0799 □□□
leading [ˈliːdɪŋ] 形 一流の

類 0800 □□□ **noted** [ˈnəʊtɪd] 0801 □□□ **prominent** [ˈprɒmɪnənt] 有名な

Several **prominent** scientists from around the world believe in this project.
一部の世界中の**有名な**科学者たちは、このプロジェクトを信じています。

0802 □□□
call for STH ～を求める

類 0803 □□□ **push for** STH ～を要求する

NASA is **pushing for** more money for space research.
NASAは宇宙研究のためにもっと多くの資金を**要求しています**。

0804 □□□
ensure [ɪnˈʃʊə] 動 保証する、確保する

類 0805 □□□ **guarantee** [ˌɡærənˈtiː] 0806 □□□ **make sure** ～を確実にする

Living on Mars could **guarantee** that humans will survive into the future.
火星に住めば、人間が将来生き延びられることが**保証される**かもしれません。

0807 □□□
long-term existence 長期に渡る生存

類 0808 □□□ **survival** [səˈvaɪvl] 生存、生き延びること

Some scientists are worried about our **survival** on Earth.
一部の科学者は、私たちの地球上での**生存**を憂慮しています。

0809 □□□
catastrophe [kəˈtæstrəfi] 名 災害

類 0810 □□□ **calamity** [kəˈlæməti] 0811 □□□ **disaster** [dɪˈzɑːstə] 大惨事

Climate change is a **calamity** for our planet.
気候変動は私たちの惑星にとっては**大惨事**です。

0812 □□□
unforeseen [ˌʌnfɔːˈsiːn] 形 不測の、予想できない

類 0813 □□□ **unanticipated** [ˌʌnænˈtɪsɪpeɪtɪd] 予見できない

There could be many **unanticipated** problems when we start to live on other planets.
私たちが他の惑星に住み始めたら、多くの**予見できない**問題が出てくるかもしれません。

0814 □□□
render STH **uninhabitable** [ˈrendə ˌʌnɪnˈhæbɪtəbl]
～を居住不可能な状態にする

類 0815 □□□ **make** STH **unfit for (life)** ～を住むのに適さなくする

An asteroid strike **made** the Earth **unfit for** the dinosaurs.
小惑星の衝突によって恐竜は地球に**住むことができなく**なりました。

0816 □□□
extinction [ɪkˈstɪŋkʃn] 名 絶滅

類 0817 □□□ **dying out** [ˈdaɪɪŋ] 0818 □□□ **annihilation** [əˌnaɪəˈleɪʃn] 絶滅

The **dying out** of human beings is a real possibility.
人類が絶滅することは本当に起こりえることです。

0819 □□□
urge [ɜːdʒ] 動 強く促す

類 0820 □□□ **press** [pres] 0821 □□□ **implore** [ɪmˈplɔː] 強く勧める

Scientists are **imploring** us to do something quickly.
科学者たちは私たちが早急に何かをするように強く勧めています。

0822 □□□
isolation [ˌaɪsəˈleɪʃn] 名 隔離

類 0823 □□□ **remoteness** [rɪˈməʊtnəs] 遠く離れていること

The **remoteness** of Mars makes it difficult for people to travel there at present.
火星は遠く離れていることから、現時点では人々が火星に旅をするのは難しいです。

0824 □□□
arise [əˈraɪz] 動 生まれる、起こる

類 0825 □□□ **emerge** [ɪˈmɜːdʒ] 出現する

A new Martian culture and language could also **emerge** on this planet.
新しい火星の文化と言語がこの惑星上で現れることもあるかもしれません。

0826 □□□
feature [ˈfiːtʃə] 名 特徴

類 0827 □□□ **trait** [treɪt] 0828 □□□ **characteristic** [ˌkærəktəˈrɪstɪk] 特徴

Long arms could also be a Martian **characteristic**.
長い腕も火星人の特徴かもしれません。

0829 □□□
stand out 目立つ

類 0830 □□□ **be prominent** 0831 □□□ **attract attention** 注目を集める

Martians' large eyes certainly would **attract attention**.
火星人の大きな目は確かに注目を集めるでしょう。

0832 □□□
limb [lɪm] 名 手足

類 0833 □□□ **appendage** [əˈpendɪdʒ] 手足 0834 □□□ **body part** 体部位
0835 □□□ **extremity** [ɪkˈstreməti] 四肢

A Martian's **appendages** could be 10% to 20% longer than people's arms and legs on Earth.
火星人の手足は、地球の人間の腕や足より10%～20%長いかもしれません。

0836 □□□
counterbalance [ˌkaʊntəˈbæləns] 動 相殺する

類 0837 □□□ **offset** [ˈɒfset] 0838 □□□ **compensate for** STH ～を相殺する

The excitement of being a pioneer on Mars would **offset** any worries.
火星の開拓者であるという興奮はどんな心配をも**相殺してしまう**ものです。

0839 □□□
robust [rəʊˈbʌst] 形 がっしりした、たくましい

類 0840 □□□ **sturdy** [ˈstɜːdi] 頑丈な

Martians would look much **sturdier** than people on Earth.
火星人は地球上の人間よりずっと**頑丈に**見えるでしょう。

0841 □□□
elongate [ˈiːlɒŋgeɪt] 動 長くなる

類 0842 □□□ **lengthen** [ˈleŋkθən] 長くなる

Martians' arms would also **lengthen** by around 10%.
火星人の腕は10%くらい**長くなる**こともあるでしょう。

0843 □□□
considerable debate over STH ～についての相当な議論

類 0844 □□□ **some dispute over** STH ～についてのかなりの論争

There is **some dispute over** the best way to reach Mars.
火星に到達する最良の方法**についてかなりの論争**があります。

0845 □□□
shade [ʃeɪd] 名 色合い、色調

類 0846 □□□ **hue** [hjuː] 0847 □□□ **tint** [tɪnt] 色、色彩

The reddish **hue** of Mars is because of the iron in the ground.
火星がやや赤みがかった**色**をしているのは、地中の鉄分のせいです。

0848 □□□
counter [ˈkaʊntə] 動 対抗する、反撃する

類 0849 □□□ **counteract** [ˌkaʊntərˈækt] 弱める
0850 □□□ **make up for** STH ～を差し引きゼロにする

People will need to drink lots of water to **counteract** the effects of space travel.
宇宙旅行の影響を**弱める**ために、沢山の水を飲む必要があるでしょう。

0851 □□□
vision [ˈvɪʒn] 名 視力

類 0852 □□□ **sight** 0853 □□□ **eyesight** 視力

Martians' **eyesight** will be much worse than that of people on Earth.
火星人の**視力**は地球上の人間よりずっと悪いでしょう。

"Earth"と"the Earth"の使い分けについては明確な規則はありません。"Earth"か"the Earth"のどちらかを見かけた時はいつでも、その文脈をメモに残しておきましょう。

小惑星の衝突

65 million years ago, an *asteroid **wiped out** the dinosaurs, and another asteroid strike is **inevitable**. Rocks **hurtling towards** us, some as big as a block of flats, **routinely** come close enough to our *orbit to get **pulled in** by the Earth's gravity. If an **enormous** asteroid enters our atmosphere and **plummets** to the ground, it will cause *untold devastation. We have only recently been **tracking** their movements in space, and this raises the question of how we should **deal with** a dangerous asteroid once we have **pinned** its **trajectory down**.

NASA, in a joint project with the Japanese Aerospace Exploration Agency, has two possible **solutions**. If we know an asteroid **is heading towards** us a long time **in advance**, we can **nudge** the **incoming** asteroid **away** from a *collision course with the Earth's gravity by firing rockets at it to *divert it away. However, the timescale needed (at least fifty years **ahead of time**) means that this idea is **impractical** in a **crisis**. The other *alternative is much more **spectacular**. They could *blow it up using nuclear weapons. The **drawback** to this is that the asteroid could just **break apart** into smaller pieces that could still *strike the Earth.

6,500万年前小惑星が恐竜を**絶滅させ**ましたが、また別の小惑星の衝突が**避けられない**状況です。私たち**に向かって突進してくる**岩は、マンション一棟分ほどの大きさのものもありますが、地球の重力で**引き寄せられる**くらい地球の軌道に**定期的に**近づきます。もし**巨大な**小惑星が地球の大気に突入し地面に**落ちてきたら**、計り知れないほどの破壊が起こるでしょう。私たちはつい最近になってやっと宇宙での小惑星の動きを**追跡し**始めたばかりですが、そのことによって、ひとたび私たちが小惑星の**軌道を突き止め**たら、どのように危険な小惑星に**対処した**らいいかという疑問が生じます。

ＮＡＳＡは日本の宇宙航空研究開発機構との共同事業の中で、2つの可能な**解決策**を示しています。もし小惑星が私たち**の方に向かってきている**ことがかなり**事前に**わかったら、その方向をそらすためにロケットを小惑星に向けて発射し、**近づいてくる**小惑星を地球の重力の衝突コースから**押しだして**しまうことができます。しかしそれにかかる所要時間（少なくとも50年は**前もって**）を考えると、**危機状況**において この案は**非現実的**です。もう一つの案はもっと**驚くべき**ものです。核兵器を使って吹き飛ばしてしまうというものです。この方法の**欠点**は、小惑星がただ細かい破片に**分裂する**だけで、その破片が地球に衝突することもあり得るということです。

---

* asteroid「小惑星」 orbit「軌道」 untold devastation「計り知れない破壊」
collision course「衝突コース」 divert STH away「～をそらす」
alternative「代替案」 blow STH up「～を爆発させる、吹き飛ばす」 strike「衝突」

0854 □□□
wipe STH out [waɪp aʊt] ～を絶滅させる

類 0855 □□□ **decimate** [ˈdesɪmeɪt] 0856 □□□ **annihilate** [əˈnaɪəleɪt] 滅ぼす
0857 □□□ **devastate** [ˈdevəsteɪt] 壊滅させる

A large asteroid could **annihilate** everything on the Earth.
大きめの小惑星は、地球上のすべてのものを破壊しかねません。

0858 □□□
inevitable [ɪnˈevɪtəbl] 形 避けることのできない

類 0859 □□□ **inescapable** [ˌɪnɪˈskeɪpəbl] 0860 □□□ **unavoidable** [ˌʌnəˈvɔɪdəbl] 避けられない

The fact that a large asteroid will come our way is **inescapable**.
大きめの小惑星が私たちの方へ向かってくるという事実は、**避けられない**ことです。

0861 □□□
hurtle towards SB STH [ˈhɜːtl] ～に向かって突進する

類 0862 □□□ **rush towards SB STH** ～に向かって突進する

If the asteroid is **rushing towards** us, we need to quickly decide what to do.
もしその小惑星が私たちの方へ**突進してきている**なら、私たちはすぐに何をすべきか決めなければなりません。

0863 □□□
routinely [ruːˈtiːnli] 副 定期的に、いつも決まって

類 0864 □□□ **constantly** [ˈkɒnstəntli] 常に、いつも

The Earth is **constantly** in danger from these space rocks.
地球は**いつも**宇宙のこれらの岩の危険にさらされています。

0865 □□□
pull in STH ～を引き寄せる

類 0866 □□□ **draw in STH** 0867 □□□ **attract** ～を引き寄せる

Earth's gravity **draws in** small meteors all the time.
地球の重力はいつも小さな隕石**を引き寄せています**。

0868 □□□
enormous [ɪˈnɔːməs] 形 巨大な

類 0869 □□□ **gigantic** [dʒaɪˈgæntɪk] 0870 □□□ **immense** [ɪˈmens] 0871 □□□ **massive** [ˈmæsɪv] 巨大な

A **massive** meteorite hit Russia in 2003.
巨大な隕石が2003年ロシアを直撃しました。

0872 □□□
plummet [ˈplʌmɪt] 動 (まっすぐに) 落ちる

類 0873 □□□ **plunge** [plʌndʒ] 急落する

When an asteroid **plunges** to Earth, it is then called a 'meteorite'.
小惑星が地球へ**落下する**と、「隕石」と呼ばれます。

0874 □□□

track [træk] 動 追跡する

類 0875 □□□ **monitor** [ˈmɒnɪtə] 監視する

Over 95 per cent of the biggest rocks are being **monitored**.

最も大きな岩の95%以上が**監視**されています。

0876 □□□

deal with STH ～に対処する

類 0877 □□□ **tackle** 0878 □□□ **handle** 0879 □□□ **wrestle with** STH ～に取り組む

There are several countries trying to **tackle** this problem, including America, France, and Japan.

アメリカ、フランス、日本などのいくつかの国がこの問題に**取り組もう**としています。

0880 □□□

pin STH **down** ～を突き止める

類 0881 □□□ **get a fix on** STH ～の位置を特定する 0882 □□□ **pinpoint** 特定する

If the asteroid is coming from the same direction as the Sun, it's difficult to **get a fix on** it.

もし小惑星が太陽と同じ方向からやって来たら、それを**特定する**のは難しいです。

0883 □□□

trajectory [trəˈdʒektəri] 名 軌道

類 0884 □□□ **path** 0885 □□□ **course** 進路

The **course** of most asteroids runs between Jupiter and Mars in the 'Asteroid Belt'.

ほとんどの小惑星の**軌道**は「小惑星帯」の木星と火星の間を走っています。

0886 □□□

solution [səˈluːʃn] 名 解決策

類 0887 □□□ **answer** 答え

There are no easy **answers** to this problem.

この問題の簡単な**答え**はありません。

0888 □□□

head towards STH ～に向かって進む

類 0889 □□□ **be bound for** STH ～に向かっている

An asteriod named Bennu **is bound for** Earth's orbit.

ベンヌと呼ばれる小惑星が地球の軌道に**向かっています**。

0890 □□□

nudge STH **away** [nʌdʒ] ～を押しやる

類 0891 □□□ **push** STH **away** ～を押しのける

If we have enough time, it's better to **push** the asteroid **away**.

もし時間が十分にあれば、その小惑星を**押しやる**方がいいです。

0892 □□□
incoming [ˈɪnkʌmɪŋ] 形 入ってくる、到着する

類 0893 □□□ **approaching** 0894 □□□ **inward bound** 近づいてくる

The largest **approaching** asteroid is named Bennu.
近づいてきている一番大きな小惑星はベンヌと名付けられています。

0895 □□□
ahead of time 事前に、前もって

類 0896 □□□ **beforehand** 0897 □□□ **in advance** 事前に

It is much better if we know **beforehand** that an asteroid is coming towards us.
小惑星が近づいてきていると**事前に**分かっていればはるかにいいです。

0898 □□□
impractical [ɪmˈpræktɪkl] 形 現実的でない、実行困難な

類 0899 □□□ **unrealistic** [ˌʌnrɪəˈlɪstɪk] 非現実的な
0900 □□□ **unworkable** [ʌnˈwɜːkəbl] 実行不可能な

Using nuclear bombs to destroy an asteroid is **unrealistic** at the moment.
現時点では、小惑星を破壊するのに核爆弾を使うことは**非現実的**です。

0901 □□□
crisis [ˈkraɪsɪs] 名 危機

類 0902 □□□ **emergency** [ɪˈmɜːdʒənsi] 非常事態

The meteor that hit Russia in 2003 caused an **emergency**.
2003年にロシアに落下した隕石は、**非常事態**を引き起こしました。

0903 □□□
spectacular [spekˈtækjələ] 形 目を見張るような

類 0904 □□□ **dramatic** [drəˈmætɪk] 0905 □□□ **astonishing** [əˈstɒnɪʃɪŋ] 目を見張るような

The most **dramatic** meteor strike happened in South Africa 2 billion years ago.
最も**目を見張る**隕石の落下は、20億年前に南アフリカで起こりました。

0906 □□□
drawback [ˈdrɔːbæk] 名 欠点

類 0907 □□□ **disadvantage** [ˌdɪsədˈvɑːntɪdʒ] デメリット 0908 □□□ **pitfall** [ˈpɪtfɔːl] 落とし穴

Another **disadvantage** of using a bomb is that it could blow up on Earth.
爆弾を使うことのもう一つの**デメリット**は、地球上で爆発するかもしれないということです。

0909 □□□
break apart [breɪk əˈpɑːt] 分裂する

類 0910 □□□ **come apart** ばらばらになる 0911 □□□ **fragment** [frægˈment] 砕ける

If an asteroid **comes apart** in space, the smaller pieces are called 'meteoroids'.
小惑星が宇宙空間で**砕ける**と、その小さな破片は「流星体」と呼ばれます。

暗号通貨

*Cryptocurrencies first **appeared** in 2009 as a **novel** way to **exchange** money through computer systems. It was possibly first **created** by a Japanese programmer, Satoshi Nakamoto, but this is **far from certain** as he has *shunned any **acclaim**. In fact, some critics doubt he even actually **exists**.

Whatever its origins, there are several **benefits** to this digital currency due to its *decentralization. This means each **transaction** is stored on many different computers all over the world in an electronic *'ledger' called a 'blockchain' rather than in one place like a bank. People receive free digital currency or 'coins' as payment for **recording** these transactions. This decentralization makes the currency **invulnerable** to hacking. Another **upside** is that by **cutting out the middleman**, it **eliminates** the fees that people pay to banks when they **transmit** money.

However, there are some *downsides. Firstly, the price of this currency **fluctuates widely** so **newcomers** should be **cautious**. Also, due to its **anonymity**, this digital currency is often utilised by criminals. Finally, the **marketplace** is not well-regulated at the moment, and some money has **disappeared**, causing some critics to **label** these exchanges as 'Ponzi schemes'.

暗号通貨は、コンピュータシステムで資金を**交換する全く新しい方法**として2009年に初めて**登場しました**。日本人プログラマーであるサトシ・ナカモトによって初めて**作られた**可能性がありますが、彼は**評判になること**を避けてきたため、**まったく確かではありません**。実際、彼の**存在**すら疑う批評家もいます。

その起源がどんなものであるにしても、このデジタル通貨は分散型であることからいくつかの**利点**があります。それぞれの**取引**は、銀行のようなある一つの場所ではなく、世界中の沢山の異なるコンピュータ上の「ブロックチェーン」と呼ばれる電子「台帳」に格納されているということです。人々はそのような取引を**記録する**ための支払いとして無料デジタル通貨、つまり「コイン」を受け取ります。このように分散型にすることで、この通貨はハッキングを**受けにくく**なります。もう一つの**利点**は、**仲介者をなくす**ことで、人々が**送金する**ときに銀行に支払う手数料を**取り除く**ことです。

しかし欠点もあります。まず、この通貨の価格は**大幅に変動する**ので、**新規参入者**は**注意する**べきです。またその**匿名性**により、このデジタル通貨は頻繁に犯罪に利用されます。最後に、現時点では**市場**の規制が十分ではなく、一部の資金が**消失し**、批評家がこの取引を「ポンジスキーム」であると**レッテルを貼る**ことにもつながりました。

---

* cryptocurrency「暗号通貨」 shun「避ける」 decentralization「分散化」
  ledger「台帳」 downside「欠点、デメリット」

0912 □□□
appear [əˈpɪə] 動 登場する、現れる

類 0913 □□□ **come onto the scene** 0914 □□□ **emerge** 現れる

A lot of different cryptocurrencies have **come onto the scene** since 2009.
多くの異なる暗号通貨が2009年以降登場してきました。

0915 □□□
novel [ˈnɒvl] 形 まったく新しい

類 0916 □□□ **original** 0917 □□□ **brand-new** 真新しい

Many people are excited about this **brand-new** way to exchange money.
多くの人はこの真新しい資金取引の方法に興奮しています。

0918 □□□
exchange [ɪksˈtʃeɪndʒ] 動 交換する

類 0919 □□□ **trade** 0920 □□□ **deal in** STH ～を取引する

Some people that **trade** these currencies have become very rich.
これらの通貨取引をしている人の一部はとてもお金持ちになりました。

0921 □□□
create [kriˈeɪt] 動 作り出す

類 0922 □□□ **conceive** [kənˈsiːv] 0923 □□□ **design** 考え出す

It was first **conceived** as only a thought experiment in 2009.
それは最初は単なる思考実験として2009年に考え出されました。

0924 □□□
far from certain まったく確実ではない

類 0925 □□□ **unclear** [ˌʌnˈklɪə] 0926 □□□ **ambiguous** [æmˈbɪgjuəs] 不明確な

It is **ambiguous** how this currency first started.
この通貨が最初にどのように始まったのか、不明確です。

0927 □□□
acclaim [əˈkleɪm] 名 絶賛

類 0928 □□□ **fame** [feɪm] 0929 □□□ **the spotlight** 世間の注目

The people who invented this money do not want **fame**.
この通貨を発明した人々は名声を欲してはいません。

0930 □□□
exist [ɪgˈzɪst] 動 存在する

類 0931 □□□ **be not made up** 架空ではない

It is possible that 'Satoshi Nakamoto' **is not made up**.
「サトシ・ナカモト」は架空ではない可能性があります。

0932 □□□
benefit [ˈbenɪfɪt] 名 利点

類 0933 □□□ ● **advantage** [ədˈvɑːntɪdʒ] 0934 □□□ **upside** [ˈʌpsaɪd] 利点

Another **advantage** to these currencies is that you can send money very quickly.
これらの通貨のもう一つの利点は、とても早く送金できることです。

0935 □□□

transaction [træn'zækʃn] 名 取引

類 0936 □□□ **exchange** やり取り 0937 □□□ **business dealing** 取引

It is not possible to do this type of **exchange** in some countries, such as Russia.

ロシアのような国ではこのような**取引**をすることはできません。

0938 □□□

record [rɪ'kɔːd] 動 記録する

類 0939 □□□ **document** ['dɒkjument] 記録する

Although the transaction is **documented** in the blockchain, no names or addresses are recorded.

その取引はブロックチェーンに**記録されます**が、名前や住所は記録されません。

0940 □□□

invulnerable [ɪn'vʌlnərəbl] 形 傷つけられない

類 0941 □□□ **impenetrable** [ɪm'penɪtrəbl] 受け付けない、通さない

Although most exchanges are **impenetrable** to hacking, some have been successfully attacked.

ほとんどの取引はハッキングを**受けません**が、中には見事に攻撃を受けた取引もあります。

0942 □□□

cut SB STH out 取り除く

類 0943 □□□ **take SB STH out** 0944 □□□ **remove** 0945 □□□ **eliminate** [ɪ'lɪmɪneɪt] 取り除く

All personal information such as names and addresses has been **removed**.

氏名や住所といった個人情報は全て**取り除かれました**。

0946 □□□

middleman 仲介者

類 0947 □□□ **intermediary** 0948 □□□ **go-between** 仲介者

Banks are often the **intermediary** when you send your money, and you have to pay a fee.

送金の際は銀行が**仲介者**となることが多く、手数料を支払わなければなりません。

0949 □□□

transmit [trænz'mɪt] 動 送る、送金する

類 0950 □□□ **send** 0951 □□□ **transfer** 送る

Computers have made it easier to **transfer** information to another country.

コンピュータによって、他の国に情報を**送る**ことが簡単になりました。

0952 □□□

fluctuate widely ['flʌktʃueɪt 'waɪdli] 大幅に変動する

類 0953 □□□ **vacillate widely** ['væsəleɪt] 0954 □□□ **seesaw** ['siːsɔː] 大幅に揺れ動く

The price of one coin has **seesawed** between a thousand and ten thousand dollars.

1枚のコインの価格が、1,000ドルから10,000ドルの間を**上下しました**。

0955 □□□
newcomer [ˈnjuːkʌmə] 名 新規参入者

類 0956 □□□ **beginner** 初心者 0957 □□□ **latecomer** [ˈleɪtkʌmə] 0958 □□□ **novice** [ˈnɒvɪs] 新参者

There are many **beginners** trying to make money with cryptocurrencies.
多くの**初心者**が暗号通貨で金儲けをしようとしています。

0959 □□□
cautious [ˈkɔːʃəs] 形 注意深い

類 0960 □□□ **prudent** [ˈpruːdnt] 0961 □□□ **wary** [ˈweəri] 用心深い

If you do not know much about these currencies, you should be **prudent**.
もしこれらの通貨に詳しくなければ、**用心深くある**べきです。

0962 □□□
anonymity [ˌænəˈnɪməti] 名 匿名性

類 0963 □□□ **obscurity** [əbˈskjʊərəti] 知られていないこと、無名

A lot of criminals like the **obscurity** of this new kind of money.
多くの犯罪者たちはこの新種の通貨の**匿名性**を好みます。

0964 □□□
marketplace [ˈmɑːkɪtpleɪs] 名 市場、マーケット

類 0965 □□□ **market** [ˈmɑːkɪt] 市場

The **market** for cryptocurrencies has grown a great deal over the last ten years.
暗号通貨の**市場**は、この10年間で大きく成長しました。

0966 □□□
disappear [ˌdɪsəˈpɪə] 動 消失する

類 0967 □□□ **vanish** [ˈvænɪʃ] 消える 0968 □□□ **go missing** なくなる、行方不明になる

In 2018, 58 billion yen **went missing** from one exchange.
2018年、580億円が1回の取引で**消えました**。

0969 □□□
label [ˈleɪbl] 動 レッテルを貼る

類 0970 □□□ **characterise** [ˈkærəktəraɪz] 特徴づける、みなす
0971 □□□ **brand** [brænd] 汚名を着せる

Some governments have **characterised** these cryptocurrencies as illegal.
政府の中には、これらの暗号通貨を違法だと**決めている**ものもあります。

日本のスーパーのレジの横に“We do not exchange money”と書かれているのを頻繁に目にします。しかしこれは「日本円を外国の通貨に替えません」という意味です。“We do not make change”「両替は致しません」とするべきです。

Section 19

ポンジスキーム

A ‘Ponzi scheme’ is a **scam** in which early investors are paid **dividends** with the money invested by newcomers and not from **legitimate** business dealing. The **swindle** continues until there are no more new investors and it **collapses**.

Charles Ponzi (1882-1949) is the person most closely **associated with** this crime. This Italian immigrant to Boston **assured** the people in his **community** that they could double their money in 90 days. **Enthusiasm** for his scheme **swept through** the city as people were afraid of **getting left behind**, and soon he was **raking in** a million dollars a week. He dressed **in the latest fashion** and purchased several *mansions with his *newfound **wealth**. However, the **suspicions** of the local newspapers were *aroused because of his **inaccurate** *bookkeeping. They **calculated** that it was **inconceivable** that he could make this much money in such a short time. The police *launched an **inquiry** and Ponzi was arrested.

Ponzi schemes have **endured** into the twenty-first century. For example, Bernie Madoff seemed to be a **trustworthy** Wall Street investor but he actually stole 65 billion dollars in the most **infamous** Ponzi scheme in history.

「ポンジスキーム」とは、**合法的な**商取引からではなく、新規の投資家たちが投資する資金で前の投資家たちが**配当**を受け取る**詐欺**です。この**詐欺**は、新規の投資家たちがいなくなりその仕組みが**破綻する**まで続きます。

チャールズ・ポンジ（1882-1949）はこの犯罪に最も**関連がある**人物です。イタリアからボストンへ移民した彼は、**地域**の人々に90日間で資金を2倍にできると**保証**しました。人々は自分だけが**取り残される**のを恐れ、彼のスキームへの**熱狂**が市内で**大旋風となり**、たちまち彼は1週間で100万ドルを**荒稼ぎ**しました。彼は**最新のファッションに身を包み**、新しく得た**財産**でいくつもの大邸宅を構えました。しかし彼の**不正確**な帳簿に地元紙が**疑念**を抱きました。彼がこんな短期間でこのような巨額の資金を作ることは**ありえない**と**判断した**のです。警察が**捜査**を行い、ポンジは逮捕されました。

ポンジスキームは21世紀になっても**生き残っています**。例えば、バーナード・マドフは**信頼のおける**ウォールストリートの投資家だとみなされていましたが、実は650億ドルもの資金を、歴史上最も**悪名高い**ポンジスキームでだまし取ったのです。

＊ mansion「大邸宅、屋敷」 newfound「新発見の」 arouse「喚起する」
bookkeeping「簿記、帳簿」 launch「始める、乗り出す」

0972 □□□
scam [skæm] 名 詐欺

類 0973 □□□ **swindle** [ˈswɪndl] 0974 □□□ **con** [kɒn] 0975 □□□ **fraud** [frɔːd]
0976 □□□ **racket** [ˈrækɪt] 詐欺

The first time this **fraud** was attempted was in the 1860s.
この詐欺が初めて行われたのは1860年代でした。

0977 □□□
dividend [ˈdɪvɪdend] 名 配当（金）

類 0978 □□□ **return** [rɪˈtɜːn]（投資などによる）利益

Ponzi schemes often promise high **returns** in a short amount of time.
ポンジスキームでは短期間で高い利益を約束することがよくあります。

0979 □□□
legitimate [lɪˈdʒɪtɪmət] 形 合法的な、まっとうな

類 0980 □□□ **legal** 合法の 0981 □□□ **authentic** [ɔːˈθentɪk] 真正の
0982 □□□ **genuine** [ˈdʒenjuɪn] 本物の 0983 □□□ **above board** 公明正大な

The ones running this scheme try to look like **genuine** businesspeople.
このスキームを運営している人は、本物の実業家を装います。

0984 □□□
collapse [kəˈlæps] 動 崩壊する

類 0985 □□□ **fall apart** 0986 □□□ **turn sour** 破綻する

After the scheme **turns sour**, a lot of people lose their money.
このスキームが破綻したら、多くの人が金を失います。

0987 □□□
be associated with STH ～に関連している

類 0988 □□□ **be connected with** STH ～に関係している
0989 □□□ **be identified with** STH ～に属している
0990 □□□ **be affiliated with** STH ～に属している

Anyone who **is affiliated with** the scheme can be arrested by the police.
このスキームの関係者は誰でも警察に逮捕される可能性があります。

0991 □□□
assure [əˈʃʊə] 動 保証する

類 0992 □□□ **convince** [kənˈvɪns] 納得させる、確信させる

Ponzi **convinced** the government that he was above board.
ポンジは自分は公明正大だと政府を納得させました。

0993 □□□
community [kəˈmjuːnəti] 名 地域（社会）、コミュニティー

類 0994 □□□ **neighbourhood** [ˈneɪbəhʊd] 近所

Many of the police in his **neighbourhood** also invested in his scheme.
彼の近所の多くの警察も彼のスキームに投資しました。

0995 □□□
enthusiasm [ɪnˈθjuːziæzəm] 名熱中、熱狂

類 0996 □□□ **fervour** [ˈfɜːvə] 熱心さ 0997 □□□ **zeal** [ziːl] 熱中

There was such **zeal** to invest that people waited all night outside his door.
投資に熱中のあまり、人々は彼の家の外で一晩中待ちました。

0998 □□□
sweep through STH ～で大人気となる

類 0999 □□□ **spread through** STH 1000 □□□ **fan out across** STH ～に広まる

News of his arrest **fanned out across** Boston.
彼が逮捕されたというニュースはボストン中に広がりました。

1001 □□□
get left behind 取り残される、置いていかれる

類 1002 □□□ **miss out** 逃す、経験しそこなう

Fear of **missing out** encourages people to invest in these swindles.
チャンスを逃すかもしれないという恐れから人々はその詐欺に投資します。

1003 □□□
rake in (money) [reɪk] ～を荒稼ぎする

類 1004 □□□ **earn** 1005 □□□ **bring in (money)** ～を稼ぐ

By 1920, he was **bringing in** a quarter of a million dollars a day.
1920年までに彼は1日25万ドルを稼ぎました。

1006 □□□
in the latest fashion 最新のファッションで

類 1007 □□□ **fashionably** [ˈfæʃnəbli] 1008 □□□ **stylishly** [ˈstaɪlɪʃli] おしゃれに
1009 □□□ **trendily** [ˈtrendəli] トレンディに

His wife also dressed **stylishly** in the newest designer clothes.
彼の妻もまた、最新のデザイナーブランド服をおしゃれに着こなしました。

1010 □□□
wealth [welθ] 名財産、富

類 1011 □□□ **affluence** [ˈæfluəns] 富 1012 □□□ **prosperity** [prɒˈsperəti] 繁栄

He also used his **affluence** to help poor people in his community.
彼は自分の富を地域社会の貧しい人を助けるためにも使いました。

1013 □□□
suspicion [səˈspɪʃn] 名疑念

類 1014 □□□ **scepticism** [ˈskeptɪsɪzəm] 懐疑的な見方

The scheme was met with **scepticism** by reporters from *the Boston Post*.
そのスキームは、ボストン・ポスト紙の記者から懐疑的な目で見られました。

1015 □□□
inaccurate [ɪnˈækjərət] 形 不正確な

類 1016 □□□ **erroneous** [ɪˈrəʊniəs] 間違っている、誤りのある
Ponzi told his investors that the stories about him were **erroneous**.
ポンジは投資家たちに、彼にまつわる話は**間違っている**と話しました。

1017 □□□
calculate [ˈkælkjuleɪt] 動 判断する

類 1018 □□□ **determine** [dɪˈtɜːmɪn] 1019 □□□ **ascertain** [ˌæsəˈteɪn] 確定する
The reporters **determined** that Ponzi was losing a lot of money.
レポーターたちは、ポンジは巨額の金を失っていると**確定し**ました。

1020 □□□
inconceivable [ˌɪnkənˈsiːvəbl] 形 あり得ない

類 1021 □□□ **beyond reason** とんでもない
1022 □□□ **beyond belief** [bɪˈjɒnd bɪˈliːf] 考えられない
It is **beyond belief** that so many people trusted him.
こんなに沢山の人が彼を信用したというのは、**考えられない**ことです。

1023 □□□
inquiry [ɪnˈkwaɪəri] 名 捜査、取り調べ

類 1024 □□□ **probe** [prəʊb] 1025 □□□ **investigation** [ɪnˌvestɪˈgeɪʃn] 捜査、取り調べ
The **investigation** into Madoff's Ponzi scheme started after the collapse of Lehman Brothers.
マドフのポンジスキームへの**取り調べ**は、リーマン・ブラザーズが倒産した後に始まりました。

1026 □□□
endure [ɪnˈdjʊə] 動 生き長らえる、耐える

類 1027 □□□ **live on** 1028 □□□ **continue to exist** 存在し続ける
These types of cons **continue to exist** because people want to make money easily.
この種の詐欺は、人々が簡単に金儲けをしたいと思っているため、**存在し続けます**。

1029 □□□
trustworthy [ˈtrʌstwɜːði] 形 信頼できる

類 1030 □□□ **credible** 信じられる 1031 □□□ **honest** 正直な 1032 □□□ **reliable** 信頼できる
It is hard to know which investments are **credible**.
どの投資が**信頼できる**かを見分けるのは難しいです。

1033 □□□
infamous [ˈɪnfəməs] 形 悪名高い

類 1034 □□□ **notorious** [nəʊˈtɔːriəs] 1035 □□□ **scandalous** 1036 □□□ **ill-famed** 悪名高い
Albania's economy collapsed in 1997 due to a **notorious** Ponzi scheme.
悪名高いポンジスキームによって、アルバニア経済は1997年に破綻しました。

Section 20

普遍文法

020

何回読んだ？ □□□□□

There are two **competing** theories of *language acquisition: either language is learned or it is a natural **ability**. *Linguists such as B.F. Skinner **propounded** that all language is learned through **repetition**. This **approach** had a **profound** impact on language learning for many years. However, if it is true, how can we explain *deaf children *babbling in a **systematic** order? Or how a new 'creole' language **emerges** with a *distinct *lexis but a **common** grammar when different languages, such as French, Spanish, and English in New Orleans, *coexist for a long time? These examples **put paid to** the idea that there is no universal instinct for language.

Noam Chomsky, the **renowned** linguist, is often credited with the idea of 'universal grammar'. He **opines** that every person is born with *innate language ability. He believes the **fundamentals** are *intuitive, such as the ability to **differentiate between** a verb and a noun. **Drawing on** these ideas, one of his **contemporaries**, Steven Pinker, declared that language is an instinct. He **speculated** that if a group of people were isolated from **civilisation**, a language would naturally **develop** with typical **usage**, such as combining verbs and nouns in sentences.

言語習得については、2つの**相反する**理論があります。言語は学びとるものである、または言語は生まれ持った**能力**であるというものです。B.F. Skinnerをはじめとする言語学者たちは、全ての言語は**繰り返し**によって習得されるものであると**提唱しました**。この**方法**は、言語学習に長年**大きな**影響を与えてきました。しかしこれが本当なら、聴覚障害のある子供が**規則正しい**順序でしゃべることをどう説明できるでしょうか。また、ニューオーリンズにおいてフランス語、スペイン語、英語のように、異なる言語が長い間共存する際、どのようにして新しい「クレオール」語が独特な語彙がありながら**共通の**文法をもって**生まれてくる**のでしょうか。このような例は、言語に対する**普遍的な**生まれながらの才能は存在しないという考え方に**異議を唱える**ものです。

「普遍文法」という概念は、**著名な**言語学者であるノーム・チョムスキーの**功績とされる**ことが多いです。彼は誰もが生得の言語能力を持って生まれるという**見解を持っています**。彼は、例えば動詞と名詞**を区別する**能力のような**基本**は直観的なものだと信じています。彼と**同時代の人**の一人であるスティーブン・ピンカーはこの概念を**利用し**、言語は生まれながらの才能だと宣言しました。彼は、もし人々が**文明**から隔離されたとしても、文の中に動詞と名詞を組み合わせるなどの典型的な**用法**で、言語は自然に**発達する**だろうと**考えました**。

＊ language acquisition「言語習得」 linguist「言語学者」 deaf「聴覚障害の」 babble「話す、しゃべる」 distinct「違った、はっきり区別できる」 lexis「語彙（形式）」 coexist「共存する」 innate「生まれながらの」 intuitive「直観の」

1037 □□□
competing [kəmˈpiːtɪŋ] 形 相反する、競合する

類 1038 □□□ **differing** [ˈdɪfərɪŋ] 異なる　1039 □□□ **clashing** [ˈklæʃɪŋ] 相反する

These **clashing** approaches to language learning were discussed during the 1960s and 1970s.

これらの言語学習の異なる方法について1960年代から1970年代にかけて議論されました。

1040 □□□
ability [əˈbɪləti] 名 能力

類 1041 □□□ **capability** [ˌkeɪpəˈbɪləti]　1042 □□□ **competence** [ˈkɒmpɪtəns] 能力

A child's **competence** to learn a new language is greatest between 3 and 6 years old.

子どもが新しい言語を学ぶ**能力**は、3歳から6歳までが最高です。

1043 □□□
propound [prəˈpaʊnd] 動 提唱する

類 1044 □□□ **propose** [prəˈpəʊz]　1045 □□□ **put forward the theory** 提唱する

Pinker **proposes** that language emerged through evolution.

ピンカーは、言語は進化の過程で現れたと**提唱しています**。

1046 □□□
repetition [ˌrepəˈtɪʃn] 名 繰り返すこと、反復

類 1047 □□□ **reiteration** [riˌɪtəˈreɪʃn] 反復

Reiteration of vocabulary is still being done in classrooms today.

語彙の**繰り返し**練習は今でも教室で行われています。

1048 □□□
approach [əˈprəʊtʃ] 名 方法

類 1049 □□□ **method** [ˈmeθəd] 方法

One **method** people use to learn English is to use it in real life instead of just repeating vocabulary.

人々が英語を学ぶ一つの**方法**は、語彙をただ繰り返すのではなく、実生活で使ってみることです。

1050 □□□
profound [prəˈfaʊnd] 形 大規模な、深い

類 1051 □□□ **deep** [diːp] 深い

We now have a **deep** understanding of how children learn languages.

私たちは現在、子供たちがどのように言語を学ぶのかについて**深く**理解しています。

1052 □□□
systematic [ˌsɪstəˈmætɪk] 形 体系立てられた、規則正しい

類 1053 □□□ **methodical** [məˈθɒdɪkl] 系統的な
1054 □□□ **standardised** [ˈstændədaɪzd] 標準化された

Some language learners prefer a **methodical** approach to learning English.

言語を学ぶ人の中には、**体系的な**英語学習法を好む人もいます。

1055 □□□

emerge [ɪˈmɜːdʒ] 動 出現する

類 1056 □□□ **arise** [əˈraɪz] 1057 □□□ **appear** [əˈpɪə] 生まれる

The idea of a universal grammar actually first **appeared** in 1245 AD.

普遍文法という概念は、実は紀元1245年に初めて生まれました。

1058 □□□

common [ˈkɒmən] 形 一般的な、普通の

類 1059 □□□ **shared** [ʃeəd] 1060 □□□ **universal** [ˌjuːnɪˈvɜːsl] 普遍的な

All languages have **shared** characteristics, such as nouns and verbs.

全ての言語には、名詞と動詞などの共通の特徴があります。

1061 □□□

put paid to STH ～に異議を唱える

類 1062 □□□ **refute** [rɪˈfjuːt] 1063 □□□ **disprove** [ˌdɪsˈpruːv] 1064 □□□ **repudiate** [rɪˈpjuːdieɪt] 否定する

Recent research has **repudiated** some of the ideas of a universal grammar.

最近の研究は、普遍文法という概念を一部否定しています。

1065 □□□

renowned [rɪˈnaʊnd] 形 著名な

類 1066 □□□ **acclaimed** [əˈkleɪmd] 1067 □□□ **esteemed** [ɪˈstiːmd] 高く評価された

1068 □□□ **well-respected** [wel rɪˈspektɪd] とても尊敬されている

Skinner was a **well-respected** researcher during the 1950s.

スキナーは1950年代にとても尊敬されていた研究者でした。

1069 □□□

opine [əʊˈpaɪn] 動 見解を持つ

類 1070 □□□ **surmise** [səˈmaɪz] 考える 1071 □□□ **theorise** [ˈθɪəraɪz] 理論化する

Skinner **surmised** that if you punish children when they learn, they will hate learning.

スキナーは、子供たちが学習する時に罰すると、学習を嫌いになってしまうと考えました。

1072 □□□

fundamental [ˌfʌndəˈmentl] 名 基本

類 1073 □□□ **foundation** [faʊnˈdeɪʃn] 1074 □□□ **basics** 基礎

The **basics** of language are hard-wired into our brain, according to Pinker.

ピンカーによると、言語の基礎は人間の脳に生まれつき備わっているということです。

1075 □□□

differentiate between STH ～を区別する

類 1076 □□□ **distinguish between** STH ～を区別する

1077 □□□ **tell the difference between** STH ～の違いが分かる

Children can **distinguish between** a verb and a noun from the age of two.

子どもは2歳から動詞と名詞を区別できます。

1078 □□□
draw on STH [drɔː] ～を利用する

類 1079 □□□ **tap into** STH 1080 □□□ **employ** ～を利用する
Chomsky **tapped into** many ideas for his book on universal grammar.
チョムスキーは普遍文法について著書で沢山の考え方を**利用して**います。

1081 □□□
contemporary [kənˈtemprəri] 名 同時期の人

類 1082 □□□ **peer** [pɪə] 仲間
Skinner was well-respected by his **peers**.
スキナーは**仲間**からとても尊敬されていました。

1083 □□□
speculate [ˈspekjuleɪt] 動 推測する

類 1084 □□□ **hypothesise** [haɪˈpɒθəsaɪz] 仮説を立てる
1085 □□□ **suggest** [səˈdʒest] 提言する
Pinker **hypothesises** that only humans have a universal grammar.
ピンカーは、人間だけが普遍文法を持っていると**仮説を立てて**います。

1086 □□□
civilisation [ˌsɪvəlaɪˈzeɪʃn] 名 文明

類 1087 □□□ **society** 社会
Did **society** begin when we developed language?
言語が発達したので**社会**が始まったのでしょうか？

1088 □□□
develop [dɪˈveləp] 動 発達する

類 1089 □□□ **evolve** [ɪˈvɒlv] 発達する 1090 □□□ **materialise** [məˈtɪəriəlaɪz] 現れる
1091 □□□ **come about** 生じる
We are starting to understand how language first **materialised** thousands of years ago.
私たちは、何千年も前にどのように言語が初めて**現れた**のか、理解し始めています。

1092 □□□
usage [ˈjuːsɪdʒ] 名 用法

類 1093 □□□ **convention** [kənˈvenʃn] 慣例的な使われ方
Each language has its own **conventions**.
それぞれの言語には固有の**慣用法**があります。

バナナ

One of our **staple** foods is **on the brink of** being *wiped out, and **drastic** action is needed to **preserve** it. The 'Cavendish' banana, which **accounts for** 48% of all **cultivated** bananas, is being **ravaged** by a *fungus known as 'Tropical Race 4' or TR4. This *pathogen is **immune to conventional** *pesticides. So far it has only affected Asian, African, and Middle Eastern *plantations. However, due to the **rapid expansion** in the number of people travelling between countries, it could **run rampant in the four corners of the world**, hidden in the dirt on a traveller's shoe.

Actually, this is not the first time the *blight has **wreaked havoc**. In Ireland in the 1840s, an earlier form of the fungus called TR1 attacked the potato plant, which was a major source of **sustenance** for poor people at that time. A million people died and many more **emigrated** from the country, causing the Irish population to **dwindle**. TR1 also **eradicated** the banana that our great-grandparents knew as the 'Gros Michel'. In fact, the Cavendish was the **substitute** for the Gros Michel due to its **resistance to** TR1.

In response, we need to *quarantine TR4 until we can further **diversify** the **sorts of** bananas that we eat.

私達の主食のひとつが今や失われる危機に**瀕し**ており、**保護する**ためには**思いきった**対応が必要です。**栽培されている**全てのバナナの48%を**占める**「キャベンディッシュバナナ」は、「Tropical Race 4」又はTR4として知られている菌により**被害を受けて**います。この病原菌は**通常の**殺虫剤に**免疫**があります。今のところ影響を受けているのは、アジア、アフリカ、そして中東の農園のみです。しかし、国の間を行き来する人の**急増**により、旅行者の靴についた泥に紛れて**世界中に蔓延する**可能性があります。

実際は、この害病が**大惨事となった**のは初めてではありません。1840年代のアイルランドでは、TR1と呼ばれる初期の種の菌が、当時貧しい人々の主な**栄養**源だったジャガイモを襲いました。100万人が亡くなり、もっと沢山の人々が**国を去って**、アイルランドの人口が**減少する**結果となりました。TR1はまた、私達の曽祖父母が「グロスミッチェル」として知っていたバナナを**絶滅させました**。実際、キャベンディッシュはTR1への**免疫**があるため、グロスミッチェルの**代替品種**でした。

対応として、私達は**様々な種類の**食用バナナをさらに**多様化させる**まで、TR4を検疫する必要があります。

---

* wipe STH out「～を絶滅させる」 fungus「菌」 pathogen「病原体」 pesticide「殺虫剤」 plantation「農園」 blight「害病」 quarantine「検疫」

1094 □□□
staple [ˈsteɪpl] 形 主要な

類 1095 □□□ **chief** [tʃiːf] 最重要の 1096 □□□ **essential** [ɪˈsenʃl] 必須の
1097 □□□ **quintessential** [ˌkwɪntɪˈsenʃl] 典型的な

Rice is an **essential** part of the diet in Japan.
米は日本の食事に不可欠です。

1098 □□□
on the brink of STH ～の寸前で

類 1099 □□□ **on the verge of** STH 1100 □□□ **on the edge of** STH ～の間際で

Chocolate is also **on the verge of** disappearing.
チョコレートもまた、消滅の危機にあります。

1101 □□□
drastic [ˈdræstɪk] 形 過激な、極端な

類 1102 □□□ **radical** [ˈrædɪkl] 根本的な、急進的な 1103 □□□ **extreme** [ɪkˈstriːm] 過激な

Stopping air travel could be the most **radical** solution to this problem.
航空機での移動を止める事は、この問題に対する最も抜本的な解決策かもしれません。

1104 □□□
preserve [prɪˈzɜːv] 動 保護する

類 1105 □□□ **keep** STH **safe** 1106 □□□ **safeguard** [ˈseɪfgɑːd]
1107 □□□ **conserve** [kənˈsɜːv] ～を保護する

We must work together to **safeguard** this important part of our diet.
私達は食生活のこの大切な部分を守るために力を合わせる必要があります。

1108 □□□
account for STH ～を占める

類 1109 □□□ **make up** STH ～を占める

Fish **makes up** an important part of Japanese meals.
魚は日本食の重要な部分を占めています。

1110 □□□
cultivated [ˈkʌltɪveɪtɪd] 形 栽培された

類 1111 □□□ **domesticated** [dəˈmestɪkeɪtɪd] 栽培用の 1112 □□□ **household** 家庭（用）の

The **domesticated** banana tree is grown in 135 countries.
栽培用バナナの木は135ヵ国で育てられています。

1113 □□□
ravage [ˈrævɪdʒ] 動 被害を与える、破壊する

類 1114 □□□ **devastate** [ˈdevəsteɪt] 壊滅させる 1115 □□□ **despoil** [dɪˈspɔɪl] 損なう

TR1 **devastated** Ireland during the 1840s.
TR1は1840年代にアイルランドに壊滅的なダメージを与えました。

1116 □□□

immune to STH ～に対して免疫のある

類 1117 □□□ **insusceptible to** STH ～の影響を受けにくい

TR4 is **insusceptible to** most kinds of conventional pesticides.

TR4はほとんどの種類の通常の殺虫剤**に対して免疫が**あります。

1118 □□□

conventional [kənˈvenʃənl] 形 普通の

類 1119 □□□ **traditional** [trəˈdɪʃənl] 昔ながらの 1120 □□□ **ordinary** [ˈɔːdnri] 通常の

Ordinary methods of fighting TR4 are not working.

TR4に対抗する**通常の**方法は上手くいきません。

1121 □□□

rapid expansion 急激な増加

類 1122 □□□ **unbelievable growth** 信じられないくらいの増加 1123 □□□ **explosion** 急増

There was **unbelievable growth** in the number of banana plantations during the 1960s.

1960年代に、バナナ農園の数は**信じられないくらいに増え**ました。

1124 □□□

run rampant 蔓延(まんえん)する

類 1125 □□□ **get out of hand**

1126 □□□ **spread uncontrollably** 手に負えない勢いで広がる

TR1 **got out of hand** in Ireland and destroyed almost all of the potatoes.

TR1はアイルランドで**蔓延し**、ジャガイモのほとんど全てをだめにしました。

1127 □□□

in the four corners of the world 世界中に

類 1128 □□□ **across the globe** 全世界で 1129 □□□ **worldwide** 世界規模で

TR4 could affect bananas **worldwide**.

TR4は**世界的に**バナナに影響を与える可能性があります。

1130 □□□

wreak havoc [riːk ˈhævək] 大惨事をもたらす

類 1131 □□□ **cause chaos** [kɔːz ˈkeɪɒs] 混乱を引き起こす

If bananas disappear, it will **cause chaos** in many poor countries.

もしバナナが無くなったら、沢山の貧しい国で**混乱を引き起こす**でしょう。

1132 □□□

sustenance [ˈsʌstənəns] 名 栄養

類 1133 □□□ **nourishment** [ˈnʌrɪʃmənt] 1134 □□□ **nutrition** [njuˈtrɪʃn] 栄養

1135 □□□ **subsistence** [səbˈsɪstəns] 生存に必要な食糧

Bananas are an important source of **nutrition** for many poor people.

バナナは沢山の貧しい人々にとって重要な**栄養**源です。

1136 □□□
emigrate [ˈemɪgreɪt] 動 自国を去る

類 1137 □□□ **move abroad** 海外へ移住する

Since 1700, over 8 million Irish people have **moved abroad**.
1700年以降、800万人以上のアイルランド人が**移民しました**。

1138 □□□
dwindle [ˈdwɪndl] 動 減少する

類 1139 □□□ **decline** [dɪˈklaɪn] 減少する

The number of cocoa plants in Africa has **declined** in recent years.
アフリカのカカオの樹は近年**減少しています**。

1140 □□□
eradicate [ɪˈrædɪkeɪt] 動 絶滅させる

類 1141 □□□ **destroy** 1142 □□□ **be wiped off the map** 全滅する

Tequila could also **be wiped off the map** because of climate change.
テキーラもまた、気候変化によって**全滅する**恐れがあります。

1143 □□□
substitute [ˈsʌbstɪtjuːt] 名 代替品

類 1144 □□□ **alternative** [ɔːlˈtɜːnətɪv] 代替品

Scientists are searching for an **alternative** to the Cavendish.
科学者はキャベンディッシュの**代替**品種を探しています。

1145 □□□
resistance to STH ～に対する耐性

類 1146 □□□ **protection against** STH ～に対する防護

Cavendish bananas have no **protection against** TR4.
キャベンディッシュバナナはTR4**に対して耐性**がありません。

1147 □□□
diversify [daɪˈvɜːsɪfaɪ] 動 多様化させる

類 1148 □□□ **branch out** 手を広げる

Irish farmers have **branched out** into many kinds of vegetables.
アイルランドの農民は沢山の種類の野菜に**手を広げて**きました。

1149 □□□
sorts of STH 様々な種類の～

類 1150 □□□ **varieties of** STH 様々な種類の～

Farmers are looking at different **varieties of** bananas.
農民はいろいろ違った**種類の**バナナに目を向けています。

フロー

'Flow' refers to the **fervent** feeling of **concentration** that people feel when they **lose themselves in** their work. For example, artists working on a *masterpiece, or gamers completing a level, often let hours *slip by, ignoring the need to sleep or eat. What is **informally known as** being '*in the zone' has great **implications** for work **productivity**.

There are three factors involved in **attaining** a state of flow. Firstly, the task at hand must be challenging for you, but achievable. It should not be **overwhelming**, and there must be the potential for **mastery**. Secondly, there needs to be **instantaneous** feedback to **gauge** if you are doing it well or need to keep trying. Finally, there should be a feeling of being so **engrossed in** the activity that you do not notice anything around you.

The implications for businesses are **manifold**. Workers that achieve flow will **concentrate on** the task for its own sake **in lieu of** any other **external** reward. They will feel **passionate** about their work and have **internal motivation**. They will also experience **gratification** after completing the activity. On top of that, they will **excel at** these skills, bringing **tremendous** benefits to the company.

「フロー」とは、何かに打ち込んで**我を忘れる**ような時に感じる**強い集中**の感覚を指します。例えば、芸術家が傑作に取り組んでいる時や、ゲーマーがレベルをクリアする時に、時間が経つのを忘れ、睡眠や食事の必要すら忘れてしまう事です。**口語では**'in the zone'**としても知られている**この状態は、仕事の**生産性**にも非常に**深い関わり**があります。

フローの状態に**達する**ための3つの要因があります。初めに、目の前にあるタスクはやりがいがあり、かつ達成できるものでないといけません。**圧倒されてしまう**ようなものではなく、しかも**習得**の可能性がなければなりません。次に、上手くやっているのか、頑張り続ける必要があるのかを**判断する**ための**即座の**フィードバックが必要となります。最後に、周りのものに全く気付かなくなるほどにその活動に**熱中する**感覚がないといけません。

企業においての**関わり**は**多岐に渡り**ます。フローに達する人は、他のどんな**外的**報酬**より**も、その仕事自体に**集中します**。彼らは仕事に関して**熱意**を感じ、**内的動機**があります。彼らはまた、その活動を終えた後に**満足**を感じます。何よりも、彼らはこれらのスキルに於いて**卓越し**、会社に**とてつもなく大きな**利益をもたらします。

---

* masterpiece「傑作」 slip by「(知らない間に時間が) 経つ」
in the zone「完全に集中して」

1151 □□□
fervent [ˈfɜːvənt] 形 熱烈な

類 1152 □□□ **intense** [ɪnˈtens] 熱心な 1153 □□□ **impassioned** [ɪmˈpæʃnd] 熱狂的な
1154 □□□ **passionate** [ˈpæʃənət] 熱烈な
Steve Jobs was an **impassioned** believer in flow.
スティーヴ・ジョブズはフローの**熱烈な**信者でした。

1155 □□□
concentration [ˌkɒnsnˈtreɪʃn] 名 集中

類 1156 □□□ **absorption** [əbˈzɔːpʃn] 熱中
Too much **absorption** in your work can affect your work-life balance.
仕事に**熱中**し過ぎる事はワーク・ライフ・バランスに影響します。

1157 □□□
lose (oneself) in STH ～に夢中になる

類 1158 □□□ **wrap (oneself) up in** STH ～に没頭する
Artists **wrap** themselves **up in** their work so much that they cannot sleep.
芸術家は創作にあまりにも**熱中し過ぎて**、眠れなくなります。

1159 □□□
informally known as SB STH 口語では～として知られる

類 1160 □□□ **colloquially known as** SB STH 口語的には～として知られる
People that play a lot of video games are **colloquially known as** gamers.
テレビゲームをよくする人々は、**口語的には**ゲーマー**として知られて**います。

1161 □□□
implication [ˌɪmplɪˈkeɪʃn] 名 密接な関係、影響

類 1162 □□□ **significance** [sɪɡˈnɪfɪkəns] 重要性
Flow also has a lot of **significance** for educators.
教育者にとっても、フローは多くの**重要性**を持ちます。

1163 □□□
productivity [ˌprɒdʌkˈtɪvəti] 名 生産性

類 1164 □□□ **output** [ˈaʊtpʊt] 生産（高）
Businesses can increase their **output** by helping workers achieve flow.
企業は、従業員にフローを達成させる事で、**生産高**を上げる事ができます。

1165 □□□
attain [əˈteɪn] 動 達成する

類 1166 □□□ **achieve** [əˈtʃiːv] 1167 □□□ **reach** [riːtʃ] 達成する
Gamers will play for hours, trying to **achieve** their goal.
ゲーマーは目的を**達成**しようとして、何時間もゲームをします。

1168 □□□
overwhelming [ˌəʊvəˈwelmɪŋ] 形 圧倒する

類 1169 □□□ **overpowering** [ˌəʊvəˈpaʊərɪŋ] 非常に強い
Sometimes flow can result in an **overpowering** sense of joy.
時にフローは**非常に強い**喜びの感覚を引き起こす事があります。

1170 □□□
mastery [ˈmɑːstəri] 名 熟達

類 1171 □□□ **proficiency** [prəˈfɪʃnsi] 熟達

It may take years to achieve **proficiency** in English.
英語での熟達に達するには、何年もかかるかも知れません。

1172 □□□
instantaneous [ˌɪnstənˈteɪniəs] 形 即座の

類 1173 □□□ **immediate** [ɪˈmiːdiət] 即座の

Flow can be interrupted if there is not enough **immediate** feedback.
即座のフィードバックが十分に無いと、フローは中断される事もあります。

1174 □□□
gauge [geɪdʒ] 動 評価する、判断する

類 1175 □□□ **assess** [əˈses] 評価する 1176 □□□ **ascertain** [ˌæsəˈteɪn] 確かめる
1177 □□□ **appraise** [əˈpreɪz] 評価する

Researchers use special questions to **assess** if a person experiences flow.
研究者は人がフローを経験するかどうかを**判断する**ために特別な質問をします。

1178 □□□
engrossed in STH [ɪnˈgrəʊst] ～に夢中になる

類 1179 □□□ **preoccupied with** STH [priˈɒkjupaɪd]
1180 □□□ **captivated by** STH [ˈkæptɪveɪtɪd] ～に夢中になる

Some people become so **preoccupied with** an activity that they forget to eat.
活動**に夢中になって**、食べる事を忘れる人々もいます。

1181 □□□
manifold [ˈmænɪfəʊld] 形 多数の

類 1182 □□□ **abundant** [əˈbʌndənt] 1183 □□□ **multifold** [ˈmʌltifəʊld] 沢山の

There are **multifold** benefits for employees that experience flow.
フローを経験する従業員には、**沢山の**利点があります。

1184 □□□
concentrate on STH ～に集中する

類 1185 □□□ **fixate on** STH [fɪkˈseɪt] ～に固執する 1186 □□□ **focus on** STH ～に集中する

Companies often **fixate on** profits more than employees' happiness.
企業はよく従業員の幸せよりも利益を**重要視します**。

1187 □□□
in lieu of STH [luː] ～の代わりに

類 1188 □□□ **instead of** STH ～の代わりに

Companies should offer more intrinsic motivation **instead of** higher salaries.
企業は高い給料**の代わりに**内因的動機づけとなるものを提供すべきです。

1189 □□□
external [ɪkˈstɜːnl] 形 外部の

類 1190 □□□ **extrinsic** [eksˈtrɪnzɪk] 外因性の

Extrinsic factors such as unclear goals can prevent flow at work.
あいまいな目標などの**外因的要素**は、業務においてフローの妨げとなり得ます。

1191 □□□
internal [ɪnˈtɜːnl] 形 内部の

類 1192 □□□ **intrinsic** [ɪnˈtrɪnzɪk] 内因性の

The **intrinsic** motivation of flow can be used in learning a new language.
フローの**内因的**動機は、新しい言語を習得するときに利用できます。

1193 □□□
motivation [ˌməʊtɪˈveɪʃn] 名 動機、意欲を起こさせるもの

類 1194 □□□ **incentive** [ɪnˈsentɪv] 動機

If a task is too easy, we get bored and lose all **incentive** to complete it.
もし仕事が簡単過ぎる場合、私達は退屈してそれを完了する**動機**をすべて無くしてしまいます。

1195 □□□
gratification [ˌɡrætɪfɪˈkeɪʃn] 名 満足

類 1196 □□□ **satisfaction** [ˌsætɪsˈfækʃn] 1197 □□□ **fulfilment** [fʊlˈfɪlmənt] 1198 □□□ **joy** [dʒɔɪ] 満足

There is a sense of **satisfaction** when you master a skill.
あるスキルを習得するとき、**満足**感を覚えます。

1199 □□□
excel at STH [ɪkˈsel] ～を得意とする

類 1200 □□□ **be adept at** STH 1201 □□□ **be adroit at** STH ～が上手である

Athletes that experience flow **are adroit at** their sport.
フローを経験する運動選手は、競技**に長けています**。

1202 □□□
tremendous [trəˈmendəs] 形 とてつもなく大きい

類 1203 □□□ **huge** [hjuːdʒ] 1204 □□□ **incredible** [ɪnˈkredəbl] 1205 □□□ **colossal** [kəˈlɒsl] 巨大な

This has had a **huge** impact on businesses.
これは企業に対して**多大なる**影響を与えてきました。

イエローストーンのオオカミ

何回読んだ？
□□□□□

The **reintroduction** of wolves to Yellowstone Park **kick-started** a **cascade effect** that **restored balance** to its ecosystem. In the 1930s, wolves in the park were killed off by ranchers who considered the animals a threat to their **livestock**. However, wolves, as an **apex predator**, **play a key role** in the *food chain. With the wolves gone, elk had no *natural enemy and the population *exploded. This had a **detrimental** effect on the plant life, and consequently, on the other animals that **subsisted on** that plant life.

As ecologists studied the matter more, they **formulated** a **course of action** that was **controversial** at the time. They wanted to move 32 Canadian wolves into the park. At first, local *ranchers were **hostile towards** the idea. The ecologists **mollified** their fears with promises of **constant surveillance** of the wolves to protect the ranchers' *herds.

With wolves back in the park, the elk population **diminished**, and because they were **harassed** by wolves, started to *roam around the park. This created new trails through the grass for other animals to use. Also, beavers returned and built dams, which **replenished** the *water table, providing places for fish to *spawn. The **fragile** ecosystem soon returned to normal.

イエローストーン自然公園へオオカミを**再導入**した事は、生態系の**バランスを元に戻すカスケード効果の先駆けとなりました**。1930年代、この自然公園のオオカミは、牧場主に**家畜**に対する脅威と考えられ、全滅させられました。しかし、**捕食者の頂点に立つ**オオカミは食物連鎖において**重要な役割を担っています**。オオカミが居なくなり、ヘラジカは天敵がいなくなって個体数が急増しました。これが植物や、結果としてその植物を**餌とする**他の動物に**有害な**影響をもたらしました。

生態学者はこの問題をより深く調査しながら**一連の方策を立てていきました**が、当時この方策は**物議を醸す**ものでした。彼らは32頭のカナダオオカミをその自然公園に移住させようとしたのです。初め地元の牧場主たちはこの考えに**反対して**いました。生態学者たちは、牧場主たちの家畜を守るためにオオカミを**常に監視**する約束をする事で、彼らの恐れを**なだめ**ました。

オオカミが公園に戻ったためヘラジカの個体数が**減少し**、しかもヘラジカはオオカミに**追いやられる**ことになったため、公園中を放浪し始めました。これが、草むらに他の動物が使える新しい獣道を作りました。また、ビーバーが戻ってダムを作り、これが地下水を**補充して**、魚が産卵する場所を生みました。**繊細な**生態系は、まもなく通常に戻りました。

---

* food chain「食物連鎖」 natural enemy「天敵」 explode「急増する」 rancher「牧場主」 herd「家畜」 roam「放浪する」 water table「地下水位」 spawn「産卵する」

1206 □□□
reintroduction [ˌriːɪntrəˈdʌkʃn] 名 再導入

類 1207 □□□ **rewilding** [ˌriːˈwaɪldɪŋ] 再野生化 1208 □□□ **bringing back** 連れ戻すこと
The **rewilding** of wolves also took place in parts of Europe.
オオカミの再野生化はヨーロッパ各地でも起こりました。

1209 □□□
kick-start [ˈkɪk stɑːt] 動 始動させる

類 1210 □□□ **jump-start** 活性化させる 1211 □□□ **trigger** [ˈtrɪɡə] 引き起こす
They hope to **jump-start** the same process in other parts of the world.
彼らは世界の他の場所でも同じプロセスを引き起こそうとしています。

1212 □□□
cascade effect [kæˈskeɪd ɪˈfekt] カスケード効果
（小さな刺激が次々に増幅して、大きな効果を生むこと）

類 1213 □□□ **ripple effect** [ˈrɪpl ɪfekt] 1214 □□□ **domino effect** 波及効果、連鎖反応
If you remove the apex predator, it has a negative **ripple effect**.
もし最高捕食者を取り除けば、悪い波及効果が生まれます。

1215 □□□
restore [rɪˈstɔː] 動 修復する

類 1216 □□□ **recover** [rɪˈkʌvə] 復活する、回復する
The environment in the park has completely **recovered**.
その公園の環境は完全に復活しました。

1217 □□□
balance [ˈbæləns] 名 バランス、均衡

類 1218 □□□ **equilibrium** [ˌiːkwɪˈlɪbriəm] 均衡 1219 □□□ **stability** [stəˈbɪləti] 安定性
It is difficult to bring **stability** back to damaged ecosystems.
傷ついた生態系に安定性を取り戻すのは難しいです。

1220 □□□
livestock [ˈlaɪvstɒk] 名 家畜

類 1221 □□□ **cattle** [ˈkætl] 畜牛
Ranchers were worried about wolves eating their **cattle**.
牧場主はオオカミが彼らの畜牛を食べないかと心配していました。

1222 □□□
apex predator [ˈeɪpeks ˈpredətə] 頂点捕食者

類 1223 □□□ **alpha predator** [ˈælfə] 1224 □□□ **top predator** 最高捕食者
Lions, eagles, and sharks are all examples of **top predators**.
ライオン、ワシ、サメは全て最高捕食者の例です。

1225 □□□
play a key role 重要な役割を担う

類 1226 □□□ **play an important part** 重要な役割を果たす
Predators **play an important part** in the food chain.
捕食者は食物連鎖に於いて重要な役割を担っています。

1227 □□□
detrimental [ˌdetrɪˈmentl] 形 有害な

類 1228 □□□ **adverse** [ˈædvɜːs] 1229 □□□ **damaging** [ˈdæmɪdʒɪŋ] 不利な
1230 □□□ **harmful** [ˈhɑːmfl] 有害な
Tourism also had an **adverse** effect on the ecosystem of the park.
観光もまた公園の生態系に**有害な**影響をもたらしました。

1231 □□□
subsist on STH [səbˈsɪst] ～を常食とする

類 1232 □□□ **live on STH** ～を食べて生きる
Beavers **live on** the same plants as the elk in the park.
ビーバーはその公園でヘラジカと同じ植物を**食べて生きて**います。

1233 □□□
formulate [ˈfɔːmjuleɪt] 動 (計画を) 立てる

類 1234 □□□ **devise** [dɪˈvaɪz] 1235 □□□ **draw STH up** [drɔː] 1236 □□□ **forge** [fɔːdʒ] 作る、考案する
The ecologists **forged** a plan to save the park's ecosystem.
生態学者たちはその公園の生態系を守る計画を**作り**ました。

1237 □□□
course of action 一連の行動、行動計画

類 1238 □□□ **plan** 計画 1239 □□□ **blueprint** 計画
1240 □□□ **template** [ˈtempleɪt] 1241 □□□ **strategy** [ˈstrætədʒi] 戦略
The same **blueprint** is being used to bring back wild cats in the UK.
同じ**計画**が、イギリスにヤマネコを取り戻すために使われています。

1242 □□□
controversial [ˌkɒntrəˈvɜːʃl] 形 物議を醸す

類 1243 □□□ **contentious** [kənˈtenʃəs] 議論を引き起こす
1244 □□□ **questionable** [ˈkwestʃənəbl] 問題のある
The idea of bringing back wolves was **contentious**.
オオカミを戻す考えは**物議を醸す**ものでした。

1245 □□□
hostile towards SB STH [ˈhɒstaɪl] ～と敵対して

類 1246 □□□ **antagonistic to SB STH** [ænˌtægəˈnɪstɪk] ～に反対して
People living near the park were also **antagonistic to** this idea.
公園の近くに住む人々もこの考えに**反対**でした。

1247 □□□
mollify [ˈmɒlɪfaɪ] 動 和らげる、鎮める

類 1248 □□□ **allay** 1249 □□□ **put STH to rest** ～を沈静化させる
The ecologists **put** the rancher's fears **to rest** over the wolves.
生態学者たちはオオカミに対する牧場主の恐れを**なだめました**。

1250 □□□
constant [ˈkɒnstənt] 形 絶え間ない

類 1251 □□□ **continuous** [kənˈtɪnjuəs] 1252 □□□ **non-stop** [ˌnɒnˈstɒp]
1253 □□□ **continual** [kənˈtɪnjuəl] 絶え間ない

For animals, there is a **continuous** fight to find enough to eat.
動物には、十分な食糧を探す**絶え間ない**闘いがあります。

1254 □□□
surveillance [sɜːˈveɪləns] 名 監視

類 1255 □□□ **close observation** 1256 □□□ **scrutiny** [ˈskruːtəni] 監視

Wolves are kept under **scrutiny** to make sure they do not leave the park.
オオカミはその公園を出て行かないように**監視**下に置かれました。

1257 □□□
diminish [dɪˈmɪnɪʃ] 動 減る

類 1258 □□□ **shrink** [ʃrɪŋk] 1259 □□□ **dwindle** [ˈdwɪndl] 減少する 1260 □□□ **ebb** [eb] 衰退する

The elk population had **shrunk** to 5,000 animals by 2015.
ヘラジカの頭数は2015年までに5000頭に**減りました**。

1261 □□□
harass [ˈhærəs] 動 攻撃する、苦しめる

類 1262 □□□ **stalk** [stɔːk] 1263 □□□ **chase** [tʃeɪs] 追いかける

If you visit the park these days, you can see wolves **stalk** large herds of elk.
その公園を近々訪れたら、オオカミが沢山のヘラジカの大きな群れを**追いかける**のを見られるでしょう。

1264 □□□
replenish [rɪˈplenɪʃ] 動 再び満たす

類 1265 □□□ **restore** [rɪˈstɔː] 元に戻す

It took time to **restore** the number of fish in the park.
その公園の魚の数を**元に戻す**のには時間がかかりました。

1266 □□□
fragile [ˈfrædʒaɪl] 形 もろい

類 1267 □□□ **delicate** [ˈdelɪkət] 繊細な

We need to protect the **delicate** balance of the food chain.
私達は食物連鎖の**繊細な**バランスを保つ必要があります。

おとぎ話の起源

024

何回読んだ？ □□□□□

It was a **commonly held belief** that 'fairy tales' were first **made up** and **written down** in the 16th and 17th centuries, and then *passed down **through oral tradition** until the present day. However, when the Brothers Grimm first **laboriously compiled** their loose **collection** of children's stories in the 19th century, it **struck** them that these tales could be much older. Cultures that are **poles apart** often have *folklore with the same **plots** and characters. Recent research by Durham University **confirms** that some stories are several *millennia old and have a shared **ancestry**.

One example is a Chinese story called *The Fairy Serpent*, in which a father is captured by a **hideous** snake. In exchange for his freedom, he *offers his youngest daughter's hand in marriage. They fall in love and the snake **transforms** into a handsome prince. This story should be **recognisable** as the French story *Beauty and the Beast*. It also appears in **varying forms** across Europe and is over 4,000 years old.

Another example is the English *folk tale *Jack and the Beanstalk*, which is **rooted in** the stories **classified** as *The Boy Who Stole an *Ogre's Treasure*. This story can **be traced back to** when Indo-European languages **split** 5,000 years ago.

「おとぎ話」は16世紀と17世紀頃に初めて**創り上げられ記録された**もので、その後現代まで**言い伝えにより**伝わって来たものだというのが**共通認識**でした。しかし、19世紀にグリム兄弟が初めて、バラバラの子供向けの話の**コレクションを苦労して編集した**際、これらの話はもっと古いかもしれないという事に**気付きました**。**全く異なる**文化に同じ**あらすじ**と登場人物の言い伝えが伝わっている事がよくあります。ダラム大学の最近の調査により、話の中には何千年も経っていて、**起源**が共通しているものもあることが**立証されました**。

1つの例として、中国の言い伝えに、ある父親が**恐ろしい**蛇に捕えられる「Fairy Serpent」という話があります。自身を解放する代わりに、その父親は末娘を蛇の結婚相手として差し出します。末娘と蛇は恋に落ち、蛇は美しい王子へと**変身**します。この話は、フランスの「美女と野獣」と**似ています**。この話はまた、**様々な形**でヨーロッパ中に見られ、4000年以上も前からあります。

もう一つの例として、イギリスの「ジャックと豆の樹」という昔話があり、これは「人食い鬼の宝物を盗んだ男の子」として**分類される**話に**由来します**。この話は5000年も前にインド-ヨーロッパ語族の言語が**枝分かれた時まで遡る**ことができます。

---

* pass down STH「～を伝える」 folklore「民間伝承」 millennium「千年」
offer (one's) hand in marriage「(人を) 結婚相手として差し出す」 folk tale「昔話」
ogre「人食い鬼」

1268 □□□
commonly held belief 共通認識

類 1269 □□□ **accepted truth** [əkˈseptɪd truːθ]
1270 □□□ **axiom** [ˈæksiəm] 一般に認められている真実

The **accepted truth** that these tales were only a few hundred years old was incorrect.
これらの話ができてまだ数百年しか経っていないという**共通認識**は誤りでした。

1271 □□□
make STH up (作り話を) でっち上げる

類 1272 □□□ **invent** [ɪnˈvent] 1273 □□□ **concoct** [kənˈkɒkt] でっち上げる

Parents often **invent** stories to tell children at bedtime.
親はよく、子供を寝かせるために話を**創作し**ます。

1274 □□□
write STH down ～を書き留める

類 1275 □□□ **set STH down** ～を書き留める

Madame d'Aulnoy in the 17th century was the first person to **set** fairy tales **down** on paper.
17世紀のAulnoy夫人は、おとぎ話を紙に**書き留めた**初めての人物でした。

1276 □□□
through oral tradition [θruː ˈɔːrəl trəˈdɪʃn] 口頭伝承で

類 1277 □□□ **by word of mouth** 口伝えで

These stories have been communicated **by word of mouth** for many years.
これらの話は何年もの間**口づてで**伝えられてきました。

1278 □□□
laboriously [ləˈbɔːriəsli] 副 苦心して

類 1279 □□□ **meticulously** [məˈtɪkjələsli] 慎重に 1280 □□□ **diligently** [ˈdɪlɪdʒəntli] コツコツと

The Brothers Grimm **diligently** recorded every German folk tale they could find.
グリム兄弟は発見できた全てのドイツ民話を**コツコツと**記録に残しました。

1281 □□□
compile [kəmˈpaɪl] 動 集める

類 1282 □□□ **amass** [əˈmæs] 1283 □□□ **collect** [kəˈlekt]
1284 □□□ **gather STH together** ～を集める

The brothers **amassed** over 200 tales that they later printed in two volumes.
兄弟は200以上の話を**かき集め**、後に2巻に分けて印刷し出版しました。

1285 □□□
collection 名 コレクション、収集物

類 1286 □□□ **anthology** [ænˈθɒlədʒi] 選集

The **anthology** of Grimm's Fairy Tales was published in 1812 and 1815.
グリム童話**名作集**は1812年と1815年に発行されました。

1287 □□□

strike [straɪk] 動 心に浮かぶ

類 1288 □□□ **occur to** SB ～の心に浮かぶ、ふと気づく

It **occurred to** the researchers that there was a connection between these stories.

研究者はふと、これらのお話には共通点があると気づきました。

1289 □□□

poles apart 大きくかけ離れた

類 1290 □□□ **as different as chalk and cheese** [tʃɔːk]

チョークとチーズくらいに全く異なる 1291 □□□ **worlds apart** 大きくかけ離れた

Chinese and French cultures seem to be **as different as chalk and cheese**.

中国とフランスの文化は、**チョークとチーズくらいに全く異なる**ように思われます。

1292 □□□

plot [plɒt] 名 あらすじ

類 1293 □□□ **story line** あらすじ 1294 □□□ **narrative** [ˈnærətɪv] 物語

The **narrative** of *Little Red Riding Hood* can be found in some Indian stories as well.

「赤ずきんちゃん」の話はあるインディアンの話にもあります。

1295 □□□

confirm [kənˈfɜːm] 動 確認する、裏付ける

類 1296 □□□ **establish** [ɪˈstæblɪʃ] 1297 □□□ **affirm** [əˈfɜːm] 1298 □□□ **verify** [ˈverɪfaɪ] 確認する

They used a new method to **verify** how old the story was.

彼らはその話がどのくらい古いのかを**確認する**ために新しい方法を使いました。

1299 □□□

ancestry [ˈænsestri] 名 祖先

類 1300 □□□ **origin** [ˈɒrɪdʒɪn] 1301 □□□ **source** [sɔːs] 起源

The **sources** of many of these tales are becoming clear.

これらの民話の多くは**起源**が明確になりつつあります。

1302 □□□

hideous [ˈhɪdiəs] 形 見るも恐ろしい

類 1303 □□□ **grotesque** [grəʊˈtesk] 恐ろしい

Many stories have a **grotesque** monster in them.

多くの話に、**恐ろしい**モンスターが出て来ます。

1304 □□□

transform [trænsˈfɔːm] 動 変形する

類 1305 □□□ **change completely** 1306 □□□ **metamorphose** [ˌmetəˈmɔːfəʊz] 変身する

Cinderella **metamorphosed** into a beautiful princess.

シンデレラは美しい姫に**変身しました**。

1307 □□□
recognisable [ˈrekəgnaɪzəbl] 形 認識できる、見覚えがある

類 1308 □□□ **familiar** [fəˈmɪliə] よく知っている、聞き覚えのある
A child getting lost is a **familiar** theme in these stories.
子供が迷子になるのは、これらのお話に**よく出てくる**テーマです。

1309 □□□
varying [ˈveəriŋ] 形 さまざまな

類 1310 □□□ **differing** [ˈdɪfərɪŋ] 異なる
There are many **differing** endings to these stories.
これらの話には、**異なった**終わり方が沢山あります。

1311 □□□
form [fɔːm] 名 型、種類、タイプ

類 1312 □□□ **version** 版 1313 □□□ **adaptation** [ˌædæpˈteɪʃn] 改作
1314 □□□ **interpretation** [ɪnˌtɜːprəˈteɪʃn] 解釈
German **versions** of these stories tend to be much more violent.
これらの話のドイツ語**版**はずっと暴力的です。

1315 □□□
root in STH [ruːt] ～に基づく

類 1316 □□□ **base on** STH ～に基づく
Cinderella is **based on** a Greek fairy tale that is more than 2,000 years old.
シンデレラは2000年以上も前からあるギリシャのおとぎ話**に基づいています**。

1317 □□□
classify [ˈklæsɪfaɪ] 動 分類する

類 1318 □□□ **categorise** [ˈkætəgəraɪz] 1319 □□□ **group** 1320 □□□ **class** 分類する
Researchers **group** these tales into folk tales and fairy tales.
研究者はこれらの話を民話とおとぎ話に**分類します**。

1321 □□□
be traced back to (time) ～に遡る

類 1322 □□□ **be dated back to (time)** ～に遡る
One folk tale can **be dated back to** the Bronze Age, or 6,000 years ago.
ある民話は青銅器時代または6000年前**に遡る**ことができます。

1323 □□□
split [splɪt] 動 分裂する

類 1324 □□□ **divide** [dɪˈvaɪd] 分かれる
The common Indo-European language **divided** into different branches a long time ago.
よく知られているインド-ヨーロッパ言語は、ずっと以前に異なる言語族に**枝分かれしました**。

日本ザルと温泉

025 何回読んだ？ □□□□□

Japanese macaques, or ‘snow monkeys’ are the only non-human *primates to take long hot baths. The first known **incidence** was in 1963 at Jigokudani in Japan when a young female was **spotted** in an outdoor hot spring, **adjacent to** a local hotel. Other monkeys *mimicked this behaviour and, for **hygienic** reasons, the hotel opened a new spring **exclusively** for the monkeys. This **phenomenon** has become a popular tourist attraction, but until 2018, no one had **validated** the benefits of this behaviour.

These monkeys have **adapted to** this **mountainous** area in Japan very well by growing thicker fur that **maintains** their body temperature during **the frozen months**. So it was **assumed** that the hot spring only **acted as** another way to keep warm. However, researchers from Kyoto University **uncovered** that the baths were also used during *mating season by *dominant females to **alleviate stress** when they were more **aggressive** and involved in **conflicts**. Taking a spa **lowered** the levels of stress hormones **significantly** in these creatures. Interestingly, despite so many visitors (up to 500 a day) taking photos, there was no **corresponding** increase in stress. They ignored the tourists and **gave** their **undivided attention to** just unwinding.

日本ザル、もしくは「スノーモンキー」は長風呂をする唯一の非人間の霊長類です。初めての**実例**として知られているのは、1963年に日本の地獄谷において、地元のホテルに**隣接する**露天風呂で若い雌のサルが**目撃された**事です。他のサルもこの行動を真似し、**衛生的**理由から、そのホテルがサルのため**だけの**新しい温泉を用意しました。この**現象**は旅行者向けの人気の呼び物となりましたが、2018年までこの行動の効能を**確証した**人はいませんでした。

これらのサルは**寒い時期**に、体温を**保持する**毛皮を厚くすることで、この日本の**山岳**地方にとてもよく**適応して**きました。従って、温泉は暖まるもう一つの手段**として機能**しているだけだと**考えられていました**。しかし、京都大学の調査員が、雌のボスザルがより**攻撃的**で**闘争**に関わる繁殖期にも、**ストレスを軽減する**ために温泉が使われている事を**発見しました**。温泉に入る事が、これらの動物のストレスホルモンのレベルを**大きく減らした**のです。興味深い事に、とても沢山の訪問者が（一日最高500人）写真を撮っているにもかかわらず、それに**伴う**ストレス増加はありませんでした。サルたちは観光客に見向きもせず、**わき目も振らず寛いで**いたのです。

---

* primate「霊長類」 mimic「真似をする」 mating season「繁殖期」
dominant「最優位の、ボスの」

1325 □□□
incidence [ˈɪnsɪdəns] 名(物事の) 発生

類 1326 □□□ **occurrence** [əˈkʌrəns] 出来事、発生 1327 □□□ **instance** [ˈɪnstəns] 実例

The first **instance** of a monkey enjoying the hot spring surprised the hotel workers.
サルが温泉に入っていた初めての実例は、ホテルの従業員たちを驚かせました。

1328 □□□
spot [spɒt] 動 見つける、見て気づく

類 1329 □□□ **observe** [əbˈzɜːv] 1330 □□□ **sight** [saɪt] 見る

The monkeys can be **sighted** in the pools between December and March.
サルは12月と3月の間に温泉で見ることができます。

1331 □□□
adjacent to STH [əˈdʒeɪsnt] ～に隣接した

類 1332 □□□ **abutting** [əˈbʌtɪŋ] 1333 □□□ **adjoining** [əˈdʒɔɪnɪŋ] 隣接した
1334 □□□ **alongside** [əˌlɒŋˈsaɪd] ～と並行して

There is a tourist information centre **adjoining** the hotel.
ホテルに隣接した観光案内所があります。

1335 □□□
hygienic [haɪˈdʒiːnɪk] 形 衛生的な

類 1336 □□□ **sanitary** [ˈsænətri] 衛生的な 1337 □□□ **sterile** [ˈsteraɪl] 無菌の

It is not **sanitary** to have a bath with snow monkeys.
日本ザルと一緒にお風呂に入る事は衛生的ではありません。

1338 □□□
exclusively [ɪkˈskluːsɪvli] 副 独占的に

類 1339 □□□ **solely** [ˈsəʊlli] 1340 □□□ **entirely** [ɪnˈtaɪəli] もっぱら

The hot bath is used **solely** by females.
その温泉はもっぱら雌だけに使われています。

1341 □□□
phenomenon [fəˈnɒmɪnən] 名(不思議な) 出来事、現象

類 1342 □□□ **rare occurrence** [reə əˈkʌrəns] 珍しい出来事

This **rare occurrence** only happens in Japan.
この珍しい出来事は日本でのみ起こります。

1343 □□□
validate [ˈvælɪdeɪt] 動 確証する、確認する

類 1344 □□□ **corroborate** [kəˈrɒbəreɪt] 1345 □□□ **confirm** [kənˈfɜːm]
1346 □□□ **verify** [ˈverɪfaɪ] 裏付ける、立証する

The research **verified** the hyphothesis that snow monkeys use hot springs to relax.
調査は日本ザルが温泉を使って寛ぐという仮説を証明しました。

1347 □□□

adapt to STH ～に適応する

類 1348 □□□ **acclimatise to** STH [əˈklaɪmətaɪz]

1349 □□□ **adjust to** STH [əˈdʒʌst] ～に順応する 1350 □□□ **acclimate** [ˈækləmeɪt] 順応する

The snow monkeys have **acclimatised to** the cold very well.

日本ザルは寒さにとても良く**順応してきました**。

1351 □□□

mountainous [ˈmaʊntənəs] 形 山地の

類 1352 □□□ **hilly** [ˈhɪli] 小山の多い 1353 □□□ **alpine** [ˈælpaɪn] 山岳の

Jigokudani is in an **alpine** area in Japan.

地獄谷は日本の**山岳**地帯にあります。

1354 □□□

the frozen months [ˈfrəʊzn] 寒期

類 1355 □□□ **the winter months** 1356 □□□ **the cold season** 冬季

The temperature around Nagano during **the cold season** can be around -15 degrees Celsius.

長野周辺の**冬季**の気温は摂氏-15℃にも成り得ます。

1357 □□□

maintain [meɪnˈteɪn] 動 保持する

類 1358 □□□ **preserve** [prɪˈzɜːv] 保つ

Monkeys can **preserve** the heat from the spring in their bodies much longer than humans.

サルは人間よりずっと長く温泉の熱を体内に**保つ**事ができます。

1359 □□□

assume [əˈsjuːm] 動 当然と思う

類 1360 □□□ **presume** [prɪˈzjuːm] 思い込む

We **presumed** that tourists would stress the monkeys out.

観光客がサルにストレスを与える**と考えてきました**。

1361 □□□

act as STH ～として機能する

類 1362 □□□ **serve as** STH ～として機能する

The hot springs also **serve as** a way to keep warm if it is very cold outside.

温泉は外がとても寒い場合、暖を取る方法**としても機能します**。

1363 □□□

uncover STH [ʌnˈkʌvə] 動 ～を発見する

類 1364 □□□ **find out** STH 1365 □□□ **discover** STH ～を発見する

Researchers **discovered** many interesting facts about the monkeys.

研究者たちはサルに関して沢山の興味深い事実を**発見しました**。

1366 □□□
alleviate stress [əˈliːvieɪt] ストレスを軽減する

類 1367 □□□ **relax** [rɪˈlæks] 1368 □□□ **take it easy** くつろぐ
1369 □□□ **recharge (one's) batteries** 休息する 1370 □□□ **unwind** くつろぐ

Visitors to the park can also **recharge their batteries** in the hot springs around the park.
公園への訪問者は公園周辺の温泉で休息することもできます。

1371 □□□
aggressive [əˈgresɪv] 形 攻撃的な

類 1372 □□□ **belligerent** [bəˈlɪdʒərənt] 好戦的な 1373 □□□ **hostile** [ˈhɒstaɪl] 非友好的な
1374 □□□ **combative** [ˈkɒmbətɪv] 攻撃的な

During mating season, the females can be very **combative**.
繁殖期には、雌はとても攻撃的になる事があります。

1375 □□□
conflict [ˈkɒnflɪkt] 名 対立、争い

類 1376 □□□ **dispute** [dɪˈspjuːt] 1377 □□□ **quarrel** [ˈkwɒrəl] 1378 □□□ **altercation** [ˌɔːltəˈkeɪʃn] 争い

Disputes among monkeys happen quite often during mating season.
サルの喧嘩は繁殖期にとても頻繁に起こります。

1379 □□□
lower [ˈləʊə] 動 低くする

類 1380 □□□ **reduce** [rɪˈdjuːs] 1381 □□□ **lessen** [ˈlesn] 軽減する

The hot spring also **lessens** stress levels caused by the cold weather.
温泉は寒い天候によって引き起こされるストレスのレベルも軽減します。

1382 □□□
significantly [sɪgˈnɪfɪkəntli] 副 かなり

類 1383 □□□ **considerably** [kənˈsɪdərəbli] 大幅に
1384 □□□ **measurably** [ˈmeʒərəbli] 測定できるほどに

The number of snow monkeys has grown **considerably** in the last 40 years.
日本ザルの個体数は過去40年間で大幅に増加しました。

1385 □□□
corresponding [ˌkɒrəˈspɒndɪŋ] 形 付随する

類 1386 □□□ **correlative** [kəˈrelətɪv] 相関関係にある

Having a hot bath has a **correlative** effect on stress levels.
温泉に入る事はストレスのレベルに対し相関する効果をもたらします。

1387 □□□
give (one's) undivided attention to STH ～に完全に集中する

類 1388 □□□ **completely focus on** STH
1389 □□□ **wholly concentrate on** STH ～に完全に集中する

Snow monkey mothers **completely focus on** their children when they are very young.
日本ザルの母ザルは、子供たちがとても幼い時期は完全に子供たちに集中します。

Buddhist temples **dot** the countryside around Nara in Japan. However, the temple of Horyu-ji, built by Prince Shotoku in 607 *A.D., is *arguably one of the most **revered** in the area. After the prince had **recuperated from** an illness, he *commissioned the temple **in honour of** his late father and the Buddha of Healing. It has *served as a *monastery for an **uninterrupted** 1400 years, and in 1993 it was **declared** a World Heritage Site.
The present complex **is comprised of** two **sections**. In the west is a five-*storey *pagoda, which is **widely acknowledged** to be the oldest wooden **structure** in the world. It has no **utilitarian** purpose and no access to the **interior** area. Its **exterior** was designed to inspire people with its beauty. In the east is the 'Hall of Dreams', an *ornate building that **houses** a **sacred** statue of Prince Shotoku, which **is on display** only at certain times of the year.
However, based on *excavations in 1939, these buildings were **reconstructed** following a fire in 670 A.D. Recent *dendrochronological **analysis** of the *timber used in the pagoda is seen as **conclusive evidence** that they are not the original buildings.

dendrochronology = the ***technique*** *of determining the age of a tree.*
年輪年代測定法＝樹齢を特定する技術

日本の奈良周辺の田舎には仏教寺院が**点在して**います。しかし西暦607年に聖徳太子が建立した法隆寺は、間違いなくこの地域で最も**崇拝されている**一つでしょう。聖徳太子が病気**から回復した**とき、亡き父と薬師如来**を祀り**この寺院を創建させました。この寺院は1400年にわたり**継続して**僧院として役割を果たし、1993年に世界遺産に**登録されました**。
現在の施設は2つの**区画から成ります**。西院伽藍には五重塔があり、世界最古の木造**建造物**として**広く認められています**。これは**実用的な**目的はなく、**内部**には入れません。その**外観**は、美しさで人々に感銘を与えるよう設計されました。東院伽藍には装飾を施された建物である「夢殿」があり、1年のある時期にだけ**公開される神聖な**聖徳太子像が**安置されています**。
しかし1939年の発掘調査によると、この建造物は西暦670年の火災後に**再建築された**ということです。この仏塔に使われた木材の最近の年輪年代測定法による**分析**は、この建造物が原物ではない**決定的な証拠**とされています。

＊ A.D.「西暦」＝anno Domini　arguably「おそらく間違いなく」
commission「委任する、発注する」 serve as STH「～として役割を果たす」
monastery「僧院」 storey「階」 pagoda「仏塔」 ornate「飾り立てられた」
excavation「発掘調査」 dendrochronological「年輪年代測定法の」 timber「木材」

1390 □□□
dot [dɒt] 動 点在する

類 1391 □□□ **be scattered around** [ˈskætəd] 散在する
Small shrines **are scattered around** the area in honour of Prince Shotoku.
この地域には聖徳太子を祀る小さなほこらが散在しています。

1392 □□□
revere [rɪˈvɪə] 動 崇拝する

類 1393 □□□ **venerate** [ˈvenəreɪt] あがめる
Prince Shotoku is still **venerated** in Japan because of what he did when he was alive.
聖徳太子は生前の行いによって今でも日本で崇拝されています。

1394 □□□
recuperate from STH [rɪˈkuːpəreɪt] ～から回復する

類 1395 □□□ **recover from** STH
1396 □□□ **convalesce from** STH [ˌkɒnvəˈles] ～から回復する
Many people go to Nara to **recover from** an illness.
多くの人が病気から回復するために奈良を訪れます。

1397 □□□
in honour of SB （人を）祀(まつ)って

類 1398 □□□ **in memory of** SB （人を）祀って
The Hall of Dreams was built **in memory of** Prince Shotoku in 739 A.D.
夢殿は聖徳太子を祀って西暦739年に建立されました。

1399 □□□
uninterrupted [ˌʌnˌɪntəˈrʌptɪd] 形 途切れない、連続した

類 1400 □□□ **continuous** [kənˈtɪnjuəs] 1401 □□□ **constant** [ˈkɒnstənt]
1402 □□□ **continual** [kənˈtɪnjuəl] 絶え間なく、継続的に
There have been **constant** religious services at the temple for many years despite several fires.
いく度もの火災にもかかわらず、この寺院では長年絶え間なく勤行(ごんぎょう)が行われてきました。

1403 □□□
declare [dɪˈkleə] 動 発表する、宣言する

類 1404 □□□ **announce** [əˈnaʊns] 発表する
In 2017, UNESCO **announced** that Okinoshima would become Japan's 21st World Heritage Site.
2017年、ユネスコは沖ノ島を日本の21番目の世界遺産に登録すると発表しました。

1405 □□□
be comprised of STH ～から成る

類 1406 □□□ **be made up of** STH 1407 □□□ **be composed of** STH ～から成る
The 'Historic Ancient Monuments of Nara' **are composed of** eight different temples.
「古都奈良の文化財」は8つの寺院から構成されています。

1408 □□□
section [ˈsekʃn] 名 区域

類 1409 □□□ **area** 1410 □□□ **zone** [zəʊn] 区域

Several **areas** around the temples in Nara are protected by the government.
奈良のこの寺院の周りのいくつかの区域は、政府によって保護されています。

1411 □□□
widely acknowledged [əkˈnɒlɪdʒd] 広く認められた

類 1412 □□□ **universally accepted** [ˌjuːnɪˈvɜːsəli əkˈseptɪd] 広く受け入れられた

It is **universally accepted** that Buddhism came to Japan from Korea.
仏教が朝鮮から日本に渡ってきたことは広く受け入れられています。

1413 □□□
structure [ˈstrʌktʃə] 名 建造物

類 1414 □□□ **edifice** [ˈedɪfɪs] 1415 □□□ **building** 建造物

The site at Nara contains 26 **edifices** that are considered national treasures.
奈良のこの場所には、国宝級の26の建造物があります。

1416 □□□
utilitarian [ˌjuːtɪlɪˈteəriən] 形 実用的な

類 1417 □□□ **practical** [ˈpræktɪkl] 1418 □□□ **functional** [ˈfʌŋkʃənl] 実用的な

Hōryū-ji also has a **practical** purpose as a place for studying law.
法隆寺には法を修める場所という実用的な目的もあります。

1419 □□□
interior [ɪnˈtɪəriə] 形 内部の

類 1420 □□□ **inner** [ˈɪnə] 1421 □□□ **internal** [ɪnˈtɜːnl] 内部の

The **inner** room of the Hall of Dreams has eight sides.
夢殿の内部の部屋は八角形です。

1422 □□□
exterior [ɪkˈstɪəriə] 名 外部、外観

類 1423 □□□ **façade** [fəˈsɑːd] 1424 □□□ **outside appearance** [əˈpɪərəns] 外観

The **façade** of the ‘Kondo’ building is very beautiful.
金堂の外観はとても美しいです。

1425 □□□
house [haʊz] 動 保管する、収納する

類 1426 □□□ **store** [stɔː] 保管する 1427 □□□ **contain** 収容する
1428 □□□ **keep** 管理する、守り続ける

A giant Buddha statue is **stored** in the temple of Todai-ji in Nara.
大仏は奈良の東大寺に安置されています。

1429 □□□
sacred [ˈseɪkrɪd] 形 神聖な

類 1430 □□□ **holy** [ˈhəʊli] 1431 □□□ **divine** [dɪˈvaɪn] 神聖な

The deer around Nara are believed to be **holy** messengers from the gods.
奈良周辺の鹿は神からの**神聖な**使者だと信じられています。

1432 □□□
be on display 展示されている

類 1433 □□□ **be exhibited** 展示される
1434 □□□ **be open to the public** 一般公開されている

The statue of Prince Shotoku **is** not **exhibited** all year round.
聖徳太子像は一年を通して**展示されている**わけではありません。

1435 □□□
reconstruct [ˌriːkənˈstrʌkt] 動 再建する

類 1436 □□□ **rebuild** [ˌriːˈbɪld] 再建する

Some people did not believe that Hōryū-ji was **rebuilt** after a fire in 670 A.D.
法隆寺が西暦670年の火災後**再建された**ことを信じない人もいました。

1437 □□□
analysis [əˈnæləsɪs] 名 分析

類 1438 □□□ **examination** [ɪgˌzæmɪˈneɪʃn] 調査 1439 □□□ **study** [ˈstʌdi] 研究

Examination of the wood validated the theory that a fire occurred in 670 A.D.
その木材の**調査**により、西暦670年に火災が起こったという学説が立証されました。

1440 □□□
conclusive evidence [kənˈkluːsɪv ˈevɪdəns] 確証

類 1441 □□□ **absolute proof** [ˈæbsəluːt pruːf] 確証 1442 □□□ **confirmation** [ˌkɒnfəˈmeɪʃn] 立証

Further analysis of the column inside the pagoda provided **confirmation** of its age.
仏塔内部の柱をさらに分析することで、建造年数の**確証**が得られました。

1443 □□□
technique [tekˈniːk] 名 技術

類 1444 □□□ **method** [ˈmeθəd] 方法 1445 □□□ **procedure** [prəˈsiːdʒə] 手段、手順

Researchers also use this **procedure** to understand how old wooden statues are.
科学者たちは木造建築がどのくらい古いのかを理解するためにこの**方法**も使います。

多くの日本人学習者は、World Heritageと言い、Siteを忘れてしまいます。例えば「京都には多くのWorld Heritageがあります」のようにです。これは「京都には沢山のWorld Heritage Sitesがあります」とするべきです。

Despite the recent **economic downturn**, *cruise lines are now **turning a profit on a massive scale**. They have done this by **modifying** how much their customers spend by *exploiting something called 'reference points'. Basically, people **comprehend** price by **comparing it to** the price of other objects. For example, a $1,000 TV seems more **costly** than a $700 one. However, if you are **refurbishing** your living room **from top to bottom** for $20,000, then a $1,000 TV seems relatively *inexpensive. This **contradicts** the classical economic theory that customers **logically** consider money in **absolute** terms and without emotions. The answer may lie in the **underestimated** field of *behavioural economics theory, a **hybrid** of economics and psychology, which has **gained traction** recently. It states that people make **irrational** choices, including **purchasing decisions**.

How are cruise lines **taking advantage of** this behaviour? When first booking the holiday, customers are convinced to buy extras, such as drink packages, to **boost** the amount they *initially spend. Then when they are on board, their reference point is so **astronomical**, that everything on the ship seems cheap in comparison, so they make more purchases. Using this approach, one company has doubled its **earnings** since 2014.

近年の**不況**にもかかわらず、船旅会社は現在**大幅な利益を生み出しています**。彼らは「基準点」と呼ばれるものを利用し、顧客がどれだけお金を使うかを**変える**ことでこの増益を成し遂げました。基本的に、人は他の物の価格**と比べる**ことで価格を**理解します**。例えば、1,000ドルのテレビは700ドルのものより**高く**思えます。しかし、もしリビングルームを**隅々まで**20,000ドルかけて**改装中**だったら1,000ドルのテレビは比較的安価に思えます。これは、顧客はお金を感情抜きで**絶対**値で**論理的に**考えるという古典派経済理論に**矛盾します**。答えは、**過小評価されてきた**行動経済学理論の分野にあるかもしれません。この理論は経済学と心理学の**融合**であり、最近は**勢いを増しています**。この理論は、**非合理的な**選択を人はするもので、**購買決定**もその一つだと述べています。

船旅会社はどのようにしてこの行動を**利用して**いるのでしょうか。初めに休暇旅行の予約をするとき、顧客は最初の出費額を**増やす**ために飲み物パッケージなどを追加購入するように説得されます。そして乗船する際には、顧客の基準点が**けた外れに大きく**なっているので、比較すると船上の全てのものが安く思え、さらに購入してしまいます。この手法で、ある船旅会社は2014年以降**利益**を倍増させました。

---

* cruise line「船旅会社」 exploit「利用する」 inexpensive「安価な」
behavioural economics theory「行動経済学理論」 initially「最初は」

1446 □□□
economic downturn [ˌiːkəˈnɒmɪk ˈdaʊntɜːn] 不況

類 1447 □□□ **recession** [rɪˈseʃn] 景気後退
The **recession** in 2008 triggered the collapse of Lehman Brothers.
2008年の景気後退によりリーマン・ブラザーズの破綻が起こりました。

1448 □□□
turn a profit 利益を生み出す

類 1449 □□□ **get into the black** 黒字になる
One cruise line has **got into the black** by adding more extras.
ある船旅会社は付加価値を付けることで黒字になりました。

1450 □□□
on a massive scale 大幅に

類 1451 □□□ **on a large scale** 1452 □□□ **in great measure** 大幅に
The economy improved **in great measure** after 2016.
2016年以降、経済は大幅に改善しました。

1453 □□□
modify [ˈmɒdɪfaɪ] 動 修正する、変更する

類 1454 □□□ **adjust** [əˈdʒʌst] 調整する 1455 □□□ **revise** [rɪˈvaɪz] 修正する
All businesses should **adjust** the way they initially sell their products.
全ての企業は、最初に製品を売るときの方法を調整するべきです。

1456 □□□
comprehend [ˌkɒmprɪˈhend] 動 理解する

類 1457 □□□ **grasp** [grɑːsp] 1458 □□□ **fathom** [ˈfæðəm] 1459 □□□ **discern** [dɪˈsɜːn] 理解する
It is sometimes difficult to **fathom** why people buy certain things.
人々がなぜある特定の物を購入するのかを突き止めるのは難しいことがあります。

1460 □□□
compare STH to STH ～を…と比較する

類 1461 □□□ **weigh** STH **against** STH ～を…と比較検討する
People have to **weigh** price **against** quality.
人は価格を品質と比較し、検討しなければなりません。

1462 □□□
costly [ˈkɒstli] 形 高価な

類 1463 □□□ **pricey** [ˈpraɪsi] 高価な 1464 □□□ **overpriced** 値段が高すぎる
People often buy **pricey** goods if they are feeling happy.
人々は幸せだと感じているとよく高価なものを買います。

1465 □□□
refurbish [ˌriːˈfɜːbɪʃ] 動 改装する、一新する

類 1466 □□□ **spruce** STH **up** [spruːs] ～をきれいにする
1467 □□□ **renovate** [ˈrenəveɪt] 1468 □□□ **fix** STH **up** 修理する
Customers will spend more money on sunny days to **spruce up** their homes.
顧客は自宅をきれいにするのに、お天気の良い日により多くお金を使うものです。

1469 □□□
from top to bottom 徹底的に

類 1470 □□□ **thoroughly** [ˈθʌrəli] 全面的に 1471 □□□ **inside and out** 徹底的に

If you want to sell your home for more money, you need to clean it **inside and out.**

家をより高く売りたいなら、**徹底的に**掃除をする必要があります。

1472 □□□
contradict [ˌkɒntrəˈdɪkt] 動 矛盾する

類 1473 □□□ **run counter to** STH ～に反する 1474 □□□ **contrast with** STH ～と大きく異なる

Behavioural economics **runs counter to** what is normally taught in economics classes.

行動経済学は、経済学の授業で通常教えられていることに**反します**。

1475 □□□
logically [ˈlɒdʒɪkli] 副 論理的に

類 1476 □□□ **rationally** [ˈræʃnəli] 理性的に 1477 □□□ **sensibly** [ˈsensəbli] 分別よく

Economists used to believe that people spend money **rationally**.

経済学者たちはかつて、人々は**理性的に**金を使うと信じていました。

1478 □□□
absolute [ˈæbsəluːt] 形 絶対的な

類 1479 □□□ **definite** [ˈdefɪnət] 1480 □□□ **fixed** [fɪkst] 確定された、不変の

It was believed that each product had a **definite** value based on how much it cost to make.

それぞれの製品は、製造するのにかかった費用に基づいて、**確定的な**価値があると信じられていました。

1481 □□□
underestimate [ˌʌndərˈestɪmeɪt] 動 過小評価する

類 1482 □□□ **undervalue** [ˌʌndəˈvæljuː] 過小評価する

Consumers' irrational behaviour is often **undervalued** by economists.

消費者の不合理な行動は、経済学者によってよく**過小評価されます**。

1483 □□□
hybrid [ˈhaɪbrɪd] 名 融合

類 1484 □□□ **fusion** [ˈfjuːʒn] 融合 1485 □□□ **combination** [ˌkɒmbɪˈneɪʃn] 結合
1486 □□□ **amalgamation** [əˌmælgəˈmeɪʃn] 融合

The **combination** of psychology and economics has provided insight into spending habits.

心理学と経済学の**融合**により、お金の使い方の深い読みができるようになりました。

1487 □□□
gain traction [ˈtrækʃn] 勢いを増す

類 1488 □□□ **pick up momentum** 盛んになる 1489 □□□ **gain ground** 勢いを得る

This economic theory has **picked up momentum** since 1979.

1979年以降、この経済理論は**盛んになって**きました。

1490 □□□
irrational [ɪˈræʃənl] 形 不合理な

類 1491 □□□ **illogical** [ɪˈlɒdʒɪkl] 非論理的な 1492 □□□ **ill-considered** [ˌɪl kənˈsɪdəd] 軽率な

You are more likely to make an **illogical** decision if you are under stress.
ストレスがあると**非論理的な**決定をする傾向が高まります。

1493 □□□
purchasing decision 購買決定

類 1494 □□□ **spending habits** 金の使い方

Our **spending habits** can be affected by small factors such as the time of the day.
私たちの**金の使い方**は、その日の時間などの小さな要因に影響を受けます。

1495 □□□
take advantage of SB STH ～をうまく利用する

類 1496 □□□ **utilise** [ˈjuːtəlaɪz] 1497 □□□ **capitalise on** STH ～を利用する

Salesmen often **capitalise on** people's emotions.
営業担当者はよく人々の感情を**利用します**。

1498 □□□
boost [buːst] 動 増やす

類 1499 □□□ **increase** [ɪnˈkriːs] 1500 □□□ **raise** [reɪz] 増やす

Companies can **increase** sales if they think about how their customers feel.
顧客がどのように感じるかを考えると、会社は売上を**増やす**ことができます。

1501 □□□
astronomical [ˌæstrəˈnɒmɪkl] 形 天文学的な、桁外れに大きな

類 1502 □□□ **enormous** [ɪˈnɔːməs] 巨大な 1503 □□□ **sky-high** とてつもなく高い

Some holidays are priced **sky-high** so that the others seem cheaper.
休暇旅行は**あまりに高い**ので、他の旅行パッケージが安く見えます。

1504 □□□
earnings [ˈɜːnɪŋz] 名 利益

類 1505 □□□ **revenue** [ˈrevənjuː] 収益

In the tourism industry, **revenues** are increasing despite competition.
観光業界では競争にもかかわらず**収益**が増加しています。

Section 28

エジプト王国の滅亡

Since 2008, it has been **common knowledge** among *Egyptologists that the Egyptian Empire **perished** at the end of the *late Bronze Age due to the effects of a *drought. However, through *examination of *fossilised pollen buried in the *sediment of the River Nile, archaeologists have **deduced** that the pharaohs tried to **ward off** some of the problems caused by the lack of **precipitation**. First of all, they **took steps** to increase *crop **yields** in their **fertile regions**. This produced a *surplus of *grain, which they sent to the **fringes** of the empire that had not **planned ahead** for any food shortages. In particular, they mounted a *relief effort to save the *Kingdom of the Hittites that they had recently **conquered**. This was not a purely **selfless** act but was necessary to **stave off** *chaos at their **borders**. Furthermore, they **bred** their cattle with a **hardy variant** of *bovine that was **resilient** to **arid** conditions. Despite the Egyptians' **prescience**, their empire **fell into ruin** fifty years later.

There are lessons to be learned from their example. As our society also faces climate change such as *rising sea levels, we must *mitigate the effects.

2008年以来、エジプト学者たちの間ではエジプト王国は後期青銅器時代末期に干ばつの影響で滅びたというのが常識となっています。しかし、ナイル川の堆積物に埋まっていた化石化した花粉を綿密に調べた結果、ファラオは降水不足から起こる問題を避けようとしたのではないかと考古学者たちは推測しています。第一に、彼らは肥沃な地域で穀物の生産量を増やそうと対策を講じました。これにより穀物の余剰が生じ、それを食料不足に備えていなかった王国の周辺地域に送りました。特に、彼らが少し前に征服したヒッタイト王国救済の取り組みをしました。これは純粋に無欲の行為ではありませんでしたが、国境付近での混乱を回避するためには必要でした。さらに彼らは、畜牛を乾燥に強いウシ科の頑丈な種と交配しました。エジプト人たちのこの先見にもかかわらず、王国は50年後に滅亡しました。

この例から学ぶべき教訓があります。私たちの社会も海面上昇などの気候変動に直面していますが、その影響を軽減しなければなりません。

---

* Egyptologist「エジプト学者」 late Bronze Age「後期青銅器時代」
drought「干ばつ」 examination「調査」 fossilised pollen「化石化した花粉」
sediment「堆積物」 crop「作物」 surplus「余剰」 grain「穀物」
relief effort「救援活動」 Kingdom of the Hittites「ヒッタイト王国」 chaos「混沌」
bovine「ウシ亜科の動物」 rising sea level「海面上昇」 mitigate「軽減する」

1506 □□□
common knowledge [ˈkɒmən ˈnɒlɪdʒ] 常識

類 1507 □□□ **widely accepted knowledge** 広く受け入れられた知識

It is **widely accepted knowledge** that Egypt was the strongest country of the late Bronze age.
エジプトが後期青銅器時代最も強力な国だったことは広く知られています。

1508 □□□
perish [ˈperɪʃ] 動 滅びる

類 1509 □□□ **collapse** [kəˈlæps] 崩壊する

The Egyptian Empire **collapsed** because of drought and other factors, such as wars and disease.
エジプト王国は干ばつ、そして戦争や病気などの他の要因から崩壊しました。

1510 □□□
deduce [dɪˈdjuːs] 動 推定する

類 1511 □□□ **figure** STH **out** ～を解明する 1512 □□□ **infer** [ɪnˈfɜː] 推測する

New techniques helped scientists **figure out** what had happened to the Egyptian Empire.
新しい技術により、科学者たちはエジプト王国に何が起こったのかがわかるようになりました。

1513 □□□
ward off STH ～を回避する

類 1514 □□□ **avert** [əˈvɜːt] 1515 □□□ **stave off** STH [steɪv] ～を回避する

The pharaohs hoped to **avert** disaster as the drought got worse.
ファラオは干ばつが悪化した時、災害を回避したいと願いました。

1516 □□□
precipitation [prɪˌsɪpɪˈteɪʃn] 名 降水

類 1517 □□□ **rainfall** [ˈreɪnfɔːl] 降水

Scientists still do not understand why there was so little **rainfall** at that time.
科学者たちは、その頃なぜ降水がほとんどなかったのかいまだにわかりません。

1518 □□□
take steps 対策を講じる

類 1519 □□□ **act** 1520 □□□ **move** 行動する、取り掛かる

The pharaohs **moved** to increase grain production in areas that were not affected by the drought.
ファラオは干ばつの影響を受けなかった土地で穀物の生産を増やすよう取り組みました。

1521 □□□
yield [jiːld] 名 収穫高

類 1522 □□□ **harvest** [ˈhɑːvɪst] 収穫高

The wheat **harvest** grew worse and worse each year, exacerbating food shortages in the empire.
小麦の収穫高が毎年減り続け、その王国の食料難を悪化させました。

1523 □□□
fertile region [ˈfɜːtaɪl ˈriːdʒən] 肥沃地帯

類 1524 □□□ **breadbasket** [ˈbredbɑːskɪt] 穀倉地帯

The area around the River Nile was the **breadbasket** of the empire and helped feed many people.
ナイル川流域はこの王国の**穀倉地帯**であり、多くの人に食料を供給しました。

1525 □□□
fringe [frɪndʒ] 名 周辺地域

類 1526 □□□ **far-flung corners** 1527 □□□ **periphery** [pəˈrɪfəri] 周辺、外縁
1528 □□□ **outskirts** [ˈaʊtskɜːts] 周辺地域

The pharaohs always had problems on the **peripheries** of their empire.
ファラオは常に王国の**周辺地域**で問題を抱えていました。

1529 □□□
plan ahead [əˈhed] 事前に計画しておく

類 1530 □□□ **prepare in advance** 1531 □□□ **pre-plan** 事前準備をする

By **preparing in advance**, the pharaohs kept their empire for another half century.
事前準備によって、ファラオは王国をさらに50年持たせました。

1532 □□□
conquer [ˈkɒŋkə] 動 征服する

類 1533 □□□ **defeat** [dɪˈfiːt] 1534 □□□ **take STH over** 1535 □□□ **vanquish** [ˈvæŋkwɪʃ] 〜を征服する

Although Egypt had **defeated** the Hittite Empire, the Egyptians still sent them food.
エジプトはヒッタイト帝国を**征服しましたが**、それでもエジプト人は彼らに食料を送りました。

1536 □□□
selfless [ˈselfləs] 形 無私無欲の

類 1537 □□□ **altruistic** [ˌæltruˈɪstɪk] 利他的な 1538 □□□ **noble** [ˈnəʊbl] 高潔な
1539 □□□ **magnanimous** [mægˈnænɪməs] 寛大な

The Egyptian pharaohs were not known to be very **altruistic** towards their enemies.
エジプトのファラオたちが敵にとても**利他的**だったことは知られていませんでした。

1540 □□□
border [ˈbɔːdə] 名 国境

類 1541 □□□ **boundary** [ˈbaʊndri] 国境

The **boundaries** of the empire stretched from modern-day Libya to Syria, and south to where Ethiopia is located today.
王国の**国境**は現在のリビアからシリアにのび、南は今日のエチオピアに及びます。

1542 □□□
breed [briːd] 動 交配する

類 1543 □□□ **cross** [krɒs] 1544 □□□ **crossbreed** [ˈkrɒsbriːd] 交配する

They **crossed** their own cattle with a foreign humped bovine called a 'zebu' to create a hybrid.
彼らは自分たちの牛を「ホウギュウ」と呼ばれる外来種のこぶ牛と**交配させ**、交配種を作りました。

1545 □□□
hardy [ˈhɑːdi] 形 頑健な、たくましい

類 1546 □□□ **robust** [rəʊˈbʌst] 1547 □□□ **sturdy** [ˈstɜːdi] 頑丈な

The hybrid was very **sturdy** and was used for farming rather than for meat.
その交配種はとても**頑丈**で、肉食用ではなく農耕用に使われました。

1548 □□□
variant [ˈveəriənt] 名 変種、異型

類 1549 □□□ **breed** [briːd] 品種

The **breed** of cattle was from what is now known as Syria.
牛のその**品種**は現在のシリアから来ました。

1550 □□□
resilient [rɪˈzɪliənt] 形 順応性のある、回復力のある

類 1551 □□□ **resistant** [rɪˈzɪstənt] 順応性のある、復元力のある

They also tried to grow wheat that was **resistant** to disease.
彼らは病気に強い小麦を育てようともしました。

1552 □□□
arid [ˈærɪd] 形 乾燥した、不毛の

類 1553 □□□ **bone-dry** [ˌbəʊn ˈdraɪ] からからに乾燥した

The desert in Egypt is **bone-dry** most of the year.
エジプトの砂漠はほとんど一年中**からからに乾燥して**います。

1554 □□□
prescience [ˈpresiəns] 名 先見

類 1555 □□□ **foresight** [ˈfɔːsaɪt] 1556 □□□ **forethought** [ˈfɔːθɔːt] 先見

Our society needs to have the same **foresight** to prepare for climate change.
私たちの社会は気候変動に備えて同じ**先見の明**を持つ必要があります。

1557 □□□
fall into ruin 廃墟になる

類 1558 □□□ **disintegrate** [dɪsˈɪntɪgreɪt] 崩壊する 1559 □□□ **decline** [dɪˈklaɪn] 衰退する

Other empires such as the Roman or the Ottoman have **disintegrated** in the past.
ローマやオスマントルコなどの他の帝国は過去に**崩壊しました**。

Section 29 ナノボット

029

何回読んだ？ □□□□□

There has been a lot of **misinformation** about the dangers of nanobots. These **miniscule** machines certainly have the potential to **upend** life as we know it, and some critics **insist** that these robots will **displace** human beings. However, certain *safeguards, such as a *kill-switch, would *mitigate the risks. There are **myriad** uses for this technology. In 2018, a nanobot successfully **delivered** drugs to a single *cancerous cell with **precision**. This **opens up** possibilities to develop **tailor-made medical treatments** for diseases, without the *side effects of *overmedication. In the future, some experts believe that nanobots will be able to **mass-manufacture** materials for rockets that are so **durable** yet inexpensive that space travel will become **affordable** for everyone. Solar cells the size of sugar cubes will be able to **power** entire cities, eliminating the need for fossil fuels and the pollution they **emit**. In fact, air-borne nanobots will remove the **contaminants** that are presently in our air. Famine will be **a thing of the past**, as agribots replace farmers, **efficiently** using only small amounts of water and fertiliser. And finally, nanobots inside our blood streams will **rejuvenate** our cells and repair any **damage** so that we may live forever.

ナノボットの危険性については、多くの**間違った情報**があります。この**極めて小さな**機械は、私たちが知っている暮らしを**ひっくり返して**しまう可能性を確実に秘めています。そしてこのロボットは人間に**取って代わる**だろうと**主張する**評論家もいます。しかしキルスイッチのような安全装置がその危険性を低くしてくれるでしょう。
この技術には**無数の**活用法があります。2018年、ナノボットはたった1つのがん性細胞に**正確に**薬品を**射出する**ことに成功しました。このことで、過剰投薬という副作用なく、病気に対して**ピッタリの治療法**を開発できる可能性が**開かれます**。将来ナノボットは、**耐久性がある**けれど安価なロケットの資材を**大量生産する**ことができるようになり、宇宙旅行が全ての人にとって**手が届く価格**になるだろうと一部の専門家は考えています。角砂糖ほどの大きさの太陽電池で都市全体に**電力を供給する**ことができ、化石燃料が不要になり、それが**排出する**汚染もなくなるでしょう。それどころか、飛行するナノボットが現在空気中に漂う**汚染物質**を取り除くでしょう。農業用ロボットが農家の人々に代わりごくわずかな水と肥料を**能率的に**使うので、飢餓は**過去の遺物**となるでしょう。そして最後に、私たちの血液中のナノボットが私たちの細胞を**若返らせ**いかなる**損傷**をも修復し、私たちは永遠に生きられるかもしれません。

---

* safeguard「安全装置」
  kill-switch「キルスイッチ（電源などを遮断してロボットを停止させる装置）」
  mitigate「軽減する」 cancerous「がん性の」 side effect「副作用」
  overmedication「過剰投薬」

1560 □□□
misinformation [ˌmɪsɪnfəˈmeɪʃn] 名 誤った情報

類 1561 □□□ **inaccurate information** [ɪnˈækjərət] 不正確な情報
1562 □□□ **disinformation** [ˌdɪsˌɪnfəˈmeɪʃn] 偽情報 1563 □□□ **fake news** 偽のニュース

The **inaccurate information** about this technology makes people nervous.
この技術についての不正確な情報で、人々は不安になっています。

1564 □□□
minuscule [ˈmɪnəskjuːl] 形 非常に小さい

類 1565 □□□ **microscopic** [ˌmaɪkrəˈskɒpɪk] 1566 □□□ **infinitesimal** [ˌɪnfɪnɪˈtesɪml] 極めて小さい

Scientists need special equipment to see these **microscopic** machines.
科学者たちはこの極めて小さい機械を見るために特別な装置を必要とします。

1567 □□□
upend [ʌpˈend] 動 逆さまにする、ひっくり返す

類 1568 □□□ **transform** [trænsˈfɔːm] 変える

Nanobots will **transform** our society, especially for people in manufacturing.
ナノボットは私たちの社会、とりわけ製造業の人たちの社会を変えるでしょう。

1569 □□□
insist [ɪnˈsɪst] 動 主張する

類 1570 □□□ **contend** [kənˈtend] 1571 □□□ **assert** [əˈsɜːt] 1572 □□□ **claim** [kleɪm] 主張する

Some scientists **claim** that nanobots will be widely available by 2030.
一部の科学者たちは、ナノボットは2030年までに広く利用できるようになると主張しています。

1573 □□□
displace [dɪsˈpleɪs] 動 取って代わる

類 1574 □□□ **supersede** [ˌsuːpəˈsiːd] 1575 □□□ **replace** [rɪˈpleɪs]
1576 □□□ **supplant** [səˈplɑːnt] 取って代わる

Machines have already **superseded** farmers in the agriculture industry.
農業では既に機械が農夫に取って代わっています。

1577 □□□
myriad [ˈmɪriəd] 形 無数の

類 1578 □□□ **innumerable** [ɪˈnjuːmərəbl] 1579 □□□ **countless** [ˈkaʊntləs]
1580 □□□ **infinite** [ˈɪnfɪnət] 無数の

Nanobots can be useful in **countless** ways in a lot of different industries.
ナノボットは無数の方法で、多くの異なる産業の役に立つかもしれません。

1581 □□□
deliver [dɪˈlɪvə] 動 配達する、送り届ける

類 1582 □□□ **distribute** [dɪˈstrɪbjuːt] 1583 □□□ **dispense** [dɪˈspens] 分配する

Agribots could **dispense** small amounts of fertilisers to different plants.
農業用ロボットは様々な植物に対してわずかな量の肥料をまくことができるかもしれません。

1584 □□□

precision [prɪˈsɪʒn] 名 正確さ

類 1585 □□□ **complete accuracy** 1586 □□□ **exactitude** [ɪɡˈzæktɪtjuːd] 正確さ

Nanobots can do surgery with **complete accuracy**.

ナノボットは**完璧に正確に**手術ができます。

1587 □□□

open up STH （可能性を）開く、明らかにする

類 1588 □□□ **reveal** [rɪˈviːl] 1589 □□□ **expose** [ɪkˈspəʊz]

1590 □□□ **bring** STH **to light** ～を明らかにする

This technology has **revealed** possibilities that seem to come from the pages of a sci-fi novel.

この技術はSF小説のような可能性を**明らかにしました**。

1591 □□□

tailor-made [ˌteɪlə ˈmeɪd] 形 ぴったりの

類 1592 □□□ **custom-made** 1593 □□□ **customised** [ˈkʌstəmaɪzd]

1594 □□□ **bespoke** 特注の

Every patient can have a **custom-made** medicine that treats their exact problem.

全ての患者は、問題を正確に治療できる**特注の**薬を持つことができます。

1595 □□□

medical treatment 治療（法）

類 1596 □□□ **medical care** 医療

Medical care will be completely transformed by this technology.

医療はこの技術によって完全に変わるでしょう。

1597 □□□

mass-manufacture 動 大量生産する

類 1598 □□□ **mass-produce** 大量生産する

Products will be **mass-produced** on such a large scale that most things will be practically free.

製品は非常に大規模に**大量生産される**ので、多くの物は実質的に無料になるでしょう。

1599 □□□

durable [ˈdjʊərəbl] 形 丈夫な

類 1600 □□□ **resilient** [rɪˈzɪliənt] 弾力性のある 1601 □□□ **tough** [tʌf] 頑丈な

Nanobots will need to be **tough** enough to survive in difficult conditions.

ナノボットは困難な状況でも生き残れるように**頑丈である**必要があります。

1602 □□□

affordable [əˈfɔːdəbl] 形 手頃な

類 1603 □□□ **economical** [ˌiːkəˈnɒmɪkl] 1604 □□□ **low-cost** 安価な

Low-cost travel will allow everyone to visit outer space.

安価な旅行により、全ての人が宇宙に行かれるようになります。

1605 □□□
power [ˈpaʊə] 動 電力を供給する

類 1606 □□□ **supply electricity to STH** ～に電力を供給する

In the future, we can **supply electricity to** cities for free.
将来、都市へ無料で**電力を供給**できるようになります。

1607 □□□
emit [iˈmɪt] 動 排出する

類 1608 □□□ **discharge** [dɪsˈtʃɑːdʒ] 排出する

Factories **discharge** a lot of pollution into our skies and seas.
工場は空気中や海中に多くの汚染物質を**排出します**。

1609 □□□
contaminant [kənˈtæmɪnənt] 名 汚染物質

類 1610 □□□ **pollutant** [pəˈluːtənt] 汚染物質

Factories release a lot of **pollutants** into the air.
工場は空気中に多くの**汚染物質**を排出します。

1611 □□□
a thing of the past 過去のもの

類 1612 □□□ **ancient history** [ˌeɪnʃənt ˈhɪstri] 昔のこと

Household rubbish will become **ancient history** as nanobots will use it to make new things.
家庭のごみは、ナノボットがそれを使って新しいものを作り出すようになるので、**過去の遺物**になります。

1613 □□□
efficiently [ɪˈfɪʃntli] 副 能率的に

類 1614 □□□ **quickly and effectively** 素早く効果的に

The biggest advantage to nanobots is that they can do anything **quickly and effectively**.
ナノボットの最大の長所は、なんでも**素早く効果的に**できることです。

1615 □□□
rejuvenate [rɪˈdʒuːvəneɪt] 動 若返らせる

類 1616 □□□ **regenerate** [rɪˈdʒenəreɪt] 再生する

1617 □□□ **breathe new life into STH** ～を活性化する

Nanobots will **regenerate** parts of the ocean that have died.
ナノボットは死んでしまった海を**再生する**でしょう。

1618 □□□
damage [ˈdæmɪdʒ] 名 損傷、損害

類 1619 □□□ **deterioration** [dɪˌtɪəriəˈreɪʃn] 悪化、劣化

The **deterioration** that the Earth has endured can be reversed.
地球が耐えてきた**悪化**は逆転するかもしれません。

情報格差

In 1873, the Union Pacific railroad company joined train lines from New York to California. The *transcontinental journey would no longer take months over **inhospitable** territory by uncomfortable *carriage, but rather a few days by train. Workplaces, cities, and even people began to be described as either 'on-line' (referring to the train line), or 'off-line'. This had serious **repercussions**. Places that were 'on-line' prospered because their citizens could access **metropolitan areas**, and those cities **provided** work **opportunities**. However, the towns that were 'off-line' got left behind and *died out.
This *metaphor could **apply to** the internet today. There is a 'digital divide' between people who can use the internet, or are 'online', and those who are not. While the infrastructure of the internet is quite **sound**, the **gulf** is **widening** due to **unequal digital literacy**. For example, even in wealthy countries, some poor people cannot **effectively** use social media or job search **apps** to find **gainful employment**, which **exacerbates income inequality**. To **reverse** this **trend** and **bridge** the **gap**, the United Nations has **teamed up with** leading NGOs to train young people on how to exploit the internet.

1873年、ユニオン・パシフィック鉄道は、ニューヨークからカリフォルニアまでを鉄道路線で繋げました。大陸横断の旅はもはや**荒涼とした**土地を不快な馬車に揺られ何か月もかけてするのではなく、列車で数日となりました。職場、都市、そして人々までもが「オンライン」（鉄道路線をさす）か「オフライン」かで語られ始めました。これは深刻な**影響**をもたらしました。「オンライン」の場所では市民が**大都市圏**へ交通の便があることから繁栄し、このような都市は仕事の**機会**を**提供しました**。しかし「オフライン」の町は取り残され、廃れていきました。
この例えは今日のインターネットに**あてはめる**ことができるかもしれません。インターネットを使える人、つまり「オンライン」の人と、そうでない人との「情報格差」が生まれています。インターネットの基盤はかなり**良好**ですが、**不平等なデジタルリテラシー**によって**格差**は**広がりつつ**あります。例えば裕福な国であっても、一部の貧しい人たちは**高給の仕事**を見つけるためのソーシャルメディアや職業を探す**アプリ**を**効果的に**使うことができないため、**収入格差**は**悪化します**。この傾向を**逆転させ格差を埋める**ために、国連は一流のNGO**と協力して**若い人にインターネットの使い方の訓練をしています。

---

* transcontinental「大陸横断の」 carriage「馬車」 die out「廃れる」
metaphor「例え、隠喩」

1620 □□□
inhospitable [ˌɪnhɒˈspɪtəbl] 形 荒れ果てた

類 1621 □□□ **unforgiving** [ˌʌnfəˈɡɪvɪŋ] 容赦ない、厳しい
1622 □□□ **desolate** [ˈdesələt] 荒れ果てた 1623 □□□ **barren** [ˈbærən] 不毛の

Travellers in the 1800s had to traverse through **unforgiving** areas.
1800年代、旅行者は厳しい環境の地域を横断しなければなりませんでした。

1624 □□□
repercussion [ˌriːpəˈkʌʃn] 名 影響、反響

類 1625 □□□ **fallout** [ˈfɔːlaʊt] 1626 □□□ **consequence** [ˈkɒnsɪkwəns] 影響

There could be serious **fallout** if we don't solve the problem of the digital divide.
私たちが情報格差の問題を解決しないと、深刻な影響があるかもしれません。

1627 □□□
metropolitan area [ˌmetrəˈpɒlɪtən] 大都市圏

類 1628 □□□ **urban centre** 都市中心部

Usually **urban centres**, such as Tokyo, have the fastest internet.
通常は、東京のような都市中心部ではインターネットが最も高速です。

1629 □□□
provide [prəˈvaɪd] 動 提供する

類 1630 □□□ **furnish** [ˈfɜːnɪʃ] 1631 □□□ **supply** [səˈplaɪ] 提供する

Some NGOs are **furnishing** children with tablets free of charge.
一部のNGOはタブレットを子供たちに無料で提供しています。

1632 □□□
opportunity [ˌɒpəˈtjuːnəti] 名 好機、チャンス

類 1633 □□□ **possibility** [ˌpɒsəˈbɪləti] 可能性

The internet offers many **possibilities** for people who know how to use it.
インターネットはその使い方を知っている人に多くの可能性を提供してくれます。

1634 □□□
apply to SB STH ～に適用する、あてはまる

類 1635 □□□ **be applicable to** SB STH ～にあてはまる

The term 'digital divide' **is** also **applicable to** people without any access to computers.
「情報格差」という言葉は、コンピュータへ全くアクセスがない人にもあてはまります。

1636 □□□
sound [saʊnd] 形 安定した

類 1637 □□□ **stable** [ˈsteɪbl] 安定した 1638 □□□ **reliable** [rɪˈlaɪəbl] 頼りになる

Internet service is not very **stable** in parts of the developing world.
発展途上国の一部では、インターネットサービスはあまり安定していません。

1639 □□□
gulf [gʌlf] 名 大きな隔たり、格差

類 1640 □□□ **gap** [gæp] 1641 □□□ **divide** [dɪˈvaɪd] 格差

The **divide** in computer know-how is getting smaller between men and women.

男女間でのコンピュータ知識の**格差**は小さくなってきています。

1642 □□□
widen [ˈwaɪdn] 動 広がる

類 1643 □□□ **broaden** [ˈbrɔːdn] 広がる

Young people's interests **broaden** as they grow up.

若い人の興味は成長とともに**広がり**ます。

1644 □□□
unequal [ʌnˈiːkwəl] 形 等しくない

類 1645 □□□ **lop-sided** [lɒp ˈsaɪdɪd] 1646 □□□ **imbalanced** [ɪmˈbælənst] 不均衡な

The distribution of wealth is more **lop-sided** today than fifty years ago.

富の配分は50年前に比べてもっと**不均衡**になっています。

1647 □□□
digital literacy [ˈdɪdʒɪtl ˈlɪtərəsi] デジタルリテラシー

類 1648 □□□ **computer know-how** コンピュータの知識

You need to have **computer know-how** to get a good job these days.

今日では、よい仕事に就くためには**コンピュータ知識**が必要です。

1649 □□□
effectively [ɪˈfektɪvli] 副 効果的に

類 1650 □□□ **adequately** [ˈædɪkwətli] 適切に

To **adequately** use internet resources, people need to have computer training.

インターネット資源を**適切に**活用するには、コンピュータ訓練が必要です。

1651 □□□
app [æp] 名 アプリ

類 1652 □□□ **application** [ˌæplɪˈkeɪʃn] アプリケーション

1653 □□□ **programmes** [ˈprəʊgræmz] プログラム

There are a lot of computer **programmes** that can help you learn job skills.

仕事上の技能を身につけるためのコンピュータ**プログラム**が沢山あります。

1654 □□□
gainful employment 高給の仕事

類 1655 □□□ **well-paying work** 高給の仕事

If you can't use a computer, it is difficult to find **well-paying work**.

コンピュータを使えないと、**高給の仕事**に就くことが難しいです。

1656 □□□
exacerbate [ɪgˈzæsəbeɪt] 動 悪化させる

類 1657 □□□ **worsen** [ˈwɜːsn] 悪化させる 1658 □□□ **amplify** [ˈæmplɪfaɪ] 増大させる

Poverty **worsens** the digital divide because young children have no computer access.

小さい子供たちがコンピュータにアクセスできないので、貧困により情報格差は**悪化します**。

1659 □□□
income inequality 所得の不平等

類 1660 □□□ **gap between the haves and the have-nots** 持つ者と持たざる者の格差

The **gap between the haves and the have-nots** is getting wider.

持つ者と持たざる者の格差は広がっています。

1661 □□□
reverse [rɪˈvɜːs] 動 逆転させる

類 1662 □□□ **change the momentum of** STH ～の勢いを変える

We can **change the momentum of** income inequality with more job opportunities.

仕事の機会を増やすことで、収入格差**の勢いを変える**ことができます。

1663 □□□
trend [trend] 名 傾向

類 1664 □□□ **movement** [ˈmuːvmənt] 動き

There is a **movement** away from using computers and towards mobile phones.

コンピュータを使わずスマートフォンを使う**動き**があります。

1665 □□□
bridge the gap 格差を埋める

類 1666 □□□ **overcome the divide** 格差を克服する

Computers can **overcome the divide** between rich and poor countries.

コンピュータによって裕福な国と貧しい国の**格差を埋める**ことができます。

1667 □□□
team up with SB STH ～と協力する

類 1668 □□□ **collaborate with** SB STH 1669 □□□ **work together with** SB STH 1670 □□□ **cooperate with** SB STH ～と協力する

Some universities have **collaborated with** the government to solve this problem.

一部の大学はこの問題を解決するために政府と**協力しています**。

Section 31

スウェーデンと音楽

何回読んだ？ □□□□□

In the international music industry, there are an **inordinate** number of Swedish artists that **top** other groups, **spanning** decades. So what **accounts for** Sweden being a musical **powerhouse**?
One factor is that their educational system strongly supports the **humanities**, in which music is a *compulsory subject in the **curriculum**. Furthermore, up to a third of young Swedes belong to fully **subsidised after-school** music programs.
As a result, many young people **take up** music and become performers. Another *component is that a large **proportion** of Swedish people, up to 89%, speak English fluently. This allows them to craft lyrics in this language with reasonable **confidence**.
Also, there is an advantage to Sweden's **concentrated** population centres because fellow musicians are often **in close proximity to** each other. There is **empirical evidence** that these business clusters, in which professionals in the same **field of interest reside** close to each other, increase **output** because musicians can be inspired by each other's work and more easily draw on a *pool of talent to make music. Finally, Swedes are famous for being 'early adopters' and **readily embrace** the latest ideas from **abroad**. New trends in technology, fashion, or music are **adopted** quickly and **improved upon**.

国際的な音楽業界では、**膨大な**数のスウェーデン人アーティストが何十年もの間に**渡り**、他のグループ**の頂点に君臨しています**。スウェーデンが音楽**の盛んな場所**である**要因は**いったい何なのでしょうか。
1つの要因として、スウェーデンの教育制度が**人文科学**を強く支持しており、音楽が**カリキュラム**上必須科目となっていることが挙げられます。さらに、3分の1もの若いスウェーデン人が、**全額助成金を受けた放課後の**音楽プログラムに携わっています。結果として、多くの若者が音楽を**し始めて**アーティストになります。もう一つの要素は、スウェーデン人の**大部分**、89%もが英語を流暢に話す事です。これによって、彼らはまあまあの**自信**を持って、この言語で歌詞を書くことができます。
また、スウェーデンの**集中した**居住地区にも利点があります。なぜなら、仲間のミュージシャンが互いに**近いところにいる**事が多いからです。こういった同じ**関心の領域**を持ったプロ同士が近くに**住む**ビジネス集団は、**生産**を高めるという**経験に基づいた例**があり、それは何故なら、音楽家達はお互いの作品に啓発されて、音楽を作る多数の人材に簡単に頼ることができるからです。最後に、スウェーデン人は「いち早く導入する人々」として知られており、**外国**からの最新の考えを**容易に受け入れ**ます。テクノロジー、ファッション、音楽の新しい流行はいち早く**採用され**、**改良されます**。

* compulsory「必須の」 component「要素」 pool of talent「多数の人材」

1671 □□□
inordinate [ɪnˈɔːdɪnət] 形 過度の

類 1672 □□□ **disproportionate** [ˌdɪsprəˈpɔːʃənət] 不釣り合いな

A **disproportionate** number of top songs are written by Swedes.
不釣り合いに沢山のヒット曲が、スウェーデン人によって書かれています。

1673 □□□
top [tɒp] 動 勝る

類 1674 □□□ **eclipse** [ɪˈklɪps] 1675 □□□ **surpass** [səˈpɑːs] 勝る

Sweden has **eclipsed** many other countries in music sales, except for the US and the UK.
スウェーデンは音楽の売上において、アメリカとイギリスを除く多くの国々に勝っています。

1676 □□□
span [spæn] 動 (ある期間に) 及ぶ

類 1677 □□□ **stretch over** ～の期間に渡る

The popularity of the pop group ‘ABBA’ has **stretched over** four decades.
ポップスグループ‘ABBA’の人気は40年もの間に渡っています。

1678 □□□
account for STH [əkáunt] ～の原因となる

類 1679 □□□ **be the reason behind** STH ～の原因となる

The Swedish educational system **is the reason behind** their success in music.
スウェーデンの教育制度が、彼らの音楽における成功の理由です。

1680 □□□
powerhouse [ˈpaʊəhaʊs] 名 強力なグループ、精力家

類 1681 □□□ **force** 勢力 1682 □□□ **force to be reckoned with** 一目置かれるべき勢力

Swedish music producers are a **force to be reckoned with** in the music world.
スウェーデンの音楽プロデューサーは、音楽業界において一大勢力となっています。

1683 □□□
humanities [hjuːˈmænətiz] 名 人文科学

類 1684 □□□ **liberal arts** 人文科学、一般教養科目

The **liberal arts** including music, art, and history are important in Swedish culture.
音楽、芸術、そして歴史を含む人文科学はスウェーデンの文化において重要です。

1685 □□□
curriculum [kəˈrɪkjələm] 名 教科課程、カリキュラム

類 1686 □□□ **educational programme** 教育プログラム
1687 □□□ **course of study** 教育課程

The **course of study** in Swedish primary schools includes 230 hours of music.
スウェーデンの初等教育の教育課程には230時間の音楽教育が含まれます。

1688 □□□
subsidised [ˈsʌbsɪdaɪzd] 形 助成金を受けた

類 1689 □□□ **supported** [səˈpɔːt] 支援された 1690 □□□ **funded** 助成金を受けた

Government **funded** programmes can provide opportunities for poor children to learn music.
政府による**助成金を受けた**プログラムは、貧しい子供達に音楽を学ぶ機会を与えます。

1691 □□□
after-school 形 放課後の

類 1692 □□□ **extracurricular** [ˌekstrəkəˈrɪkjələ] 課外の

Extracurricular activities, such as sports clubs, help children learn cooperation.
運動部活動などの**課外**活動は、子供達が協力する事を学ぶのに役立ちます。

1693 □□□
take STH up ～を始める、着手する

類 1694 □□□ **pursue** [pəˈsjuː] 追求する 1695 □□□ **adopt** [əˈdɒpt] 選ぶ

It is a good idea to **pursue** hobbies that can lead to a new career.
新しいキャリアに繋がる趣味を**追求する**のは良い考えです。

1696 □□□
proportion [prəˈpɔːʃn] 名 割合

類 1697 □□□ **percentage** [pəˈsentɪdʒ] 割合

The **percentage** of young Swedish people in music programmes is rising every year.
音楽プログラムに携わる若いスウェーデン人の**割合**は毎年増えています。

1698 □□□
confidence [ˈkɒnfɪdəns] 名 自信

類 1699 □□□ **self-assurance** [ˌself əˈʃʊərəns] 1700 □□□ **self-confidence** 自信
1701 □□□ **believe in (oneself)** 自分自身を信じる

Music helps young people with their **self-assurance**.
音楽は若い人達が**自信**を持つのに役立ちます。

1702 □□□
concentrated [ˈkɒnsntreɪtɪd] 形 集中した

類 1703 □□□ **dense** [dens] 密集した

There are often **dense** clusters of music venues in Swedish city centres.
スウェーデンの都市中心部にはよく、音楽会場が**集中して**集まっています。

1704 □□□
in close proximity to STH [prɒkˈsɪməti] ～に近接して

類 1705 □□□ **round the corner from STH** 1706 □□□ **within walking distance of STH**
1707 □□□ **a stone's throw from STH** ～の近くに

Music schools are usually **round the corner from** primary schools.
音楽学校は大抵小学校の**近くに**あります。

1708 □□□
empirical evidence [ɪmˈpɪrɪkl ˈevɪdəns] 経験的証拠

類 1709 □□□ **objective proof** 客観的証拠
There is **objective proof** that business clusters can also help creativity.
ビジネス集団が創造性も促進し得るという**客観的証拠**があります。

1710 □□□
field of interest 興味のある分野

類 1711 □□□ **branch of study** 学習科目の一分野
1712 □□□ **sphere of interest** 関心の領域
Swedish people choose music as a **branch of study** from a very young age.
スウェーデン人はとても幼い頃から**学習科目の一分野**として音楽を選びます。

1713 □□□
reside [rɪˈzaɪd] 動 住む

類 1714 □□□ **dwell** [dwel] 住む
Most Swedish people **dwell** in the large urban centres of Stockholm and Gothenburg.
ほとんどのスウェーデン人はストックホルムやヨーテボリなどの大都市部に**住んでいます**。

1715 □□□
output [ˈaʊtpʊt] 名 生産（高）

類 1716 □□□ **productivity** [ˌprɒdʌkˈtɪvəti] 生産性
Workers' **productivity** is improved if they have enough support from co-workers.
労働者の**生産性**は、同僚から十分な助力を得られれば改善します。

1717 □□□
readily embrace [ˈredɪli ɪmˈbreɪs] 容易に受け入れる

類 1718 □□□ **welcome** [ˈwelkəm] 受け入れる
Swedish people **welcome** new ideas, especially new fashion trends.
スウェーデン人は新しい考えを、特に新しい流行ファッションを**受け入れます**。

1719 □□□
abroad [əˈbrɔːd] 副 海外で（に）

類 1720 □□□ **overseas** [ˌəʊvəˈsiːz] 海外で（に）
Swedish music is very popular **overseas**.
スウェーデンの音楽は、**海外で**非常に人気があります。

1721 □□□
improve upon [ɪmˈpruːv] ～を改良する

類 1722 □□□ **reengineer** [riˌendʒɪˈnɪə] 改良する
Japanese people are also famous for **reengineering** original products.
日本人も、元の製品を**改良する**事で有名です。

日本建築の耐震性

032

何回読んだ？ □□□□□

Japan is at the **forefront of** constructing tall buildings that can **withstand** even the strongest **seismic activity**. To be considered '*earthquake proof', a *high-rise building must be **stiff** enough not to **whip back and forth** during an earthquake, yet **sufficiently** *flexible to **sway** with the motions. For example, the Mori Building in the centre of Tokyo has *carbon rods *submerged in oil that will **dampen** the **lateral** *jolts that hit the building.
Another engineering **marvel** is Tokyo SkyTree, which is one of the tallest structures in the world. Its deep underground base, which **was inspired by** a tree's root system, **stabilises** the whole tower. It **was** also **modelled after** Japanese *pagodas, which have never been **toppled** by an earthquake. The *central column, similar to a pagoda's *shimbashira,* acts as a counterweight so that the *edifice does not move **to and fro**.
These innovations are largely the result of significant government building **regulations**. After each previous earthquake, the Japanese government looked at the **flattened** buildings and **revised** its laws, making them more **stringent**. For example, after the 1981 earthquake, the government **appealed for** steel-reinforced concrete beams to be **mandatory** in all tall buildings.

日本は最も強い**地震活動**さえも**耐え**うる高層ビルの建設において、**最先端**にあります。「耐震性」があると見なされるには、高層ビルは地震の際に**前後にむち打た**ないほど**硬く**、しかし動きに合わせて**揺れる**程度**十分に**柔軟でないといけません。例えば、東京都心の森ビルにはオイルに浸された炭素棒があり、ビルを襲う**横**揺れを**緩和**します。
他の工学技術の**驚異**として、世界で最も高い建造物の一つである東京スカイツリーがあります。木の根に**触発された**その深い地下基盤がタワー全体を**安定させて**います。それはまた、一度も地震で**崩壊した**ことのない、日本の塔にも**倣って**作られています。塔の心柱にも似た中心柱は、建物が**前後に**動かないように錘の役目を果たしています。
これらの発明は主に、政府の重要な建築**規制**の成果です。過去に地震が起こる度に、日本政府は**崩壊した**ビルを調査し、法律をより**厳しく改正**しました。例えば、1981年の地震の後、政府は全ての高層ビルにおいて鉄筋コンクリート造りの梁の**義務**化を**求め**ました。

---

* earthquake proof「耐震の」 high-rise「高層の」 flexible「柔軟な」 carbon rod「炭素棒」 submerge「浸す」 jolt「揺れ」 pagoda「塔」 central column「中心柱」 edifice「建物」

1723 □□□
forefront of STH [ˈfɔːfrʌnt] ～の最前線

類 1724 □□□ **fore of** STH [fɔː] 1725 □□□ **vanguard of** STH [ˈvængɑːd] ～の最前線

Japan is at the **vanguard of** building design.
日本は建築設計の最前線を行きます。

1726 □□□
withstand [wɪðˈstænd] 動 耐える

類 1727 □□□ **endure** [ɪnˈdjʊə] 1728 □□□ **take** 耐える

A lot of buildings in Tokyo can **endure** a strong earthquake.
東京の建築物の多くが強い地震に耐えることができます。

1729 □□□
seismic activity [ˈsaɪzmɪk ækˈtɪvəti] 地震活動

類 1730 □□□ **tremor** [ˈtremə] 1731 □□□ **quake** [kweɪk] 地震

Japan is susceptible to **tremors** due to its geographical location.
日本はその地理的位置のために地震の影響を受け易いです。

1732 □□□
stiff [stɪf] 形 硬い

類 1733 □□□ **inflexible** [ɪnˈfleksəbl] 1734 □□□ **rigid** [ˈrɪdʒɪd] 硬い

The steel walls inside the building are designed to be **inflexible**.
建物内部の鋼壁は硬く作られています。

1735 □□□
whip [wɪp] 動 むち打つ

類 1736 □□□ **snap** [snæp] 機敏に動く 1737 □□□ **jolt** [dʒəʊlt] 揺れる

The people on the top floor may feel the building **snap** back and forth.
最上階の人々はビルが前後に揺れるのを感じるかもしれません。

1738 □□□
back and forth 前後に

類 1739 □□□ **backwards and forwards** 前後に 1740 □□□ **to and fro** 行ったり来たり

Earthquakes can make buildings move **backwards and forwards**.
地震はビルを前後に揺らすことがあります。

1741 □□□
sufficiently [səˈfɪʃntli] 副 十分に

類 1742 □□□ **adequately** [ˈædɪkwətli] 1743 □□□ **suitably** [ˈsuːtəbli] 適切に

Tall buildings in Japan are **adequately** protected against most earthquakes.
日本の高層建築物はほとんどの地震から適切に保護されています。

1744 □□□
sway [sweɪ] 動 揺れる

類 1745 □□□ **rock** [rɒk] 1746 □□□ **swing** [swɪŋ] 揺れる

People find it difficult to stand as the building **rocks** from side to side.
人々はビルが横に揺れると立っているのが難しいと感じます。

1747 □□□
dampen [ˈdæmpən] 動 勢いをそぐ、弱める

類 1748 □□□ **curb** [kɜːb] 制限する 1749 □□□ **minimise** [ˈmɪnɪmaɪz] 最小化する
1750 □□□ **absorb** [əbˈzɔːb] 吸収する

The foundations of high-rise buildings in Tokyo can **absorb** the shock of a quake.
東京の高層ビルの基盤は地震の衝撃を吸収する事ができます。

1751 □□□
lateral [ˈlætərəl] 形 横の

類 1752 □□□ **horizontal** [ˌhɒrɪˈzɒntl] 水平の 1753 □□□ **side-to-side** 横方向の

The **side-to-side** movement during a tremor can destroy bridges.
地震の横揺れは橋を崩壊させることもあります。

1754 □□□
marvel [ˈmɑːvl] 名 驚くべきもの（こと、人）

類 1755 □□□ **feat** [fiːt] 偉業 1756 □□□ **wonder** [ˈwʌndə] 驚異

The Akashi Kaikyō Bridge is one of Japan's greatest engineering **wonders**.
明石海峡大橋は日本の最も素晴らしい工学技術の驚異の一つです。

1757 □□□
be inspired by SB STH ～に触発される

類 1758 □□□ **be influenced by** SB STH ～の影響を受ける

The design of Tokyo Tower **was influenced by** the Eiffel Tower.
東京タワーのデザインはエッフェル塔の影響を受けています。

1759 □□□
stabilise [ˈsteɪbəlaɪz] 動 安定させる

類 1760 □□□ **steady** [ˈstedi] 1761 □□□ **keep** STH **steady** ～を安定させる

The central column in a pagoda **keeps** the building **steady** during a quake.
塔の中心柱は地震の際建物を安定させます。

1762 □□□
be modelled after SB STH ～をモデルとする

類 1763 □□□ **borrow from** SB STH ～からアイデアを取り入れる

A lot of building designs in Japan **borrow from** nature.
日本の建築物のデザインの多くは自然を模倣しています。

1764 □□□
topple [ˈtɒpl] 動 倒す

類 1765 □□□ **be knocked over** 倒壊する

Many one-storey buildings **were knocked over** in the Kobe earthquake.
沢山の平屋建物は阪神大震災で倒壊しました。

1766 □□□
regulation [ˌregjuˈleɪʃn] 名 規制

類 1767 □□□ **rule** 規制 1768 □□□ **code** 条例

These building **codes** should be adopted around the world.
これらの建築**規準**は世界中で採用されるべきです。

1769 □□□
flatten [ˈflætn] 動 倒壊させる

類 1770 □□□ **level** 1771 □□□ **knock** STH **down** ～を倒壊させる

Buildings in developing countries are often **knocked down** by small quakes.
発展途上国の建物は小さな地震でもよく**倒壊し**ます。

1772 □□□
revise [rɪˈvaɪz] 動 (法律などを) 改正する

類 1773 □□□ **amend** [əˈmend] 改正する 1774 □□□ **update** [ˌʌpˈdeɪt] 更新する

The building codes have been **amended** several times since 1924.
建築規準は1924年以来何度か**改正さ**れてきました。

1775 □□□
stringent [ˈstrɪndʒənt] 形 厳重な

類 1776 □□□ **rigorous** [ˈrɪgərəs] 厳しい

California also has **rigorous** building codes to combat earthquake damage.
カリフォルニア州も震災への対策として**厳しい**建築規準を設けています。

1777 □□□
appeal for STH ～を求める

類 1778 □□□ **demand** 1779 □□□ **call for** STH ～を求める

After 2011, the public **demanded** new laws for buildings near the sea.
2011年以来、大衆は海の近くの建造物に対し新しい法律**を求め**ました。

1780 □□□
mandatory [ˈmændətəri] 形 義務的な

類 1781 □□□ **compulsory** [kəmˈpʌlsəri] 1782 □□□ **obligatory** [əˈblɪgətri] 義務的な

Many of these building codes are **compulsory** throughout Japan.
これらの建築規準の多くは日本中で**義務**となっています。

Section 33

親しい友人と脳の働き

033

何回読んだ？ □□□□□

The *chemistry among good friends may **be** more **down to** how the brain **functions** than previously believed. The University of California **carried out** research on friends' *brain waves as they reacted to different *stimuli. Participants were shown a series of short video clips, **ranging from unusual** music videos to **dull** wedding receptions. People who were only **loose acquaintances** responded differently to what they saw, with **divergent** *neural patterns. On the other hand, close friends' brains had the same **ebb and flow** from excitement to boredom. It confirmed the theory that shared experiences **evoke** the same responses in friends. This **synchronised** brain activity has clear health benefits as the scientists **came across** a **link** between shared neural activity and increased **life expectancy**, along with fewer **symptoms of** *dementia.

This *like-mindedness probably **evolved** as humans **formed** *hunter-gatherer societies. When groups of males hunted big game, they had to quickly **reach a consensus** about what to do, so having the same reactions would be an evolutionary advantage. Similarly, females with the same **mindset** developed strong **social bonds**, ensuring that if a mother died, other females would **look after** her *offspring.

仲の良い友人同士の相互関係は、以前信じられていたよりも脳の**働きによる**ところが大きいようです。カリフォルニア大学が様々な刺激に反応する友人同士の脳波に関する調査**を行いました**。被験者は、**珍しい**音楽プロモーションビデ**オからつまらない**結婚披露宴**まで**一連の短い動画を見せられました。単なる**顔見知り**の間柄の人々は、**一致しない**神経回路パターンで見たものに異なる反応を示したのに対し、親しい友人同士の脳は、**興奮**から退屈まで同じ**盛衰**を示しました。これは友人間での共通経験が同じ反応**を引き起こす**という説を立証しました。この**同調した**脳活動は明らかに健康に良く、科学者達は共通の神経活動と、認知症**の症状**がより少ない事に伴う**寿命**の延伸には**関連性**がある事を**偶然発見しました**。

この気が合う事は恐らく人類が狩猟採集社会を**形成する**につれて**発達した**のでしょう。男性の集団が大きな獲物を狩る時、何をするか速やかに**意見を一致させる**必要があったため、同じ反応をする事が進化上の利点となっていたのでしょう。同様に、同じ**物の見方**をした女性同士が強い**社会的絆**を深めて、この絆によって、母親が死んだ時は必ず他の女性たちがその子孫の**世話をした**のでしょう。

---

* chemistry「相互関係」 brain wave「脳波」 stimuli「刺激」 neural「神経の」 dementia「認知症」 like-mindedness「気が合う事」 hunter-gatherer society「狩猟採集社会」 offspring「子孫」

1783
be down to STH ～が原因で、～のせいで

類 1784 **be the result of** STH 1785 **be due to** STH ～が原因で

If you do not like someone, it could **be the result of** having different brain waves.
もし嫌いな人がいるとしたら、それは脳波が違う事が原因かもしれません。

1786
function [ˈfʌŋkʃn] 動 機能する

類 1787 **work** 1788 **behave** [bɪˈheɪv] 1789 **operate** [ˈɒpəreɪt] 機能する

Scientists are just starting to fully understand how the brain **operates**.
科学者は脳がどのように機能するか完全に理解し始めているところです。

1790
carry STH out ～を実行する

類 1791 **conduct** [kənˈdʌkt] 行う

The research was also **conducted** at Northwestern University.
その調査はノースウエスタン大学でも行われました。

1792
range from ... to ... ～から～に及ぶ

類 1793 **span from ... to ...** ～から～に及ぶ

The lengths of the videos **spanned from** just a few seconds **to** 10 minutes.
それらの動画の長さは、わずか数秒のものから10分のものにまで及びました。

1794
unusual [ʌnˈjuːʒuəl] 形 普通ではない

類 1795 **odd** [ɒd] 1796 **bizarre** [bɪˈzɑː] 奇妙な 1797 **offbeat** [ˌɒfˈbiːt] 風変わりな

One **bizarre** video in the research showed two men fighting in an airport.
その調査の奇妙なビデオには、空港で２人の男性が喧嘩をしているのが映っていました。

1798
dull [dʌl] 形 退屈な

類 1799 **monotonous** [məˈnɒtənəs] 単調な
1800 **uninspiring** [ˌʌnɪnˈspaɪərɪŋ] 1801 **tedious** [ˈtiːdiəs] 退屈な

Many people found the wedding video **tedious** because it was so long.
多くの人がその結婚式の動画がとても長くて退屈だと感じました。

1802
loose acquaintance [luːs əˈkweɪntəns] ちょっとした知り合い

類 1803 **nodding acquaintance** 挨拶程度の知り合い

It is unlikely that you share the same brain waves with **nodding acquaintances**.
会えば挨拶する程度の知り合いと同じ脳波にはなりそうにありません。

1804 □□□
divergent [daɪˈvɜːdʒəntrɪŋ] 形 異なる

類 1805 □□□ **differing** [ˈdɪfərɪŋ] 1806 □□□ **dissimilar** [dɪˈsɪmɪlə] 異なる

Dissimilar brain activity shows that two people do not have close social ties.

異なる脳活動は2人の社会的繋がりが強くはない事を示しています。

1807 □□□
ebb and flow [eb] 盛衰、(潮の) 干満

類 1808 □□□ **ups and downs** 1809 □□□ **highs and lows** 浮き沈み

Friends share the same **ups and downs** in their brain activity.

友人同士の脳活動は同じように**浮き沈み**します。

1810 □□□
evoke [ɪˈvəʊk] 動 呼び起こす

類 1811 □□□ **induce** [ɪnˈdjuːs] 誘発する 1812 □□□ **elicit** [ɪˈlɪsɪt] 引き起こす

Some videos **elicited** very strong emotions.

動画の中には、とても強い感情を**引き起こす**ものもありました。

1813 □□□
synchronised [ˈsɪŋkrənaɪzd] 形 一致した

類 1814 □□□ **harmonised** [ˈhɑːmənaɪzd] 1815 □□□ **synced** [sɪŋkt] 一致（同調）した

Co-workers that have worked together for some time have **synced** brain activity.

一定期間共に働いた同僚同士は脳活動が**同調**します。

1816 □□□
come across STH ～を偶然見つける

類 1817 □□□ **accidentally uncover** STH

1818 □□□ **stumble upon** STH [ˈstʌmbl] 偶然発見する

Scientists **stumbled upon** the link between loneliness and dementia.

科学者は孤独と認知症の関連性を**偶然発見しました**。

1819 □□□
link [lɪŋk] 名 関連性、相互関係

類 1820 □□□ **connection** [kəˈnekʃn] 1821 □□□ **relationship** [rɪˈleɪʃnʃɪp] 関連（性）

There is a **relationship** between having close friends and living longer.

親友がいる事と長生きとの間には**関連性**があります。

1822 □□□
life expectancy [ɪkˈspektənsi] 寿命

類 1823 □□□ **lifespan** [ˈlaɪfspæn] 寿命

If you have friends, you can increase your **lifespan** by almost ten years.

もし友人がいれば、10年近くも**寿命**を延ばす事ができます。

1824 □□□
symptom of (illness) [ˈsɪmptəm] （病気）の病状

類 1825 □□□ **sign of (illness)** 1826 □□□ **indicator of (illness)** （病気）の兆候
Forgetting people one knows is a **sign of** dementia.
知人を忘れる事は認知症の兆候の一つです。

1827 □□□
evolve [ɪˈvɒlv] 動（徐々に）発達する、進化する

類 1828 □□□ **develop gradually** 徐々に発達する
The human brain **developed gradually** to allow people to work in groups more effectively.
人間の脳は、より効果的に集団で行動できるよう**徐々に発達しました**。

1829 □□□
form [fɔːm] 動形成する

類 1830 □□□ **create** 作り出す
People first **created** the hunter-gatherer society 1.8 million years ago.
人は180万年前に初めて狩猟採集社会を**形成しました**。

1831 □□□
reach a consensus [kənˈsensəs] 意見の一致を見る

類 1832 □□□ **settle on a decision** 1833 □□□ **concur** [kənˈkɜː] 同意する
It is easier to **settle on a decision** with people that think the same way you do.
同じ考えを持った人達と**同意する**のはより簡単です。

1834 □□□
mindset [ˈmaɪndset] 名考え方

類 1835 □□□ **mentality** [menˈtæləti] 気質、物の考え方
People often look for friends with similar **mentalities**.
人はよく同じ**気質**の友人を探すものです。

1836 □□□
social bond [bɒnd] 社会的つながり、絆

類 1837 □□□ **social tie** 社会的絆 1838 □□□ **social network** 付き合いの輪
In the past, we had stronger **social ties**.
以前は、私達にはより強い**社会的絆**がありました。

1839 □□□
look after SB ～の世話をする

類 1840 □□□ **take care of** SB ～の世話をする
1841 □□□ **nurture** [ˈnɜːtʃə] 1842 □□□ **bring** SB **up** ～を育てる
In primitive societies, all the women were involved in **bringing** the children **up**.
原始的な社会では、女性は皆子供を**育てる**事に関わっていました。

英語では、wedding partyは結婚式に参列した人々の一団を意味します。つまり、「私はwedding party」に行きましたという文は間違いです。式を意味する「weddingへ行きました」または、その後の祝賀会を意味する「wedding receptionへ行きました」という言い方なら大丈夫です。

Section 34

先祖調査ビジネス

Over the last few decades, a **burgeoning** business in tracing our **ancestors** has grown into a multi-billion dollar **industry**. What **drives** people to **dig into** their family trees?
First of all, *genealogy helps people form a **sense of identity** in a **cosmopolitan** world. As the world has become more **globalised**, many people are **tracking down** their family histories to understand who they really are.
On top of that, it is **convenient** and can be **accomplished** mainly over the internet. One website, as of 2014, had over 16 billion **records**, and if you send the company some *personal details, they can **input** the information into their database and **issue** you a chart of your family history. Another company only needs a sample of your *saliva, and they can trace your DNA back thousands of years to **unearth** your **roots**. Also with this DNA information, they can predict whether you are **susceptible to** any diseases that **run in** your **family**.
However, some privacy **advocates** have **raised concerns about** these huge databases. In the future, all of your *biological information may be **accessible at** just **the click of a mouse**.

ここ数十年で、**急成長中の先祖**を辿るビジネスは数十億ドル規模の**産業**になりました。何が人々を**駆り立て**、自分たちの家系図を**調べ**させているのでしょうか。
まず初めに、家系図は**国際社会**の中で**アイデンティティー意識**を形成するのに役立ちます。世界がより**グローバル化**するにつれて、沢山の人が自分自身を本当に理解するために家系図を**調べている**のです。
さらに、それは**便利**で主にインターネット上で**完結**できます。2014年の時点であるウェブサイトは160億以上もの**記録**を保持しており、その会社にいくらかの個人情報を送れば、その会社はデータベースに情報を**入力**し、家系図を**発行して**くれます。他のある会社は、唾液のサンプルさえあれば、何千年もDNAを遡り**先祖**を**明らかにする**事ができます。また、このDNA情報で**遺伝的**に何らかの疾病に**かかり易い**かどうかを予測する事もできます。
しかしながら、これらの膨大なデータベースに**対して懸念を提起する**プライバシー**擁護者**もいます。将来的に、生物学的情報が全て**1クリックだけで手に入って**しまうかもしれません。

＊genealogy「家系図」 personal details「個人情報」 saliva「唾液」
biological information「生物学的情報」

1843 □□□
burgeoning [ˈbɜːdʒənɪŋ] 形 急成長する

類 1844 □□□ **thriving** [θraɪvɪŋ] 1845 □□□ **flourishing** [ˈflʌrɪʃ] 盛況な
1846 □□□ **booming** [ˈbuːmɪŋ] 急成長の

This **booming** business of looking for your ancestors is very popular in America.
この急成長している先祖を探すビジネスはアメリカでとても人気があります。

1847 □□□
ancestor [ˈænsestə] 名 先祖

類 1848 □□□ **forebear** [ˈfɔːbeə] 1849 □□□ **forefather** [ˈfɔːfɑːðə] 先祖

People are surprised by which countries their **forebears** came from.
人々は、自分たちの先祖がどの国からやって来たのかを知ると、驚きます。

1850 □□□
industry [ˈɪndəstri] 名 産業

類 1851 □□□ **line of business** 事業部門 1852 □□□ **business field** 事業分野

This **line of business** makes a billion dollars a year.
この事業部門は年に10億ドル稼ぎます。

1853 □□□
drive [draɪv] 動 (人をある行動に) 追いやる

類 1854 □□□ **motivate** [ˈməʊtɪveɪt] 1855 □□□ **inspire** [ɪnˈspaɪə] ～する気にさせる

People are **motivated** to look at their roots by curiosity.
人々は好奇心によって、自分たちのルーツを探ろうという気にさせられます。

1856 □□□
dig into STH ～を探る、～を丹念に調べる

類 1857 □□□ **investigate** [ɪnˈvestɪgeɪt] 1858 □□□ **delve into** STH [delv] ～を研究する

You can learn a lot of interesting things if you **delve into** your roots.
自らのルーツを掘り下げると、沢山の興味深い事が分かります。

1859 □□□
sense of identity 同一性意識、アイデンティティー意識

類 1860 □□□ **sense of who (one) is** 1861 □□□ **understanding of (one's) place in the world** アイデンティティー意識

People travel back to their ancestors' countries to get a **sense of who they are**.
人々はアイデンティティー意識を持つために、先祖の国を旅します。

1862 □□□
cosmopolitan [ˌkɒzməˈpɒlɪtən] 形 国際的な

類 1863 □□□ **internationalised** [ˌɪntəˈnæʃnəlaɪzd] 国際化した
1864 □□□ **globalised** [ˈgləʊbəlaɪzd] グローバル化した

The world is becoming more **internationalised** because of the internet.
世界はインターネットによってさらに国際化しつつあります。

1865 □□□

track STH down ～を徹底的に調べる

類 1866 □□□ **trace** [treɪs] たどる、探し出す 1867 □□□ **research** 調査する

Tracing your ancestors is Americans' second favorite hobby after gardening.
先祖をたどる事は、ガーデニングの次にアメリカ人が好きな趣味です。

1868 □□□

convenient [kən'vi:niənt] 形 使いやすい、便利な

類 1869 □□□ **straightforward** [ˌstreɪt'fɔ:wəd] 1870 □□□ **uncomplicated** 複雑でない

Using these ancestor databases is quite **straightforward**.
この先祖のデータベースの使い方は非常に分かり易いです。

1871 □□□

accomplish [ə'kʌmplɪʃ] 動 達成する、完遂する

類 1872 □□□ **achieve** やり遂げる 1873 □□□ **complete** 完了する
1874 □□□ **take care of STH** ～を処理する

A search for your ancestors can be **completed** very easily.
先祖の検索は非常に簡単に完了できます。

1875 □□□

record ['rekɔ:d] 名 記録

類 1876 □□□ **file** 資料、データファイル

The number of DNA **files** is growing every year.
毎年DNA資料の数は増えています。

1877 □□□

input ['ɪnpʊt] 動 入力する

類 1878 □□□ **enter** ['entə] 入力する 1879 □□□ **upload** [ˌʌp'ləʊd] アップロードする

You need to **upload** the names of your family members.
家族の名前をアップロードする必要があります。

1880 □□□

issue ['ɪʃu:] 動 発行する

類 1881 □□□ **send STH out** ～を送る

The website can **send out** your DNA results in 6-8 weeks.
このウェブサイトは、DNA鑑定結果を6～8週間以内にお送りします。

1882 □□□

unearth [ʌn'ɜ:θ] 動 発掘する、明るみに出す

類 1883 □□□ **uncover** 明らかにする 1884 □□□ **dig STH up** ～を掘り出す

It used to take years to **uncover** your family history.
以前は家系図を明らかにするのに何年もかかったものでした。

1885 □□□
roots [ruːts] 名 祖先、ルーツ

類 1886 □□□ **heritage** [ˈherɪtɪdʒ] 遺産
More and more people are interested in their cultural **heritage**.
ますます多くの人々が、自らの文化的遺産に興味を持っています。

1887 □□□
susceptible to STH [səˈseptəbl] ～の影響を受けやすい

類 1888 □□□ **at risk of** STH ～の危険にさらされて 1889 □□□ **prone to** STH（好ましくないことを）しがちな 1890 □□□ **vulnerable to** STH ～に弱い
These databases are **at risk of** hacking attacks.
これらのデータベースはハッキング攻撃の危険にさらされています。

1891 □□□
run in (one's) family （資質などが）遺伝である

類 1892 □□□ **be genetically inherited**
1893 □□□ **be hereditary** [həˈredɪtri] 遺伝的に引き継がれた
Heart disease can **be genetically inherited**.
心臓病は遺伝的に引き継がれる事があります。

1894 □□□
advocate [ˈædvəkət] 名 擁護者

類 1895 □□□ **proponent** [prəˈpəʊnənt] 支持者
Proponents of DNA testing argue that it will help catch criminals.
DNA検査の支持者は、それが犯罪者の逮捕に役立つと主張しています。

1896 □□□
raise concerns about STH ～への懸念を提起する

類 1897 □□□ **call into question** STH 1898 □□□ **cast doubt on** STH ～を疑問視する
Some critics **call into question** the database's cybersecurity.
そのデータベースのサイバーセキュリティを疑問視する批評家もいます。

1899 □□□
accessible [əkˈsesəbl] 形 入手可能な

類 1900 □□□ **available** 入手可能な
1901 □□□ **out in the open** 1902 □□□ **in public view** 公表されて
A lot of people do not want to have their personal information **out in the open**.
多くの人は個人情報を公表されたくないと感じています。

1903 □□□
at the click of a mouse マウスをクリックするだけで

類 1904 □□□ **at the press of a button** ボタンを押すだけで
Potential employers could find out your information **at the press of a button**.
潜在的雇用主は、ボタンを押すだけであなたの情報を手に入れる可能性があります。

Section 35

アルツハイマー病と修道女

035

何回読んだ？
□□□□□

The **likelihood** of *developing Alzheimer's **disease**, a form of *dementia, is increasing as people's lifespans grow longer. The disease **takes its toll on senior citizens**, causing them to misplace objects, grow antisocial, and even forget their own family members. It was once believed that the *onset of the disease began in old age, but a study on dementia has **shed light on** when the **ailment** actually begins to develop.

For the study, researchers **selected** *nuns to **interview** because of their **homogenous lifestyles** and **backgrounds**. They did not drink alcohol or anything else that could **affect** their thinking. As a result, researchers could **rule out extraneous variables** that usually need to be **taken into account** when **performing** dementia studies.

Also, the nuns **kept** written **journals** of their lives *dating back to when they were 22 years old. The journals were **critical** in **identifying** the **relationship** between *cognitive ability in youth and later symptoms of the disease. For example, complex writing is an indication of **high intellect**, and the research revealed that the more complex a nun's writing was at 22 years old, the less likely it was that she would show signs of dementia later. This was an unexpected **conclusion**.

認知症の一種であるアルツハイマー**病**にかかる**可能性**は、人々の寿命が延びるにつれて増えています。この病気は**高齢者に悪影響を及ぼし**、物を置き忘れたり、無愛想になったり、自身の家族の事でさえも忘れたりします。かつてこの病気の発病は年老いてから始まると考えられていましたが、認知症に関するとある研究が、この**病気**が実際いつ始まるのかを**明らかにしました**。

この研究のために、研究者は修道女を**選んで面談**しましたが、それは彼女らが**同じ生活スタイル**や**バックグラウンド**を持っている為でした。修道女はアルコールや、思考に**影響を及ぼし**うる他のいかなるものも一切口にしません。結果として、認知症の調査を**行う**時に通常**考慮する**必要のある**外的要因を除外する**事ができました。

また、修道女は生活の**日記をつけ**ており、それは彼女らが22歳の時まで遡ることができました。日記は、若年期における認知能力と後年の認知症の症状との**関係**を**明らかにする**上で、**とても重要**でした。例えば、複雑な文章は**高い知性**の指標になり、修道女が22歳の時に書いた物が複雑なほど、後に認知症の兆候が見られる確率が低いということをその調査は明らかにしました。これは思いがけない**結果**でした。

---

* develop「発症する」 dementia「認知症」 onset「発病」 nun「修道女、尼僧」 date back to「～まで遡る」 cognitive ability「認知能力」

1905 □□□
likelihood [ˈlaɪklihʊd] 名 可能性

類 1906 □□□ **probability** [ˌprɒbəˈbɪləti] 1907 □□□ **prospect** [ˈprɒspekt]
1908 □□□ **likeliness** [ˈlaɪklinəs] 可能性

The **prospect** of developing dementia is 1 in 4 for people older than 85.
認知症を発症する可能性は85歳以上の人の4人に1人です。

1909 □□□
disease [dɪˈziːz] 名 病気

類 1910 □□□ **ailment** [ˈeɪlmənt] 1911 □□□ **illness** 病気 1912 □□□ **condition** （身体の）異常

Some scientists expect to find a treatment for this **illness** in the near future.
この病気の治療法を近い将来に発見できると期待する科学者もいます。

1913 □□□
take its toll on SB STH ～に損害を与える

類 1914 □□□ **have an adverse effect on** SB STH ～に悪影響をもたらす

Dementia **has an adverse effect on** a person's mind.
認知症は人の精神に悪影響をもたらします。

1915 □□□
senior citizen 高齢者

類 1916 □□□ **elderly person** 高齢者 1917 □□□ **pensioner** [ˈpenʃənə] 年金生活者

Elderly people are increasingly worried about this disease.
高齢者はこの病気に関し、ますます不安を募らせています。

1918 □□□
shed light on STH [ʃed] ～を解明する

類 1919 □□□ **illuminate** [ɪˈluːmɪneɪt] 1920 □□□ **make** STH **clear** ～を明らかにする

The research **made it clear** that there is a link between intelligence and dementia.
その調査は知性と認知症の間には関連性がある事を明らかにしました。

1921 □□□
select [sɪˈlekt] 動 選ぶ

類 1922 □□□ **pick** 選ぶ

The researchers **picked** nuns that lived in close proximity to the university.
調査団は大学の近くに住んでいる修道女を選びました。

1923 □□□
interview [ˈɪntəvjuː] 動 インタビューする

類 1924 □□□ **question** 質問する 1925 □□□ **survey** 調査する

They **questioned** the nuns about their daily lives.
彼らは修道女たちに日常生活に関する質問をしました。

1926 □□□
homogeneous [ˌhɒməˈdʒiːniəs] 形同質の

類 1927 □□□ **remarkably similar** [rɪˈmɑːkəbli] 驚くほど似ている
The nuns were a **remarkably similar** group.
修道女は驚くほど似ている集団です。

1928 □□□
lifestyle [ˈlaɪfstaɪl] 名生活様式

類 1929 □□□ **way of life** 生活様式
A person's **way of life** is a factor in getting this disease.
生活様式はこの病気に罹る要因の一つです。

1930 □□□
background [ˈbækgraʊnd] 名素性(すじょう)、生い立ち

類 1931 □□□ **personal history** 経歴 1932 □□□ **profile** 人物の素描
The nuns all had similar **profiles** because they came from the same area.
修道女達は同じ地域から来ていたため、皆同じような経歴を持っていました。

1933 □□□
affect [əˈfekt] 動作用する

類 1934 □□□ **alter** 1935 □□□ **transform** 変える
Dementia can dramatically **alter** your life.
認知症は人生を劇的に変える事があります。

1936 □□□
rule STH out ～を除外する

類 1937 □□□ **exclude** 1938 □□□ **factor STH out** ～を除外する
Factors such as smoking and drinking were **excluded** from the study.
喫煙や飲酒などの要素はこの調査から除外されました。

1939 □□□
extraneous variable [ɪkˈstreɪniəs] (変化しやすい) 外的要素

類 1940 □□□ **external factor** 外的要因
If you have too many **external factors** in a study, it can affect the results.
もし外的要因が多すぎる場合、結果に影響する事があります。

1941 □□□
take STH into account ～を考慮する

類 1942 □□□ **consider** 1943 □□□ **bear STH in mind** ～を考慮する
There are many factors to **bear in mind** when conducting a study.
調査を行う時は考慮すべき沢山の要素があります。

1944 □□□
perform [pəˈfɔːm] 動行う

類 1945 □□□ **conduct** 1946 □□□ **carry STH out** 1947 □□□ **run** ～を行う
They have been **running** this study since 1992.
彼らはこの調査を1992年から行っています。

1948 □□□
keep a journal 日記をつける

類 1949 □□□ **keep a diary** 1950 □□□ **keep a daily log** 日記をつける
1951 □□□ **chronicle (one's) life** [ˈkrɒnɪkl] 人生を年代順に記録する

Chronicling your **life** can help with your memory.
人生を年代順に記録する事は記憶保持に役立つでしょう。

1952 □□□
critical [ˈkrɪtɪkl] 形 決定的に重要な

類 1953 □□□ **key** 1954 □□□ **crucial** [ˈkruːʃl] 1955 □□□ **indispensable** [ˌɪndɪˈspensəbl] 重要な

A good education is **key** to fighting the effects of dementia later in life.
良い教育は、高齢期に認知症の影響に対抗する上で**不可欠**です。

1956 □□□
identify [aɪˈdentɪfaɪ] 動 明らかにする

類 1957 □□□ **single** STH **out** 1958 □□□ **detect** [dɪˈtekt] ～を見つける

It took several years to **single out** the main cause of dementia.
認知症の主な原因を**見つける**のに何年もかかかりました。

1959 □□□
relationship [rɪˈleɪʃnʃɪp] 名 関係

類 1960 □□□ **connection** 1961 □□□ **link** 1962 □□□ **interplay** (相互) 関係

The strong **interplay** between early cognition and dementia was surprising.
初期認識力と認知症の深い**関係**は驚くべきものでした。

1963 □□□
high intellect [ˈɪntəlekt] 高い知性

類 1964 □□□ **above average intellect** 並外れた知性
1965 □□□ **greater acumen** [ˈækjəmən] 高い洞察力

The nuns with **greater acumen** only had a 10% chance of developing the disease.
より高い洞察力を持った修道女達は、この病気に罹る可能性が10%しかありませんでした。

1966 □□□
conclusion [kənˈkluːʒn] 名 結論

類 1967 □□□ **finding** 調査結果 1968 □□□ **discovery** 発見

The **finding** that 80% of the nuns with low intelligence got dementia was shocking.
知性の低い修道女の80%が認知症に罹ったという**結果**は、衝撃的なものでした。

複雑な文は、従属節と主節によって形成されます。例えば、While I was working overseas, I met my wife. という文では従属節はWhile I was working overseas, で、I met my wife. は主節です。IELTSのスピーキングとライティングセクション両方で、文法知識と精度において良いバンドスコアを得るには複雑な文を使う必要があります。

動物の進化

One of the most **remarkable** creatures on Earth may be hiding in the **soil underneath** our feet. The rove beetle, commonly found throughout the UK, may **provide the answer to** whether *evolutionary *traits are truly selected **randomly**.
Rove beetles typically **prey on** ants in colonies using a **tried-and-trusted** method. They rush into the colony's sausage-like tunnels, **feed** quickly **on** smaller ants and *larvae and *dash out before the ants can **repel** them. However, twelve different types of rove beetles have *evolved in order to **resemble** ants and live in the colonies **all year long**. Over time, their *abdomens have **enlarged** and their legs lengthened so they can **masquerade as** ants. They have even *copycatted the smell that the blind ants *secrete as a chemical **signal** to identify each other.
The benefits of integration are **self-evident**. The **temperate climate** underground is ideal, and there is an **ample food supply**. On top of that, the beetles can reproduce in peace, safe from predators. What has **startled** scientists is that all twelve types of rove beetles have done this in **identical** ways, yet **independently** from each other. The scientists believe that given the same **circumstances**, animals follow similar pathways in evolution.

この地球上での最も**注目すべき**生き物の一つは、私たちの**足元の土**の中に隠れているかもしれません。ハネカクシはイギリス中でよくみられますが、進化の特徴が本当に**無作為に**選ばれたのかに対する**答えを提供してくれる**かもしれません。
ハネカクシは、通常は**効果実証済み**の方法を使ってコロニーの中のアリを**捕食します**。コロニーのソーセージのような巣穴に突入し、小さなアリや幼虫を素早く**捕食し**、アリが**反撃する**前に飛び出します。しかし、異なる12種類のハネカクシはアリに**似る**ように進化し、コロニーの中で**一年中**暮らします。年月を経て腹部は**大きくなり**、脚は長くなり、アリの**ふりができる**ようになりました。ハネカクシは、盲目のアリがお互いに仲間を識別するための化学的**合図**として分泌する匂いさえも模倣しました。
融合するメリットは**明らか**です。地下の**穏やかな気候**は理想的であり、**十分な食糧供給**があります。それに加えて、ハネカクシは捕食動物から狙われることなく、安心して繁殖することができます。科学者たちを**驚かせた**のは、12種類全てのハネカクシがこの進化を**同じ**方法で、しかもそれぞれ**別々に**、成し遂げてきたということです。科学者たちは、同じ**環境**の下では、動物は同じ様な進化の過程をたどると信じています。

---

* evolutionary「進化の」 trait「特徴」 larva「幼虫」 dash out「飛び出す」
evolve「進化する」 abdomen「腹部」 copycat「模倣する」 secrete「分泌する」

1969 □□□
remarkable [rɪˈmɑːkəbl] 形 注目すべき

類 1970 □□□ **extraordinary** [ɪkˈstrɔːdnri] 目立った
1971 □□□ **noteworthy** [ˈnəʊtwɜːði] 注目すべき 1972 □□□ **notable** [ˈnəʊtəbl] 注目すべき

The most **noteworthy** aspect of these beetles is how they imitate ants.
この甲虫の最も注目すべき点は、アリの模倣の仕方です。

1973 □□□
soil [sɔɪl] 名 土

類 1974 □□□ **earth** [ɜːθ] 1975 □□□ **dirt** [dɜːt] 土

In the UK, ants prefer to establish their colonies in soft **earth**.
イギリスでは、アリは柔らかい地中でコロニーを形成することを好みます。

1976 □□□
underneath [ˌʌndəˈniːθ] 前 ～の下に

類 1977 □□□ **beneath** [bɪˈniːθ] ～の下に

Ants prefer to build their colonies **beneath** the ground, so they can control the temperature.
気温を調節することができるので、アリは地下にコロニーをつくることを好みます。

1978 □□□
provide the answer to STH ～に答える

類 1979 □□□ **hold the key to** STH ～の鍵を握る

These common beetles may **hold the key to** how animals evolve.
このありふれた甲虫が、動物の進化の仕方の鍵を握るかもしれません。

1980 □□□
randomly [ˈrændəmli] 副 無作為に、出任せに

類 1981 □□□ **by chance** 偶然に 1982 □□□ **arbitrarily** [ˌɑːbɪˈtrerəli] 任意に
1983 □□□ **without design** 意図せず

Charles Darwin believed that evolution happened **by chance**.
チャールズ・ダーウインは、進化は偶然に起こると信じていました。

1984 □□□
prey on STH ～を捕食する

類 1985 □□□ **consume** [kənˈsjuːm] 1986 □□□ **feed on** STH ～を餌にする

Rove beetles **consume** smaller insects and dead vegetation in gardens.
ハネカクシは庭の小さな昆虫や枯れた植物を餌にします。

1987 □□□
tried-and-trusted 形 実証された

類 1988 □□□ **proven** [ˈpruːvn] 1989 □□□ **time-tested** 実証済みの

Introducing beetles into your garden is a **proven** method of killing pests such as mites.
甲虫を庭に取り入れることは、ダニなどの害虫を駆除する**実証済みの**方法です。

1990 □□□
repel [rɪˈpel] 動 撃退する

類 1991 □□□ **fight** STH **off** 1992 □□□ **chase** STH **away** 1993 □□□ **repulse** [rɪˈpʌls]
1994 □□□ **rebuff** [rɪˈbʌf] 撃退する

Ants can mount an attack in a few minutes to **fight off** an enemy.
アリは敵を**撃退する**ために数分で攻撃を仕掛けることができます。

1995 □□□
resemble [rɪˈzembl] 動 似ている

類 1996 □□□ **look like** SB STH
1997 □□□ **bear a close resemblance to** SB STH ～に似ている

The rove beetles' bodies **bear a close resemblance to** the ants' torsos.
ハネカクシの体はアリの胴体と**似ています**。

1998 □□□
all year long 一年中

類 1999 □□□ **throughout the year** 一年中
2000 □□□ **permanently** [ˈpɜːmənəntli] 永久に、いつまでも

The rove beetles live in the colony's tunnels **throughout the year**.
ハネカクシは**一年中**コロニーの巣穴の中に住んでいます。

2001 □□□
enlarge [ɪnˈlɑːdʒ] 動 大きくなる

類 2002 □□□ **expand** [ɪkˈspænd] 拡大する

Ants keep **expanding** their colonies until they meet their natural boundaries.
アリは自然の限界に達するまではコロニーを**拡大し**続けます。

2003 □□□
masquerade as SB STH [ˌmæskəˈreɪd] ～になりすます

類 2004 □□□ **imitate** [ˈɪmɪteɪt] 似せる 2005 □□□ **pretend to be** SB STH ～を装う
2006 □□□ **pass as** SB STH ～として通用する

Beetles use body shape and smells to **imitate** ants in the colony.
甲虫はコロニーのアリに**似せる**ため、体形や匂いを使います。

2007 □□□
signal [ˈsɪgnəl] 名 合図、しるし

類 2008 □□□ **cue** [kjuː] 合図 2009 □□□ **marker** [ˈmɑːkə] 目印
2010 □□□ **indicator** [ˈɪndɪkeɪtə] しるし

Ants secrete chemicals as a **cue** to show that they are part of the colony.
アリはコロニーの仲間だと示すために、**合図**である化学物質を分泌します。

2011 □□□
self-evident [ˌselfˈevɪdənt] 形 わかりきった、自明の

類 2012 □□□ **obvious** [ˈɒbviəs] 2013 □□□ **clear** 2014 □□□ **apparent** [əˈpærənt] 明らかな

For the beetles, there are **clear** advantages to living in the ant colony.
甲虫にとっては、アリのコロニーに共存する**明らかな**メリットがあります。

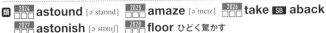

2015 □□□
temperate climate [ˈtempərət] 温暖な気候

類 2016 □□□ **mild climate** 穏やかな気候

The **mild climate** inside the tunnel is usually maintained at 25 degrees Celsius.
巣穴内部の穏やかな気候は、通常摂氏25度に保たれます。

2017 □□□
ample [ˈæmpl] 形 十分な、豊富な

類 2018 □□□ **abundant** [əˈbʌndənt] 2019 □□□ **substantial** [səbˈstænʃl] 豊富な
2020 □□□ **more than sufficient** [səˈfɪʃnt] 十分すぎるほどの

There is a **substantial** amount of food to eat inside the ant colony.
アリのコロニーの内部には相当な量の食べ物があります。

2021 □□□
food supply 食糧供給

類 2022 □□□ **food source** 食糧源

Ants prefer to be in close proximity to their **food source**.
アリは食糧源の近くにいることを好みます。

2023 □□□
startle [ˈstɑːtl] 動 びっくりさせる

類 2024 □□□ **astound** [əˈstaʊnd] 2025 □□□ **amaze** [əˈmeɪz] 2026 □□□ **take SB aback**
2027 □□□ **astonish** [əˈstɒnɪʃ] 2028 □□□ **floor** ひどく驚かす

It **amazed** scientists when an ant colony with over 300 million ants was found in Hokkaido.
北海道で3億以上のアリのコロニーが見つかったとき、科学者たちは驚きました。

2029 □□□
identical [aɪˈdentɪkl] 形 同一の

類 2030 □□□ **alike** [əˈlaɪk] 似ている
2031 □□□ **indistinguishable** [ˌɪndɪˈstɪŋgwɪʃəbl] 見分けがつかない

To most observers, these beetles and their ant neighbours look **indistinguishable**.
ほとんどの観察者には、これらの甲虫と、その隣人であるアリの区別がつかないように思われます。

2032 □□□
independently [ˌɪndɪˈpendəntli] 副 独立して、他と関係なく

類 2033 □□□ **separately** [ˈseprətli] 別々に

These beetle families lived **separately** from each other, sometimes several kilometres away.
これらの甲虫の仲間はお互いに別々に暮らし、時には数キロメートルも離れていました。

2034 □□□
circumstance [ˈsɜːkəmstəns] 名 環境、状況

類 2035 □□□ **condition** [kənˈdɪʃn] 条件

If the **conditions** were the same, would other beetles evolve the same way?
もし条件が同じなら、他の甲虫も同じように進化したのでしょうか？

Section 37

イギリス女王の発音

037

何回読んだ？ □□□□□

The Queen of England was known for her **crystal clear** *diction; however, a comparison of all of her televised Christmas speeches has revealed a **subtle** yet **noticeable** *shift over time from the *cut-glass accent of the **upper classes** to **standard** 'middle class' pronunciation. In her *inaugural 1957 broadcast, she spoke with *Received Pronunciation (RP), which **was brought about by** her education in the boarding schools where the **aristocracy** across the UK send their children. Using this polished accent **pegs** someone **as** one of the **ruling class**. However, over the years, her accent has begun to **echo** the *'Estuary' English of her audience.
It is unlikely that the Queen is **conscious of** the way she is emulating her *subjects. In fact, the **root cause** of this **lies in** how everyone **interacts with** each other in conversations. Each time we converse with someone, our accents **imperceptibly merge**. Possibly this helps us **build rapport**, **enhance comprehension**, or even **find common ground** in *disputes. So as the Queen **came** more **into contact with** people outside the **aristocracy**, she picked up their accents. Despite this, we should **bear in mind** that she still speaks quite **formally** and certainly not *in the vernacular.

イギリス女王は**非常に明瞭な**話し方をされることで知られていました。しかしテレビ放映された彼女のクリスマススピーチを全て比べると、長い時間とともに、**上流階級**の王侯貴族の発音から**標準的な**中産階級の発音へ、**わずかながらもはっきりわかる**変化が見て取れます。1957年に放映された就任演説では、容認発音（RP）で話されていますが、これはイギリス中の**貴族階級**が子女を送る寄宿制の学校での教育**によってもたらされた**ものです。この上品な発音によって、その方が**支配階級**の人物だと**わかります**。しかし、時が経つにつれ、彼女の発音は視聴者の「河口域」英語に**似てき**始めました。
女王が臣民をこのように**まねていた**のを**自覚していた**とは考えにくいことでした。実際、この**根本的な原因**はいかにみんなが会話でお互いに**影響しあって**いるかということ**にあります**。私たちが誰かと会話をするたびに、私たちの発音は**かすかながら混ざり合います**。おそらくこれによって**よい人間関係を築き**、**理解を深め**、対立の中で**妥協点を見出す**ことさえできるのかもしれません。ですから女王が貴族階級以外の人たち**と接触する**機会が増えるにつれ、彼女はその人たちの発音を拾い上げることになったのです。そうはいっても、**心に留めなければ**ならないのは、彼女は依然として非常に**正式な**話し方をされ、日常口語で話したわけではないということです。

* diction「話し方」 shift「変化」 cut-glass「王侯貴族の」 inaugural「就任演説」 Received Pronunciation (RP)「容認発音」 'Estuary' English「『河口域』英語」 subject「臣民」 dispute「議論、対立」 in the vernacular「日常語で」

2036 □□□
crystal clear [ˌkrɪstl ˈklɪə] 極めて明瞭な

類 2037 □□□ **precise** [prɪˈsaɪs] 2038 □□□ **exact** [ɪɡˈzækt] 正確な

In 1957, the Queen spoke in a very slow and **precise** way.
1957年、女王はとてもゆっくり正確に話されました。

2039 □□□
subtle [ˈsʌtl] 形 微妙な、微細な

類 2040 □□□ **slight** [slaɪt] わずかな 2041 □□□ **modest** [ˈmɒdɪst] 若干の

Each year, there has been a **modest** change in the way the Queen spoke.
毎年、女王の話し方に若干の変化がありました。

2042 □□□
noticeable [ˈnəʊtɪsəbl] 形 顕著な

類 2043 □□□ **evident** [ˈevɪdənt] 明らかな 2044 □□□ **perceptible** [pəˈseptəbl] 知覚できる

The change is only **evident** by comparing the broadcasts in 1957 with her later ones.
その変化は1957年の放送と後のものを比べることでのみ明らかです。

2045 □□□
upper class 上流階級

類 2046 □□□ **aristocracy** [ˌærɪˈstɒkrəsi] 2047 □□□ **nobility** [nəʊˈbɪləti] 貴族階級
2048 □□□ **upper crust** [ˈkrʌst] 2049 □□□ **the elite** [eɪˈliːt] 2050 □□□ **ruling class** 支配階級

The **upper crust** often send their children away to school.
上流階級はよく子供を遠くの学校に入れます。

2051 □□□
standard [ˈstændəd] 形 標準の

類 2052 □□□ **common** [ˈkɒmən] 2053 □□□ **accepted** [əkˈseptɪd] 一般に認められた
2054 □□□ **established** [ɪˈstæblɪʃt] 確立した

RP was the **accepted** accent in the boarding schools.
容認発音は寄宿制の学校では一般に認められた発音でした。

2055 □□□
be brought about by STH ~によってもたらされる

類 2056 □□□ **be caused by** STH 2057 □□□ **result from** STH ~に起因する

Her accent in 1957 **was caused by** only being around upper-class people.
彼女の1957年の発音は、上流階級の人だけに囲まれていたことに起因しました。

2058 □□□
peg SB STH as SB STH [peg] ~を…と認識する

類 2059 □□□ **mark** SB STH **as** SB STH 2060 □□□ **characterise** SB STH **as** SB STH
2061 □□□ **label** SB STH **as** SB STH [ˈleɪbl] ~を…と見なす

If you did not speak with an RP accent, it **marked** you **as** lower class.
容認発音で話さないと、あなたは下層階級であると認識されます。

2062 □□□
echo [ˈekəʊ] 動 まねる

類 2063 □□□ **resemble** [rɪˈzembl] 2064 □□□ **mirror** [ˈmɪrə] 似る 2065 □□□ **emulate** [ˈemjuleɪt] まねる

Her accent in 1957 **resembled** that of her peers, who were all upper class.
彼女の1957年の発音はご友人の発音に似ていましたが、ご友人は全て上流階級の方でした。

2066 □□□
conscious of STH [ˈkɒnʃəs] ～を自覚して

類 2067 □□□ **aware of** STH ～に気づいて 2068 □□□ **cognizant of** STH ～を認識して
2069 □□□ **alert to** STH 2070 □□□ **mindful of** STH ～に気を配って

We are not **aware of** our accents beginning to change.
私たちは自分の発音が変わり始めているのに気づきません。

2071 □□□
root cause [ruːt kɔːz] 根本的な原因

類 2072 □□□ **fundamental reason** 根本的な理由

The **fundamental reason** for accents is to show that you are part of a group.
発音の根本的な理由は、ある集団に属していることを示すということです。

2073 □□□
lies in STH [laɪz] ～にある

類 2074 □□□ **can be found in** STH ～に見受けられる

The key to this shift in pronunciation **can be found in** her interactions with common people.
発音におけるこの変化の鍵は、彼女が一般人と交流することにあります。

2075 □□□
interact with SB [ˌɪntərˈækt] ～と交流する

類 2076 □□□ **communicate with** SB 2077 □□□ **converse with** SB ～と話す

Our pronunciation changes depending on whom we **communicate with**.
私たちの発音は誰と会話しているかによって変化します。

2078 □□□
imperceptibly [ˌɪmpəˈseptəbli] 副 気づかないほどに

類 2079 □□□ **gradually** [ˈɡrædʒuəli] 徐々に 2080 □□□ **inconspicuously** [ˌɪnkənˈspɪkjuəsli] 地味に
2081 □□□ **unnoticeably** [ʌnˈnəʊtɪsəbli] 知覚できないほどに

Her accent changed **gradually** over the decades.
彼女の発音は何十年にもわたって徐々に変化しました。

2082 □□□
merge [mɜːdʒ] 動 混合する

類 2083 □□□ **come together** 一体となる 2084 □□□ **meld** [meld] 2085 □□□ **blend**
2086 □□□ **combine** [kəmˈbaɪn] 混ざり合う

The songs of birds also **blend** when they encounter each other.
鳥の鳴き声もまたお互いに接触すると混ざり合います。

2087 □□□
build rapport [bɪld ræˈpɔː] 心が通い合う人間関係を築く

類 2088 □□□ **develop a relationship** 人間関係を構築する
Communication is vital to **developing a relationship**.
人間関係を構築するのに意思伝達は不可欠です。

2089 □□□
enhance [ɪnˈhɑːns] 動 高める、さらによくする

類 2090 □□□ **improve** [ɪmˈpruːv] 2091 □□□ **advance** 2092 □□□ **better** 向上させる
People often try to speak with an RP accent to **advance** their career.
人はキャリアアップするために容認発音で話そうとすることがよくあります。

2093 □□□
comprehension [ˌkɒmprɪˈhenʃn] 名 理解（力）

類 2094 □□□ **understanding** 理解
Many people have little **understanding** of how we form our accents.
多くの人が、どのように発音を形成するのかについてほとんど理解していません。

2095 □□□
find common ground 合意点を見出す

類 2096 □□□ **discover an area of agreement** 合意の余地を見出す
2097 □□□ **reach a consensus** 合意に達する
It is difficult to **reach a consensus** when you do not like someone.
好きでない人とは、合意に達するのは難しいです。

2098 □□□
come into contact with SB STH ～と接する、触れ合う

類 2099 □□□ **move in the same circles as** SB STH
2100 □□□ **encounter** SB STH ～と接触する
In the later part of her reigh, the Queen **encountered** people of different classes.
治世の後半、女王は異なる階級の人たちと接触されました。

2101 □□□
bear STH **in mind** ～を心に留める

類 2102 □□□ **keep** STH **in mind** ～を心に留める
2103 □□□ **be aware of** STH ～を承知している
We should **keep in mind** how our accents can affect our careers.
私たちの発音がどのように経歴に影響するか、心に留めておくべきです。

2104 □□□
formally [ˈfɔːməli] 副 正式に

類 2105 □□□ **properly** [ˈprɒpəli] 正しく 2106 □□□ **articulately** [ɑːˈtɪkjələtli] 明瞭に
Newscasters on the BBC try to speak **properly** when giving the news.
BBCのキャスターはニュースを読むときに正しく話そうとします。

Section 38 バラの香り

Roses are **celebrated** for their **magnificent scent**, but **intensive** selective *breeding has **deprived** many varieties **of** their *distinctive **fragrances** in lieu of more **vivid** colours. However, new genome mapping of the rose may **hold the key to** giving **odourless** roses back their smell. In the past, *horticulturists used a **trial-and-error** approach to *crossbreed different roses, but this was *time-consuming, and there was no guarantee of success. Up to a short time ago, genome mapping was **prohibitively** expensive, so labs typically only **mapped out** more useful *staple *crops such as wheat. These days, **the price tag** is much lower, and this has **enabled** scientists to **pick and choose individual** genes and **shorten** the **time frame** for breeding new varieties.

These *geneticists have *ascertained that one *enzyme **is responsible for** the smell **released by** roses' *petals. In the natural **process**, *day-flying insects, such as bees, *get a whiff of this *chemical compound, land on the flower, and begin *pollination. Therefore, a rose's smell is a **vital** part of its *reproduction. Scientists can now add this enzyme to create perfect rose *hybrids with **brilliant** colours and a **wonderful fragrance**.

バラはその**高貴な香り**で**名高い**ですが、**徹底的**な選抜育種により、より**鮮やかな**色を出すことと引き換えに多くの品種からその独特の**香り**を**奪って**しまいました。しかし、バラの新しいゲノム解析が**無香の**バラに香りを呼び戻す**鍵を握っている**かもしれません。以前は、園芸家たちは**試行錯誤を繰り返し**様々なバラを交配してきましたが、これにはとても時間がかかり、しかも成功の保証はありませんでした。つい最近まで、ゲノム解析は**法外に**高価だったので、研究所では通常は麦などのもっと有益な主要作物の**解析**だけを**行って**きました。今日では**費用が**大幅に下がり、これにより科学者たちは**個々の**遺伝子を**選ぶ**ことが**でき**、また新しい品種を交配し作るための**期間**も**短く**なりました。

遺伝子学者はある酵素がバラの花びら**から放たれる**香りの**原因である**ことを突き止めました。自然**作用**の中では、日中飛び回る蜂のような昆虫がこの化合物をかぎつけ、花にとまり受粉を始めます。したがってバラの香りは花の増殖に**不可欠**です。科学者たちは現在この酵素を加え、**鮮やかな**色と**素晴らしい香り**を持つ完璧なバラの種を作ることができます。

＊ breeding「育種」 distinctive「独特の」 horticulturist「園芸家」
crossbreed「異種交配する」 time-consuming「時間がかかる」 staple「主要な」
crop「作物」 geneticist「遺伝子学者」 ascertain「突き止める」 enzyme「酵素」
petal「花びら」 day-flying「昼行性の」 get a whiff of STH「～の匂いを嗅ぎつける」
chemical compound「化合物」 pollination「受粉」 reproduction「繁殖」
hybrid「交配種」

2107 □□□
celebrated [ˈselɪbreɪtɪd] 形 名高い、世に知られた

類 2108 □□□ **well-loved** 2109 □□□ **adored** [əˈdɔːd] 愛された

The rose is the most **adored** flower in the world according to many surveys.
多くの調査によると、バラは世界中で最も愛されている花です。

2110 □□□
magnificent [mægˈnɪfɪsnt] 形 高貴な、上等の

類 2111 □□□ **sublime** [səˈblaɪm] 2112 □□□ **heavenly** [ˈhevnli]
2113 □□□ **wonderful** [ˈwʌndəfl] 素晴らしい

The **sublime** aroma of a rose is very easy to recognize.
バラの高尚な香りはとても簡単に見分けがつきます。

2114 □□□
scent [sent] 名 香り

類 2115 □□□ **aroma** [əˈrəʊmə] 2116 □□□ **fragrance** [ˈfreɪgrəns] 香り

Scientists have singled out the gene that produces the **aroma**.
科学者たちはその香りを作り出す遺伝子を抽出しました。

2117 □□□
intensive [ɪnˈtensɪv] 形 徹底的な、集中的な

類 2118 □□□ **thorough** [ˈθʌrə] 2119 □□□ **vigorous** [ˈvɪgərəs] 活気のある

Vigorous farming methods were introduced in Britain in the 19th century.
活力農法がイギリスで19世紀に導入されました。

2120 □□□
deprive STH of STH [dɪˈpraɪv] ～から…を奪う

類 2121 □□□ **strip STH of STH** [strɪp] ～から…を奪う

Many modern plants have been **stripped of** their original smells.
現代の多くの植物は元々の香りを奪われています。

2122 □□□
vivid [ˈvɪvɪd] 形 鮮やかな

類 2123 □□□ **bright** [braɪt] 2124 □□□ **brilliant** [ˈbrɪliənt] 鮮やかな 2125 □□□ **radiant** [ˈreɪdiənt] 輝いた

The **bright** colours of roses range from white to blue to purple.
バラの鮮やかな色は、白、青から紫まであります。

2126 □□□
hold the key to STH ～の鍵を握る

類 2127 □□□ **be fundamental to STH** ～にとって重要である
2128 □□□ **provide the answer to STH** ～に答える

Genome mapping **provides the answer to** solving the planet's growing lack of biodiversity.
ゲノム解析は、地球上で生物の多様性が失われていることに解決策を示してくれます。

2129 □□□
odourless [ˈəʊdələs] 形 無香の

類 2130 □□□ **scentless** [ˈsentləs] 無香の

People are often surprised to receive **scentless** roses.
無香のバラを受け取ると驚きます。

2131 □□□
trial-and-error 形 試行錯誤の

類 2132 □□□ **hit-or-miss** 行き当たりばったりの

Using a **hit-or-miss** method to grow flower hybrids can be frustrating.
行き当たりばったりの方法で花の交配種を作ることはじれったいことかもしれません。

2133 □□□
prohibitively [prəˈhɪbətɪvli] 副 法外に、ひどく

類 2134 □□□ **excessively** [ɪkˈsesɪvli] 過度に

In 2001, the time it took to map a genome was **excessively** long.
2001年、ゲノム解析をするのにかかった時間は**極めて**長かったです。

2135 □□□
map STH out (遺伝子を) 染色体上に位置づける

類 2136 □□□ **sequence** [ˈsiːkwəns] (DNAの) 配列を決定する

By the end of 2017, over 35,000 genomes had been **sequenced**.
2017年末までに、35,000を超えるゲノム**配列が決定され**ました。

2137 □□□
the price tag 費用

類 2138 □□□ **cost** 2139 □□□ **expense** 費用

The **expense** of doing genetic mapping has dropped considerably since 2008.
2008年以降、遺伝子解析にかかる**費用**が大幅に下がりました。

2140 □□□
enable 動 ～を可能にする

類 2141 □□□ ● **allow** [əˈlaʊ] 2142 □□□ **make STH possible** ～を可能にする

The genome project **allows** scientists to create many useful plants.
ゲノムプロジェクトによって科学者たちは多くの有益な植物を作ることが**できるようになります**。

2143 □□□
pick and choose 選別する

類 2144 □□□ **designate** [ˈdezɪgneɪt] 選定する

Scientists can **designate** which genes are best for each hybrid rose.
科学者たちは、それぞれのバラの交配種にどの遺伝子が最適か**選定する**ことができます。

2145 □□□
individual [ˌɪndɪˈvɪdʒuəl] 形 個々の

類 2146 □□□ **certain** 2147 □□□ **particular** 2148 □□□ **specific** ある特定の

Certain genes can help flowers resist disease.
ある特定の遺伝子は、花が病気に耐えるのに役に立ちます。

2149 □□□
shorten [ˈʃɔːtn] 動 短くする

類 2150 □□□ **condense** [kənˈdens] 短縮する、濃縮する

The time to map a genome has been **condensed** from 13 years to only 1 or 2 days.
ゲノム解析に要する時間は、13年からわずか1-2日にまで**短縮されました**。

2151 □□□
time frame [ˈtaɪm freɪm] 時間（枠）

類 2152 □□□ **period of time** 2153 □□□ **timespan** 期間

Scientists expect the **period of time** for growing flowers to shorten in the future.
科学者たちは、将来花を育てる**期間**が短くなることを期待しています。

2154 □□□
be responsible for STH ～の原因となる

類 2155 □□□ **be the cause of** STH ～の原因となる

The chemicals that **are the cause of** roses' red colour are called flavonoids.
バラの赤い色の**素になる**化学物質はフラボノイドと呼ばれます。

2156 □□□
be released by STH ～によって放たれる

類 2157 □□□ **be emitted by** STH ～によって放たれる

A spicy smell **is emitted by** night-blooming flowers to attract nocturnal moths and bats.
夜咲きの花が**放つ**刺激臭は、夜行性の蛾やコウモリを引き付けます。

2158 □□□
process [ˈprəʊses] 名 一連の行為、作用

類 2159 □□□ **system** 手順 2160 □□□ **way** 2161 □□□ **manner** 方法

Pollination is the **way** in which plants spread their pollen by utilising animals or insects.
授粉とは、植物が動物や昆虫を使って花粉をまき散らす**方法**です。

2162 □□□
vital [ˈvaɪtl] 形 極めて重要な

類 2163 □□□ **indispensable** [ˌɪndɪˈspensəbl] 2164 □□□ **essential** [ɪˈsenʃl] 不可欠な

A rose's smell and colour are **essential** for its reproduction.
バラの香りと色はバラの繁殖に**不可欠**です。

Section 39 ビール製造の歴史

039 何回読んだ？ □□□□□

It is widely acknowledged that agriculture marked the beginning of civil society because people stopped *roaming and **settled down** to farm. However, was the production of beer rather than bread the initial **spark** that brought about this shift to an agricultural society?

Although the **current** theory is that *grains were first *domesticated for making bread, there is **circumstantial** evidence that beer was produced first. Some ancient **relics**, dating back 9,000 years, have been **excavated** *independently in Iraq and China that **appear as if** they were used to *brew beer. This was centuries before the **advent of** baking. It may seem **paradoxical**, but beer was also safer than bread at the time because of its antibacterial **properties** that killed off *pathogens and other **impurities**. Alcohol also played a **pivotal** social role. Thousands of years ago, our *forebears' instincts of **subservience** to a leader **aided** their survival because it was easier to find **the basic necessities of life**, prosper, and **multiply** when someone else was in charge. However, in order to solve problems by themselves, people needed to **suppress** these instincts and **break free from** their social **constraints**. One way to do this was drinking alcohol, which lowers **inhibitions** so people could feel free to **speak their minds**.

人々が放浪するのをやめ農業を行うために**定住した**ため、農業が市民社会の始まりであるということは広く認められています。しかし、パンではなくビールの製造が農業社会へのこの移行をもたらした最初の**きっかけ**ではないでしょうか？

現在の学説は、穀物はパンを作るために最初に栽培化されたというものですが、ビールが初めに製造されたという**状況証拠**があります。9000年ほど遡る古代の**遺物**がイラクと中国でそれぞれ**発掘され**、それはビールの醸造に使われた**ように見える**のです。これはパン**の到来**の何百年も前のことでした。これは**奇異に**思えるかもしれませんが、ビールは抗酸化作用の**特性**を持ち、病原体やほかの**不純物**を全滅させたので、当時はビールの方がパンより安全でもありました。アルコールは**極めて重要な**社会的役割も果たしました。何千年も前、他の誰かが仕切った方が**生活必需品**を見つけ繁栄し**子孫を残す**のに簡単であったため、リーダーに**服従**するという我々の祖先の直感は生存に**役立ちました**。しかし自分たちで問題を解決するためには、人々はこうした直感を**抑え**、社会的**束縛から抜け出す**必要がありました。これをする一つの方法はアルコールを摂取することで、それにより**抑制心**が弱まり人々は**本音を話せる**ようになりました。

---

* roam「放浪する」 grain「穀物」 domesticate「栽培化する」 independently「独立して」 brew「醸造する」 pathogen「病原体」 forebear「祖先」

2165 □□□
settle down [ˈsetl daʊn] 定住する

類 2166 □□□ **put down roots** （人が場所に）根をおろす
People first **put down roots** near the rivers of modern-day Iraq.
人々は初め、現在のイラクの川近くに定住しました。

2167 □□□
spark [spɑːk] 名 引き金、呼び水

類 2168 □□□ **trigger** [ˈtrɪgə] 誘因、きっかけ
Agriculture was the **trigger** for massive population growth.
農業は、大幅な人口増加の誘因になりました。

2169 □□□
current [ˈkʌrənt] 形 現在の

類 2170 □□□ **contemporary** [kənˈtemprəri] 2171 □□□ **modern-day**
2172 □□□ **modern** 現代の
However, a few **contemporary** historians still believe that bread came before beer.
しかし一部の現代の歴史学者は今でも、ビールより先にパンが出現したと信じています。

2173 □□□
circumstantial [ˌsɜːkəmˈstænʃl] 形 状況的な

類 2174 □□□ **indirect** [ˌɪndəˈrekt] 間接的な
There is a lot of **indirect** evidence that beer was produced before bread.
ビールがパンより先に作られたという間接的な証拠が沢山あります。

2175 □□□
relic [ˈrelɪk] 名 遺物、遺跡

類 2176 □□□ **artefact** [ˈɑːtɪfækt] 人工遺物
One **artefact** from China has small traces of beer on the inside.
中国のある人工遺物の中には、僅かにビールの痕跡があります。

2177 □□□
excavate [ˈekskəveɪt] 動 発掘する

類 2178 □□□ **dig STH up** 2179 □□□ **uncover** 2180 □□□ **unearth** [ʌnˈɜːθ] 発掘する
Archeologists **dug up** several jars in Iraq that were used to brew beer.
考古学者たちはイラクでビールの醸造に使われたいくつかの瓶を発掘しました。

2181 □□□
appear as if 〈…であるかのように〉見える

類 2182 □□□ **look as if** 2183 □□□ **seem like** 〈…であるかのように〉見える
It **looks as if** beer was brewed in the four corners of the world thousands of years ago.
ビールは何千年も前に世界中で醸造されていたかのように見えます。

2184 □□□

advent of STH [ˈædvent] ～の出現、到来

類 2185 □□□ **onset of** STH [ˈɒnset] 2186 □□□ **arrival of** STH [əˈraɪvl] ～の到来

The **arrival of** mass production began a new era in brewing beer.

大量生産の**到来**で、ビール醸造の新しい時代が始まりました。

2187 □□□

paradoxical [ˌpærəˈdɒksɪkl] 形 奇妙な、矛盾した

類 2188 □□□ **absurd** [əbˈsɜːd] ばかげた 2189 □□□ **contradictory** [ˌkɒntrəˈdɪktəri] 矛盾した

The idea that beer was more nutritious than bread seems **absurd**, but it was true.

ビールがパンより栄養価が高いという考え方は**ばかげている**ように思えますが、本当のことでした。

2190 □□□

property [ˈprɒpəti] 名 特性

類 2191 □□□ **characteristic** [ˌkærəktəˈrɪstɪk] 2192 □□□ **feature** [ˈfiːtʃə]

2193 □□□ **attribute** [ˈætrɪbjuːt] 特性

One **attribute** of beer is that it has antioxidants, which slow down aging.

ビールの**特性**の一つは抗酸化物質が含まれることで、それにより老化を遅くすることができます。

2194 □□□

impurity [ɪmˈpjʊərəti] 名 不純物

類 2195 □□□ **contaminant** [kənˈtæmɪnənt] 汚染物質

Most water-borne **contaminants**, such as bacteria, are killed off by alcohol.

バクテリアなどのほとんどの水性の**汚染物質**はアルコールで絶滅できます。

2196 □□□

pivotal [ˈpɪvətl] 形 極めて重要な

類 2197 □□□ **central** [ˈsentrəl] 2198 □□□ **essential** [ɪˈsenʃl] 2199 □□□ **principal** [ˈprɪnsəpl] 主要な

Agriculture was a **central** component in establishing civilisation.

農業は、文明を確立する上で**主要な**構成要素でした。

2200 □□□

subservience [səbˈsɜːviəns] 名 服従

類 2201 □□□ **obedience** [əˈbiːdiəns] 2202 □□□ **submissiveness** [səbˈmɪsɪvnəs] 服従

Obedience is important when hunting in groups because you have to follow the leader.

リーダーに従わなければならないので、集団で狩猟をするときは**服従**は大切です。

2203 □□□

aid [eɪd] 動 助ける、促進する

類 2204 □□□ **assist** 2205 □□□ **support** 手助けする

Each member of the hunting group **assisted** the others.

狩猟グループの一人一人は他の人たちの**手助けをしました**。

2206 □□□
the basic necessities of life 基本的な生活必需品

類 2207 □□□ **food, shelter, and clothing** 衣食住

Primitive humans had to work together to provide **food, shelter, and clothing**.
原始の人間は、**衣食住**を賄うためにともに働かなければなりませんでした。

2208 □□□
multiply [ˈmʌltɪplaɪ] 動 繁殖する

類 2209 □□□ **reproduce** [ˌriːprəˈdjuːs] 生殖する

Humans' ability to quickly **reproduce** and take care of their young helped their survival.
早い**繁殖**能力と子供を世話する能力によって人間は生存することができました。

2210 □□□
suppress [səˈpres] 動 抑える

類 2211 □□□ **push STH down** 2212 □□□ **hold STH in check**
2213 □□□ **restrain** [rɪˈstreɪn] ～を抑制する

Alcohol **pushes down** our social anxiety for a short time.
アルコールは、短時間なら社会的な不安を**抑制します**。

2214 □□□
break free from STH ～から抜け出す、自由になる

類 2215 □□□ **break away from STH** ～から抜け出す 2216 □□□ **disentangle (oneself) from STH** ～から解放される 2217 □□□ **escape from STH** ～から逃げ出す

It is difficult to **disentangle** ourselves **from** society.
社会**から解放される**ことは難しいです。

2218 □□□
constraint [kənˈstreɪnt] 名 制約

類 2219 □□□ **restriction** [rɪˈstrɪkʃn] 2220 □□□ **restraint** [rɪˈstreɪnt]
2221 □□□ **limitation** [ˌlɪmɪˈteɪʃn] 制限

Alcohol helps us feel free from **limitations**.
アルコールによって**制限**からの自由を感じることができます。

2222 □□□
inhibition [ˌɪnhɪˈbɪʃn] 名 抑制

類 2223 □□□ **social barrier** 社会的障壁 2224 □□□ **social anxiety** 社会不安

It is widely known that alcohol lowers our **social barriers**.
アルコールによって**社会的障壁**を弱めることができるのはよく知られています。

2225 □□□
speak (one's) mind 本音を語る

類 2226 □□□ **express (oneself)** 2227 □□□ **voice (one's) opinion** (自分の) 意見を言う

People find it easier to **voice** their **opinions** after drinking alcohol.
アルコールを飲むと**自分の意見を言い**やすくなります。

Section 40

ガイ・フォークス

040

何回読んだ？
□□□□□

On the 5th of November in towns *dotted around the UK, British people celebrate a festival called 'Bonfire Night' by watching huge fireworks displays, **strolling around** the town squares, **lighting** *bonfires, and **setting alight** *effigies of the *rebel Guy Fawkes, who tried to **blow up** the *House of Lords in 1605.

In early 17th century Britain, there were religious *conflicts between Catholics and Protestants. **Against this background** of religious division, a group of Catholics **conspired** to *assassinate the Protestant King James and replace him with a Catholic queen. They **set out** to **explode** a bomb under the *Parliament building during the **inaugural** *session on 5th November 1605. They **stocked** 20 *barrels of gunpowder in a cellar underneath the building and **concealed** them under stacks of wood. Guy Fawkes **was tasked with** guarding the powder. **The authorities** were **in the dark about** the **insidious** plot until someone sent a letter to a friend warning him not to **take part in** the session. **In the wee hours** of 5th November, the police **arrested** Guy Fawkes in the tunnels. Although he was **defiant** at first, Fawkes **eventually confessed to** everything and was executed. British people **commemorate** this event by stuffing a dummy resembling him and burning it.

11月5日、イギリスに点在する町々で、イギリスの人々は大規模な花火大会を楽しみ、街の広場を**ぶらぶらと歩き**、かがり火を**たき**、1605年に貴族院を**爆破しよう**とした反逆者ガイ・フォークスの人形を**燃やして**、"ボンファイヤー・ナイト"と呼ばれる祭を祝います。

17世紀初頭のイギリスでは、カトリックとプロテスタントの間で宗教的な対立がありました。この宗教分裂を**背景として**、カトリック教徒の一部がプロテスタントの王であるジェームズ1世を暗殺し、カトリックの女王を擁立しようと**陰謀を企てました**。1605年11月5日の議会の**開会式**中、国会議事堂の地下で爆弾を**爆発させようと企てました**。20樽の火薬をビルの下の地下室に**置いて**、木材の山の下に**隠しました**。ガイ・フォークスはこの火薬を見張る**任務でした**。**当局**は、ある人物が友人に手紙を送り、議会に**参加し**ないように警告するまで、この**たくまれた**陰謀**には気がつきませんでした**。11月5日**早朝**、警察はガイ・フォークスを地下道で**逮捕しました**。フォークスは最初は**反抗的**でしたが、**ついに**すべてを**告白し**、処刑されました。イギリス人はこの出来事を**祝い**、フォークスに似たダミー人形に詰め物をして燃やします。

---

* dot around「～に散在する」 bonfire「かがり火」 effigy「人形、かたどったもの」 rebel「反逆者」 House of Lords「貴族院」 conflict「対立」 assassinate「暗殺する」 Parliament「議会」 session「議会」 barrel「バレル、樽」

2228 □□□
stroll around [strəʊl] 歩き回る

類 2229 □□□ **wander around** ぶらつく

Families and young people **wander around**, looking at the bonfires, and eating and drinking.

家族づれや若い人たちが、かがり火を見たり飲食をしたりしながら、ぶらつきます。

2230 □□□
light [laɪt] 動 点火する

類 2231 □□□ **burn** [bɜːn] 2232 □□□ **set STH aflame** [əˈfleɪm] 2233 □□□ **torch** [tɔːtʃ]
2234 □□□ **set STH alight** [əˈlaɪt] ～を燃やす

These days, effigies of the most despised people in the news are also **set aflame**.

最近は、ニュースで最も嫌われた人々の人形も燃やされます。

2235 □□□
blow STH up [bləʊ] ～を爆破する

類 2236 □□□ **destroy** 破壊する 2237 □□□ **bomb** [bɒm] 爆破する

Fawkes wanted to **bomb** the Parliament because King James would be there.

フォークスはジェームズ王がそこにいるはずだったので、議会を爆破したいと思いました。

2238 □□□
against this background こうした状況を背景にして

類 2239 □□□ **in the context of STH** ～の状況を考えれば
2240 □□□ **against this backdrop** こうした状況を背景に

It is understandable why they wanted to kill the king **in the context of** this religious conflict.

この宗教対立の状況を考えれば、彼らがなぜ国王を殺したかったのかは、理解できるものです。

2241 □□□
conspire [kənˈspaɪə] 動 (悪事を) たくらむ

類 2242 □□□ **plot** [plɒt] (悪事を) たくらむ 2243 □□□ **collude** [kəˈluːd] 共謀する

In all, 13 people **colluded** to kill the king in the so-called 'Gunpowder Plot'.

いわゆる「火薬陰謀事件」では、合計で13人が国王を殺そうと共謀しました。

2244 □□□
set out STH ～を企てる

類 2245 □□□ **undertake STH** 企てる 2246 □□□ **endeavour** [ɪnˈdevə] 努める

Fawkes **undertook** to kill the king because he wanted a Catholic queen.

フォークスはカトリックの女王を望んでいたので、国王を殺そうと企てました。

2247 □□□
explode [ɪkˈspləʊd] 動 爆発させる

類 2248 □□□ **detonate** [ˈdetəneɪt] 2249 □□□ **set STH off** ～を爆発させる

Fawkes had a gas lamp to **detonate** the barrels of gunpowder.

フォークスは大量の火薬を爆発させるガス灯を持っていました。

2250 □□□

inaugural [ɪ'nɔːgjərəl] 形 開会の

類 2251 □□□ **opening** 開会の

The **opening** session of Parliament was delayed until 5th November because of an outbreak of the plague.

議会の開会式は伝染病の大流行のため、11月5日まで遅れました。

2252 □□□

stock [stɒk] 動 置く、蓄える

類 2253 □□□ **stockpile** ['stɒkpaɪl] 蓄える 2254 □□□ **stash** [stæʃ] こっそりしまう

It took several days to **stash** the barrels under the building.

ビルの地下に樽を隠すのに数日かかりました。

2255 □□□

conceal [kən'siːl] 動 隠す

類 2256 □□□ **disguise** [dɪs'gaɪz] 2257 □□□ **cover** STH **up** 2258 □□□ **camouflage** ['kæməflɑːʒ] ～を隠す

They **camouflaged** the barrels with small pieces of firewood.

彼らは小さな薪で樽を隠しました。

2259 □□□

be tasked with STH ～の任務を負う

類 2260 □□□ **be assigned to** STH 2261 □□□ **be given responsibility for** STH
2262 □□□ **be given charge of** STH ～を担当する

Fawkes **was given charge of** protecting the barrels because he used to be in the army.

フォークスは以前軍隊にいたので、樽を守る担当になりました。

2263 □□□

the authorities [ɔː'θɒrətiz] 名 当局、官憲

類 2264 □□□ **law enforcement** [lɔː ɪn'fɔːsmənt] 警察、法執行機関

When **law enforcement** discovered Guy Fawkes guarding the barrels, he told them it was only firewood.

警察が、ガイ・フォークスが樽を守っているのを発見した時、彼はただの薪だと言いました。

2265 □□□

in the dark about STH ～について知らない

類 2266 □□□ **ignorant of** STH 2267 □□□ **unaware of** STH
2268 □□□ **oblivious to** STH ～に気づいていない

Guy Fawkes pretended to be **unaware of** the barrels when he was first arrested.

ガイ・フォークスは、最初逮捕されたときは、樽には気づいていないふりをしました。

2269 □□□

insidious [ɪn'sɪdiəs] 形 こっそりたくらまれた

類 2270 □□□ **cunning** ['kʌnɪŋ] 悪賢い 2271 □□□ **sneaky** ['sniːki] 内証の
2272 □□□ **treacherous** ['tretʃərəs] 不誠実な

The **cunning** plan could have succeeded if the opening day had not been delayed.

もし開会の日が遅れなければ、この狡猾な計画は成功したでしょう。

2273 □□□
take part in STH ～に参加する

類 2274 join 2275 participate in STH ～に参加する

Even some of the wives of the men **participated in** the plot.
この男たちの一部の妻さえもこの陰謀**に参加**しました。

2276 □□□
in the wee hours 早朝に、深夜過ぎに

類 2277 in the early morning hours 2278 at dawn
2279 at daybreak 早朝に

The King's men searched the tunnels under the Parliament **in the early morning hours**.
国王の家臣たちは議事堂の地下道を**早朝に**捜索しました。

2280 □□□
arrest [əˈrest] 動 逮捕する

類 2281 take STH into custody [ˈkʌstədi] ～を拘束する
2282 capture [ˈkæptʃə] 捕らえる 2283 apprehend [ˌæprɪˈhend] 逮捕する

By the 8th of November, all of the conspirators were **taken into custody**.
11月8日までに共謀者は全て**拘留されました**。

2284 □□□
defiant [dɪˈfaɪənt] 形 反抗的な

類 2285 resistant [rɪˈzɪstənt] 抵抗する 2286 steadfast [ˈstedfɑːst] 確固たる
2287 unwavering [ʌnˈweɪvərɪŋ] 動揺しない

The King was impressed with Fawkes because he was **steadfast** during questioning.
フォークスが尋問中**動じない**ので、国王は感心しました。

2288 □□□
eventually [ɪˈventʃuəli] 副 ついに、結局は

類 2289 ultimately [ˈʌltɪmətli] 2290 in the end 最終的に

In the end, Fawkes told the King's men the names of the other conspirators.
最後にはフォークスは国王の家臣に他の共謀者の名前を言いました。

2291 □□□
confess to STH ～を認める、自白する

類 2292 admit to STH （犯罪）を認める

A priest that was arrested never **admitted to** the plot and might have been innocent.
逮捕された神父は決してその陰謀について**認めず**、無実だったのかもしれません。

2293 □□□
commemorate [kəˈmeməreɪt] 動 祝う、記念する

類 2294 observe [əbˈzɜːv] 2295 celebrate [ˈselɪbreɪt] 祝う

'Bonfire Night' is **celebrated** in most cities in the UK.
「ボンファイヤー・ナイト」はイギリスのほとんどの都市で**祝われます**。

巨大空港

Flying is an efficient **means of** travelling long distances. Most flight routes involve people and goods **passing through** a major airport, or *hub, before transferring to a local flight as part of a **network** of airlines. However, the number of passengers changing planes is **going through the roof**, causing serious **congestion**.

In response to these **bottlenecks**, airports in the 21st century are **undergoing** rapid expansions, *transforming them into **miniature** cities. For example, the **newly-minted** mega-airport in the capital of Qatar is two-thirds the size of the capital city itself. Construction of a mega-airport in Dubai is expected to **conclude** soon and will *shuttle a **mind-boggling** 160 million passengers a year in order to **fulfil demand**. Also, these airports' **facilities** and venues are becoming more **lavish**, with casinos, *top-notch restaurants, and shopping malls on the **premises**. However, as **urban sprawl** reaches the airports, it can cause **friction** between **locals** and the airlines. Noisy flights **overhead** can disturb people's sleep, precious resources, such as water, can be *diverted to the airport, and the *power grid can be **overloaded**. Furthermore, those new venues in the airport are in **direct competition** with local businesses.

飛行機は、長距離移動の**手段**として効率的です。ほとんどの空路は航空**網**の一部として地方への便に乗り換える前にハブ空港という主要空港を**経由し**、乗客や貨物を輸送しています。しかし、飛行機を乗り継ぐ乗客の数が**急増し**、深刻な**混雑**を引き起こしています。

これらの**混雑**を解消するため、21世紀の空港は**縮小版**都市のように変身して急速に拡大して**います**。例えば、カタール首長国の首都に新しく**出来たばかりの**巨大空港は、その首都自体の3分の2のサイズです。ドバイの巨大空港はまもなく**完成**予定で、**需要を満たす**ために年間1億6,000万人という**信じられないほど多くの**人が行来するでしょう。また、これらの空港の**施設**や会場は、**敷地内**のカジノや一流レストラン、商業施設などでより**贅沢**になりつつあります。しかし、**都市のスプロール現象**（都心部から郊外へ無秩序、無計画に開発が拡散していく現象）が空港にも及ぶと、**地元住民**と航空会社の間で**摩擦**が起こり得ます。**頭上**を飛ぶ飛行機の騒音は人々の眠りを妨げ、水のような貴重な資源が空港に向けられ、電力需要が**過剰になる**でしょう。さらに、これらの空港施設は地元商業と**直接的な競争**関係になるでしょう。

---

* hub「ハブ、主要な」 transform「変革する」 shuttle「往来させる」 top-notch「一流の」 divert「向ける」 power grid「送電網」

2296 □□□
means of STH ～の手段

類 2297 □□□ **mode of** STH 2298 □□□ **method of** STH ～の方法

Flying as a **mode of** transport really became popular in the 1960s.
輸送手段としての飛行機は、1960年代に真に民間に普及してきました。

2299 □□□
pass through STH ～を通過する

類 2300 □□□ **proceed through** STH ～を通過する

You need to **proceed through** several security checks before you board your plane.
飛行機に搭乗する前に、幾つかセキュリティチェックを通過する必要があります。

2301 □□□
network [ˈnetwɜːk] 名 ネットワーク、網状組織

類 2302 □□□ **alliance** [əˈlaɪəns] 2303 □□□ **association** [əˌsəʊsiˈeɪʃn] 連合、提携

The largest **alliance** of airlines had 23% of market share in 2017.
2017年に航空会社の最大の連合は23%の市場シェアを占めていました。

2304 □□□
go through the roof 天井知らずに上がる

類 2305 □□□ **shoot up** [ʃuːt] 2306 □□□ **skyrocket** [ˈskaɪrɒkɪt] 2307 □□□ **soar** [sɔː] 急増する

The price of plane tickets has **soared** since the oil crisis.
オイルショック以来、航空券の値段は高騰しました。

2308 □□□
congestion 名 混雑、過密

類 2309 □□□ **clog** [klɒg] 2310 □□□ **jam** [dʒæm] 2311 □□□ **bottleneck** [ˈbɒtlnek] 渋滞が生じる場所

Airports in Jakarta, Paris, and London all suffer from serious **clogs** in the summer.
ジャカルタ、パリ、ロンドンの空港は全て夏に深刻な混雑に悩まされています。

2312 □□□
undergo 動 経験する

類 2313 □□□ **go through** STH 2314 □□□ **experience** [ɪkˈspɪəriəns] ～を経験する

The entire airline industry is **going through** many different changes.
航空業界全体が多くの様々な変化を経験しています。

2315 □□□
miniature [ˈmɪnətʃə] 形 縮小版の

類 2316 □□□ **small-scale** [ˌsmɔːl ˈskeɪl] 2317 □□□ **mini** [ˈmɪni] 小型の

Many airports have **small-scale** hospitals with doctors and surgeries.
沢山の空港に、医者や手術室を備えた縮小版の病院があります。

2318 □□□
newly-minted [ˈnju:li ˈmɪntɪd] 形 新しく造られた

類 2319 □□□ **brand new** 真新しい

The **brand new** airport in Beijing has nine runways.
北京にあるその**真新しい**空港は滑走路が9本あります。

2320 □□□
conclude [kənˈklu:d] 動 終わる、完了する

類 2321 □□□ **wrap STH up** [ræp] 2322 □□□ **finish STH up** ～を終える、完成させる

Construction of the Qatari airport was **wrapped up** in 2014.
カタールの空港建設は2014年に**終わりました**。

2323 □□□
mind-boggling [ˈmaɪnd bɒglɪŋ] 形 びっくりするほどの

類 2324 □□□ **stunning** [ˈstʌnɪŋ] 2325 □□□ **staggering** [ˈstægərɪŋ] 驚くほどの

The mega-terminal in Abu-Dhabi can handle a **staggering** 19,200 pieces of luggage an hour.
アブダビの巨大ターミナルは1時間に19,200個もの**驚くほど沢山の**荷物を処理する事ができます。

2326 □□□
fulfil demand 需要（要求）を満たす

類 2327 □□□ **meet demand** 2328 □□□ **satisfy demand** 需要を満たす

Hong Kong airport had to build another terminal in order to **meet demand**.
香港空港は**需要に見合う**ようターミナルをもう一つ建設する必要がありました。

2329 □□□
facility [fəˈsɪləti] 名 施設

類 2330 □□□ **amenity** [əˈmi:nəti] 設備、施設

Most airports have basic **amenities**, such as toilets, rest areas, and places to eat.
ほとんどの空港にトイレや休憩場所、食事をする場所などの基本的な**施設**があります。

2331 □□□
lavish [ˈlævɪʃ] 形 贅沢な

類 2332 □□□ **grand** [grænd] 2333 □□□ **opulent** [ˈɒpjələnt]
2334 □□□ **extravagant** [ɪkˈstrævəgənt] 贅沢な

Changi Airport in Singapore is considered to be the most **opulent** airport in the world.
シンガポールのチャンギ空港は世界で最も**贅沢な**空港と見なされています。

2335 □□□
premises [ˈpremɪsɪz] 名 敷地

類 2336 □□□ **grounds** [graʊndz] 場所、用地

The **grounds** of the Atlanta Airport, which are the largest in the world, are 630,000 m^2.
世界最大であるアトランタ空港の**敷地**は630,000m^2です。

2337 □□□
urban sprawl [ˈɜːbən sprɔːl] 都市の膨張

類 2338 □□□ **suburban sprawl** [səˈbɜːbən] 都市の膨張
2339 □□□ **suburbanisation** [səˌbɜːbənaɪˈzeɪʃn] 郊外化

Growing **suburbanisation** brings people into direct contact with airports.
郊外化が進むと人々は空港と直接関わるようになります。

2340 □□□
friction [ˈfrɪkʃn] 名 衝突、あつれき

類 2341 □□□ **tension** [ˈtenʃn] 緊張 2342 □□□ **discontent** [ˌdɪskənˈtent] 不満
2343 □□□ **discord** [ˈdɪskɔːd] 不和

One source of **discord** between airlines and the locals is the congestion outside the airport.
航空会社と地元住民との**不和**の原因として、空港の外の渋滞があります。

2344 □□□
local [ˈləʊkl] 名 地元住民

類 2345 □□□ **local resident** 地元住民

Local residents around Heathrow Airport tried to stop its expansion.
ヒースロー空港周辺の**地元住民**はその拡大を止めようとしました。

2346 □□□
overhead [ˌəʊvəˈhed] 形 頭上の、頭上を通る

類 2347 □□□ **up above** 上空で

The neighbours around Heathrow Airport could hear the planes **up above**.
ヒースロー空港周辺の住民には**上空**を行く飛行機の音が聞こえました。

2348 □□□
overload [ˌəʊvəˈləʊd] 動 負荷をかけすぎる

類 2349 □□□ **overwhelm** [ˌəʊvəˈwelm] 2350 □□□ **overburden** [ˌəʊvəˈbɜːdn] 負荷をかけすぎる

Sporting events, such as the World Cup, **overburden** small airports.
ワールドカップなどのスポーツイベントは、小さな空港に**過剰な負荷をかけ**ます。

2351 □□□
direct 形 直接の

類 2352 □□□ **head-to-head** 2353 □□□ **head-on** 直接の、面と向かって

Airlines try to avoid a **head-on** confrontation when they want to expand an airport.
航空会社は空港を拡張する際、**直接**対立を避けようとします。

2354 □□□
competition [ˌkɒmpəˈtɪʃn] 名 競争

類 2355 □□□ **rivalry** [ˈraɪvlri] 2356 □□□ **contention** [kənˈtenʃn] 競争

There is a lot of **rivalry** among airlines to get routes in new markets such as China.
中国のような新しい市場で空路を得る際、航空会社の間では熾烈な**競争**があります。

Section 42

英仏海峡トンネル

When a French mining engineer in 1802 first **aimed at** constructing a tunnel under the English Channel, he **envisaged** *horse-drawn carriages as the means of transport. Although he was unsuccessful, people continued to **submit proposals** to connect Britain to the European mainland. Unfortunately, all of those plans were also **abandoned** by the government. It was not until 1985 that an *alliance of banks and construction companies **took up the baton** to build it as a **commercial venture**. They began to **measure** the **depth** of the channel and **evaluate** the environmental impact before *settling on a 1993 **deadline**. However, they had to **exercise** a lot of **patience** as tunnelling did not **commence** until 1988.

The *soil on the English side consisted of mostly *chalk, so it was fairly easy to dig through. The engineering companies used massive *boring machines with *blades that **rotated** to **cut through** the rock. However, on the French side, there were different types of earth, so avoiding underground **obstacles** was an **arduous** process. More and more problems **cropped up** and the **escalating costs** caused **setbacks** and **delayed** construction. Finally on 1st December 1990, English tunneller Graham Fagg and his French **counterpart** Phillipe Cozette met in the tunnel, **bringing** the digging **to completion**.

1802年にあるフランス人鉱山技師が初めて英仏海峡の下にトンネルを建設しようとした時、彼は輸送手段に馬車を想定していました。彼の試みは失敗しましたが、人々はイギリスをヨーロッパ本土と繋ぐ提案書を出し続けました。残念ながら、これらの計画は全て政府により断念されました。1985年になって初めて、銀行と建設会社の連合が商業的事業としてその計画を引き継ぎました。彼らは海峡の水深を測り始め、1993年という期限を決める前に環境への影響を判断しました。しかし、1988年までトンネル掘削作業が始まらなかったため、とても辛抱強く待つ必要がありました。

英国側の土壌は主に石灰石でできていたので、掘り進むのはいくぶん簡単でした。技術会社は回転して岩を砕く刃のある巨大な掘削機を使いました。しかし、フランス側は違った土壌で、地下の障害物を避ける事はとても骨の折れる作業でした。どんどん沢山の問題が起きて、かさむコストが計画を遅れさせ、建設も遅れました。ついに、1990年の12月1日にイギリス人の掘削家グラハム・ファッグとフランス人の同業者フィリップ・コゼットがトンネルの中で会い、掘削を完結させました。

---

* horse-drawn carriage「馬車」 alliance「同盟、連合」 settle on STH「～に合意する」 soil「土壌」 chalk「石灰」 boring machine「掘削機」 blade「刃」

2357 □□□
aim at STH [eɪm] ～目指す

類 2358 □□□ **set (one's) sights on** STH ～を目指す

Napoleon III (1808-1873) **set his sights on** building a tunnel under the English Channel.
ナポレオン3世は英仏海峡の下にトンネルを掘ることを目指しました。

2359 □□□
envisage [ɪnˈvɪzɪdʒ] 動 想像する

類 2360 □□□ **envision** [ɪnˈvɪʒn] 2361 □□□ **imagine** [ɪˈmædʒɪn]
2362 □□□ **visualise** [ˈvɪʒuəlaɪz] 想像する

Politicians **imagined** closer relations among EU countries because of the tunnel.
政治家はトンネルによって、EU諸国とより親密な関係を築く事を想像していました。

2363 □□□
submit a proposal 提案書を提出する

類 2364 □□□ **tender a proposal** 提案書を出す 2365 □□□ **put forward a plan** 案を出す

The banks **tendered a proposal** to complete the project by 1993.
銀行は1993年までにその企画を完成させる提案書を提出しました。

2366 □□□
abandon [əˈbændən] 動 あきらめる、放棄する

類 2367 □□□ **discard** [dɪˈskɑːd] 捨てる 2368 □□□ **withdraw** [wɪðˈdrɔː] 撤回する

Plans for the tunnel were **withdrawn** in 1929 due to security concerns.
トンネルの計画は安全性への懸念から、1929年に撤回されました。

2369 □□□
take up the baton 責任を引き受ける

類 2370 □□□ **take responsibility** 2371 □□□ **accept responsibility** 責任を引き受ける

Governments were not eager to **take responsibility** because of the high cost of the project.
そのプロジェクトは費用が高かったため、政府は引き受ける事に乗り気ではありませんでした。

2372 □□□
commercial venture [kəˈmɜːʃl ˈventʃə] 商業的事業

類 2373 □□□ **money-making enterprise** お金になる事業

The banks hoped that the tunnel would be a successful **money-making enterprise**.
銀行はトンネルがお金になる事業として成功する事を望んでいました。

2374 □□□
measure [ˈmeʒə] 動 測定する

類 2375 □□□ **evaluate** [ɪˈvæljueɪt] 見積もる 2376 □□□ **calculate** [ˈkælkjuleɪt] 算出する
2377 □□□ **judge** [dʒʌdʒ] 判断する 2378 □□□ **gauge** [geɪdʒ] 測定する

Engineers used sonar to **judge** where the best places to dig were.
技術者達は掘削するのに最適な場所を判断するために音波探知装置を使いました。

2379 □□□
depth [depθ] 名 深さ

類 2380 □□□ **deepness** [ˈdiːpnəs] 深さ

The **deepness** of the tunnel ranges from 50 metres to 75 metres under the seabed.

トンネルの深さは海底の下50mから75mに及びます。

2381 □□□
deadline [ˈdedlaɪn] 名 締切、期限

類 2382 □□□ **target date** 目標期日

The **target date** was changed several times due to unexpected problems.

目標期日は不測の事態により、何度か変わりました。

2383 □□□
exercise patience [ˈeksəsaɪz ˈpeɪʃns] 我慢する

類 2384 □□□ **show patience** 2385 □□□ **exhibit patience** 我慢する

When trains are delayed, people need to **show patience**.

電車が遅延している時は、人は**我慢する**必要があります。

2386 □□□
commence [kəˈmens] 動 始まる

類 2387 □□□ **initiate** [ɪˈnɪʃieɪt] 2388 □□□ **start STH up** 2389 □□□ **launch** ～を始める

They did not **initiate** a full train service until the 6th of May, 1994.

電車の運行が完全に**始まった**のは1994年5月6日でした。

2390 □□□
rotate [rəʊˈteɪt] 動 回転する

類 2391 □□□ **revolve** [rɪˈvɒlv] 2392 □□□ **spin** [spɪn] 回転する

The blades on the boring machine **revolved** quickly enough to cut through the rock.

掘削機の刃は岩を割るのに十分なほど速く**回転しました**。

2393 □□□
cut through STH ～を切り開く

類 2394 □□□ **bore through STH** 2395 □□□ **drill through STH** ～を掘り進む

The boring machines could **drill through** 20 metres of rock a day.

掘削機は一日に20mの岩を**掘り進む**事が出来ました。

2396 □□□
obstacle [ˈɒbstəkl] 名 障害（物）

類 2397 □□□ **obstruction** [əbˈstrʌkʃn] 2398 □□□ **blockage** [ˈblɒkɪdʒ] 妨害物

There was a major **blockage** in the tunnel in 1996 that took 15 hours to clear.

1996年にそのトンネルでは、除去するのに15時間もかかった大きな**障害物**がありました。

2399 □□□
arduous [ˈɑːdʒuəs] 形 困難な、根気のいる

類 2400 □□□ **gruelling** [ˈɡruːəlɪŋ] 2401 □□□ **laborious** [ləˈbɔːriəs] 骨が折れる

Previous attempts were abandoned because they were too **gruelling**.
以前の試みは、あまりに**骨が折れる**ために却下されました。

2402 □□□
crop up 突然現れる

類 2403 □□□ **arise** 2404 □□□ **emerge** 出現する

Problems continue to **emerge**, such as fires and trains breaking down.
火災や電車の故障など、問題が**出**続けています。

2405 □□□
escalating cost 上昇する費用

類 2406 □□□ **rising expenditure** [ɪkˈspendɪtʃə] 増大するコスト

In 1974, a mile of tunnel was completed before it was abandoned due to **rising expenditures**.
1974年には、1マイル分のトンネルが完成していたにもかかわらず、**増大するコスト**のためにトンネル計画は中止されました。

2407 □□□
setback [ˈsetbæk] 名 妨げ、後退

類 2408 □□□ **stumbling block** [ˈstʌmblɪŋ blɒk] 2409 □□□ **hurdle** [ˈhɜːdl]
2410 □□□ **difficulty** 障害

There have been many **hurdles** such as a lack of financing.
資金不足など、多くの**障害**があります。

2411 □□□
delay [dɪˈleɪ] 動 遅らせる

類 2412 □□□ **postpone** [pəˈspəʊn] 2413 □□□ **push** STH **back**
2414 □□□ **put** STH **off** ～を延期する

They had to **postpone** the start of full train service for an entire year.
彼らは丸一年、電車の操業開始を**延期**せざるを得ませんでした。

2415 □□□
counterpart [ˈkaʊntəpɑːt] 名 同等の人（もの）

類 2416 □□□ **equivalent** [ɪˈkwɪvələnt] 同等のもの
2417 □□□ **opposite number** 対等の地位にいる人

The British transportation minister met his French **equivalent** to try to solve the problems.
イギリス交通大臣は、問題解決のためにフランスの**交通大臣**に会いました。

2418 □□□
bring STH to completion ～を終わらせる

類 2419 □□□ **complete** [kəmˈpliːt] 2420 □□□ **wrap** STH **up** ～を終わらせる

They officially **wrapped up** construction on 6th May 1996.
彼らは1996年5月6日に正式に建設を終わらせました。

Section 43

イギリス人の外国語習得

043

何回読んだ？
□□□□□

As the **pace** of global business **quickens**, learning a foreign language is **growing in importance**. Multilingual employees **are in demand** because they **open up** new **channels** of **communication** and business opportunities. These employees can better understand *cultural norms and avoid **inappropriate** behaviour when working abroad. So if **acquiring fluency in** a foreign language can **give** a person **an edge** in an increasingly competitive job market, why are British people so **dismal** at learning languages? British people **are known the world over as** some of the worst language learners. Only 38% of *Brits can get by in a foreign language in comparison with 52% of other Europeans who can.

The reason *lies in the British school system. In secondary school, many young people's **immediate priority** is to get into university, so they need good A level grades. However, language A levels are *perceived as being more difficult than other subjects. Also, young people do not **appreciate** this learning opportunity or the **usefulness** of other languages, so they often **switch off** in class. **In response to** this, local authorities are exposing children to language learning at an earlier age. The **objective** is to more fully **engage** the students so they are not **deterred** from picking up this important skill.

ビジネスのグローバル化が**速度を上げる**につれて、外国語習得の**重要性が上がってきています**。多言語を話す従業員は、新しい**コミュニケーション・チャンネル**とビジネス機会を**開拓する**事が出来るために、**必要とされています**。こういった従業員は海外で働く際に、文化的規範をよりよく理解する事ができ、**不適切な**行動を避ける事ができます。それでは、外国語を**流暢に話せる**と競争率がますます高くなっている求人市場で**優位に立つ**事ができるのであれば、なぜイギリス人は外国語習得が**不得意**なのでしょう。イギリス人は外国語習得が上手くない国民の代表**として世界的に知られています**。ヨーロッパの52%の人々が外国語で何とか暮らしていけるのに対して、イギリス人はたった38%です。

理由はイギリスの教育制度にあります。中等教育では、多くの若者の**差し迫った優先事項**は大学への進学なので、彼らは成績でAを求めます。しかし、言語でAを得る事は他の教科と比較して難しいと認識されています。また、若者は外国語を学ぶ機会やその**便利さ**を**ありがたく思わない**ので、授業中よく**興味を失います**。この事実**を受けて**、地方自治体は子供達がもっと幼いうちから、外国語習得に触れさせるようにしています。**目的**は、学生がこの大切なスキルを習得するのを**妨げられない**ように、学生の外国語習得をもっと全面的に**奨励する**事です。

＊ cultural norm「文化的規範」 Brit「イギリス人」 lie in「～に起因する」 perceive「認識する」

2421 □□□
pace [peɪs] 名速さ、ペース

類 2422 □□□ **speed** 2423 □□□ **tempo** [ˈtempəʊ] 2424 □□□ **rate** [reɪt] 速度

The **tempo** of change in business is faster than it has ever been.
ビジネスにおける変化のペースは、これまでにないくらい速くなっています。

2425 □□□
quicken [ˈkwɪkən] 動速くなる

類 2426 □□□ **accelerate** [əkˈseləreɪt] 2427 □□□ **speed STH up** ～を加速させる

The rate that a person can learn a language can be **accelerated** by using technology.
人が言語を覚える速さは、テクノロジーを使う事で加速できます。

2428 □□□
grow in STH ～が増大する

類 2429 □□□ **escalate in STH** 2430 □□□ **heighten in STH** [ˈhaɪtn]
2431 □□□ **increase in STH** ～が増す

Learning to speak Chinese has **escalated in** popularity in recent years.
中国語を学ぶ事は近年人気を増しています。

2432 □□□
importance [ɪmˈpɔːtns] 名重要性

類 2433 □□□ **prominence** [ˈprɒmɪnəns] 重要性

Learning Spanish is rising in **prominence**.
スペイン語学習の重要性が上がっています。

2434 □□□
be in demand 需要がある

類 2435 □□□ **be sought after** 求められている、引く手あまたの

Employees that can speak other languages **are sought after**.
外国語を話す従業員は必要とされています。

2436 □□□
open up STH ～を切り開く、開拓する

類 2437 □□□ **create** [kriˈeɪt] 生み出す

Globalization has **created** new markets for businesses.
グローバル化はビジネスの新しい市場を生み出してきました。

2438 □□□
channel [ˈtʃænl] 名(意思疎通の) ルート、手段

類 2439 □□□ **means** [miːnz] 手段 2440 □□□ **gateway** [ˈgeɪtweɪ] (あるものへ近づく) 手段
2441 □□□ **pathway** [ˈpɑːθweɪ] 小路、経路

Learning a new language is a **pathway** to success.
新しい言語を覚える事は成功への道です。

2442 □□□

communication [kəˌmjuːnɪˈkeɪʃn] 名コミュニケーション

類 2443 □□□ **exchanging information** 情報交換

The means of **exchanging information** has changed since the internet was created.

情報交換の方法はインターネットが生み出されてから変わりました。

2444 □□□

inappropriate [ˌɪnəˈprəʊpriət] 形不適当な

類 2445 □□□ **improper** [ɪmˈprɒpə] 2446 □□□ **unsuitable** [ʌnˈsuːtəbl] 不適当な

People who cannot speak the language fluently may make **unsuitable** comments.

ある言語を流暢に話せない人は**不適切な**発言をする事があります。

2447 □□□

acquire fluency in STH [əˈkwaɪə ˈfluːənsi] ～を流暢に話せるようになる

類 2448 □□□ **master** 習得する 2449 □□□ **be proficient in STH** ～に堪能である

It can take years to **master** a language.

言語を**習得する**までには何年もかかる事があります。

2450 □□□

give SB an edge ～を優位に立たせる

類 2451 □□□ **provide SB an advantage** 2452 □□□ **give SB the upper hand** ～を優位に立たせる

Understanding your client's language can **give** you **the upper hand** in negotiations.

顧客の言葉を理解する事は交渉において**有利になります**。

2453 □□□

dismal [ˈdɪzməl] 形みじめな、散々な

類 2454 □□□ **awful** [ˈɔːfl] 2455 □□□ **terrible** [ˈterəbl] 2456 □□□ **appalling** [əˈpɔːlɪŋ] ひどく悪い

Americans are also **awful** at speaking other languages. Only 26% can do it.

アメリカ人もまた、外国語を話すのが**不得意**です。たった26%しか出来る人がいません。

2457 □□□

be known the world over as STH ～として世界中に知られる

類 2458 □□□ **be broadly recognized as STH**

2459 □□□ **be widely acknowledged as STH** ～として広く知られる

Chinese **is broadly recognized as** one of the most difficult languages to learn.

中国語は習得するのがとても難しい言語の1つ**として広く知られています**。

2460 □□□

immediate priority 最優先事項

類 2461 □□□ **first concern** 第一の関心事

A young person's **first concern** is to get enough A levels in order to get into a good university.

若い人が**まず気にする事**は、良い大学へ進学するために十分なAレベルを取る事ができるかどうかです。

2462 □□□
appreciate [əˈpriːʃieɪt] 動 ～に感謝する

類 2463 **be grateful for** STH 2464 **be thankful for** STH ～に感謝する

You will **be grateful for** having learned another language later in life.
後年になって、外国語を学んだことに**感謝する**時が来るでしょう。

2465 □□□
usefulness [ˈjuːsflnəs] 名 有用性

類 2466 **utility** [juːˈtɪləti] 2467 **practicality** [ˌpræktɪˈkæləti] 実用性

You have to consider the **utility** of the language that you choose to study.
学習する事を選ぶ言語の**実用性**を良く考える必要があります。

2468 □□□
switch off 興味をなくす

類 2469 **stop paying attention** 2470 **zone out** 集中力が切れる

Most people **stop paying attention** after a few hours of studying.
ほとんどの人が、数時間の学習の後、**集中力が切れます**。

2471 □□□
in response to STH ～に応えて、反応して

類 2472 **in answer to** STH ～を応じて 2473 **in reaction to** STH ～を受けて

The government has increased the number of language classes **in answer to** low test scores.
テストの点数が悪かった事を**受け**、政府は語学の授業数を増やしました。

2474 □□□
objective [əbˈdʒektɪv] 名 目的、目標

類 2475 **aim** [eɪm] 2476 **goal** [ɡəʊl] 2477 **target** [ˈtɑːɡɪt] 目標

The **aim** of the new language classes is to improve proficiency.
新しい語学の授業の**目標**は、熟練度を上げる事です。

2478 □□□
engage [ɪnˈɡeɪdʒ] 動 (人を)参加させる、引き込む

類 2479 **motivate** [ˈməʊtɪveɪt] やる気にさせる 2480 **stimulate** [ˈstɪmjuleɪt] 励ます

Listening to foreign songs can **motivate** young people to learn another language.
外国語の歌を聴く事は、若者を外国語を学ぶ**気にさせます**。

2481 □□□
deter [dɪˈtɜː] 動 阻む、思いとどまらせる

類 2482 **discourage** [dɪsˈkʌrɪdʒ] やる気をそぐ 2483 **dissuade** [dɪˈsweɪd] やめさせる 2484 **dishearten** [dɪsˈhɑːtn] 落胆させる

A lot of people are **discouraged** when they cannot learn a language quickly.
多くの人が、言語を早く覚えられずに**やる気をなくします**。

Section 44

グレートバリアリーフ

044

何回読んだ？ □□□□□

The Great Barrier Reef's **whole array of marine** life, such as the **wealth of** *coral and tropical fish, makes it the premier destination for scuba divers. Unfortunately, this popularity has come *at a price. Untrained divers **break** pieces of the coral **off** the reef with their fins. The water on the surface is so **saturated** with oil from tour boats that it **blocks** the sunlight **from** reaching the coral. Furthermore, the oil **comes to rest** directly **on** the coral, *smothering it. The reef is **in** such **bad shape** that the northern section had lost half its coral by 2017, and years of **neglect** have only *heightened the problem. The **attractiveness** and the very existence of this natural wonder are **under threat** unless we **take** appropriate **measures**.
So, *is the writing on the wall, or can something still be done? Actually, there may be a **light at the end of the tunnel**. The Australian government **pledged** to give $700 million to **address** the **current state of affairs** and there are *calls to **limit** the number of divers in the area, making it an **exclusive** destination. The goal is to find a **sustainable** approach to the reef so it can **spring back**. The **tenuous** survival of this remarkable phenomenon depends on it.

グレートバリアリーフは、その**豊かな**珊瑚や熱帯魚など、**海洋生物が勢ぞろい**しているために、スキューバダイビングをする人にとって一番の目的地となっています。残念ながら、この人気のために損失が出ています。訓練されていないダイバーが水かきでサンゴを礁から**折り取って**しまったり、海面の水がツアー船から出る油で**いっぱいになって**日光が**遮られて**サンゴに届かなかったりします。さらに、油が直接サンゴの表面に**溜まり**、窒息させてしまいます。珊瑚礁がとても**悪い状態**なので、2017年までに北部では半分ものサンゴが失われ、何年も**放置された**ことで状況はただただ悪化しました。私達が適切な**対策を取ら**ない限り、この**魅力**と自然の驚異、まさにその存在が**脅かされている**のです。
それでは、これは不吉な前兆でしょうか、それともまだ何かなし得るでしょうか。実は、**一筋の光**が見えています。オーストラリア政府は**現状に対処**すべく、7億ドルを**保証しました**。その地域でダイバーの人数を**制限し**、**排他**区域にする要求もあります。目標は**持続可能な**解決策を見つけ、珊瑚礁が**息を吹き返す**事です。この素晴らしい現象の**わずかな**生き残りは、それに懸かっています。

＊ coral「サンゴ」 at a price「代償を払って」 smother「窒息させる」
heighten「強める、増大させる」 the writing is on the wall「不吉な予兆である」
call「需要」

2485 □□□
whole array of STH [əˈreɪ] ありとあらゆる～

類 2486 □□□ **wide variety of** STH [vəˈraɪəti] 多種多様な～

A **wide variety of** fish can be found all over the reef.
その礁には多種多様な魚がいます。

2487 □□□
marine [məˈriːn] 形 海の

類 2488 □□□ **aquatic** [əˈkwætɪk] 水生の

Most of the **aquatic** life in the Earth's oceans has yet to be discovered.
地球上の海洋生物のほとんどがまだ発見されていません。

2489 □□□
wealth of STH [welθ] 豊富な～

類 2490 □□□ **abundance of** STH [əˈbʌndəns] 2491 □□□ **bounty of** STH [ˈbaʊnti] 豊富な～

The **abundance of** aquatic life in the reef makes it a natural wonder of the world.
その礁は海洋生物が豊富なため、世界の自然の驚異の一つとなっています。

2492 □□□
break STH **off** 折り取る

類 2493 □□□ **snap** STH **off** [snæp] ～をポキリと折る

The propellers on tour boats' engines can also **snap** coral **off** the reef.
ツアーボートのエンジンのプロペラもまた、珊瑚を礁から折り取ることがあります。

2494 □□□
saturate [ˈsætʃəreɪt] 動 満たす

類 2495 □□□ **permeate** [ˈpɜːmieɪt] 充満する 2496 □□□ **suffuse** [səˈfjuːz] 覆う

An area three kilometres long near the reef was **suffused** with oil by a shipwreck in 2010.
その礁の近く3キロにわたる区域が、2010年に難破船から出た油で覆われていました。

2497 □□□
block STH **from** STH ～が…するのを阻む

類 2498 □□□ **prevent** STH **from** STH ～が…するのを防ぐ

The Australian government wants to **prevent** large numbers of people **from** visiting the reef.
オーストラリア政府は大勢の人がその礁を訪れるのを防ぎたいと考えています。

2499 □□□
come to rest on STH ～のところで止まる

類 2500 □□□ **settle on** STH ～のところで止まる

2501 □□□ **descend onto** STH [dɪˈsend] ～へ降りる

Lost scuba equipment **descends onto** the reef, causing damage to the coral.
失くしたスキューバ用品が礁へ沈み、サンゴを傷つけています。

2502 □□□
in bad shape 悪い状態で

類 2503 □□□ **in a sorry state** みじめな状態で

Some parts of the reef are **in** such **a sorry state** that they may never recover.
その礁には決して元通りには回復しないほどに**状態が悪く**なってしまった部分もあります。

2504 □□□
neglect [nɪˈglekt] 名 無視、怠慢

類 2505 □□□ **indifference** [ɪnˈdɪfrəns] 2506 □□□ **apathy** [ˈæpəθi] 無関心
2507 □□□ **carelessness** [ˈkeələsnəs] 無頓着

In the twentieth century, there was a lot of **indifference** towards our oceans.
20世紀には、海に対する**無関心**がはびこっていました。

2508 □□□
attractiveness [əˈtræktɪvnəs] 名 魅力

類 2509 □□□ **allure** [əˈlʊə] 2510 □□□ **attraction** [əˈtrækʃn] 魅力

The sea's greatest **allure** is its aquatic life.
海の最大の**魅力**は、そこに住む海洋生物です。

2511 □□□
under threat [θret] 危機にひんして

類 2512 □□□ **at risk** 2513 □□□ **in peril** 2514 □□□ **in harm's way** 危険にさらされて

One of the animals most **at risk** on the reef is the dugong, or 'elephant of the sea'.
礁で最も**危険に晒されている**動物の一つが、「海の象」とも言われるジュゴンです。

2515 □□□
take measures 対策を取る

類 2516 □□□ **take action** 2517 □□□ **mount a response**
2518 □□□ **take a course of action** 対策を講じる

The Australian government **took action** to prevent oil tankers from coming near the reef.
オーストラリア政府は石油輸送船が礁の近くに来ないように**対策を講じました**。

2519 □□□
light at the end of the tunnel
苦しみの後に見えてくる光、成功の糸口

類 2520 □□□ **cause for optimism** 2521 □□□ **reason for hope** 一筋の光

The new measures taken by the government to protect the reef are a **cause for optimism**.
礁を守るために政府が取った新たな対策は、**一筋の光**となっています。

2522 □□□
pledge [pledʒ] 動 固く約束する

類 2523 □□□ **give (one's) word** 2524 □□□ **commit** 2525 □□□ **vow** [vaʊ] 約束する

People should **give their word** to clean up the oceans, especially in fragile areas.
人は海、とりわけ傷つきやすい区域をきれいにする事を**約束す**べきです。

2526 □□□
address [əˈdres] 動 対処する

類 2527 □□□ **deal with** STH 2528 □□□ **focus on** STH ～に取り組む
2529 □□□ **attend to** STH ～に関心を向ける

Governments and individuals need to **attend to** this situation.
政府も個人もこの状況に**関心を向ける**必要があります。

2530 □□□
current state of affairs 現状

類 2531 □□□ **status quo** [ˌsteɪtəs ˈkwəʊ] 2532 □□□ **current situation** 現状

It is difficult to defend the **status quo**, so we must do something.
現状を守る事は難しいので、私達は何かしなければなりません。

2533 □□□
limit [ˈlɪmɪt] 動 制限する

類 2534 □□□ **restrict** [rɪˈstrɪkt] 2535 □□□ **put a quota on** STH [ˈkwəʊtə] ～を制限する

Australia already **restricts** the number of tourists visiting aboriginal lands.
オーストラリアは既にアボリジニーの土地を訪れる観光客の数を**制限しています**。

2536 □□□
exclusive [ɪkˈskluːsɪv] 形 排他的な

類 2537 □□□ **restrictive** [rɪˈstrɪktɪv] 制限的な
2538 □□□ **exclusionary** [ɪkˈskluːʒənri] 排他的な 2539 □□□ **selective** [sɪˈlektɪv] 選択的な

If the reef becomes too **exclusionary**, there is a risk that only rich people will be able to visit there.
もし礁が**排他的**になり過ぎると、富裕層のみが訪れる危険性があります。

2540 □□□
sustainable [səˈsteɪnəbl] 形 持続できる

類 2541 □□□ **tenable** [ˈtenəbl] 維持できる 2542 □□□ **viable** [ˈvaɪəbl] 実行可能な

The status quo of the reef is no longer **tenable**.
その礁の現状はもはや**持続可能**ではありません。

2543 □□□
spring back [sprɪŋ] 息を吹き返す、跳ね返る

類 2544 □□□ **bounce back** [baʊns] 2545 □□□ **rebound** [rɪˈbaʊnd] 回復する
2546 □□□ **revive** [rɪˈvaɪv] 息を吹き返す

It may take decades for the reef to **bounce back**.
その礁が**息を吹き返す**には何十年もかかるかもしれません。

2547 □□□
tenuous [ˈtenjuəs] 形 薄っぺらい、希薄な

類 2548 □□□ **shaky** [ˈʃeɪki] 疑わしい、あやふやな

Many people have only a **shaky** grasp of how to help the reef.
多くの人がどうやって礁を救えば良いか**あやふや**にしか理解していません。

睡眠の大切さ

In our **fast-paced** world, a full night's sleep is often **undervalued**. In fact, only a third of adults in the **developed world** get the eight hours of sleep **required** for good health. Some believe that they can **get by** on only a few hours' sleep by drinking coffee throughout the day. However, this *strategy **is doomed to fail**. Caffeine actually **disrupts** our night's rest, further *exacerbating the problem. Recent research suggests that we are **paying a high price** for our sleep **habits**.

Dr. Matthew Walker **extols the virtues of** getting enough sleep. It **reinvigorates** the brain, improves *cognition, and reduces our chances of developing cancer. Sleep *deprivation **impairs** our ability to **perform to certain standards** at work. This is a **major concern** and **places** us all **at risk** when, for example, long-distance *lorry drivers or surgeons work on **insufficient** sleep.

There are many factors which **contribute to** our lack of sleep, such as the **ubiquity** of computer and smartphone screens or the amount of electric light in our bedrooms. However, it is **imperative** that we sleep more. We can do this by **paying attention to** our internal body clocks and getting to bed earlier, even if it is **at the expense of** watching a bit more TV.

ペースの速い我々の世界では、一晩ぐっすり眠る事は**軽く見られ**がちです。実際、**先進国**では、良い健康状態を保つのに**必要とされる**8時間睡眠を取れている成人は3分の1しかいません。一日中コーヒーを飲む事で、数時間寝れば**何とかやっていける**と考えている人もいます。しかし、この戦略は**失敗する運命にあります**。カフェインは実際には夜の休息を**妨げ**、問題をさらに悪化させます。最近の研究は、私達がこういった睡眠**習慣**の**高い代償を払っている**事を示しています。

Matthew Walker医師は、十分な睡眠を取る事**の利点を讃えています**。十分な睡眠は脳に**活力を与え**、認識能力を上げ、癌になるリスクを減らします。睡眠不足は、仕事で**一定の水準で業務を遂行する**能力を**損なわせます**。これは**大きな問題**で、例えば長距離大型トラック運転手や外科医などが**不十分な**睡眠で働く時など、私達皆を**危険に晒します**。

コンピューターやスマートフォンの画面が**どこにでもある事**や、私達の寝室にある電灯の光量など、睡眠不足を**引き起こす**原因は沢山あります。しかし、私達がもっと眠ることは**必須**です。これは体内時計に**注意し**、テレビをもう少し見る事**を犠牲にしてでも**もっと早く寝れば、実現可能です。

---

* strategy「戦略」 exacerbate「悪化させる」 cognition「認識、認知」 deprivation「妨害、阻害」 lorry「大型トラック」

2549 □□□
fast-paced 形 テンポの早い

類 2550 □□□ **rapidly changing** 急速に変化する 2551 □□□ **fast-moving** 動きの速い

People are not getting enough sleep because of their **rapidly changing** lifestyles.
人々は、急速に変化するライフスタイルのせいで十分に眠れません。

2552 □□□
undervalue [ˌʌndəˈvæljuː] 動 軽んじる

類 2553 □□□ **underappreciate** [ˌʌndərəˈpriːʃieɪt] 正しく評価しない

2554 □□□ **fail to appreciate** [əˈpriːʃieɪt] 理解できない

We **fail to appreciate** the role that sleep plays in our lives.
私達は、生活において睡眠が果たす役割を理解できずにいます。

2555 □□□
developed world 先進国

類 2556 □□□ **first world** 先進国、第一世界 2557 □□□ **industrialised world** 先進工業国

Many people in the **industrialised world** are suffering from lack of sleep.
先進工業国の沢山の人々が睡眠不足に悩んでいます。

2558 □□□
required [rɪˈkwaɪəd] 形 必須の

類 2559 □□□ **requisite** [ˈrekwɪzɪt] 2560 □□□ **necessary** [ˈnesəsəri] 必要な

The **requisite** amount of sleep for an adult is at least seven hours.
成人の必要睡眠時間は最低7時間です。

2561 □□□
get by 動 どうにかやっていく

類 2562 □□□ **cope** 2563 □□□ **survive** 2564 □□□ **manage** 何とかやっていく

It is difficult to **cope** during the day if you do not get a good night's rest.
夜きちんと休んでいないと、日中何とかやっていくのは難しいです。

2565 □□□
be doomed to fail [duːmd] 失敗する運命にある

類 2566 □□□ **be destined to fail** 失敗する運命にある

Trying to get by with only a few hours' sleep **is destined to fail.**
わずか数時間の睡眠で何とかしようとすると、失敗する運命にあります。

2567 □□□
disrupt [dɪsˈrʌpt] 動 中断させる、邪魔する

類 2568 □□□ **upset** [ˌʌpˈset] 乱す 2569 □□□ **disturb** [dɪˈstɜːb] 妨害する

The blue light from our mobile phones can **disturb** our sleep patterns.
携帯電話からのブルーライトは、私達の睡眠サイクルを妨害する場合があります。

2570 □□□

pay a high price 大きな代償を払う

類 2571 □□□ **suffer the consequences** 報いを受ける

2572 □□□ **pay a heavy price** 重い代償を払う

If you do not get a good night's sleep, you will **suffer the consequences** the next day.

もし夜きちんと眠らなかったら、翌日**その影響に悩まされる**事になります。

2573 □□□

habit [ˈhæbɪt] 名 習慣

類 2574 □□□ **routine** [ruːˈtiːn] 日常の課程、日課

You should make a **routine** of going to bed at the same time every night.

毎晩同じ時間に寝る**習慣**をつけるべきです。

2575 □□□

extol the virtues of SB STH [ɪkˈstəʊl ðə ˈvɜːtʃuːz əv] ～を褒め称える

類 2576 □□□ **sing the praises of SB STH** [ˈpreɪzɪz] ～を褒め称える

Dr. Walker **sings the praises of** sleeping at least eight hours a night.

ウォーカー医師は、一日最低8時間寝る事を**褒め称えています**。

2577 □□□

reinvigorate [ˌriːɪnˈvɪgəreɪt] 動 活力を与える

類 2578 □□□ **revitalise** [ˌriːˈvaɪtəlaɪz] 活性化する 2579 □□□ **refresh** [rɪˈfreʃ] 元気を回復させる

Even a short nap can **revitalise** your body during the day.

短い昼寝でも、日中身体に**活力を与える**事ができます。

2580 □□□

impair [ɪmˈpeə] 動 損なう

類 2581 □□□ **harm** [hɑːm] 害する 2582 □□□ **hinder** [ˈhɪndə] 妨げる

2583 □□□ **undermine** [ˌʌndəˈmaɪn] 弱らせる

Being sleepy can **undermine** your ability to react quickly to danger.

眠気は、危険に対し素早く反応する能力を**低下させます**。

2584 □□□

perform to certain standards 一定の水準で遂行する

類 2585 □□□ **measure up** (ある規準に)達する 2586 □□□ **pass muster** 合格レベルに達する

Athletes who do not sleep enough find it much more difficult to **measure up**.

充分に寝ていない運動選手は、**必要とされる能力を発揮する**事がはるかに難しいと感じます。

2587 □□□

major concern 大きな懸案事項

類 2588 □□□ **matter of great concern** 大きな関心事

2589 □□□ **serious issue** 深刻な問題

Dr. Walker believes that sleep deprivation is a **matter of great concern**.

ウォーカー医師は、睡眠障害は**大きな関心事**だと考えています。

2590 □□□
place SB STH at risk ～を危険にさらす

類 2591 □□□ **endanger** [ɪnˈdeɪndʒə] 2592 □□□ **put SB in danger** ～を危険にさらす

Sleepy pilots **put** everyone on board **in danger**.

眠気を感じているパイロットは、飛行機に乗っている全員を**危険にさら**します。

2593 □□□
insufficient [ˌɪnsəˈfɪʃnt] 形 不十分な

類 2594 □□□ **inadequate** [ɪnˈædɪkwət] 2595 □□□ **deficient** [dɪˈfɪʃnt] 不十分な

If you drive a car with an **inadequate** amount of sleep, you are more likely to get into a car crash.

睡眠が**不十分な**状態で車を運転すると、交通事故を起こす可能性が高まります。

2596 □□□
contribute to STH [kənˈtrɪbjuːt] ～を引き起こす

類 2597 □□□ **be somewhat responsible for STH** ～に対するいくらかの責任がある

Sleep deprivation **is** also **somewhat responsible for** the rise in the number of cases of dementia.

睡眠不足は、認知症の症例数が高まる**原因にもなり得ます**。

2598 □□□
ubiquity [juːˈbɪkwəti] 名 どこにでもある事

類 2599 □□□ **pervasiveness** [pəˈveɪsɪvnəs] 2600 □□□ **prevalence** [ˈprevələns] 普及

2601 □□□ **widespread presence** [ˈwaɪdspred ˈprezns] 広く存在する事

The **widespread presence** of electric light has changed our sleeping habits.

電灯が**広く存在する事**が、私達の睡眠習慣を変えました。

2602 □□□
imperative [ɪmˈperətɪv] 形 必須の

類 2603 □□□ **urgent** [ˈɜːdʒənt] 2604 □□□ **pressing** [ˈpresɪŋ] 緊急の

Dr. Walker believes that this issue is so **urgent** that he suggests doctors prescribe sleep.

ウォーカー医師はこの問題があまりに**急を要する**ものなので、医師が睡眠を取るように指示するべきだと考えています。

2605 □□□
pay attention to STH ～に注意を払う

類 2606 □□□ **listen to STH** ～に耳を傾ける、注意を払う

We should **listen to** how our bodies feel when we need to sleep.

私達は、睡眠を必要としている時に身体がどう感じているかよく**注意す**べきです。

2607 □□□
at the expense of STH ～を犠牲にして

類 2608 □□□ **at the cost of STH** 2609 □□□ **at the price of STH** ～を犠牲にして

People spend more time working **at the cost of** getting enough sleep.

人は十分な睡眠を取る事を**犠牲にして**、より多くの時間働いています。

Section 46 シェイクスピア

William Shakespeare's plays, sonnets, and poems are **admired** the world over for their **eloquence**. However in certain academic circles, the *authorship of this literature is in doubt. **Sceptics** are **dubious** that a lower-class son of a glove maker could have **penned** such **intricate** language or have had **intimate** knowledge of the royal court. They suggest that Shakespeare was only a **pseudonym** for a *noble, such as Sir Francis Bacon (1561-1626). Was the life of Shakespeare a **hoax**, or is this a case of class **bias**?

There is a **flaw** in the **naysayers'** theory. It does not **take into consideration** Shakespeare's **comprehensive** *primary education or the fact that his signature is on many of his plays. The naysayers counter that this is only **guesswork**. Shakespearean scholars had to find a more **definitive** way to **reject** the sceptics' theory.

*Stylometry is the study of sentence length, the **frequency** of words and other linguistic *variables to **accurately** attribute both authorship and **authenticity**. After **subjecting** all of Shakespeare's writings **to scrutiny** and **overlaying** the data on a stylometry computer model, it is clear that Shakespeare did indeed write his plays.

ウイリアム・シェイクスピアの戯曲・ソネット・詩は、その**雄弁さ**から、世界中で**称賛され**ています。しかし、ある学界では、この文学の原作者が疑われています。**懐疑派**は、下層階級の手袋職人の息子がこのような**複雑な**文体を**書き**、**公にはなっていない**宮廷の知識を持ち合わせていたことを**疑わしく思っています**。彼らは、シェイクスピアは、フランシス・ベーコン卿（1561-1626）のような貴族の**ペンネーム**でしかないと言っています。シェイクスピアが実在したというのは**作り話**なのか、それともこれは階級に基づく**偏見**の問題でしょうか。

否定派の理論には**欠陥**があります。シェイクスピアが**包括的な**初等教育を受けていたこと、もしくは彼の戯曲の多くに彼のサインがあるという事実を**考慮していません**。否定派は、これは単なる**推測**だと反論しています。シェイクスピア研究者たちは、懐疑派の説を**否定する**もっと**決定的な**方法を見つけなければなりませんでした。

計量文献学とは、文章の長さ、語句の**頻度**、その他の言語学的な変数の研究であり、**正確に**原作者とその**信ぴょう性**を判断します。シェイクスピアの全ての作品を**綿密に調査し**、計量文献学のコンピュータモデルにそのデータを**重ね合わせて**みると、シェイクスピアが確かにそれらの戯曲を書いたことは明らかです。

＊ authorship「原作者」 noble「貴族」 primary education「初等教育」
stylometry「計量文献学」 variable「変数」

2610 □□□
admire [ədˈmaɪə] 動 称賛する

類 2611 □□□ **hail** [heɪl] 称賛する 2612 □□□ **hold** STH **in high regard** ～を高評価する
The play *Romeo and Juliet* is **held in high regard** around the world.
「ロミオとジュリエット」の戯曲は、世界中で高く評価されています。

2613 □□□
eloquence [ˈeləkwəns] 名 雄弁

類 2614 □□□ **skilful way with words** [ˈskɪlfl] 巧みな言葉遣い
People admire Shakespeare's *The Merchant of Venice* for its **skilful way with words**.
人々は、その巧みな言葉遣いのため、シェイクスピアの「ヴェニスの商人」を称賛しています。

2615 □□□
sceptic [ˈskeptɪk] 名 懐疑論者

類 2616 □□□ **naysayer** [ˈneɪseɪə] 否定的な人 2617 □□□ **disbeliever** [ˌdɪsbɪˈliːvə] 信じない人 2618 □□□ **doubter** [ˈdaʊtə] 疑い深い人
Mark Twain (1835-1910) was one of the **disbelievers** who thought it was a hoax.
マーク・トウェイン（1835-1910）は、それは偽物だと考えた懐疑派の一人でした。

2619 □□□
dubious [ˈdjuːbiəs] 形 疑っている

類 2620 □□□ **doubtful** [ˈdaʊtfl] 疑わしい 2621 □□□ **sceptical** [ˈskeptɪkl] 懐疑的な
Sigmund Freud (1856-1939) was also **doubtful** that Shakespeare wrote his plays.
ジークムント・フロイト（1856-1939）もまた、シェイクスピアが戯曲を書いたということに懐疑的でした。

2622 □□□
pen [pen] 動 書く

類 2623 □□□ **compose** [kəmˈpəʊz]（詩や曲を）書く 2624 □□□ **author** [ˈɔːθə] 書く
Shakespeare **composed** 37 plays, 154 sonnets, and 5 poems in his lifetime.
シェイクスピアは生涯で37の戯曲、154のソネット、そして5つの詩を書きました。

2625 □□□
intricate [ˈɪntrɪkət] 形 複雑な、難解な

類 2626 □□□ **elaborate** [ɪˈlæbərət] 複雑な 2627 □□□ **sophisticated** [səˈfɪstɪkeɪtɪd] 洗練された
Shakespeare's play *Hamlet* has an **elaborate** plot.
シェイクスピアの戯曲「ハムレット」は複雑な筋書きです。

2628 □□□
intimate [ˈɪntɪmət] 形 公でない、深奥の

類 2629 □□□ **first-hand** 直接入手した 2630 □□□ **behind the scenes** 内密の
How did Shakespeare know such **first-hand** details of the royal court?
シェイクスピアは、どのようにしてそのような宮廷の直接的な詳細を知っていたのでしょうか。

2631 □□□

pseudonym [ˈsuːdənɪm] 名 ペンネーム、仮名

類 2632 □□□ **alias** [ˈeɪliəs] 別名 2633 □□□ **pen name** ペンネーム

Sceptics say that Shakespeare was an **alias** of Sir Francis Bacon.
懐疑派は、シェイクスピアはフランシス・ベーコン卿の**ペンネーム**だと言っています。

2634 □□□

hoax [həʊks] 名 作り話

類 2635 □□□ **deception** [dɪˈsepʃn] ごまかし

People began to believe it was all a **deception** in the mid-19th century.
人々は、それは19世紀半ばの単なる**ごまかし**だと信じ始めました。

2636 □□□

bias [ˈbaɪəs] 名 偏見

類 2637 □□□ **bigotry** [ˈbɪɡətri] 2638 □□□ **prejudice** [ˈpredʒədɪs] 偏見

Until recently, lower-class people faced a lot of **prejudice** in Britain.
イギリスでは最近まで、下層階級の人々は多くの**偏見**に直面していました。

2639 □□□

flaw [flɔː] 名 欠陥

類 2640 □□□ **failing** [ˈfeɪlɪŋ] 2641 □□□ **weakness** [ˈwiːknəs] 欠点

There are several **weaknesses** in the sceptics' theory.
懐疑派の理論には、いくつかの**欠点**があります。

2642 □□□

take STH into consideration ~を考慮に入れる

類 2643 □□□ **take STH into account** ~を考慮に入れる

The sceptics should **take into account** that Shakespeare was quite famous in his lifetime.
懐疑派は、シェイクスピアが生存中にかなり有名だったこと**を考慮に入れる**べきです。

2644 □□□

comprehensive [ˌkɒmprɪˈhensɪv] 形 総合的な

類 2645 □□□ **exhaustive** [ɪɡˈzɔːstɪv] 徹底的な 2646 □□□ **far-reaching** [ˌfɑːˈriːtʃɪŋ] 広範囲の
2647 □□□ **sweeping** [ˈswiːpɪŋ] 全面的な

There has been **exhaustive** research into the authorship of his plays.
彼の戯曲の原作者について、**徹底的な**調査が行われてきました。

2648 □□□

guesswork [ˈɡeswɜːk] 名 当てずっぽう

類 2649 □□□ **conjecture** [kənˈdʒektʃə] 2650 □□□ **speculation** [ˌspekjuˈleɪʃn] 憶測

For many years, the true authorship of the plays was only **conjecture**.
戯曲の本当の著者については、長年**憶測**にすぎませんでした。

2651 □□□
definitive [dɪˈfɪnətɪv] 形 決定的な

類 2652 □□□ **clear-cut** 明快な 2653 □□□ **categorical** [ˌkætəˈgɒrɪkl] 断定的な
2654 □□□ **unambiguous** [ˌʌnæmˈbɪgjuəs] 明白な

The evidence that Shakespeare wrote his plays is **unambiguous**.
シェイクスピアが戯曲を書いたという証拠は明白です。

2655 □□□
reject [rɪˈdʒekt] 動 拒否する

類 2656 □□□ **dismiss** 却下する 2657 □□□ **repudiate** [rɪˈpjuːdieɪt] 否認する
2658 □□□ **discredit** [dɪsˈkredɪt] 信用しない

Most serious experts **repudiate** the idea that someone else wrote Shakespeare's plays.
ほとんどの誠実な専門家は、他の誰かがシェイクスピアの戯曲を書いたという考えを**否定しています**。

2659 □□□
frequency [ˈfriːkwənsi] 名 頻度

類 2660 □□□ **regularity** [ˌregjuˈlærəti] 規則性 2661 □□□ **repetition** [ˌrepəˈtɪʃn] 反復

Stylometry checks the **repetition** of certain words to identify a writer's style.
計量文献学は、作者のスタイルを見極めるために、ある語句の**反復**を調べます。

2662 □□□
accurately [ˈækjərətli] 副 正確に

類 2663 □□□ **precisely** [prɪˈsaɪsli] 正確に 2664 □□□ **reliably** [rɪˈlaɪəbli] 確実に

Stylometry is also used to **precisely** identify spam mail.
計量文献学はまた、迷惑メールを**正確に**特定するためにも使われます。

2665 □□□
authenticity [ˌɔːθenˈtɪsəti] 名 信ぴょう性

類 2666 □□□ **genuineness** [ˈdʒenjuɪnnəs] 本物であること、真偽

Stylometry can determine the **genuineness** of music authorship as well.
計量文献学は、音楽の原作者の**真偽**も見極めることができます。

2667 □□□
subject STH to scrutiny [ˈskruːtəni] ～を綿密に調査する

類 2668 □□□ **examine** [ɪgˈzæmɪn] 2669 □□□ **scrutinise** [ˈskruːtənaɪz] 詳細に調べる

Brushwork in paintings is also **examined** using stylometry to determine the artist.
作者を特定するために、計量文献学を使って絵画の画法も**検証されます**。

2670 □□□
overlay [ˌəʊvəˈleɪ] 動 重ねる

類 2671 □□□ **superimpose** [ˌsuːpərɪmˈpəʊz] 重ね合わせる

By **superimposing** a disputed text on an original work, we can find out if Shakespeare actually wrote it.
疑義が提起された文書を元の作品に**重ね合わせる**ことによって、シェイクスピアが実際にそれを書いたか知ることができます。

Section
47

リチャード三世

047

何回読んだ？
□□□□□

King Richard the Third (1452-1485) is popularly seen as a **ruthless** and **jealous** ruler, who **confined** and later murdered his nephews to **seize** power. In Shakespeare's Richard III, he is **characterised as** a *hunchbacked *villain, **willing** to do anything, a man for whom *the end justified the means. It **was rumoured** that after his death at *the end of the British Civil War, his **corpse** was thrown into a river by the victors. But with the passing of time, some scholars began to **rethink** the **downfall** of King Richard.
They felt that certain facts had been **omitted** from the *narrative, such as Richard's strong sense of **loyalty** or his **faithful stewardship** of England during a time of conflict. **In restropect**, they think he was not a real villain but a *product of his **turbulent** times. The scholars **poured time and money into** the search for Richard's body to **untangle** the mystery of his death **once and for all**. After a bit of *detective work, they found Richard III's *skeleton under a car park. They **were taken aback** to find the **grave** in such a public space. Although a *postmortem confirmed the skeleton was Richard's, it is still unclear whether he was a villain or not.

リチャード三世（1452-1485）は**無慈悲**で**妬みの強い**支配者だったと一般にみられており、彼は権力を**手に入れる**ために甥たちを**監禁し**、後に殺害しました。シェイクスピアの「リチャード三世」では、彼はせむしの悪人であり、何をすることも**いとわず**、目的のためには手段を選ばない男**として描かれています**。イギリス内戦末期に彼が亡くなった後、彼の**死体**は勝者によって川に投げ込まれたと**うわさされました**。しかし時間が経つにつれ、一部の学者はリチャード三世の**失脚**を**考え直し**始めました。
彼らは、ある事実が物語から**抜け落ちている**と感じました。例えば、リチャード三世の強い**忠誠心**、戦時中のイングランドに対する**誠実な管理**等です。**後から振り返ってみると**、彼は本当の悪人ではなく、**不穏な**時代の申し子だったのだと、学者たちは考えています。研究者たちは、リチャード三世の死の秘密を**解き明かす**ため、**これを最後に**、**時間と金を注いで**死体を探しました。探偵的な捜査の後、リチャード三世の遺骨を駐車場の下から発見しました。彼らは、このような公の場所に**墓**があったことに**驚きました**。死体解剖の結果、この遺骨はリチャード三世のものだと確認されましたが、彼が悪人だったのかどうかはいまだに明らかではありません。

---

* hunchbacked「せむしの」 villain「悪人」
the end justifies the means「目的は手段を正当化する」 narrative「物語」
product of (one's) times「時代の風雲児・申し子」
detective work「（探偵のような）難題の追求」 skeleton「骸骨」 postmortem「死体解剖」

2672 □□□
ruthless [ˈruːθləs] 形 非情な

類 2673 □□□ **cutthroat** [ˈkʌt θrəʊt] 残酷な　2674 □□□ **heartless** [ˈhɑːtləs] 無情な
2675 □□□ **unforgiving** [ˌʌnfəˈɡɪvɪŋ] 容赦のない

The period of *The War of the Roses* was an **unforgiving** time.
薔薇戦争の時代は**容赦のない**時代でした。

2676 □□□
jealous [ˈdʒeləs] 形 嫉妬(しっと)深い

類 2677 □□□ **envious** [ˈenviəs] 妬(ねた)んでいる

It was said that Richard III was **envious** of his two nephews.
リチャード三世は、二人の甥を**妬んでいる**と言われていました。

2678 □□□
confine [kənˈfaɪn] 動 監禁する

類 2679 □□□ **lock** SB **up**　2680 □□□ **incarcerate** [ɪnˈkɑːsəreɪt]
2681 □□□ **imprison** [ɪmˈprɪzn] 監禁する

Richard III **locked up** his two nephews in the Tower of London to seize power.
リチャード三世は権力を手に入れるために、二人の甥をロンドン塔に**監禁しました**。

2682 □□□
seize [siːz] 動 つかむ、手に入れる

類 2683 □□□ **take hold of** SB STH ～をつかむ

Richard III **took hold of** power after his brother died.
リチャード三世は兄の死後、権力を**つかみました**。

2684 □□□
characterise SB STH **as** SB STH [ˈkærəktəraɪz] ～を…として描く

類 2685 □□□ **portray** SB STH **as** SB STH [pɔːˈtreɪ]
2686 □□□ **depict** SB STH **as** SB STH [dɪˈpɪkt] ～を…として描く

In Shakespeare's play, Richard is **portrayed as** a villain.
シェイクスピアの戯曲の中で、リチャード三世は悪人**として描かれています**。

2687 □□□
willing [ˈwɪlɪŋ] 形 ～する意思がある

類 2688 □□□ **prepared** [prɪˈpeəd] ～する覚悟ができて
2689 □□□ **inclined** [ɪnˈklaɪnd] ～したいと思って

Richard III was not **inclined** to share power with his two young nephews.
リチャード三世は、二人の若い甥と権力を分かち合い**たいとは思い**ませんでした。

2690 □□□
be rumoured [ˈruːməd] うわさされる

類 2691 □□□ **be reputed** 考えられる　2692 □□□ **be reported** 伝えられる

Richard III **is reputed** to have had a withered arm and a hunchback.
リチャード三世は、腕は弱り背中はせむしだったと**考えられています**。

2693 □□□
corpse [kɔːps] 名 死体

類 2694 □□□ **cadaver** [kəˈdævə] 2695 □□□ **body** [ˈbɒdi] 2696 □□□ **remains** [rɪˈmeɪnz] 死体

Richard III's **cadaver** was taken by horse to Leicester to be buried.
リチャード三世の**死体**は、埋葬するために馬でレスターに運ばれました。

2697 □□□
rethink [ˌriːˈθɪŋk] 動 見直す

類 2698 □□□ **reconsider** [ˌriːkənˈsɪdə] 2699 □□□ **take another look at** STH
2700 □□□ **re-examine** [ˌriː ɪgˈzæmɪn] 見直す

Many historians are **taking another look at** what happened in the final battle of the Civil War.
多くの歴史学者たちは、内戦の最後の戦いで何が起こったのか**見直し**ています。

2701 □□□
downfall [ˈdaʊnfɔːl] 名 失脚、没落

類 2702 □□□ **ruin** [ˈruːɪn] 没落 2703 □□□ **collapse** [kəˈlæps] 失敗、挫折

Richard III's family's **collapse** began after he died in the Battle of Bosworth.
リチャード三世の家族の**没落**は、彼がボズワースの戦いで亡くなった後に始まりました。

2704 □□□
omit [əˈmɪt] 動 除く

類 2705 □□□ **exclude** [ɪkˈskluːd] 2706 □□□ **leave** STH **out** ～を除外する

In his play, Shakespeare **left out** anything good that Richard III had done.
シェイクスピアは戯曲の中で、リチャード三世がした善行は全て**除外**しました。

2707 □□□
loyalty [ˈlɔɪəlti] 名 忠誠

類 2708 □□□ **fidelity** [fɪˈdeləti] 2709 □□□ **allegiance** [əˈliːdʒəns] 2710 □□□ **fealty** [ˈfiːəlti] 忠誠

At that time, **allegiance** to one's king was very important.
当時は、国王に対する**忠誠**はとても重要でした。

2711 □□□
faithful [ˈfeɪθfl] 形 誠実な

類 2712 □□□ **loyal** [ˈlɔɪəl] 忠実な 2713 □□□ **dutiful** [ˈdjuːtɪfl] 従順な

Richard III was a **loyal** soldier from the time he joined the army at sixteen years old.
リチャード三世は、16歳で軍隊に入隊した時から**忠実な**兵士でした。

2714 □□□
stewardship [ˈstjuːədʃɪp] 名 管理

類 2715 □□□ **management** [ˈmænɪdʒmənt] 2716 □□□ **administration** [ədˌmɪnɪˈstreɪʃn]
2717 □□□ **supervision** [ˌsuːpəˈvɪʒn] 管理

Documents show that Richard III's **administration** of England was excellent.
資料によると、リチャード三世のイングランドの**統治**は素晴らしかったということです。

2718 □□□
in retrospect ['retrəspekt] 今にして思えば

類 2719 □□□ **in hindsight** ['haɪndsaɪt] 2720 □□□ **looking back** 振り返ってみると
Looking back, Richard III was probably not the villain that historians long thought.
振り返ってみると、リチャード三世はおそらく歴史家たちが長らく思ってきたような悪人ではなかったでしょう。

2721 □□□
turbulent ['tɜːbjələnt] 形 不穏な

類 2722 □□□ **chaotic** [keɪ'ɒtɪk] 混沌とした 2723 □□□ **lawless** ['lɔːləs] 無法の
The period of 'The War of the Roses' was one of the most **chaotic** times in British history.
「薔薇戦争」の時代は、イギリスの歴史の中で最も混沌とした時代の一つでしょう。

2724 □□□
pour time and money into STH 時間と金を～に注ぐ

類 2725 □□□ **devote time and money to STH**
2726 □□□ **commit time and money to STH** ～に時間と金をかける
People from around the world **devoted time and money to** finding Richard III's grave.
世界中の人々が、リチャード三世の墓を探し出そうと時間と金をかけました。

2727 □□□
untangle [ˌʌn'tæŋgl] 動 解き明かす

類 2728 □□□ **clear STH up** 2729 □□□ **straighten STH out** 2730 □□□ **solve** ～を解決する
It took four years to **clear up** what happened to Richard III after they found his skeleton.
リチャード三世に何が起こったのかを解明するのに、遺骨を見つけてから4年かかりました。

2731 □□□
once and for all 今回限りで

類 2732 □□□ **finally** 2733 □□□ **at long last** ようやく 2734 □□□ **conclusively** 最終的に
Testing the DNA of Richard III's distant relative settled the matter **at long last**.
リチャード三世の遠い親戚のDNAを検査して、ようやくこの問題に決着がつきました。

2735 □□□
be taken aback [ə'bæk] 驚く

類 2736 □□□ **be astonished** 驚く 2737 □□□ **be speechless** 言葉を失う
When Richard III's skeleton was uncovered, the scholars **were speechless**.
リチャード三世の遺骨が発見されたとき、研究者たちは言葉を失いました。

2738 □□□
grave [greɪv] 名 墓

類 2739 □□□ **burial site** ['beriəl] 2740 □□□ **tomb** [tuːm] 2741 □□□ **final resting place** 墓（地）
Richard III's **final resting place** is now in Leicester Cathedral.
リチャード三世の墓は現在、レスター大聖堂にあります。

In our daily **interactions** at work, co-workers aid each other in small ways that are not formally **acknowledged** by **superiors** through an **explicit** reward system. Some people **go above and beyond** by, for example, helping a colleague **overcome** a difficulty or **passing on** a tip that leads to new business. Management is gaining **insight** into how this 'organisational citizenship behaviour', or 'OCB', can **strengthen** *bonds in a company and result in an improved sense of personal **fulfilment** for employees.

Although OCB sounds like just another managerial **buzzword**, it actually produces *tangible benefits for companies. Helping colleagues and reacting without **complaint** to *setbacks that are **a matter of course** in business today can create a positive **atmosphere** within the company and improve the **perception** of the organisation to outsiders. As such, individuals' **discretionary** behaviour **promotes** the efficiency of companies and acts as a driver for success.

There are also **numerous** personal benefits to OCB. **Subordinates** do not feel that they are only a single *cog in a **vast** machine, but that they are part of a **supportive** family.

職場での日々の交流では、仕事仲間は小さなことでお互いに助け合っていますが、それは**明確**な報酬制度を通して**上司**から正式に**認められる**ものではありません。例えば、同僚が困難を**乗り越える**手助けしたり、新しい事業に結びつくようなヒントを**伝えたり**することで、**期待される以上のことをする**人もいます。この「組織市民行動」または「OCB」がどのように社内の結束を**強め**、従業員が個人のさらなる**充実感**を感じることにつながるのか、経営者は**見識**を持ち始めています。

OCBは単なる管理上の**専門的流行語**のように聞こえますが、実際会社にとって目に見える利益を生み出します。同僚を助け、今日のビジネスでは**当然のこと**である失敗に**不満**を言わずに対応することで、社内に前向きな**雰囲気**を作り出し、その組織の外部に対する**印象**をよくすることができます。このように、個人の**任意の**行動が会社の効率を**高め**、成功への推進力として働きます。

OCBにはまた**多くの**個人的恩恵もあります。**部下**は、**巨大な**機械の歯車の一つに過ぎないという感覚を持たずに、**支援し合える**家族の一員であると感じることができます。

---

* bond「結束」 tangible「目に見える」 setback「失敗」 cog「歯車の歯」

2742 □□□
interaction [ˌɪntərˈækʃn] 名 (人同士の) 交流

類 2743 □□□ **dealing** [ˈdiːlɪŋ] 交際 (関係)　2744 □□□ **encounter** [ɪnˈkaʊntə] 接触

In the course of a day, we have **dealings** with a great number of people inside our organisations.
一日の間で、私たちは組織内の数多くの人たちと接触します。

2745 □□□
acknowledge [əkˈnɒlɪdʒ] 動 認める

類 2746 □□□ **recognise** 認める　2747 □□□ **note**　2748 □□□ **notice** 気づく

It is not necessary for a boss to **notice** OCB for it to be beneficial to the organisation.
OCBが組織にとって有益であることを、上司が気づく必要はありません。

2749 □□□
superior [suːˈpɪəriə] 名 上司、目上の人

類 2750 □□□ **supervisor** [ˈsuːpəvaɪzə] 管理者　2751 □□□ **higher-up** 上司
2752 □□□ **person higher up the pecking order** 上司

Discussing new business ideas with **higher-ups** is a form of OCB.
新しい事業計画を上司と話し合うことは、OCBの一つの形です。

2753 □□□
explicit [ɪkˈsplɪsɪt] 形 明確な

類 2754 □□□ **specific**　2755 □□□ **unambiguous** [ˌʌnæmˈbɪgjuəs]
2756 □□□ **unequivocal** [ˌʌnɪˈkwɪvəkl] はっきりした

Management should not make **unequivocal** demands for staff to engage in OCB.
経営者は、スタッフがOCBに従事しなければならないという明白な要求をするべきではありません。

2757 □□□
go above and beyond 期待をはるかに上回る

類 2758 □□□ **exceed expectations** 期待を上回る
2759 □□□ **go the extra mile** 更に努力する

A good manager can recognise employees who **go the extra mile**.
よいマネージャーは、要求された以上の働きを見せる従業員に気づくことができます。

2760 □□□
overcome [ˌəʊvəˈkʌm] 動 克服する

類 2761 □□□ **surmount** [səˈmaʊnt] 克服する

OCB helps companies **surmount** obstacles which they face every day.
OCBは、企業が毎日直面する障害を克服するのに役に立ちます。

2762 □□□
pass STH on ～を伝える

類 2763 □□□ **convey** [kənˈveɪ]　2764 □□□ **deliver** ～を伝える

Conveying information in a polite way is important when working with others.
他の人と働くとき、情報を丁寧に伝えるのは大切なことです。

2765 □□□
insight [ˈɪnsaɪt] 名 見識

類 2766 □□□ **awareness** [əˈweənəs] 知ること 2767 □□□ **comprehension** [ˌkɒmprɪˈhenʃn] 理解
Showing **awareness** of how different departments work together increases productivity.
異なる部署がどのように共に働くかに理解を示すことは、生産性の向上につながります。

2768 □□□
strengthen [ˈstreŋkθn] 動 強化する

類 2769 □□□ **bolster** [ˈbəʊlstə] 2770 □□□ **build up** STH 2771 □□□ **reinforce** ～を増大させる
People who participate in OCB **reinforce** their sense of purpose.
OCBの参加者は、目的意識が高まります。

2772 □□□
fulfilment [fʊlˈfɪlmənt] 名 充足感

類 2773 □□□ **gratification** [ˌɡrætɪfɪˈkeɪʃn] 2774 □□□ **contentment** [kənˈtentmənt] 満足感
OCB can increase the amount of **gratification** that employees get from the job.
OCBにより、従業員が仕事から得る満足感が高まります。

2775 □□□
buzzword [ˈbʌzwɜːd] 名 専門的流行語、業界用語

類 2776 □□□ **catchphrase** [ˈkætʃfreɪz] 標語、うたい文句
'Team-building' is also a **catchphrase** managers like to use.
「チーム育成」もまた、マネージャーがよく使いたがる標語です。

2777 □□□
complaint [kəmˈpleɪnt] 名 不満

類 2778 □□□ **protest** 2779 □□□ **objection** 異議
Lodging an **objection** about a work assignment should be done in a polite manner.
仕事の割り振りに異議を申し立てるのは、礼儀正しく行うべきです。

2780 □□□
a matter of course 当然のこと

類 2781 □□□ **run-of-the-mill** 2782 □□□ **par for the course** よくあること
People should accept that hurdles in business are **run-of-the-mill**.
ビジネス上での障害は、当たり前のことだと受け入れるべきです。

2783 □□□
atmosphere [ˈætməsfɪə] 名 雰囲気

類 2784 □□□ **mood** 雰囲気
People who engage in OCB can change the **mood** in the workplace.
OCBに携わる人は、職場の雰囲気を変えることができます。

2785 □□□
perception [pəˈsepʃn] 名 見方、感じ方

類 2786 □□□ **impression** 印象 2787 □□□ **opinion** 意見
A customer's positive **opinion** of a company can increase sales.
顧客の会社に対する肯定的な意見は売上を増やします。

2788 □□□

discretionary [dɪˈskreʃənəri] 形 任意の

類 2789 □□□ **optional** [ˈɒpʃənl] 任意の 2790 □□□ **voluntary** [ˈvɒləntri] 自発的な

If OCB is not **optional**, then it becomes part of the job, and the benefits are lost.

OCBは任意でなければ、仕事の一部になり、恩恵は損なわれます。

2791 □□□

promote [prəˈməʊt] 動 促進する

類 2792 □□□ **advance** 2793 □□□ **further** 促進する 2794 □□□ **push** 押し進める

It is very good when employees **advance** their companies' objectives outside working hours.

従業員が仕事時間以外に会社の目的を**促進する**のは、とても良いことです。

2795 □□□

numerous [ˈnjuːmərəs] 形 多くの

類 2796 □□□ **abundant** [əˈbʌndənt] 豊富な 2797 □□□ **multiple** [ˈmʌltɪpl] 多数の

2798 □□□ **copious** [ˈkəʊpiəs] 数多くの

There have been **copious** studies on how OCB helps companies become successful.

どのようにOCBが会社の成功に役立つか、**数多くの**研究がなされてきました。

2799 □□□

subordinate [səˈbɔːdɪnət] 名 部下

類 2800 □□□ **lower-ranking person**

2801 □□□ **person lower down the pecking order** 部下、下位者

OCB can help a **person lower down the pecking order** decide on their career path.

OCBは、**部下**が歩むキャリアを決めるのに役立つかもしれません。

2802 □□□

vast [vɑːst] 形 広大な

類 2803 □□□ **enormous** [ɪˈnɔːməs] 2804 □□□ **mammoth** [ˈmæməθ]

2805 □□□ **tremendous** [trəˈmendəs] 巨大な

There is a **tremendous** gap among different companies' reward systems.

企業が異なれば、その報酬制度も**非常に大きく**異なります。

2806 □□□

supportive [səˈpɔːtɪv] 形 支援する、協力的な

類 2807 □□□ **encouraging** [ɪnˈkʌrɪdʒɪŋ] 励みになる

An **encouraging** work environment can help raise employee morale.

背中を押してくれる仕事環境は、従業員の士気を高めることに役立ちます。

受験者は上司を表すのに"senior"をよく使います。例えば「私の"senior"が遅くまで働くように言いました。」のようにです。これは正しくありません。「私のbossが遅くまで働くように言いました。」と言うべきです。またネイティブは、新しい会社で働き始めた時に"freshman"を使いません。これは学校にのみ使います。ですから「私は会社でfreshmanです。」は間違っています。「私は会社でnew employeeです。」と言うべきです。

Section 49 ウィキペディア

Daniel Pink, an author who **specialises in** theories of motivation, has a remarkable **anecdote** about what **energises** people. In one of his most *well-received books, he compares the **timelines** of two encyclopedias which began at the **height** of the turn-of-the-century tech boom. The first was launched by the most powerful technology company in the world, which had, **for all intents and purposes**, a *monopoly on operating systems. The other was a free online encyclopedia that **accumulated** information from volunteers in the **pursuit of** shared knowledge. Every economist at the time **presupposed** that the **excellence** of the first encyclopedia would **tip the balance** in its favor. However, a **perplexing** thing happened. Users **flocked to** the second encyclopedia, called Wikipedia, and in 2009, the tech firm's encyclopedia **conceded defeat** and **shut its doors**.

Wikipedia was a **trailblazer** in the free economy. It is a **testimony to** the spirit of the 21st century, in which the general public is less willing to pay for information, but at the same time, more willing to volunteer. For example, **unpaid** editors on Wikipedia **screen out errors** and look for **suitable** sources. In return, they feel that they have contributed to the *greater good.

ダニエル・ピンクは動機づけ理論**を専門とする**作家ですが、何によって人は**元気づけられる**かについて注目すべき**逸話**があります。彼の最も評判のよい著書の一つの中で、彼は20世紀から21世紀への転換期のハイテクバブル**絶頂期**に始まった、二つの百科事典の**歴史**を比べています。一つ目は、オペレーションシステムを**事実上**独占していた、世界最大手のテクノロジー企業が発売したものでした。もう一つは無料のオンライン百科事典で、知識の共有**を追求する**ボランティアからの情報を**蓄積した**ものでした。当時全ての経済学者は、一つ目の百科事典が**素晴らしい**ので、その百科事典に有利な形で**情勢が一変する**だろう**思い込んでいました**。しかし**不可解な**ことが起こったのです。利用者はウィキペディアと呼ばれる二つ目の百科事典**に群がり**、2009年、そのテクノロジー企業の百科事典は**敗北を認め**、**撤退しました**。

ウィキペディアは、自由経済における**草分け**でした。それは21世紀の精神**の証**であり、この時代は一般人が情報にはあまりお金を払いたがらないものの、同時に、ボランティアにはもっと熱心なのです。例えば、ウィキペディアの**無給の**編集者たちは、**間違いを排除し**、**適切な**情報源を探します。見返りに、彼らは大義に貢献したと感じるのです。

---

* well-received「評判の良い」 monopoly「独占」 greater good「大義」

2808 □□□
specialise in STH [ˈspeʃəlaɪz] ～を専門に扱う

類 2809 □□□ **concentrate on STH** 2810 □□□ **focus on STH** ～に焦点を合わせる
The tech firm **focused on** visuals and graphics rather than detailed information.
そのテクノロジー企業は、詳細な情報よりビジュアルとグラフィックに焦点を当てました。

2811 □□□
anecdote [ˈænɪkdəʊt] 名逸話

類 2812 □□□ **account** 2813 □□□ **description** [dɪˈskrɪpʃn] 話
The **account** of the two encyclopedias is similar to the collapse of printed media.
二つの百科事典の話は、活字媒体の崩壊に似ています。

2814 □□□
energise [ˈenədʒaɪz] 動元気づける

類 2815 □□□ **drive** (人をある行動に) 追いやる 2816 □□□ **motivate** [ˈməʊtɪveɪt] する気にさせる
A sense of altruism **motivates** people to contribute.
利他主義的な感覚のおかげで、人は貢献したいと思うようになります。

2817 □□□
timeline [ˈtaɪmlaɪn] 名歴史、年表

類 2818 □□□ **chronology** [krəˈnɒlədʒi] (過去の出来事の) 年代順配列 2819 □□□ **history** 歴史
Economists are interested in the **chronology** of events around Wikipedia's rise.
経済学者たちは、ウィキペディアの隆盛にまつわる出来事が起きた順序に関心があります。

2820 □□□
height [haɪt] 名絶頂期

類 2821 □□□ **peak** [piːk] 2822 □□□ **zenith** [ˈzenɪθ] 頂点
It is difficult to know when Wikipedia's popularity will reach its **peak**.
ウィキペディアの人気がいつ頂点に達するか、知るのは難しいです。

2823 □□□
for all intents and purposes 事実上

類 2824 □□□ **in essence** [ˈesns] 実質的に 2825 □□□ **in practice** 実際には
In essence, Wikipedia has a monopoly on the encyclopedia market now.
実質的に、ウィキペディアは現在百科事典市場を独占しています。

2826 □□□
accumulate [əˈkjuːmjəleɪt] 動蓄積する

類 2827 □□□ **amass** [əˈmæs] 2828 □□□ **collect** 2829 □□□ **gather** 寄せ集める
Wikipedia had **collected** over 40 million articles by 2018.
ウィキペディアは、2018年までに4,000万以上の記事をまとめました。

2830 □□□
pursuit of STH [pəˈsjuːt] ～の追求

類 2831 □□□ **hunt for STH** [hʌnt] 2832 □□□ **quest for STH** [kwest] ～の追求
The **hunt for** the most accurate information is very important for editors.
最も正確な情報を追求することは、編集者にとってとても大切なことです。

2833 □□□

presuppose [ˌpriːsəˈpəʊz] 動 思い込む

類 2834 □□□ **assume** [əˈsjuːm] 2835 □□□ **presume** [prɪˈzjuːm] 思い込む

2836 □□□ **take** STH **for granted** ～を当然だと思う

The tech firm **took for granted** that their website would be successful.

そのテクノロジー企業は、自社のウェブサイトが成功するのは**当然だと思って**いました。

2837 □□□

excellence [ˈeksələns] 名 優れていること

類 2838 □□□ **superiority** [suːˌpɪəriˈɒrəti] 2839 □□□ **supremacy** [suˈpreməsi] 優位（性）

At first, the **superiority** of the first encyclopedia's graphics made it more attractive.

初めは、一つ目の百科事典の画像が**優れていた**ので、その百科事典はさらに魅力的でした。

2840 □□□

tip the balance 情勢を変化させる

類 2841 □□□ **tilt the scales** 形勢を一方に傾ける

The large amount of free information available **tilted the scales** towards Wikipedia.

無料の情報が大量に入手できるようになり、ウィキペディアに**形勢が傾き**ました。

2842 □□□

perplexing [pəˈpleksɪŋ] 形 不可解な、当惑させる

類 2843 □□□ **baffling** [ˈbæflɪŋ] 2844 □□□ **mystifying** [ˈmɪstɪfaɪɪŋ]

2845 □□□ **puzzling** [ˈpʌzlɪŋ] 不可解な

Initially, economists found the popularity of Wikipedia **puzzling**.

最初は、経済学者はウィキペディアの人気を**不可解だ**と思いました。

2846 □□□

flock to STH ～に群がる

類 2847 □□□ **stream to** STH [striːm] ～にどっと流れる 2848 □□□ **swarm to** STH ～に群がる

People really began to **stream to** the site after 2006.

2006年以降、人々はそのサイト**に押し寄せ**始めました。

2849 □□□

concede defeat [kənˈsiːd] 敗北を認める

類 2850 □□□ **give in** 2851 □□□ **give up** 2852 □□□ **surrender** [səˈrendə] 降参する

In 2009, the tech company **gave up** and closed its encyclopedia.

2009年、そのテクノロジー企業は**降参し**、百科事典を閉鎖しました。

2853 □□□

shut (one's) doors 撤退する

類 2854 □□□ **close up shop** 2855 □□□ **go out of business** 廃業する

A majority of economists were surprised when the first encyclopedia **went out of business**.

ほとんどの経済学者は、その一つ目の百科事典が**廃止された**時驚きました。

2856 □□□
trailblazer [ˈtreɪlbleɪzə] 名 草分け

類 2857 □□□ **innovator** [ˈɪnəveɪtə] 革新者
2858 □□□ **pioneer** [ˌpaɪəˈnɪə] 2859 □□□ **groundbreaker** [ˈgraʊndbreɪkə] 先駆者

The first electronic encyclopedia was a **groundbreaker** in its field.
最初の電子百科事典が登場した時、その分野での**先駆者**でした。

2860 □□□
testimony to STH [ˈtestɪməni] ～の証拠

類 2861 □□□ **testament to** STH [ˈtestəmənt] 2862 □□□ **tribute to** STH [ˈtrɪbjuːt] ～の証拠

Wikipedia is a **testament to** altruism.
ウィキペディアは利他主義**の証拠**です。

2863 □□□
unpaid [ˌʌnˈpeɪd] 形 無報酬の

類 2864 □□□ **uncompensated** [ˌʌnˈkɒmpenseɪtɪd] 無給の

Many young people do **uncompensated** work in tech industries to get experience.
多くの若者は、経験を得るためにテクノロジー業界で**無給の**仕事をします。

2865 □□□
screen STH **out** 選別して～を排除する

類 2866 □□□ **filter** STH **out** ～を除去する

Volunteers **filter out** inaccurate information in Wikipedia's articles.
ボランティアは、ウィキペディアの記事の不正確な情報**を除去します**。

2867 □□□
error [ˈerə] 名 間違い

類 2868 □□□ **inaccuracy** [ɪnˈækjərəsi] 間違い 2869 □□□ **blunder** [ˈblʌndə] ばかげた誤り

If readers spot a **blunder** on a Wiki page, they can flag it and show an editor.
読者がウィキペディアの**間違い**に気づいたら、その**間違い**をハイライトし、編集者に示すことができます。

2870 □□□
suitable [ˈsuːtəbl] 形 適切な

類 2871 □□□ **appropriate** [əˈprəʊpriət] 適切な 2872 □□□ **acceptable** [əkˈseptəbl] 容認可能な

Writers for Wikipedia must use **appropriate** language in the articles.
ウィキペディアのライターは、記事の中で**適切な**文体を使わなければなりません。

日本人はよく "popular" と "famous" を間違えます。"popular" は「とても好かれている」で "famous" は「よく知られている」です。ですから、「うちの近所の公園は、若者がよく行く famous な場所です」は不自然に聞こえます。

Section 50 海をきれいに

050

何回読んだ？ □□□□□

Our oceans have been **inundated** with plastic and are *poised *on the brink of disaster. This problem is especially **acute** in an area between Hawaii and California where the Pacific Ocean currents *rotate, capturing the plastic in a massive *gyre. While it is difficult to **quantify**, the best **educated guess** is that this 'Great Pacific Garbage Patch' contains more than 5 trillion pieces of plastic. Plastic bags washing into the ocean from rivers are the main **culprits**. Fish and seabirds eat the plastic and cannot digest it. This has a **knock-on effect** throughout the oceanic food chain, resulting in **traces** of **toxic** plastic **ending up** in the fish we eat. **Outdated** clean-up methods, such as using ships with nets **zigzagging** through the water, are likely to be **fruitless** *exercises. So is this situation **irreversible**? Boyan Slat, a Danish teenager, was **frustrated** by the **dearth of practical** solutions and decided to do something. He invented **buoyant** *booms that collect the plastic but which let marine life swim safely underneath. The first phase was a **field test** of a **prototype** of the boom, which was a **resounding success**. So it is hoped that **under** the right **circumstances**, the oceans may be plastic-free by 2050.

私たちの海にはプラスチックが**氾濫し**、大惨事になる寸前です。この問題は特にハワイとカリフォルニアの間の地域で**深刻ですが**、そこは太平洋の海流が旋回し、プラスチックを巨大な渦の中に巻き込んでいる場所です。**量を測るのは**難しいですが、この「太平洋ゴミベルト」には5兆以上のプラスチック片がある、というのが**知識に基づく**ベストな**推測**です。川から海へと流れてくるビニール袋が主な**原因**です。魚や海鳥はこのプラスチックを食べ、消化することができません。これは大洋の食物連鎖全体に**波及効果**を及ぼし、結果的に**有毒な**プラスチックが、**最後には**私たちが食べる魚に**残ります**。網をつけた船を使い海洋を**ジグザグに航行する**ような**旧式の**除去法は、**効果のない**方法です。それでは、この状況は**取り返しがつかない**のでしょうか？

ボイヤン・スラットはデンマーク人のティーンエージャーですが、**実効性のある**解決法が**足りないことに苛立ち**、何かをしようと決意しました。彼は、プラスチックを集めることができ、しかも海洋生物がその下を安全に泳げる**浮揚性の**ブームを発明しました。第一段階としてブームの**試作品**の**実地試験**を行い、**大成功**を収めました。適切な**状況下**で行えば、2050年までに海のプラスチックが一掃されることが期待されています。

---

* poise「～の準備をする」 on the brink of「～の寸前で」 rotate「旋回する」 gyre「渦」 exercise「方法」 boom「ブーム、水上の漂流物の拡散を防ぐための囲い」

2873 □□□
inundate [ˈɪnʌndeɪt] 動 (人や場所に) 押し寄せる

類 2874 □□□ **overwhelm** [ˌəʊvəˈwelm] 埋める
Our throwaway society has **overwhelmed** the ocean with plastic.
私たちの使い捨て社会は、海をプラスチックで埋めつくしました。

2875 □□□
acute [əˈkjuːt] 形 深刻な、重大な

類 2876 □□□ **severe** [sɪˈvɪə] 2877 □□□ **intense** [ɪnˈtens] 深刻な
Although the gyre in the Pacific is the most **severe**, there are others.
太平洋の渦が最も事態が深刻ですが、他にもあります。

2878 □□□
quantify [ˈkwɒntɪfaɪ] 動 量を定める

類 2879 □□□ **calculate** [ˈkælkjuleɪt] 算出する 2880 □□□ **measure** [ˈmeʒə] 測定する
Scientists **calculated** that 2 million tonnes of plastic go into our oceans each year.
科学者たちは、200万トンのプラスチックが毎年海に放出されていると算出しました。

2881 □□□
educated guess [edʒukeɪtɪd] 知識に基づく推測

類 2882 □□□ **approximation** [əˌprɒksɪˈmeɪʃn] 2883 □□□ **estimation** [ˌestɪˈmeɪʃn] 見積もり
The best **estimation** is that it could take 70,000 years to clean it up using nets.
網を使ってそれを一掃するには、70,000年かかるかもしれないと見積もられています。

2884 □□□
culprit [ˈkʌlprɪt] 名 犯人、(問題の) 元凶

類 2885 □□□ **offender** [əˈfendə] 犯罪人
Coastal cities are the biggest **offenders** when it comes to polluting the ocean.
海洋の汚染ということになると、沿岸の都市が最大の犯人です。

2886 □□□
knock-on effect [ˌnɒk ˈɒn ɪˈfekt] 波及効果、連鎖反応

類 2887 □□□ **indirect effect** [ˌɪndəˈrekt ɪˈfekt] 間接的な影響
There is also an **indirect effect** on the fishing trade.
魚の取引にも間接的な影響があります。

2888 □□□
trace [treɪs] 名 痕跡、名残

類 2889 □□□ **residue** [ˈrezɪdjuː] 残留物 2890 □□□ **vestige** [ˈvestɪdʒ] 残存物
Vestiges of air-borne poisons, such as DDT, are absorbed by the plastic.
DDTのような空気中の毒物の残留物は、プラスチックに吸収されます。

2891 □□□

toxic [ˈtɒksɪk] 形 有毒な

類 2892 □□□ **poisonous** [ˈpɔɪzənəs] 2893 □□□ **noxious** [ˈnɒkʃəs] 有害な

The plastic is **poisonous** to human beings as well as marine life.
プラスチックは海洋生物にとってだけではなく、人間にも**有害**です。

2894 □□□

end up 最後は～に行きつく

類 2895 □□□ **finish up** 2896 □□□ **wind up** 結局～になる

If you throw away a plastic straw on the street, it can **wind up** in the ocean.
プラスチックのストローを道に投げ捨てると、**最終的に**海洋に**行きつく**ことになるかもしれません。

2897 □□□

outdated [ˌaʊtˈdeɪtɪd] 形 時代遅れの

類 2898 □□□ **old-fashioned** [ˌəʊld ˈfæʃnd] 古風な

2899 □□□ **obsolete** [ˈɒbsəliːt] 2900 □□□ **outmoded** [ˌaʊtˈməʊdɪd] 時代遅れの

We cannot rely on **outmoded** ways to solve environmental problems.
環境問題を解決するのに、**時代遅れの**方法に頼ることはできません。

2901 □□□

zigzag [ˈzɪgzæg] 動 ジグザグに進む

類 2902 □□□ **weave** [wiːv] 左右にくねくねと動く

In order to get the booms out, they had to **weave** around many obstacles.
ブームを取り出すために、多くの障害物を**くねくねと**避けて通らなければなりませんでした。

2903 □□□

fruitless [ˈfruːtləs] 形 無益な

類 2904 □□□ **ineffectual** [ˌɪnɪˈfektʃuəl] 2905 □□□ **futile** [ˈfjuːtaɪl] 無駄な

2906 □□□ **pointless** [ˈpɔɪntləs] 無意味な

Due to the huge amount of garbage, using nets to pick it up is **pointless**.
ごみが大量なので、網を使ってごみを拾い上げるのは**無意味**です。

2907 □□□

irreversible [ˌɪrɪˈvɜːsəbl] 形 元に戻せない

類 2908 □□□ **irrevocable** [ɪˈrevəkəbl] 取り返しがつかない

A lot of environmentalists thought that the situation was **irrevocable**.
多くの環境問題専門家が、この状況は**取り返しがつかない**と考えました。

2909 □□□

be frustrated [frʌˈstreɪtɪd] 失望する、いらだつ

類 2910 □□□ **be dissatisfied** [dɪsˈsætɪsfaɪd] 不満だ 2911 □□□ **be fed up** あきれる

Boyan Slat **was dissatisfied** with the old-fashioned ideas of older scientists.
ボイヤン・スラットは、年上の科学者たちの旧態依然とした考え方に**不満でした**。

2912 □□□
dearth of STH [dɜːθ] ～の欠乏

類 2913 □□□ **absence of** STH [ˈæbsəns] 2914 □□□ **deficiency of** STH [dɪˈfɪʃnsi]
2915 □□□ **lack of** STH ～の欠乏

There is an **absence of** good ideas on how to solve environmental problems.
環境問題の解決法について、よい考えが**ありません**。

2916 □□□
practical [ˈpræktɪkl] 形 実効性のある

類 2917 □□□ **workable** [ˈwɜːkəbl] 実現できる 2918 □□□ **realistic** [ˌriːəˈlɪstɪk] 現実的な
2919 □□□ **doable** [ˈduːəbl] 実効可能な

It is amazing that a teenager came up with such a **workable** solution.
ティーンエージャーがこのような**実効可能な**解決法を思いついたのは、驚きです。

2920 □□□
buoyant [ˈbɔɪənt] 形 浮揚性の

類 2921 □□□ **floatable** [ˈfləʊtəbl] 浮揚性の

Not all plastic is **floatable**, so we need to capture the plastic under the surface too.
全てのプラスチックが**浮揚性**というわけではないので、海面下のプラスチックも捕まえる必要があります。

2922 □□□
field test 実地試験、屋外実験

類 2923 □□□ **beta test** ベータテスト、試用 2924 □□□ **real-world test** 実地テスト

A **beta test** was conducted in the North Sea in 2016.
2016年には、北海で**ベータテスト**が行われました。

2925 □□□
prototype [ˈprəʊtətaɪp] 名 試作品

類 2926 □□□ **mock-up** 模型

A scaled-down **mock-up** of the booms worked perfectly.
ブームの小型版の**模型**が、完璧に動作しました。

2927 □□□
resounding success [rɪˈzaʊndɪŋ] 大成功

類 2928 □□□ **roaring success** [ˈrɔːrɪŋ] 2929 □□□ **complete success** 大成功

The first test was a **complete success**.
最初の試験運転は**大成功**でした。

2930 □□□
under circumstances 状況下で

類 2931 □□□ **given conditions** 与えられた条件

The booms work quite well **given** the right **conditions**.
ブームは**条件**が整っていれば、かなりうまく機能します。

カラスの道具作り

Besides humans, only one other animal uses and improves upon **implements**, similar to how **craftsmen carve** their tools. In 2002, *evolutionary biologists filmed a *New Caledonian crow bending a wire into a hook to **retrieve** an **anticipated** *reward. This **astounding** behaviour is actually **commonplace** amongst these crows. In the wild, they *fashion hooks from *twigs to retrieve *grubs inside *logs.

There is a **long-simmering** debate over whether this is learned or **inherent** behaviour. It could be a bit of both. In an **experiment** by Oxford University, one pair of crows were kept with older crows that knew the **tricks of the trade** of making hooks, while another pair were **deliberately kept apart**. Those **in the presence of** the more **knowledgeable** crows **sculpted** tools faster than the **naive** pair. Apparently, it was much more efficient if they could **take their cues from** the **old hands**. But this aroused the scientists' **curiosity**. How did the second pair work around the problem? Apparently, crows can *reverse-engineer tools just from a **visual** memory. So if at anytime in the past, they have seen a tool that could prove useful in a particular situation, they can **recreate** it using a mental image as a *model.

人間以外で**道具**を使用し、**職人**が道具を**造る**ようにそれを改良する動物は、わずか1種のみです。2002年に進化生物学者は、カレドニアカラスがワイヤーをフックの形に曲げて、**楽しみにしていた**報酬を**取り出す**様子を映像に収めました。この**驚くべき**習性は、このカラスには実は**よく見られます**。野生でこのカラスは小枝からフックを作り、木の中の虫を取り出すのです。これが習得された行動なのか**もって生まれた**ものなのかという点が、**長い間熱く**議論されてきました。これは両方である可能性があります。オクスフォード大学のある**実験**では、あるつがいのカラスがこのフックを作る**技術**を知っている年上のカラスと一緒にされ、一方でもう一組のつがいは**意図的に遠ざけられ**ました。より**知識のある**カラス**と一緒にいた**つがいは、**未経験**のつがいよりも速く道具を**作りました**。明らかに、**熟練者を見習う**事ができた方がずっと効率的なようです。しかし、これは科学者達の**好奇心**を刺激しました。後者のつがいはどのようにして問題を解決したのでしょうか？　どうやら、カラスは**視覚的**記憶だけから道具を解析して、模倣できるようです。従って、もし過去に、特定の状況で役に立つ事が分かった道具を見たことがある場合、彼らは心の中の映像を手本としてそれを**再現**できるようです。

---

* evolutionary biologist「進化生物学者」 New Caledonian crow「カレドニアカラス」 reward「報酬、褒美」 fashion「～を作る」 twig「小枝」 grub「虫」 log「丸太」 reverse-engineer「解析して模倣する」 model「手本」

2932 □□□
implement [ˈɪmplɪmənt] 名道具

類 2933 □□□ **instrument** [ˈɪnstrəmənt] 道具

Crows also use their feathers as **instruments** to fetch food.
カラスは羽根も食べ物を捕えるための道具として使います。

2934 □□□
craftsman [ˈkrɑːftsmən] 名職人

類 2935 □□□ **artisan** [ˌɑːtɪˈzæn] 職人

Crows are as proud of their tools as **artisans** are and often reuse them.
カラスは、職人と同様に自らの道具に誇りを持っており、よく再利用します。

2936 □□□
carve [kɑːv] 動(刻んでものを)造る

類 2937 □□□ **sculpt** [skʌlpt] 彫刻する 2938 □□□ **shape** [ʃeɪp] 成形する
2939 □□□ **whittle** [ˈwɪtl] 削る、削ってものを造る

They **whittle** the tips of the twigs with their beaks.
彼らは小枝の端をクチバシで削ります。

2940 □□□
retrieve [rɪˈtriːv] 動回収する、取り戻す

類 2941 □□□ **fetch** [fetʃ] 取ってくる 2942 □□□ **obtain** [əbˈteɪn] 得る

In another experiment, crows used different-sized twigs to **fetch** treats.
またある実験では、カラスはご馳走を取るのに異なった大きさの小枝を使いました。

2943 □□□
anticipated [ænˈtɪsɪpeɪtɪd] 形楽しみに待たれていた

類 2944 □□□ **expected** [ɪkˈspektɪd] 期待された

Animals' bodies react when they can see an **expected** reward.
動物の体は、期待された褒美が見えると反応します。

2945 □□□
astounding [əˈstaʊndɪŋ] 形驚くべき

類 2946 □□□ **hard to believe** 2947 □□□ **almost beyond belief** 信じがたい

It is **hard to believe** that these birds are as smart as primates.
これらの鳥が霊長類と同じくらい賢いというのは信じがたい事です。

2948 □□□
commonplace [ˈkɒmənpleɪs] 形当たり前の、普通の

類 2949 □□□ **prevalent** [ˈprevələnt] 広く行き渡った

Crows are **prevalent** in every habitat in the world.
カラスは世界中のどの生息地でもよく見かけられます。

2950 □□□
long-simmering [lɒŋ ˈsɪmərɪŋ] 形長年くすぶり続けている

類 2951 □□□ **long-standing** 2952 □□□ **age-old** 長年にわたる

The **long-standing** debate over 'nature versus nurture' may never be resolved.
「生まれか育ちか」という長い論争は、解決されないかも知れません。

2953 □□□

inherent [ɪnˈherənt] 形 生来の、先天的な

類 2954 □□□ **hard-wired** [ˌhɑːdˈwaɪəd] 生来の 2955 □□□ **genetic** [dʒəˈnetɪk] 遺伝の

To what extent are humanity's tool-making skills **genetic**?

人類の道具を作る能力は、どの程度まで**生来の**ものでしょうか？

2956 □□□

experiment [ɪkˈsperɪmənt] 名 実験

類 2957 □□□ **investigation** [ɪnˌvestɪˈgeɪʃn] 2958 □□□ **study** 研究

Studies of these remarkable birds can shed light on how people learn.

これらの驚くべき鳥の**研究**が、人がどのように学習するのかを解明できるでしょう。

2959 □□□

tricks of the trade 専門的技術

類 2960 □□□ **know-how** ノウハウ 2961 □□□ **bag of tricks** あらゆる手段

2962 □□□ **stratagem** [ˈstrætədʒəm] 策略

The **bag of tricks** used by the crows to get the food amazed the scientists.

カラスが食べ物を得るために使った**手段**は科学者達を驚かせました。

2963 □□□

deliberately [dɪˈlɪbərətli] 副 故意に

類 2964 □□□ **intentionally** [ɪnˈtenʃənəli] 2965 □□□ **purposely** [ˈpɜːpəsli] 意図的に

2966 □□□ **consciously** [ˈkɒnʃəsli] 意識的に

Crows **purposely** attack people they do not like.

カラスは嫌いな人々を**意図的に**攻撃します。

2967 □□□

keep SB STH apart ～を引き離しておく

類 2968 □□□ **isolate** [ˈaɪsəleɪt] 2969 □□□ **set SB STH apart**

2970 □□□ **segregate** [ˈsegrɪgeɪt] ～を分離する

The crows which were **isolated** from the others were still able to do the task.

他と**隔離され**ていたカラスもまた、その課題をこなす事ができました。

2971 □□□

in the presence of SB STH ～の面前（近辺）で

類 2972 □□□ **in the company of SB STH**

2973 □□□ **in the midst of SB STH** ～と一緒にいて

Crows are social animals and like to be **in the company of** others.

カラスは社会的な動物で、他の個体と**共にいる**事を好みます。

2974 □□□

knowledgeable [ˈnɒlɪdʒəbl] 形 博識な

類 2975 □□□ **experienced** [ɪkˈspɪəriənst] 2976 □□□ **seasoned** [ˈsiːznd] 熟達した

More **seasoned** animals have an advantage in the wild.

より**熟達した**動物は自然において有利です。

2977 □□□
naive [naɪˈiːv] 形 経験に欠けた

類 2978 □□□ **inexperienced** [ˌɪnɪkˈspɪəriənst] 経験のない 2979 □□□ **green** [griːn] 未熟の

The **inexperienced** birds took longer to complete the task.
経験のない鳥は、その課題を完了するのにより時間がかかりました。

2980 □□□
take (one's) cues from SB STH ～からヒントを得る

類 2981 □□□ **be influenced by** SB STH ～から影響を受ける
2982 □□□ **imitate** [ˈɪmɪteɪt] ～に倣う

Children, like the crows, **are influenced by** adults' behaviour.
カラスと同じように、子供達も大人の行動から影響を受けます。

2983 □□□
old hand 熟練者

類 2984 □□□ **old pro** 2985 □□□ **expert** 熟練者

After only a few weeks, the crows became **old pros** at retrieving the food.
たった数週間の後、カラスは食べ物を得る熟練者となりました。

2986 □□□
curiosity [ˌkjʊəriˈɒsəti] 名 好奇心

類 2987 □□□ **inquisitiveness** [ɪnˈkwɪzətɪvnəs] 好奇心

Crows have a natural **inquisitiveness** that pushes them to steal things.
カラスは物を盗みたがる生まれつきの好奇心を持っています。

2988 □□□
visual [ˈvɪʒuəl] 形 視覚の、視力の

類 2989 □□□ **optical** [ˈɒptɪkl] 視覚の

Crows have better **optical** ability in either their right or left eyes.
カラスは左右どちらか片方の眼の視力が良いです。

2990 □□□
recreate [ˌriːkriˈeɪt] 動 再現する

類 2991 □□□ **reproduce** [ˌriːprəˈdjuːs] 再現する
2992 □□□ **reconstruct** [ˌriːkənˈstrʌkt] 再生する、復元する

If a crow loses a useful tool, it can **reconstruct** the lost tool from memory.
もしカラスが便利な道具を無くしたら、記憶を基に無くした道具を復元できます。

遺伝子操作

Editing genes, once considered an **abstract** *concept, is now a reality. A tool called *CRISPR (pronounced 'crisper') allows scientists to make **adjustments** to certain *strands of **intertwined** DNA using a technique similar to cutting and pasting text in a document. The possible uses are certainly **fascinating**. For example, CRISPR can **stop** diseases **in** their **tracks**, especially those that **afflict** children. In fact, scientists **aspire to put an end to** child *mortality from diseases. For adults, this tool is giving hope to **infertile** women who want to *bear children. On top of that, the scientists dream of **extending** the **capacity** for cell repair and thus **halting** or reversing aging. It seems that *bioengineering is **the way forward**. But are there any **downsides**?
The **worst-case scenario** would be scientists accidentally reducing our *immunity to common diseases. In this case, we could **face epidemics**, and if this altered DNA were passed on to the next generation, it could even **spell** the end of **humanity**. Despite these concerns, it may be too much to ask for **government bodies** to **set restrictions** on the bioengineering industry. Therefore, the scientific community needs to **draw a line** by setting standards to ensure this industry **does** everything **by the book**.

かつては**理論上の**概念と見なされていた遺伝子操作は、今や現実となっています。CRISPR（「クリスパー」と発音されます）という方法により、文書の文字列を切り貼りするような技術を使って、科学者は特定の**絡み合った**DNAの束を**調整**する事が可能になりました。潜在的な用途は間違いなく**魅力的**です。例えば、CRISPRは病気、とりわけ子供達を**苦しめる**病を**すぐに止める**事ができます。実際、科学者達は病気による幼児の死亡に**終止符を打とうとしています**。大人に関しては、この方法は子供を望んでいる**不妊**女性に希望を与えています。さらに、科学者は細胞修復**能力**を**伸ばす**事で加齢を**止めたり**逆行させたりすることを夢見ています。生体工学は**今後の活路**のように思えます。しかし、**マイナス面**もあるのでしょうか？
最悪のシナリオとして考えられるのは、科学者が偶然に、一般的疾病に対する我々の免疫を減らしてしまう事です。この場合**病気が蔓延し**、さらにもしこの変造されたDNAが次の世代に受け継がれたとしたら、**人類**の終わりを**引き起こす**結果にすらなり得ます。このような懸念はあるものの、**政府**に生体工学産業への**規制を課す**事を求めるのは行き過ぎかもしれません。従って、科学界は確実に全てを**規則に従って行う**よう基準を設け、**線引きを行う**必要があります。

---

* concept「概念」 CRISPR＝Clustered Regularly Interspaced Short Palindromic Repeat「ゲノム編集技術」 strand「（DNAの）ストランド、らせん構造」 mortality「死亡率」 bear「産む」 bioengineering「生体工学」 immunity「免疫」

2993 □□□
abstract [ˈæbstrækt] 形 理論的な

類 2994 □□□ **theoretical** [ˌθɪəˈretɪkl] 理論的な 2995 □□□ **conceptual** [kənˈseptʃuəl] 概念上の
2996 □□□ **academic** [ˌækəˈdemɪk] 学問的な

Before 2009, the discussion around the ethics of gene editing was largely **academic**.
2009年以前は、遺伝子操作の倫理にまつわる議論は主に学問的なものでした。

2997 □□□
adjustment [əˈdʒʌstmənt] 名 調整

類 2998 □□□ **alteration** [ˌɔːltəˈreɪʃn] 2999 □□□ **modification** [ˌmɒdɪfɪˈkeɪʃn] （部分的）変更

In the future, people may be able to make **modifications** to their DNA at home.
将来的に、人々は家でDNA操作ができるようになるかも知れません。

3000 □□□
intertwined [ˌɪntəˈtwaɪnd] 形 絡み合った

類 3001 □□□ **interlaced** [ˌɪntəˈleɪst] 絡み合った 3002 □□□ **interlinked** [ˌɪntəˈlɪŋkt] 連結した

Genes from both parents are **interlinked** in a child's DNA.
両親からの遺伝子が子供のDNAにおいて連結しています。

3003 □□□
fascinating [ˈfæsɪneɪtɪŋ] 形 魅力的な

類 3004 □□□ **captivating** [ˈkæptɪveɪtɪŋ] 3005 □□□ **intriguing** [ɪnˈtriːgɪŋ] 魅力的な

One of the most **intriguing** uses of CRISPR will be modifying human embryos.
CRISPRの使用として最も魅力的なものの1つは、人間の胚を操作する事です。

3006 □□□
stop SB STH in (one's) tracks 直ちに～を止める

類 3007 □□□ **block** 阻止する 3008 □□□ **halt** 停止させる

In 2018, Japanese scientists used CRISPR to **block** HIV in infected cells.
2018年には、日本人科学者達がCRISPRを使用して、感染細胞の中のHIVウイルスを封鎖しました。

3009 □□□
afflict [əˈflɪkt] 動 苦しめる、悩ます

類 3010 □□□ **cause suffering to STH** ～を苦しめる 3011 □□□ **strike** 襲う
3012 □□□ **harm** 害を及ぼす

Diseases that **strike** children could be a thing of the past.
子供を襲う病気は過去の物となるかもしれません。

3013 □□□
aspire [əˈspaɪə] 動 目指す

類 3014 □□□ **aim** 目指す 3015 □□□ **hope** 望む

Scientists **aim** to make gene editing more affordable.
科学者達は遺伝子操作をより手頃なものにすることを目指しています。

3016 □□□

put an end to STH ～を終わらせる

類 3017 □□□ **eliminate** [ɪˈlɪmɪneɪt] 撲滅する 3018 □□□ **bring an end to** STH ～を終わらせる

CRISPR may be used to **bring an end to** cancer.

CRISPRは癌を**止める**のに使われるかもしれません。

3019 □□□

infertile [ɪnˈfɜːtaɪl] 形 不妊の

類 3020 □□□ **sterile** [ˈsteraɪl] 3021 □□□ **barren** [ˈbærən] 不妊の

Researchers use **sterile** mice to study reproduction.

研究者達は生殖研究に**不妊の**マウスを使用しています。

3022 □□□

extend [ɪkˈstend] 動 伸ばす

類 3023 □□□ **expand** [ɪkˈspænd] 増す 3024 □□□ **prolong** [prəˈlɒŋ] 延ばす

Everyone's lifespan could be **expanded** using CRISPR.

全ての人の寿命はCRISPRを使って**伸ばす**事が出来るかも知れません。

3025 □□□

capacity [kəˈpæsəti] 名 能力

類 3026 □□□ **potential** [pəˈtenʃl] 潜在能力 3027 □□□ **capability** [ˌkeɪpəˈbɪləti] 能力

Human **potential** could be limitless with this technology.

人間の**潜在能力**はこの技術で無限になるかも知れません。

3028 □□□

the way forward 今後の道筋、活路

類 3029 □□□ **the wave of the future** 未来の波、将来優勢になりそうなもの

Gene editing could be **the wave of the future** in agriculture.

遺伝子操作は農業において**将来性**があるでしょう。

3030 □□□

downside [ˈdaʊnsaɪd] 名 マイナス面

類 3031 □□□ **drawback** [ˈdrɔːbæk] 欠点 3032 □□□ **minus** [ˈmaɪnəs] マイナス面

3033 □□□ **snag** [snæg] 短所

One **minus** of gene editing is the high cost.

遺伝子操作の**マイナス面**の１つは高いコストです。

3034 □□□

worst-case scenario 最悪のシナリオ

類 3035 □□□ **worst possible outcome** 起こり得る最悪の結果

Some people say that eugenics is the **worst possible outcome** of gene editing.

遺伝子操作で**起こり得る最悪の結果**が優生学だと言う人もいます。

3036 □□□

face [feɪs] 動 直面する

類 3037 □□□ **confront** [kənˈfrʌnt] 立ち向かう

Scientists still have to **confront** a lot of challenges with this technology.

科学者達はこの技術に関してまだ沢山の困難に**立ち向かう**必要があります。

3038 □□□

epidemic [ˌepɪˈdemɪk] 名 病気の蔓延(まんえん)

類 3039 □□□ **plague** [pleɪg] 伝染病 3040 □□□ **contagion** [kənˈteɪdʒən] 伝染（病）
3041 □□□ **outbreak of disease** 病気の蔓延

Outbreaks of diseases could become a thing of the past because people could give themselves immunity.
病気の蔓延は、人々が免疫を得る事ができるので、過去のものとなるかもしれません。

3042 □□□

spell [spel] 動（好ましくない結果を）招く

類 3043 □□□ **signal** [ˈsɪgnəl] 前兆となる 3044 □□□ **indicate** [ˈɪndɪkeɪt]（兆候を）示す
3045 □□□ **portend** [pɔːˈtend] 前兆となる

If gene editing spirals out of control, it could **signal** disaster for humanity.
もし遺伝子操作が制御不能になった場合、人類にとって災難の**前兆となり**えるでしょう。

3046 □□□

humanity [hjuːˈmænəti] 名 人類

類 3047 □□□ **the human race** 3048 □□□ **humankind** 3049 □□□ **mankind** 人類

Humankind may need gene editing to survive epidemics in the 21st century.
人類には、21世紀の伝染病を生き抜くために遺伝子操作が必要かも知れません。

3050 □□□

government body 政府機関

類 3051 □□□ **the authorities** [ɔːˈθɒrətiz] 当局 3052 □□□ **government agency** 政府機関 [ˈgʌvənmənt ˈeɪdʒənsi] 3053 □□□ **the powers-that-be** 当局

People should ask **the powers-that-be** to control this industry.
人々は、この産業を制御するよう**当局**に依頼するべきです。

3054 □□□

set a restriction 制限を設ける

類 3055 □□□ **draw a line** 3056 □□□ **establish a boundary** 限度を設ける
3057 □□□ **fix a limit** 3058 □□□ **set a limit** 制限する

France has **set limits** on what scientists can do with gene editing.
フランスは科学者達が遺伝子操作で出来る事を**制限して**います。

3059 □□□

do STH by the book 規則に従って行う

類 3060 □□□ **do STH by the numbers** 型どおりに行う
3061 □□□ **follow the letter of the law** 法に厳密に従う

It is important that researchers **follow the letter of the law** when doing these experiments.
これらの実験を行う時は科学者が**法律に一言一句厳密に従う**事が大切です。

3Dプリンター

Building a house by *conventional means using wood and bricks can **cost an arm and a leg**. The problem is **compounded** by the fact that there is a **shortage** of bricklayers in industrialised countries. One alternative is to use concrete, but the majority of concrete block buildings are often seen as **banal** and **devoid of** artistic expression. However, architects may have found a solution: 3D printers.

These **gadgets** have really *come into their own since the first printer was built in 1983. While that particular printer was an **abject failure**, these days the technology is advancing **at breakneck speed**. Now, 3D printers can make **facsimiles** of **everyday** objects from earrings to toys by **laying down slice** after slice of plastic with a **high degree of** *accuracy. And now a Dutch construction company has **unveiled** new 3D printers that can build houses.

Concrete is *fed into the printer, and architects can **embellish** the *façade with *intricate designs. Each house is **personalised** and **made to measure**. The low cost of building each house allows city planners to *revitalise **dilapidated** areas quickly and cheaply. The next **phase** is to **scale up** the **operation**, so the company can export the printers to the rest of the world.

家を木材やレンガを使った従来の手段で建てると、**莫大なお金がかかる**事があります。先進国でレンガ職人が**不足している事**が、この問題に**拍車をかけて**います。一つの代替案はコンクリートを使用する事ですが、大部分のコンクリート建造物は**陳腐**で芸術的表現に**欠ける**と見なされることが多いです。しかし、建築士達は解決策を見出したかもしれません。それは3Dプリンターです。

これらの**機械**は、1983年に初めての3Dプリンターが制作されてから、本当に真価を認められました。その初めてのプリンター自体は**みじめな失敗作**でしたが、今日その技術は**危険なほどのスピードで**進化しています。今や3Dプリンターは、イヤリングから玩具まで、**日用品**の**コピー**をプラスチックの**薄片**を**高度の**正確性で**次々に重ねる**事で作成します。そして今や、オランダの建設会社が家を建てる事ができる新しい3Dプリンターを**発表しました**。

コンクリートがプリンターに注ぎ込まれ、建築家は外観を精密なデザインで**装飾する**事ができます。個々の家は**個人に合わせてあり**、**寸法もぴったりに合わせて作られて**います。個々の家の建設費が安いため、都市プランナーは**荒廃した**地域を迅速に安く復興させる事ができます。次の**段階**は**操業**の**スケールを大きくし**、世界中にプリンターを輸出する事です。

---

* conventional「従来の」 come into (one's) own「真価を認められる」
accuracy「正確さ」 feed STH into STH「～を…に注ぎ込む」 façade「外観」
intricate「精密な」 revitalise「復興させる」

3062
cost an arm and a leg 莫大なお金がかかる

類 3063 **cost a fortune** 莫大なお金がかかる

Building materials **cost a fortune**.
建設資材は莫大なお金がかかります。

3064
compound [ˈkɒmpaʊnd] 動（事態を）悪化させる

類 3065 ● **magnify** [ˈmæɡnɪfaɪ] 3066 **exacerbate** [ɪɡˈzæsəbeɪt] 悪化させる
3067 ● **intensify** [ɪnˈtensɪfaɪ] 激化する

Housing problems have **intensified** due to the high cost of building homes.
住宅問題は、家を建設する高額な費用のために激化しました。

3068
shortage of STH [ˈʃɔːtɪdʒ] 名 ～の不足

類 3069 **scarcity of** STH [ˈskeəsəti]
3070 **deficiency in the number of** STH [dɪˈfɪʃnsi] ～の不足

There is a **scarcity of** individual homes in urban centres.
都市中心部の個人住宅は不足しています。

3071
banal [bəˈnɑːl] 形 陳腐な

類 3072 **bland** [blænd] 退屈な 3073 **mundane** [mʌnˈdeɪn] 平凡な

The concrete blocks of flats built during the 1970s look **bland**.
1970年代に建てられたコンクリートのアパートはつまらなく見えます。

3074
devoid of STH ～を欠いた

類 3075 **completely lacking in** STH 完全に～を欠いた
3076 **bereft of** STH [bɪˈreft] ～を失って

Some metropolitan areas are **completely lacking in** style.
大都市部の中には、完全に風情を欠いた場所もあります。

3077
gadget [ˈɡædʒɪt] 名（目新しい）道具、装置

類 3078 **gizmo** [ˈɡɪzməʊ] 機器

Early adopters always buy the latest **gizmo** as soon as it is available.
新し物好きな人たちは、いつも最新機器が入手可能になるとすぐに買います。

3079
abject failure [ˈæbdʒekt ˈfeɪljə] みじめな失敗

類 3080 **complete bomb** [kəmˈpliːt bɒm] 全くの失敗
3081 **unmitigated disaster** [ʌnˈmɪtɪɡeɪtɪd dɪˈzɑːstə] 大失敗

Some 3D printers have been **complete bombs**.
3Dプリンターの中には全くの失敗に終わったものもあります。

3082 □□□

at breakneck speed 猛烈なスピードで

類 3083 □□□ **at a whirlwind pace** 目まぐるしい速さで 3084 □□□ **at full tilt** 全速力で

Progress in 3D printing has been going **at a whirlwind pace**.

3Dプリント技術の発展は**目まぐるしいスピードで**進んでいます。

3085 □□□

facsimile [fækˈsɪməli] 名 複製

類 3086 □□□ **replica** [ˈreplɪkə] 複製 3087 □□□ **carbon copy** よく似たもの

3088 □□□ **duplicate** [ˈdjuːplɪkəɪt] 全く同じもの

3D printers can make a **carbon copy** of everyday objects that have become broken or lost.

3Dプリンターは壊れたり失くしたりした日用品の**コピー**を作成する事ができます。

3089 □□□

everyday 形 毎日の、日常の

類 3090 □□□ **commonplace** [ˈkɒmənpleɪs] 普通の 3091 □□□ **familiar** [fəˈmɪliə] お馴染みの

In the future, 3D printers may be **commonplace** appliances in our homes.

将来、3Dプリンターは家庭に**お馴染みの**家電製品になるかもしれません。

3092 □□□

lay down 横たえる、敷く

類 3093 □□□ **place** 置く

One layer is **placed** on top of another layer to slowly create the object.

一つの層が別の層の上に**重ねられ**、ゆっくりとその物体を作っていきます。

3094 □□□

slice [slaɪs] 名 薄片、薄切りの一枚

類 3095 □□□ **sliver** [ˈslɪvə] 細かい破片

3D printers can reuse small **slivers** of recycled plastic, which is good for the environment.

3Dプリンターは再生プラスチックの小さな**破片**を再利用できるので、環境に良いです。

3096 □□□

high degree of STH 高度の～

類 3097 □□□ **considerable amount of** STH かなりの量の～

3098 □□□ **high level of** STH 高度の～

The architects have seen a **high level of** success with 3D printers.

建築家は3Dプリンターに**高度の**成功を見出しています。

3099 □□□

unveil [ˌʌnˈveɪl] 動 発表する、公表する

類 3100 □□□ **reveal** [rɪˈviːl] 公開する 3101 □□□ **debut** [ˈdeɪbjuː] 初公開する

The first 3D-printed house was **revealed** in France in April 2018.

3Dプリンターで作られた最初の家は、2018年4月にフランスで**公開されました**。

3102 □□□
embellish [ɪmˈbelɪʃ] 動 装飾する

類 3103 □□□ **decorate** [ˈdekəreɪt] 3104 □□□ **adorn** [əˈdɔːn]
3105 □□□ **ornament** [ˈɔːnəmənt] 装飾する 3106 □□□ **beautify** [ˈbjuːtɪfaɪ] 美化する

Customers can **adorn** the outside of the house with a variety of designs.
顧客は様々なデザインで家の外装を**装飾する**事ができます。

3107 □□□
personalise [ˈpɜːsənəlaɪz] 動 個人向けに変える

類 3108 □□□ **customise** [ˈkʌstəmaɪz]
3109 □□□ **individualise** [ˌɪndɪˈvɪdʒuəlaɪz] 人に合わせて変更する

Architects can **customise** each home based on the owner's tastes.
建築家達は、個々の家を持ち主の好みに合わせて**あつらえる**事ができます。

3110 □□□
made to measure あつらえで作った

類 3111 □□□ **custom-made** あつらえの 3112 □□□ **tailor-made** オーダーメイドの

The 3D-printed homes are **custom-made**.
3Dプリンターで作られた家は**オーダーメイド**です。

3113 □□□
dilapidated [dɪˈlæpɪdeɪtɪd] 形 荒廃した

類 3114 □□□ **run-down** 荒廃した 3115 □□□ **crumbling** [ˈkrʌmblɪŋ] 崩れかけの
3116 □□□ **seedy** [ˈsiːdi] みすぼらしい

Governments want to build the homes in **run-down** parts of town to revitalise those areas.
政府はそれらの地域の活性化のために、町の**荒廃した**地区に家を建てる事を望んでいます。

3117 □□□
phase [feɪz] 名 段階

類 3118 □□□ **stage** 段階

The first **stage** of building a 3D house can be done in a factory.
3D住宅建設の最初の**段階**は、工場でできます。

3119 □□□
scale up STH ～を増やす、スケールアップさせる

類 3120 □□□ **ratchet up** STH [ˈrætʃɪt] ～を（徐々に）上げる

Manufacturers hope to **ratchet up** production at a low cost.
製造業者は低コストで**増産する**ことを望みます。

3121 □□□
operation [ˌɒpəˈreɪʃn] 名 操業、事業

類 3122 □□□ **enterprise** [ˈentəpraɪz] 事業

This **enterprise** could transform the appearance of our cities.
この**事業**は都市の見た目を変えるかもしれません。

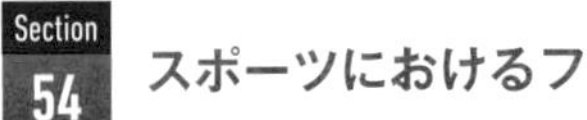

Section 54 スポーツにおけるファン心理

054

何回読んだ？ □□□□□

There are **various** reasons why people love sports. Some find being a supporter of a team with other **like-minded** individuals provides a form of *escapism in a complex world. Others **experience chills** from the **suspense** of competition.

However, scientists are starting to **zero in on** another reason: *tribalism. Sports are **subconsciously** a **proxy for** fighting another group, and it is in human beings' **nature** to want to be on the winning side. If our team win, we exclaim 'We've won', but if they are **beaten**, we **distance** ourselves **from** the team and say 'they lost'. We feel that our social **status** depends on a team's **victory**.

Empathy underlies our connection to the team, and as we watch, we **put** ourselves **in the shoes of** the *participants. In fact, studies have shown that spectators' brains *mirror those of the players. Researchers measured the levels of *testosterone in both fans and players prior to and following a game. If the team were **triumphant**, the level went up, and after **suffering a loss,** it went down in both groups.

However, this 'us versus them' **state of mind** can **spiral out of control**. There are frequent acts of violence at sports games, which **are fuelled by** tribalism.

人がスポーツを好むのには**様々な**理由があります。他の**同志**と共にチームのサポーターになる事が、複雑な世の中からのある種の現実逃避になると感じている人もいます。**競争の緊張感**に**興奮する**人もいます。

しかしながら、科学者達は他の理由に**注目し**始めています。それは「部族主義」です。スポーツは**潜在意識下で**他のグループと闘う事の**代わり**となり、その勝者側になりたがるのは人間の**特性**です。もし自分たちのチームが勝てば、人は「私達は勝った」と叫びますが、もし**負けた**場合、人はチームから**距離をとって**「彼らは負けた」と言います。人は自らの社会的**地位**がチームの**勝利**によって決まると感じているのです。

感情移入がチームとの繋がりの**基礎となり**、観戦している間私達は参加者の**身になっています**。実際、研究結果は観覧者の脳が選手の脳を反映している事を示しています。研究者たちは、試合の前後でファンと選手のテストステロンのレベルを測りました。チームが**勝利した**場合はそのレベルが上がり、**負けた**場合は両者とも下がりました。

しかしながら、この「我々対彼ら」という**心理状態**は**手に負えない状況に陥る**可能性があります。部族主義に**よって煽られた**スポーツの試合では、よく暴力行為が起こります。

---

* escapism「現実逃避」 tribalism「部族主義」 participant「参加者」 mirror「反映する」 testosterone「テストステロン」

3123 □□□
various [ˈveəriəs] 形 様々な

類 3124 □□□ **assorted** [əˈsɔːtɪd] 様々に取りそろえた 3125 □□□ **varied** [ˈveərid] 多様な
3126 □□□ **miscellaneous** [ˌmɪsəˈleɪniəs] 種々雑多な

There have been **assorted** research papers discussing the mentality of sports fans.
スポーツファンの心理を論じる様々な研究論文があります。

3127 □□□
like-minded 形 同じ考え（意見、好み）を持った

類 3128 □□□ **similar-thinking** 似た考えの

The internet has helped sports fans find other **similar-thinking** people.
インターネットはスポーツファンが似た考えを持った他の人々を探すのに役に立ちます。

3129 □□□
experience chills 興奮する

類 3130 □□□ **get goosebumps** [ˈguːsbʌmps] 鳥肌が立つ

Approximately 50% of people actually **get goosebumps** from watching sports.
約50%の人々がスポーツ観戦をして実際に鳥肌が立っています。

3131 □□□
suspense [səˈspens] 名 緊張感

類 3132 □□□ **thrill** [θrɪl] 3133 □□□ **buzz** [bʌz] スリル

Fans and players get the same **buzz** from the game according to studies.
研究によると、ファンと選手は同じスリルを試合から味わっています。

3134 □□□
zero in on STH ～に注意を集中する

類 3135 □□□ **home in on** STH
3136 □□□ **direct (one's) attention towards** STH ～に注目する

Scientists are **homing in on** the root cause of people's love of sports.
科学者達は人々がスポーツを好む根底の理由に注目しています。

3137 □□□
subconsciously [ˌsʌbˈkɒnʃəsli] 副 無意識に

類 3138 □□□ **subliminally** [ˌsʌbˈlɪmɪnəli] 無意識に

People are **subliminally** attracted to a team's colours because they identify with the group.
人々は無意識にそのチームの色に惹かれ、それはその色によってグループとの一体感を感じるからです。

3139 □□□
proxy for SB STH [ˈprɒksi] ～の代わりになるもの

類 3140 □□□ **substitute for** SB STH [ˈsʌbstɪtjuːt]
3141 □□□ **alternative to** SB STH [ɔːlˈtɜːnətɪv] ～の代わりになるもの

Sports work as a **substitute for** physical aggression.
スポーツは身体的攻撃の代わりの役割を果たします。

3142 □□□
nature [ˈneɪtʃə] 名 特質、本性

類 3143 □□□ **character** [ˈkærəktə] 性質 3144 □□□ **disposition** [ˌdɪspəˈzɪʃn] 気質

It is in our **character** to be part of a group because we are social creatures.
私達は社会的な生物なので、ある集団に属する事は私達の**性質**です。

3145 □□□
beat [biːt] 動 負かす

類 3146 □□□ **defeat** [dɪˈfiːt] 3147 □□□ **best** [best] 負かす

Males experience a loss of testosterone if their favourite team are **bested**.
男性は応援しているチームが**負ける**とテストステロンが減少します。

3148 □□□
distance (oneself) from SB STH ～から…を遠ざける

類 3149 □□□ **disassociate (oneself) from** SB STH ～との関係を断つ

If our team lose a match, we subconsciously **disassociate ourselves from** the team.
もし自分たちのチームが負けると、人は潜在意識下で自身をチームから**切り離します**。

3150 □□□
status [ˈsteɪtəs] 名 地位、立場

類 3151 □□□ **standing** 3152 □□□ **position** 3153 □□□ **rank** 地位

For some people, the **rank** of their favourite team is important for their sense of identity.
応援しているチームの**ランク**が自身のアイデンティティ意識にとって重要になる人もいます。

3154 □□□
victory [ˈvɪktəri] 名 勝利

類 3155 □□□ **triumph** [ˈtraɪʌmf] 勝利

Triumph over a rival team produces a surge of adrenaline.
ライバルチームからの**勝利**はアドレナリンを急上昇させます。

3156 □□□
empathy [ˈempəθi] 名 共感、感情移入

類 3157 □□□ **affinity** [əˈfɪnəti] 3158 □□□ **kinship** [ˈkɪnʃɪp] 親近感

People feel the same **affinity** for their political parties as they do for their favourite teams.
人々は応援しているチームに感じるのと同様に政党にも同じ**親近感**を感じます。

3159 □□□
underlie [ˌʌndəˈlaɪ] 動 ～の基礎にある

類 3160 □□□ **form the basis of** STH ～の基礎となる
3161 □□□ **be at the root of** STH ～の根底にある

Tribalism **forms the basis of** our support for the home team.
部族主義はホームチームへのサポートの**基礎をなして**います。

3162 □□□
put (oneself) in the shoes of SB ～の立場に身を置く

類 3163 □□□ **empathise with** SB　3164 □□□ **identify with** SB ～に共感する

Our ability to **empathise with** others is in our nature.
他人に**感情移入する**能力は私達の特性です。

3165 □□□
triumphant [traɪˈʌmfənt] 形 勝利を収めた

類 3166 □□□ **victorious** [vɪkˈtɔːriəs] 勝利した

When our team are **victorious**, we feel that we have participated in the win.
チームが**勝つ**と、私達はその勝利に参加しているように感じます。

3167 □□□
suffer a loss 敗北を喫する

類 3168 □□□ **suffer a defeat** 敗北を喫する

Some people find it difficult to deal with their team **suffering a defeat**.
自分のチームが**負ける**のが耐えられない人もいます。

3169 □□□
state of mind 心理状態

類 3170 □□□ **mentality**　3171 □□□ **mindset**　3172 □□□ **outlook** 物の見方

Being part of a group causes people's **outlook** to change in that they think they are invincible.
グループに属していると人は自分が無敵だと考え、**物の見方**が変わります。

3173 □□□
spiral out of control [ˈspaɪrəl] 手に負えない状況に陥る

類 3174 □□□ **get out of hand** 手に負えなくなる

Police are often present at sports matches to stop situations from **getting out of hand**.
手に負えない状況になるのを防ぐために、警察がよくスポーツの試合会場にいます。

3175 □□□
be fuelled by STH ～に煽(あお)られる、刺激される

類 3176 □□□ **be fed by** STH　3177 □□□ **be inflamed by** STH ～に煽られる

Hooliganism **is fed by** the strong feeling of 'us versus them'.
フーリガン行為は「我々対彼ら」という強い気持ちによって**煽られ**ます。

日本語を話す人はよく、variousとvarietyを間違えます。variousは複数形の可算名詞と共に使われなくてはいけません。例えば、At Japanese weddings, there is various food.は誤りです。At Japanese weddings, there is a wide variety of food.としなくてはいけません。

Section 55 苦境に立つデパート

The **heyday** of department stores lasted **for the better part of** the twentieth century. They had *everything under the sun, including the most **up-to-date** fashion or **niche** *gadgets, all **under one roof**. On the *downside, most people had to **put up with** finding **merchandise** in the **labyrinth** of these malls because there were few alternatives. However, modern technology may mean **brick and mortar stores' days are numbered**. For years, department stores' business models have been **under the gun** from online shopping. Why would anyone **waste** the day **ambling** through a department store when **goods** can be bought from the comfort of one's own home?
There is something even more **ominous** for department stores **on the horizon**. Several online **retailers** are **looking into** *unmanned flying drones, which could deliver packages **safe and sound** right to your door, just a few minutes after clicking the purchase button. Developers have recently **made strides** in drone development, and a field test of drones transporting packages by the National University of Singapore was a *resounding success. If this technology is **put to use** on a large scale, could it **foreshadow** the end of *high street shopping?

デパートの**全盛期**は20世紀の**大半**で続きました。デパートでは、**最新**ファッションや**専門的**な小物を含む全てのものが**一つ屋根の下で**揃いました。問題としては、代わりとなる場所がほとんど無いために、ほとんどの人がこれらのショッピングセンターの**迷宮**の中で**商品**を探さ**ざるを得なかった**事でした。しかし、現代技術は**実店舗の時代はもう終わりに近い**事を意味しているかも知れません。何年もの間、デパートの営業手法はオンラインショッピングに**追い詰められて**きました。心地よく自宅で**商品**が買えるのに、デパートの中を一日**歩き回って**時間を**浪費**したい人が居るでしょうか？
デパートにとってもっと**不吉な**事が**起こりかけています**。オンライン**小売業者**の中には、商品購入ボタンをクリックしたわずか数分後に、小包をドアまで**安全に**届けてくれる無人ドローンを飛ばそう**としている**業者もいます。開発者は最近ドローン開発において**大きく進歩し**、シンガポール国立大学によるドローンの小包輸送実地テストは目覚ましい成功を収めました。もしこの技術が大々的に**実用化されたら**、ショッピング街の終わりの**前兆となる**のでしょうか？

＊everything under the sun「あらゆるもの」 gadget「装置、小物」
downside「下り坂、欠点」 unmanned「無人の」 resounding success「大々的成功」
high street「本通り」

3178 □□□
heyday [ˈheɪdeɪ] 名 全盛期

類 3179 □□□ **prime** 3180 □□□ **best days** 全盛期
Economists state that department stores are long past their **prime**.
経済学者達は、デパートの全盛期はとうの昔に過ぎていると言っています。

3181 □□□
for the better part of STH ～の大半で

類 3182 □□□ **for the bulk of** STH 3183 □□□ **for most of** STH ～の大半で
Retail shopping has been in trouble **for most of** the last decade.
小売店での買い物は、過去10年間の大半で問題となっていました。

3184 □□□
up-to-date 形 最新の

類 3185 □□□ **current** 最新の 3186 □□□ **contemporary** 現代の
Stores need to have the most **current** products in order to stay competitive.
店は競争力を保つために最新の商品を揃える必要があります。

3187 □□□
niche [niːʃ] 名 特定分野、隙間市場

類 3188 □□□ **speciality** [ˌspeʃiˈæləti] 専門分野 3189 □□□ **boutique** [buːˈtiːk] 小規模専門店
Boutique stores may be the way forward for department stores.
専門店はデパートより先を行っているかも知れません。

3190 □□□
under one roof 同じ建物の中で

類 3191 □□□ **in one location** 一つの場所で
At department stores, you can do all your shopping **in one location**.
デパートでは、一つの場所で全ての買い物をする事ができます。

3192 □□□
put up with SB STH ～に耐える

類 3193 □□□ **tolerate** [ˈtɒləreɪt] 3194 □□□ **endure** [ɪnˈdjʊə] 耐える
These days people are less willing to **tolerate** long queues.
今日人々は、長い列で待つのに耐えられなくなりました。

3195 □□□
merchandise [ˈmɜːtʃəndaɪs] 名 商品

類 3196 □□□ **goods** 3197 □□□ **commodity** [kəˈmɒdəti] 3198 □□□ **wares** 商品
The department store with the most **wares** is in Busan, Korea.
最も沢山の商品があるデパートは韓国の釜山にあります。

3199 □□□
labyrinth [ˈlæbərɪnθ] 名 迷路

類 3200 □□□ **maze** [meɪz] 迷路
It is sometimes difficult to find what you want to buy in the **maze** of departments.
デパートの迷路の中では、買いたいものを探す事が難しいことがあります。

3201 □□□
brick and mortar store （オンラインショップではない）実店舗

類 3202 □□□ **retail store** 小売店

Even smaller **retail stores** are under pressure from online shopping.
小さい小売店ですら、オンラインショッピングの圧力を受けています。

3203 □□□
days are numbered もう長くは存続できない

類 3204 □□□ **time is up** もう終わりだ

A lot of economists believe that department stores' **time is up**.
沢山の経済学者がデパートの時代は終わったと考えています。

3205 □□□
under the gun せき立てられて

類 3206 □□□ **under pressure** 重圧の下で、追い詰められて

Brick and mortar stores are **under pressure** to improve sales.
実店舗は売上を伸ばさなくてはいけない重圧の下にいます。

3207 □□□
waste [weɪst] 動 浪費する

類 3208 □□□ **fritter STH away** [ˈfrɪtə] 3209 □□□ **squander** [ˈskwɒndə]
3210 □□□ **blow** [bləʊ] 浪費する

People tend to **squander** more money when they are shopping online.
人はオンラインで買い物をするとよりお金を浪費する傾向にあります。

3211 □□□
amble [ˈæmbl] 動 のんびり歩く

類 3212 □□□ **drift** さまよい歩く 3213 □□□ **wander** 3214 □□□ **meander** [miˈændə] ぶらつく

Meandering around stores without buying something is called 'window shopping' or 'browsing'.
何も買わずにお店をぶらつく事を、「ウィンドウショッピング」もしくは「ブラウジング」と呼びます。

3215 □□□
ominous [ˈɒmɪnəs] 形 不吉な

類 3216 □□□ **dire** [ˈdaɪə] 悲惨な 3217 □□□ **alarming** [əˈlɑːmɪŋ] 憂慮すべき

The situation is quite **dire** for retail shopping.
状況は小売業にとってとても悲惨です。

3218 □□□
on the horizon （災難などが）差し迫って

類 3219 □□□ **in the pipeline** （計画などが）完成しかかって
3220 □□□ **imminent** [ˈɪmɪnənt] 差し迫った
3221 □□□ **just around the corner** もう間もなく

There are new developments **in the pipeline** to make drones faster.
ドローンをより速くする新しい技術がもうすぐ完成します。

3222 □□□

retailer [ˈriːteɪlə] 名 小売業者

類 3223 □□□ **merchant** [ˈmɜːtʃənt] 商人、業者 3224 □□□ **vendor** [ˈvendə] 行商人

Online **merchants** need to guarantee to refund broken merchandise.
オンライン業者は壊れた商品の返金保証をする必要があります。

3225 □□□

look into STH （可能性などを）調べる、検討する

類 3226 □□□ **investigate** 調査する 3227 □□□ **determine** 見極める、判断する
3228 □□□ **check STH out** ～を調べる

Online retailers are **checking out** whether products can be made using 3D printers.
オンライン業者は3Dプリンターを使って商品が作れるかどうかを**調べています**。

3229 □□□

safe and sound 無事に

類 3230 □□□ **intact** [ɪnˈtækt] 3231 □□□ **unscathed** [ʌnˈskeɪðd] 無傷の
3232 □□□ **in one piece** 無事に

Online customers are concerned about fragile items arriving **intact**.
オンライン顧客は、壊れやすい商品が**無傷で**到着するか心配しています。

3233 □□□

make strides [straɪdz] かなり前進する

類 3234 □□□ **progress** 3235 □□□ **make headway** [ˈhedweɪ]
3236 □□□ **forge ahead** （物事が）前進する

Scientists have **made headway** in the development of more advanced drones.
科学者達はより進化したドローンの開発を**進めています**。

3237 □□□

put STH to use ～を利用する

類 3238 □□□ **utilise** 3239 □□□ **make use of STH** ～を利用する

Retailers are **making use of** existing technology to become more efficient.
小売業者はより効率的になるため既存技術を**利用しています**。

3240 □□□

foreshadow 動 前兆となる

類 3241 □□□ **act as a bellwether for STH** ～の兆候となる

The closure of Macy's in New York **acted as a bellwether for** the troubles ahead.
ニューヨークのメイシーズの閉店はその先に起こる問題の**兆候となりました**。

日本人はよくmostとmost of theを混同します。もし一般的な話をしている場合、mostは不特定のグループの数を表すために使われます。例えば、Most Japanese people like sushi.です。Most of theは特定のグループの人々の数を制限します。例えば、Most of the people in my class like sushi.です。従って、Most of Japanese people like sushiという文は誤りです。

Section 56 セルフリッジのデパート

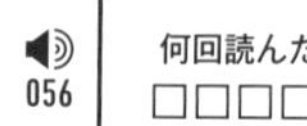

Harry Gordon Selfridge (1848-1947), the *founder of Selfridges **high-end** department stores, certainly **marched to the beat of a different drum**. When the American first came to London, shopping was seen as an **exhausting** chore rather than a form of **leisure**. He was determined to reverse that. He **erected** his first store away from the **hustle and bustle** of the city centre. He **oversaw** each area of construction, including **situating** the perfume department on the ground floor to *pull in customers. Since then, every modern department store has **followed** his **example**. He was the first store owner to sell **first-rate** and **stylish** clothes at a **discount** in a **bid to** attract the middle class as he wanted a wider **cross-section** of customers than just the *upper class. Therefore, his American *egalitarianism **proved invaluable** and **gave** him a **competitive advantage**.
He was also very **progressive** in his **attitudes** towards women's rights. At the time, England was a very *conservative country and women were expected to stay home and look after the house. Selfridge **gave the go-ahead** to **install** women's toilets in his store, the first in a public space, allowing women to stay out of the house and have more time to shop in his store.

ハリー・ゴードン・セルフリッジ（1848-1947）は高級デパートであるセルフリッジズの創業者ですが、確かに**異色の**人物です。このアメリカ人が初めてロンドンに来た時、買い物は娯楽の一種というよりは**疲れる**雑用とみられていました。彼はこれを変えようと固く決意しました。彼は市中心部の**雑踏**から離れた場所に、第一号店を**建てました**。彼は各建設現場を**監督し**、顧客を呼び込むために香水売り場を1階に**設置しました**。それからというもの、全ての近代デパートは彼の**例に倣いました**。彼は中流階級を引き付ける**ために**、**高級な流行服**の**割引**をした最初のオーナーですが、これは彼が上流階級だけではなく、もっと幅広い**顧客層**をほしいと思っていたからです。そのため、彼のアメリカ的な平等主義が**非常に役立ったことは確かで**、**競争上の優位性を**彼に**与えた**のです。
彼はさらに女性の権利に対してとても**進歩的な考え方**でした。当時イングランドはとても保守的な国で、女性は家にとどまり留守番をすることが望まれていました。セルフリッジは店舗に女性用の化粧室を**設けることを承認しました**が、これは公共の場では初めてのことであり、このおかげで女性が外出して彼の店舗で買い物をする時間が多くなることも意味しました。

＊ founder「創業者」 pull in「引き込む」 upper class「上流階級」
egalitarianism「平等主義」 conservative「保守的な」

3242 □□□
high-end 形 高級な

類 3243 □□□ **upmarket** [ˌʌpˈmɑːkɪt] 3244 □□□ **upscale** [ˌʌpˈskeɪl] 3245 □□□ **posh** [pɒʃ] 高級な

Selfridges is regarded as being quite **posh** by people in London.
セルフリッジズはロンドンの人から、かなり高級だとみなされています。

3246 □□□
march to the beat of a different drum
我が道を行く、人とは異なる考えを持つ

類 3247 □□□ **be unconventional** [ˌʌnkənˈvenʃənl]
3248 □□□ **be unorthodox** [ʌnˈɔːθədɒks] 型破りである

H.G. Selfridge was successful because he **was unconventional**.
H.G. セルフリッジは型破りだったので、成功しました。

3249 □□□
exhausting [ɪgˈzɔːstɪŋ] 形 ひどく疲労させる

類 3250 □□□ **draining** [ˈdreɪnɪŋ] 疲れさせる 3251 □□□ **taxing** [ˈtæksɪŋ]
3252 □□□ **tiresome** [ˈtaɪəsəm] 骨の折れる

He did not want people to consider shopping as **taxing**, but to do it for fun.
彼は、人々が買い物を骨の折れることではなく、楽しみのためにしてほしいと思っていました。

3253 □□□
leisure [ˈleʒə] 名 娯楽、気晴らし

類 3254 □□□ **recreation** [ˌriːkriˈeɪʃn] 娯楽、気晴らし

Selfridges' rooftop garden was a place for **recreation**.
セルフリッジズの屋上の庭園は、憩いの場所でした。

3255 □□□
erect [ɪˈrekt] 動 建てる

類 3256 □□□ **put up** STH 3257 □□□ **construct** 建てる 3258 □□□ **establish** 設立する

He wanted to **put up** the tallest building in London but was not allowed.
彼はロンドンで最も高いビルを建てたかったのですが、許可されませんでした。

3259 □□□
hustle and bustle [ˈhʌsl ənd ˈbʌsl] 雑踏、喧騒

類 3260 □□□ **commotion** [kəˈməʊʃn] 興奮、大騒ぎ 3261 □□□ **pandemonium** [ˌpændəˈməʊniəm] 大騒ぎ 3262 □□□ **clamour** [ˈklæmə] （群衆の）どよめき

Some people enjoy the **commotion** of Christmas shopping at Selfridges.
セルフリッジズで、クリスマスショッピングの興奮を楽しむ人もいます。

3263 □□□
oversee [ˌəʊvəˈsiː] 動 監督する

類 3264 □□□ **manage** 経営（運営）する 3265 □□□ **supervise** 管理する

He **managed** the store until he went bankrupt during the Great Depression.
彼は大恐慌で破産するまで店舗を経営しました。

3266 □□□

situate [ˈsɪtʃueɪt] 動 置く、場所を定める

類 3267 □□□ **locate** 3268 □□□ **place** 設置する

He **located** the discounted goods department in the basement.
彼は、割引商品売り場を地下に**設置しました**。

3269 □□□

follow (one's) example 例に従う、手本にする

類 3270 □□□ **follow suit** 先例に従う

Harrods department store **followed suit** by allowing people to touch the merchandise.
ハロッズの売り場も**後に続き**、客に商品を触らせるようになりました。

3271 □□□

first-rate 形 一流の

類 3272 □□□ **the highest-quality** 最高級の

He bought only **the highest-quality** goods to sell in his store.
彼は彼の店舗の販売用に、**最高級の**商品だけを仕入れました。

3273 □□□

stylish [ˈstaɪlɪʃ] 形 流行の

類 3274 □□□ **chic** [ʃiːk] しゃれた 3275 □□□ **trendy** 最新流行の

He made **chic** clothes in the colours of the Suffragettes: purple, white, and green.
彼はサフラジェットの色で**しゃれた**服を作りました。紫、白、そして緑です。

3276 □□□

discount [ˈdɪskaʊnt] 名 割引

類 3277 □□□ **reduction** 3278 □□□ **markdown** 値下げ

Selfridges offers products at a **reduction** in the week after Christmas.
セルフリッジズはクリスマスの翌週に、**値下げ**商品を提供しました。

3279 □□□

bid 名 試み、努力

類 3280 □□□ **attempt** 試み 3281 □□□ **effort** 努力

He used effective advertising in an **attempt** to get new customers.
彼は新しい顧客を得る**ために**、効果的な広告を打ちました。

3282 □□□

cross-section 名 (社会の) 代表的な一面、代表例

類 3283 □□□ **representative sample** 代表標本

His employees were a **representative sample** of the people of London.
彼の従業員は、ロンドンの人たちの**代表標本**でした。

3284 □□□
prove invaluable とても価値があるとわかる

類 3285 □□□ **be worth its weight in gold** とても価値がある

Innovative store design **was worth its weight in gold** in establishing Selfridges.
革新的な店舗のデザインは、セルフリッジズを確立する上で**とても価値がありました**。

3286 □□□
give SB a competitive advantage
～に競争上の優位性を与える

類 3287 □□□ **give SB a leg up on the competition** ～が競争で優位に立つ

He used gimmicks like women's gun shows to **give him a leg up on the competition**.
彼は**競争で優位に立つ**ために、女性のガンショーのような策略を使いました。

3288 □□□
progressive [prəˈgresɪv] 形 進歩的な

類 3289 □□□ **enlightened** [ɪnˈlaɪtnd] 見識ある
3290 □□□ **forward-looking** 先進的な考えを持つ

He was not **enlightened** in terms of parenting, and he pushed his son to marry a rich woman.
彼は育児という点では**見識**不足で、息子を金持ちの女性と結婚させました。

3291 □□□
attitude [ˈætɪtjuːd] 名 態度、考え方

類 3292 □□□ **approach** (仕事などに取り組む) 態度 3293 □□□ **philosophy** 信条、価値感
3294 □□□ **point of view** 考え方

His **philosophy** that 'the customer is always right' was unconventional at the time.
「お客様はいつも正しい」という彼の**信条**は、当時としては異例でした。

3295 □□□
give the go-ahead 承認する

類 3296 □□□ **give a thumbs up** 承認する 3297 □□□ **give the green light** 許可を与える
3298 □□□ **give approval** 許可を与える

The City of London did not **give the green light** to build a taller building.
ロンドン市は、より高いビルを建てることに**許可を与え**ませんでした。

3299 □□□
install [ɪnˈstɔːl] 動 設置する

類 3300 □□□ **put STH in place** ～を設置する

Every Christmas, Selfridges **puts in place** beautiful window displays.
毎年クリスマスには、セルフリッジズは美しいショーウインドウのディスプレイを**設置します**。

火山噴火の予知

In April 2018, an *eruption on Mount Io in Japan **took place** after the volcano had remained **dormant** for 250 years, **blanketing** the surrounding area in ash. However, this was hardly a **special case**. Japan is one of the most **volatile** volcanic areas in the world, with a **cluster** of active mountains near urban centres. **Coupled with** the danger *posed by earthquakes, it is *imperative to develop an early warning system.
For the most part, the timing of volcanic eruptions remains an *enigma, and **forecasting** them reliably has *proven to be *elusive. Often volcanologists have to go to the volcano **in the flesh** to take measurements. However, it takes a great deal of **courage** to get data from an active volcano. The **duration** of the **intervals** between eruptions *varies, which makes visiting one a **precarious** situation. However, a solution may be **close at hand**. Scientists are using *weather satellites which can safely **process** data by remotely measuring any changes to the **density** of a volcano's dome and giving **feedback** in real time. These changes are difficult to **perceive** with *the naked eye. Scientists then **integrate** this information with data from past eruptions. *Albeit still in the **rudimentary** stages, it could be an important **step forward**.

2018年4月、日本の硫黄山が250年の**休眠**期間を経て噴火し、周辺地域を灰で**覆いつくしました**。しかし、これは**特別なこと**ではありませんでした。日本は世界の中でも最も**不安定な**火山性の地域で、都市中心部の近くにも活火山**群**があります。地震によってもたらされる危険**と併せ**、早期警告システムを開発することは必要不可欠です。
たいてい火山噴火の時期は謎のままで、確実にそれを**予測する**ことは難しいことがわかっています。火山学者は観測のために、**実際に**火山によく出かけなければなりません。しかし活火山からデータをとるのはとても**勇気**が要ります。噴火の**間隔**の**期間**は様々なので、活火山に近づくことは**危険な**状態になります。しかし、解決策は**すぐ手の届くところに**あるかもしれません。科学者たちは気象衛星を使い、遠隔で火山ドームの**密度**のいかなる変化をも測定することで安全にデータを**処理し**、リアルタイムで**フィードバック**を行います。そのような変化は肉眼で**見分ける**のは難しいです。科学者は次に、この情報を過去の噴火で得られたデータと**統合します**。まだ**初期の**段階ではありますが、これは重要な**一歩**になるかもしれません。

---

* eruption「噴火」 pose by「～によって引き起こされる」 imperative「必要不可欠な」
enigma「謎」 prove to be「～だと判明する」 elusive「とらえどころのない」
vary「変わる」 weather satellite「気象観測衛星」 the naked eye「肉眼」
albeit「～ではあるが」

3301 □□□
take place 起こる

類 3302 □□□ **occur** 起こる

A volcanic eruption **occurs** every day somewhere in Japan.
火山噴火は毎日、日本のどこかで起こります。

3303 □□□
dormant [ˈdɔːmənt] 形 眠っている、休止状態の

類 3304 □□□ **inactive** [ɪnˈæktɪv] 休止した 3305 □□□ **inert** [ɪˈnɜːt] 不活発な

Mt. Fuji has been **inert** since 1707.
富士山は1707年から休火山です。

3306 □□□
blanket [ˈblæŋkɪt] 動 覆う

類 3307 □□□ **coat** 3308 □□□ **cloak** 3309 □□□ **envelop** 覆う

When Sakurajima erupted in 1914, it **coated** the area in ash.
桜島が1914年に噴火した時、あたり一面を灰で覆いつくしました。

3310 □□□
special case 特例、特別な事例

類 3311 □□□ **anomaly** [əˈnɒməli] 例外
3312 □□□ **deviation from the norm** 標準からの逸脱

Australia is an **anomaly** because it is the only continent with no volcanoes.
オーストラリアは火山がない唯一の大陸なので、例外です。

3313 □□□
volatile [ˈvɒlətaɪl] 形 不安定な

類 3314 □□□ **unstable** 不安的な 3315 □□□ **explosive** 激変する、危険な

Mount Asama is the most **unstable** volcano in Honshu.
浅間山は本州で最も不安定な火山です。

3316 □□□
cluster [ˈklʌstə] 名 集団、群れ

類 3317 □□□ **bunch** [bʌntʃ] 束、群、集まり

Most of the world's volcanoes are in a **bunch** close to the 'Ring of Fire'.
世界のほとんどの火山は、環太平洋火山帯のそばに集まっています。

3318 □□□
coupled with STH ～と相まって

類 3319 □□□ **along with** STH ～と共に、～と連動して
3320 □□□ **combined with** STH ～と相まって

The 2017 eruption in Bali, **combined with** heavy rainfall, killed nearly 2000 people.
2017年のバリ島での噴火は、激しい降雨と重なって、2000人近くの犠牲者を出しました。

3321 □□□
forecast [ˈfɔːkɑːst] 動 予測する

類 3322 □□□ **predict** 予測する

Scientists are trying to **predict** when a super volcano in Italy will erupt.
科学者たちは、イタリアの巨大火山がいつ噴火するか**予測しよう**としています。

3323 □□□
in the flesh 直接に、じきじきに

類 3324 □□□ **in person** 直接に

Volcanologists need to go **in person** to the volcano to conduct tests.
火山学者たちはテストを実施するために、火山に**直接**行く必要があります。

3325 □□□
courage [ˈkʌrɪdʒ] 名 勇気

類 3326 □□□ **bravery** [ˈbreɪvəri] 勇気 3327 □□□ **boldness** [ˈbəʊldnəs] 大胆さ
3328 □□□ **fortitude** [ˈfɔːtɪtjuːd] 勇気

You need a lot of **bravery** to get close to a volcano.
火山に近づくのは、かなり**勇気**がいることです。

3329 □□□
duration [djuˈreɪʃn] 名 時間、期間

類 3330 □□□ **length** [leŋkθ] 時間の長さ 3331 □□□ **timespan** 一定の期間

The **length** of the eruption on Mount Ontake was several hours.
御嶽山の噴火の**長さ**は、数時間でした。

3332 □□□
interval [ˈɪntəvl] 名 間隔

類 3333 □□□ **lull** [lʌl] 小止み、一時的な休止

The volcano at Yellowstone has an average **lull** between eruptions of 600,000 years.
イエローストーンの火山は、噴火と噴火の間に平均60万年の**休止**期間があります。

3334 □□□
precarious [prɪˈkeəriəs] 形 危ない

類 3335 □□□ **hazardous** [ˈhæzədəs] 3336 □□□ **perilous** [ˈperələs] 3337 □□□ **risky** [ˈrɪski] 危険な

Although it is a **risky** existence, many people live in the shadow of a volcano.
火山は**危険な**存在ではありますが、それでもなお多くの人が火山と隣り合わせに暮らしています。

3338 □□□
close at hand すぐ手の届く所に、目前に

類 3339 □□□ **imminent** [ˈɪmɪnənt] 差し迫った

Some experts warn that an eruption at Yellowstone is **imminent**.
イエローストーンの噴火は**差し迫っている**と、一部の専門家は警告しています。

3340 □□□
process [ˈprəʊses] 動 処理する

類 3341 □□□ **analyse** [ˈænəlaɪz] 分析する
Supercomputers can **analyse** a lot of data in order to predict eruptions.
スーパーコンピュータは、噴火を予測するために大量のデータを**分析**できます。

3342 □□□
density [ˈdensəti] 名 密度

類 3343 □□□ **thickness** [ˈθɪknəs] 濃度 3344 □□□ **bulk** [bʌlk] 体積 3345 □□□ **mass** [mæs] 質量
Any changes to the **thickness** of the volcano dome are warning signs.
火山ドームの**濃度**のいかなる変化も、噴火の予兆です。

3346 □□□
feedback [ˈfiːdbæk] 名 評価、フィードバック

類 3347 □□□ **assessment** [əˈsesmənt] 3348 □□□ **appraisal** [əˈpreɪzl] 評価
Satellites can provide **assessments** of the likelihood of eruptions.
衛星は、噴火の可能性を**評価**して、提供してくれます。

3349 □□□
perceive [pəˈsiːv] 動 気付く、見抜く

類 3350 □□□ **discern** [dɪˈsɜːn] 見定める 3351 □□□ **distinguish** [dɪˈstɪŋgwɪʃ] 気付く
Satellites can **distinguish** very small changes to active mountains.
衛星は、活火山のほんのわずかな変化も**認識する**ことができます。

3352 □□□
integrate [ˈɪntɪgreɪt] 動 統合する

類 3353 □□□ **incorporate** [ɪnˈkɔːpəreɪt] 3354 □□□ **consolidate** [kənˈsɒlɪdeɪt] 統合する
Scientists are trying to **consolidate** all of the data into a worldwide system.
科学者たちは、すべてのデータを世界中で使用されているシステムに**統合しよう**としています。

3355 □□□
rudimentary [ˌruːdɪˈmentri] 形 初歩の

類 3356 □□□ **basic** 基礎の 3357 □□□ **elementary** 初歩的な
Every schoolchild has some **elementary** knowledge about volcanoes.
全ての学童は、火山について多少の**初歩的な**知識を持っています。

3358 □□□
step forward 前進

類 3359 □□□ **advancement** 3360 □□□ **improvement** 進歩
There have been a lot of **improvements** in predicting eruptions.
噴火の予測について、多くの**進歩**が見られます。

INFORMATION

試験当日の時間割

筆記テスト（Listening、Reading、Writing）は午前中に行われます。
Speaking は同日の午後または筆記テストの翌日になる場合があります。

午前 ▸▸▸ 筆記テスト	
8:00 ごろ （会場によって異なります）	テスト会場入室、ID （身分証明書）のチェック
9:20 ～ 10:00	Listening
休憩	
10:10 ～ 11:10	Reading
休憩	
11:20 ～ 12:20	Writing
午後 ▸▸▸ 口答テスト	
11 分～ 14 分間	Speaking

※上記の時間割は変更される場合があります。

PART 2

図解を読み解く英単語

若者はどうやってニュースを見ている？

何回読んだ？ □□□□□

The graph below shows how young people (aged 16-25) obtained their news in the United Kingdom from 1980 to the present day.

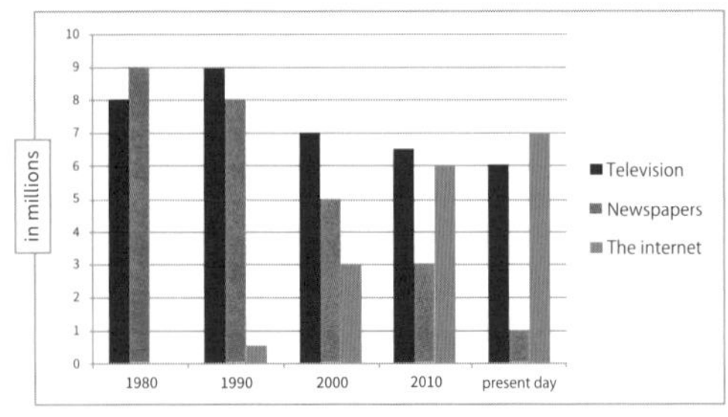

Looking at the chart in more detail, we can see that the internet has become a much more popular *news source **during the time in question**. In 1980, none of the young people *surveyed got their news online, and this figure **rose** to only half a million ten years later. However, the number **shot up** after this point, reaching 6 million (m) in 2010 and 7m today, **overtaking** television for the first time.

Television **topped the table throughout** most of **this time period**. Starting at 8m in 1980, the number of people who got their news from TV *peaked at 9m a decade later. However, it began a slow **downswing**, **dropping** to 6m today.

以下のグラフは、英国において1980年から現在まで、若者たち（16-25歳）がどのようにニュースを手に入れてきたかを示しています。

グラフをより詳細に見てみると、**当該期間中に**、インターネットがはるかに人気の高い報道機関となったことが分かります。1980年には、**調査を受けた**若者たちは誰もインターネット上でニュースを入手しておらず、その数は10年後にはわずか50万人に**増加した**にすぎませんでした。しかしながら、インターネットの数値はこの後に**急増し**、2010年に600万人、そして今日では700万人に到達し、初めてテレビを**追い越しました**。

テレビは**この期間**のほとんど**を通じて首位でした**。1980年の視聴者800万人に始まって、ニュースをテレビから得た人の数は10年後には900万人でピークを迎えました。けれども、その数はゆっくりと**下降**し始め、今日では600万人にまで**下がりました**。

＊ news source「報道機関、ニュースを配信する報道局」 survey「調査する」
peak at「（～という数値で）ピークを迎える」

3361 □□□
during the time in question 当該期間中に

類 3362 □□□ **over the years** 長年にわたって
3363 □□□ **during the period in question** 当該期間中に
3364 □□□ **over the last five decades** この50年間にわたって
3365 □□□ **throughout this time period** 当該期間を通して

Television was a popular news source **during the period in question.**
テレビは当該期間中人気のある情報源でした。

3366 □□□
rise [raɪz] 動 増加する

類 3367 □□□ **climb** [klaɪm] 上昇する

Television had **climbed** to 9m viewers by 1990.
テレビは1990年までに視聴者が900万人に**上昇しました**。

3368 □□□
shoot up 動 急増する

類 3369 □□□ **catapult** [ˈkætəpʌlt] はね上がる 3370 □□□ **skyrocket** [ˈskaɪrɒkɪt] 急増する

The number of people using the internet as a news source doubled, **catapulting** to 3m users.
インターネットをニュースの情報源として使用する人の数は倍増し、300万人にまで**急増しました**。

3371 □□□
overtake [ˌəʊvəˈteɪk] 動 追い越す

類 3372 □□□ **catch up with STH and pass** ～に追いつき、追い越す
3373 □□□ **surpass** ～を上回る

Television **surpassed** newspapers in 1990 as a news source.
テレビは情報源として1990年に新聞を**上回りました**。

3374 □□□
top the table 一番である

類 3375 □□□ **be dominant** 3376 □□□ **be predominant** （数や量が最も多く）主流である

Newspapers **were predominant** as a source for news in 1980.
新聞は1980年には情報源として**主流でした**。

3377 □□□
downswing [ˈdaʊnswɪŋ] 名 下降

類 3378 □□□ **descent** [dɪˈsent] 3379 □□□ **decline** [dɪˈklaɪn] 減少

Newspapers have experienced a steady **decline** in readers since 1980.
新聞は1980年以降読者数が**減り続けています**。

3380 □□□
drop [drɒp] 動 減少する

類 3381 □□□ **fall** 減少する 3382 □□□ **slip** 下落する 3383 □□□ **slump** 下降する

Newspaper readership has **slipped** two-thirds from 2010 to the present day.
新聞の読者は2010年から今日まで3分の2に**減少しました**。

Section 59

英国のエネルギー使用量

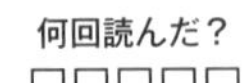

The graph below shows consumption of energy by fuel type in the UK since 1950 with projections until 2050.

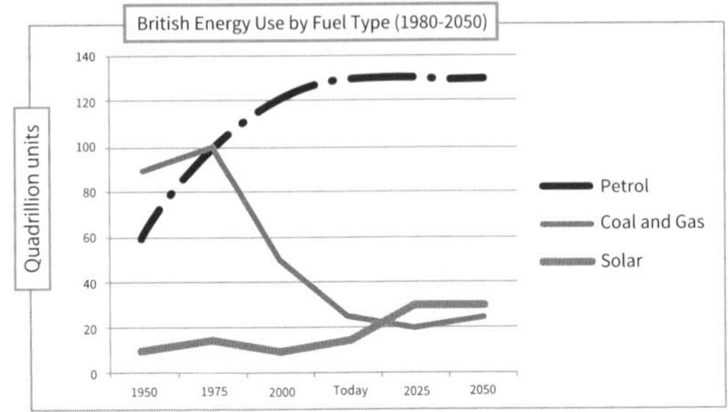

The use of petrol began at 60 quadrillion units (qu) in 1950 and **doubled** in use by 2000. Its use has **hit** 130qu today and **is projected** to **remain steady** until 2050. Starting at 90qu in 1950, coal and gas saw a brief **uptick** in 1975 to 100qu. By 2000, the use of coal and gas had **plunged** to 50qu. Currently, only 25qu of this fuel is being consumed and it **is estimated** that it will **fluctuate slightly** between 20qu and 25qu until 2050.

以下のグラフは、英国におけるエネルギー使用量を、燃料タイプ毎に1950年から2050年までの予測値と共に示しています。

ガソリンの使用は1950年に6万兆ユニットから始まり、2000年までに**倍増しました**。今日の使用量は13万兆ユニットに**達し**、2050年まで**一定に保たれる**と**予測されています**。1950年に9万兆ユニットから始まった石炭とガスは1975年に僅かな**上昇**が見られ10万兆ユニットに達するも、2000年までには5万兆ユニットに**急落しました**。現在この燃料はたった2万5,000兆ユニットが消費されているのみであり、2050年までには2万兆と2万5,000兆ユニットの間で**わずかに変動する**であろう事が**予測されています**。

3384 □□□
double [ˈdʌbl] 動 倍増する

類 3385 □□□ **increase twofold** 倍増する
Solar energy use will **increase twofold** by 2030, from 15qu today to 30qu.
太陽光エネルギーの使用は2030年までに1万5,000兆ユニットから3万兆ユニットに倍増するでしょう。

3386 □□□
hit [hɪt] 動 達する

類 3387 □□□ **reach** 達する
Petrol and gas use **reached** 100qu in 1975.
ガソリンとガスの使用は1975年に10万兆ユニットに達しました。

3388 □□□
be projected 予測される

類 3389 □□□ **be estimated** 推定される 3390 □□□ **be predicted** 予測される
3391 □□□ **be approximated** 見積もられる
It **is predicted** that solar energy use will surpass coal and gas in the near future.
太陽光エネルギーの使用は、近い将来に石炭やガスを上回る事が予測されています。

3392 □□□
remain steady 一定に保たれる

類 3393 □□□ **stay constant** 3394 □□□ **remain static** 一定に保たれる 3395 □□□ **hover** [ˈhɒvə] 停滞する
It is approximated that solar energy will **remain static** after 2025.
2025年以降、太陽光エネルギーは一定に保たれると予測されています。

3396 □□□
uptick [ˈʌptɪk] 名 増加、上向き

類 3397 □□□ **hike** [haɪk] 突然の上昇 3398 □□□ **boost** [buːst] 増加 3399 □□□ **upsurge** [ˈʌpsɜːdʒ] 急増
There will be a **hike** in solar energy use in the near future.
近い将来、太陽光エネルギーの使用は急増するでしょう。

3400 □□□
plunge 動 急落する

類 3401 □□□ **nose-dive** 3402 □□□ **plummet** [ˈplʌmɪt] 3403 □□□ **dive** 3404 □□□ **tumble** [ˈtʌmbl] 急落する
Coal use halved from 1975 to 2000, **plummeting** from 100qu to 50qu.
石炭の使用は1975年から2000年の間に半減し、10万兆ユニットから5万兆ユニットへと急落しました。

3405 □□□
fluctuate slightly [ˈflʌktʃueɪt ˈslaɪtli] 動 わずかに変動する

類 3406 □□□ **waver** [ˈweɪvə] 変動する
Solar energy has **wavered** between 10qu and 15qu between 1950 and today.
太陽光エネルギーは1950年から今日の間で、1万兆ユニットと1万5,000兆ユニットの間を変動しています。

タスク1では、データは「倍増」したり「3倍に増加」したり「半減」する事があります。これは、上記の言葉を使って語彙力の得点を伸ばす絶好の機会です。

Section 60 ビニール袋と紙袋の原料

The pictures below show the materials needed to produce plastic and paper bags.

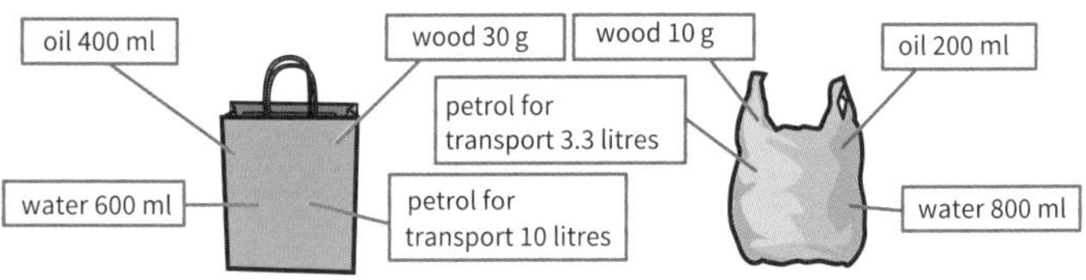

The pictures **depict** the amount of **resources consumed** in the **manufacture** of paper and plastic bags. **Looking at the data from a general perspective**, it is clear that it takes more raw materials to produce paper bags than plastic ones.
The amount of petrol needed to **transit** paper bags is **triple** the amount needed to **transport** plastic ones – 10 litres to 3.3 litres, *respectively. Also, three times more wood is used to make paper bags (30 g to 10 g).
However, slightly more water is required for creating plastic bags (800 ml) than paper bags (600 ml), which is the only exception.

以下の図は、ビニール袋と紙袋を作るのに必要な原料を示しています。
この図は、紙袋とビニール袋の**製造**において**消費された資源**の量を**表しています**。**全般的な視点からデータを見てみると**、ビニール袋よりも紙袋を製造する方が、より多くの原材料を使用する事が明確です。
紙袋の**輸送**に必要なガソリンの量はビニール袋の**輸送**に必要な量の**3倍**で、それぞれ10リットルと3.3リットルです。また、紙袋を作るのに3倍の木材が使用されます（30 g に対し10 g）。
しかしながら、ビニール袋の製造に必要となる水（800ml）は僅かに紙袋より多く（600ml）、これが唯一の例外となっています。

---

* respectively「それぞれに」

3407 □□□

depict [dɪˈpɪkt] 動 描写する

類 3408 □□□ **detail** 詳述する 3409 □□□ **represent** 表す 3410 □□□ **illustrate** 説明する、示す

The data **represents** the amount of resources used in manufacturing different bags.

データは異なる袋を製造するのに使用された原料の量を表しています。

3411 □□□

resource [rɪˈsɔːs] 名 資源

類 3412 □□□ **raw material** 原材料 3413 □□□ **basic material** 基本資材

3414 □□□ **natural resource** 天然資源

The manufacturing of both kinds of bags uses similar **basic materials**.

両種の袋の製造には同じような原料が使われています。

3415 □□□

consume [kənˈsjuːm] 動 消費する

類 3416 □□□ **use** STH **up** 3417 □□□ **expend** 消費する

Producers **use up** 400 ml of oil for paper bags in comparison to half that amount for plastic.

製造者は400mlの原油を紙袋に消費し、対照的にビニール袋はその半分の量です。

3418 □□□

manufacture [ˌmænjuˈfæktʃə] 名 製造

類 3419 □□□ **creation** 創造 3420 □□□ **production** 製造

In short, the **production** of plastic bags uses up fewer natural resources.

つまり、ビニール袋の製造にはより少ない資源が使われます。

3421 □□□

looking at the data from a general perspective,
全体的な視点からデータを見ると

類 3422 □□□ **overall** 3423 □□□ **generally** 概して

Overall, the production of paper bags consumes more raw materials than that of plastic bags.

概して、紙袋の製造はビニール袋より沢山の原料を使います。

3424 □□□

transit [ˈtrænzɪt] 動 輸送する

類 3425 □□□ **transport** [ˈtrænspɔːt] 3426 □□□ **ship** 輸送する 3427 □□□ **transfer** 移動させる

Shipping plastic bags uses less petrol.

ビニール袋の輸送に使用されるガソリンはより少ないです。

3428 □□□

triple [ˈtrɪpl] 形 3倍の

類 3429 □□□ **treble** [ˈtrebl] 3430 □□□ **threefold** [ˈθriːfəʊld] 3倍の

The amount of wood needed to make paper bags is **treble** the quantity needed for plastic.

紙袋の製造に必要とされる木材は、ビニール袋に必要となる量の3倍です。

The pictures below show two simple water filters.

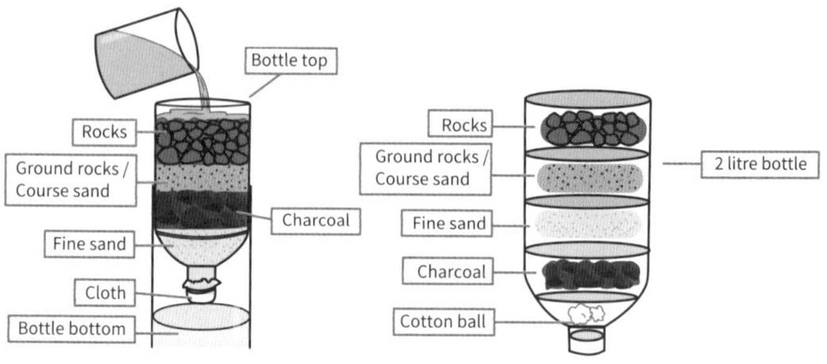

In both filters, **unsanitary** water is poured into 2 litre bottles onto a layer of **gravel**. It then *seeps down to the next layer which **consists of ground** rocks or **coarse** sand.
However in the first filter, water goes through *charcoal before a final layer of sand, while the opposite is true in the second filter. Another difference between the two water filters is that the water drips through cloth in the first water filter, whereas cotton balls are used in the second. **In summary**, while the top two levels are **practically** the same, the bottom two layers of the water filters are reversed and use different final filters.

以下の図は、二つの簡素な水の濾過装置を示しています。
両方の濾過装置において、**汚れた**水が2リットルボトルの砂利の層に注がれます。水は次の**すり砕かれた**石や**粗い**砂**から成る**層に浸みていきます。
しかしながら、最初の濾過装置では水が最後の砂の層の前に木炭の層を通過するのに対し、2つ目の濾過装置ではこの反対です。2つの濾過装置のもう一つの違いは、最初の濾過装置では水は布を通して滴り落ちるのに対し、2つ目の濾過装置では綿ボールが使われていることです。**まとめると**、上の二層は**実質上**同じですが、濾過装置の下部二層の順番が逆で、最後のフィルターが異なります。

---

* seep「染み出る」 charcoal「木炭」

3431 □□□
unsanitary [ʌnˈsænətri] 形 不衛生な

類 3432 □□□ **unhygienic** [ˌʌnhaɪˈdʒiːnɪk] 非衛生的な
3433 □□□ **contaminated** [kənˈtæmɪneɪtɪd] 汚染された 3434 □□□ **impure** [ɪmˈpjʊə] 不潔な
Overall, both filters *purify **unhygienic** water into clean water.
概して、両方の濾過装置は非衛生的な水をきれいな水に浄化します。

3435 □□□
gravel [ˈgrævl] 名 砂利（じゃり）

類 3436 □□□ **pebble** [ˈpebl] 小石
The **pebbles** filter out large pieces of dirt from the contaminated water.
小石が汚れた水から泥の大きな粒を濾過します。

3437 □□□
consist of STH ～から成る

類 3438 □□□ **be made up of** STH ～でできている
The top levels of both water filters **are made up of** pebbles.
両方の水質濾過装置の上層は砂利でできています。

3439 □□□
ground [graʊnd] 形 すり砕いた

類 3440 □□□ **pulverised** [ˈpʌlvəraɪzd] 細かく砕かれた 3441 □□□ **crushed** [krʌʃt] 破砕された
Smaller **pulverised** rocks filter out tinier pieces of dirt.
より小さく砕かれた石が泥のとても小さな粒を濾過します。

3442 □□□
coarse [kɔːs] 形 粗い

類 3443 □□□ **rough** [rʌf] 粗い 3444 □□□ **granular** [ˈgrænjələ] 粒状の
3445 □□□ **gritty** [ˈgrɪti] じゃりじゃりする
The water slowly seeps through the **rough** sand, further cleaning the water.
水はゆっくりと粗い砂に浸みわたって行き、水をさらにきれいにしていきます。

3446 □□□
in summary 要約すれば

類 3447 □□□ **to sum up** 3448 □□□ **in short** 要するに 3449 □□□ **all in all** 概して
In short, both filters clean water with slightly different final stages.
要するに、両方の濾過装置は少し違った最終段階で水を浄化します。

3450 □□□
practically [ˈpræktɪkli] 副 実質的に

類 3451 □□□ **essentially** [ɪˈsenʃəli] 本質的に 3452 □□□ **basically** [ˈbeɪsɪkli] 基本的に
3453 □□□ **virtually** [ˈvɜːtʃuəli] 実事上、実質的に
All in all, the filters are **basically** the same with only slightly different stages at the end.
つまり、濾過装置は最後の段階が少し違うだけで基本的に同じです。

* purify「浄化する」

タスク1では、工程図や絵が液体の動きを表す場合が多いので、「流れる」「そそぐ」「滴る」などの言葉に慣れる必要があります。

音楽学校の改修案

062

何回読んだ？ □□□□□

*The plans below show a music school now and a proposed *refurbishment.*

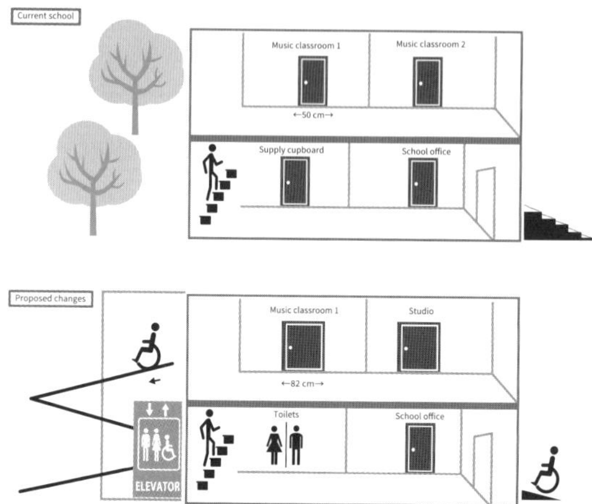

In the proposed blueprint, the stairs leading to the front **entrance** will be **taken out** and replaced with a *wheelchair ramp. The *supply cupboard on the ground floor will be **converted into** toilets. The stairs at the end of the **hallway** will **remain**, but a new lift will be installed. The **doorways** to the classrooms on the first floor will be wider, measuring 82 cm in *width. Outside the school, the trees will be **cut down** to **make room for** a new ramp from the first floor and the lift. In short, the school will be more *accessible for *people with disabilities.

下の見取り図は、音楽学校の現状と改修案を表しています。

設計案によると、正面口につながる階段は**取り払われ**、車いす用スロープに変わります。1階の備品用品室はトイレ**に変わります**。**廊下**の突き当りの階段はそのまま**残ります**が、新しくエレベーターが設置されます。2階の教室の**入り口**の幅は広くなり、幅82センチになります。学校の外構は、木を**切り倒し**て2階からの新しいスロープとエレベーター**のスペースを作ります**。要するに、この学校は体の不自由な方たちがもっと利用しやすくなります。

---

* refurbishment「改修」 wheelchair ramp「車いす用スロープ」
supply cupboard「備品用品室」 width「幅」 accessible「利用しやすい」
person with a disability「体の不自由な人」

3454 □□□

entrance [ˈentrəns] 名 入り口

類 3455 □□□ **doorway** 出入り口 3456 □□□ **entry** 入り口
3457 □□□ **entranceway** 3458 □□□ **entryway** 通用門

There will be a new **entranceway** in the back of the building.
建物の裏側に新しい**入り口**ができます。

3459 □□□

take STH out ～を取り除く

類 3460 □□□ **remove** 取り除く

The supply cupboard will be **removed**.
備品用品室は**取り除かれ**ます。

3461 □□□

convert STH into STH ～を…に改造する

類 3462 □□□ **change STH into STH** ～を…に変える

Music classroom 2 will be **changed into** a studio.
第二音楽室はスタジオに**変わり**ます。

3463 □□□

hallway [ˈhɔːlweɪ] 名 廊下

類 3464 □□□ **corridor** [ˈkɒrɪdɔː] 3465 □□□ **hall** [hɔːl] 廊下

The length of the **corridors** will remain the same.
廊下の長さは同じままです。

3466 □□□

remain [rɪˈmeɪn] 動 (ある場所に) とどまる、残る

類 3467 □□□ **be kept** (ある場所に) とどまる

The school office will **be kept** in the same place.
学校の事務室は同じ場所に**とどまり**ます。

3468 □□□

cut STH down ～を切り倒す

類 3469 □□□ **chop STH down** ～を切り倒す

All of the trees outside will be **chopped down**.
外の木は全て**切り倒され**ます。

3470 □□□

make room for STH ～のための場所をあける

類 3471 □□□ **allow room for STH** ～の余地を与える
3472 □□□ **provide space for STH** ～のスペースを与える
3473 □□□ **accommodate** ～のための場所がある

The doors will be wider to **allow room for** wheelchairs.
車いすが**通れる**ように、ドアの幅は広くなります。

The two maps below show a town, before and after reconstruction.

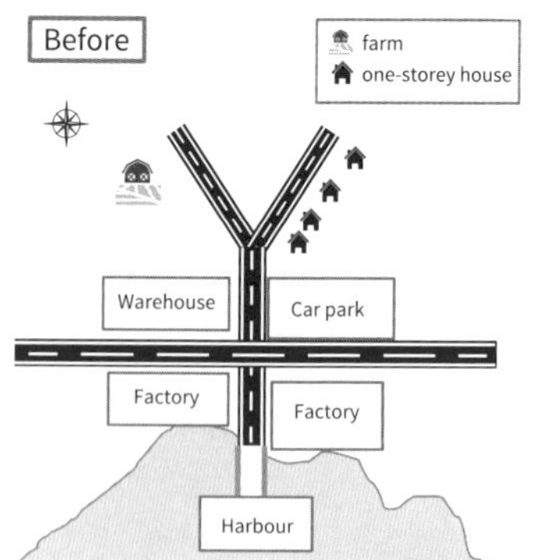

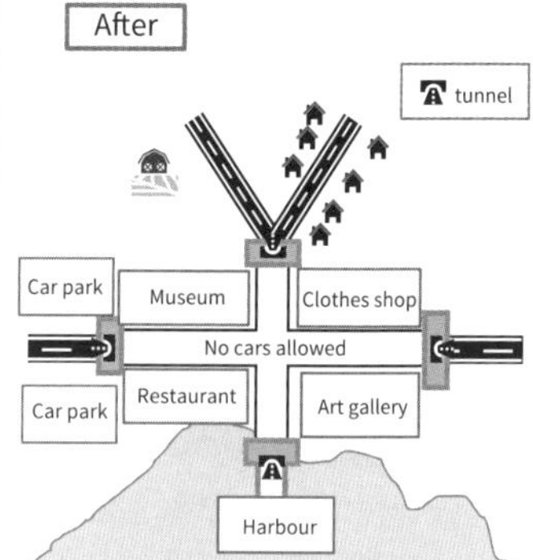

The maps depict a town, **prior to** and **following** reconstruction. Overall, this **industrial** area has *undergone *gentrification and the centre has been *pedestrianised.
Before the changes, there was a **harbour** in the south and two factories facing the water. In between the factories, a road headed north until it reached a **crossing**. The road north continued and **forked** into two, with the right fork heading to a residential area of *one-storey houses, while the left fork went towards a **rural area**.

下の2つの地図は、ある町の再開発前後を表しています。
この地図は、再開発前と後の、ある町を表しています。全体として、この工業地域は高級化が図られ、中心部は歩行者専用になりました。
この変更の前は、南側に港があり、2つの工場が海に面していました。この工場の間には、交差点まで道が北にのびていました。北の道はさらに続き、2つに分岐し、右側の道は平屋の住宅地に続き、その一方で左側の道は農村地域に向かっていました。

* undergo「経験する」 gentrification「高級化」 pedestrianise「歩行者専用にする」 one-storey「1階建て」

3474 □□□
prior to STH ～より前に

類 3475 □□□ **preceding** (すぐ) 前の 3476 □□□ **previous to STH** ～より前に

There were houses on only one side of the road **preceding** the changes to the town.

この町に対する変更の前は、道の片側にしか家がありませんでした。

3477 □□□
following [ˈfɒləʊɪŋ] 前 ～の後に

類 3478 □□□ **subsequent to STH** ～の後に

Cars cannot access the city centre **subsequent to** the reconstruction.

この再開発の後、車は街の中心部には入れなくなりました。

3479 □□□
industrial [ɪnˈdʌstriəl] 形 工業の

類 3480 □□□ **manufacturing** 製造 (業) の

The **manufacturing** area has been completely transformed.

この工業地帯は、完全に変わりました。

3481 □□□
harbour [ˈhɑːbə] 名 港

類 3482 □□□ **port** 港

There have been no changes to the **port**.

港に変化はありません。

3483 □□□
crossing [ˈkrɒsɪŋ] 名 交差点、交差路

類 3484 □□□ **crossroad** 交差路、交差点 3485 □□□ **intersection** 交差点

The **crossroad** is gone and there are now tunnels under the city.

交差点はなくなり、今は街の下にトンネルが通っています。

3486 □□□
fork [fɔːk] 動 分岐する

類 3487 □□□ **split** 二つに分かれる 3488 □□□ **divide** 分かれる

The road still **divides** and goes into rural and residential areas.

道は今も分かれて、農村地域と住宅地に続いています。

3489 □□□
rural area 農村地域

類 3490 □□□ **agricultural area** 農業地域 3491 □□□ **the country**
3492 □□□ **the countryside** 田舎

The countryside is to the northwest of the city.

田園地帯はこの街の北西側にあります。

受験者はよくnatureとcountrysideを混同します。natureはとても全般的で、動植物を意味します。ある特定の地域のタイプを指すわけではありません。suburbsは都市中心部を取り巻く住宅地を指します。これはrural areasとは異なり、rural areasでは農場をみることができます。

北アメリカのセミのライフサイクル

064

何回読んだ？ □□□□□

*The process below shows the life *cycle of the North American cicada.*

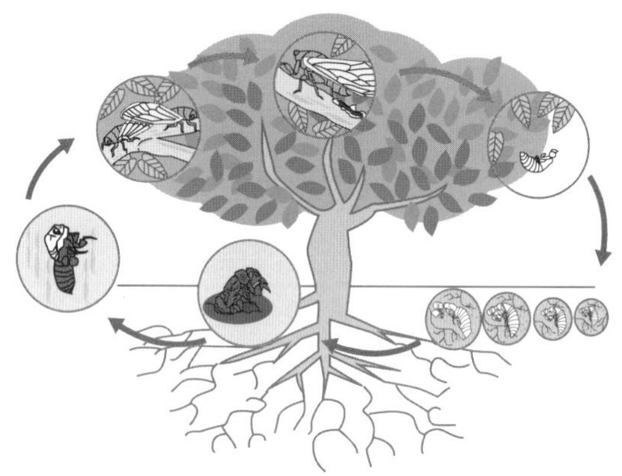

After *mating, the female *saws a **groove** into the *bark of a tree and lays her eggs.
Eight weeks later, the larva, called a 'nymph', *hatches from its egg, drops to the ground and **burrows** down to reach the roots, where it will feed on the tree's *sap for the next 13 or 17 years. During this time, it goes through 4 **stages** of development and grows 20 times in size. After reaching *adulthood, all of the cicadas in the area emerge at the same time. They **shed** their *exoskeleton, and the males begin to look for a **partner** by *belting out an **incessant** mating call. Thus, the cycle **is renewed**.

以下の一連の変遷は、北アメリカのセミのライフサイクルを示しています。
交尾の後、雌は樹皮に**溝**を開けて卵を産み付けます。
8週間後、「ニンフ」と呼ばれる幼虫が卵からかえり、地上に落ち、**穴を掘って**木の根に達し、その後13～17年間そこで樹液を餌にします。この間、幼虫は4**段階**の成長過程を経て、20倍の大きさになります。成虫になると、その地域の全てのセミは同時に地上に出てきます。表皮を**脱ぎ**、雄は大きな音で**ひっきりなし**に鳴いて**パートナー**を探し始めます。このようにして**新しい循環が始まる**のです。

＊ cycle「サイクル、循環」 mate「交尾する」 saw「切る」 bark「樹皮」 hatch「孵化する」 sap「樹液」 adulthood「成虫」 exoskeleton「外骨格、昆虫の表皮」 belt STH out「大声で歌う」

3493 □□□
groove [gruːv] 名 溝

類 3494 □□□ **slit** [slɪt] 細長い穴、開口部 3495 □□□ **gouge** [gaʊdʒ] 削った溝
The female lays about 20 eggs in each **slit** that she cuts in the bark.
雌は樹皮に切り込んだ開口部それぞれに約20個の卵を産みます。

3496 □□□
burrow [ˈbʌrəʊ] 動 穴を掘る

類 3497 □□□ **tunnel down** [ˈtʌnl daʊn] トンネルを掘る
The nymph **tunnels down** around 2.5 metres.
幼虫は地下に約2.5メートル穴を掘ります。

3498 □□□
stage [steɪdʒ] 名 段階

類 3499 □□□ **phase** [feɪz] 段階
There are six **phases** of a cicada's life cycle.
セミのライフサイクルには6段階あります。

3500 □□□
shed [ʃed] 動 (動物・昆虫が皮を) 脱ぐ

類 3501 □□□ **cast STH off** 3502 □□□ **moult** [məʊlt] 脱皮する 3503 □□□ **discard** [dɪˈskɑːd] 捨てる
The cicada **casts off** its exoskeleton and leaves it attached to a tree.
セミは表皮を脱皮し、それを木にくっつけたまま置き去りにします。

3504 □□□
partner [ˈpɑːtnə] 名 相手、配偶者

類 3505 □□□ **mate** [meɪt] (動物の) つがいの一方
Adult cicadas only have around a *fortnight to find a **mate**.
成虫のセミがパートナーを探すのに、約2週間しかありません。

3506 □□□
incessant [ɪnˈsesnt] 形 絶え間ない

類 3507 □□□ **never-ending** 際限ない 3508 □□□ **persistent** [pəˈsɪstənt] 持続する
3509 □□□ **ceaseless** [ˈsiːsləs] 絶え間ない
You can hear the **never-ending** song of the cicada during the summer in Japan.
夏の間日本では、セミの果てしなく続く鳴き声を聞くことができます。

3510 □□□
be renewed 再び始まる、繰り返される

類 3511 □□□ **start over** 最初からやり直す 3512 □□□ **begin again** 再び始まる
The life cycle **begins again** every 13 or 17 years, depending on the species.
種によって異なりますが、ライフサイクルは13 ～ 17年で再び始まることになります。

＊ fortnight 2週間

lay/lieはよく混同される語句です。layは目的語をとり、過去形はlaidです。一方、lieは目的語をとりません。問題は、lieの過去形がlayであることです。

ペットボトルのリサイクル

The process below shows how PET bottles are recycled.

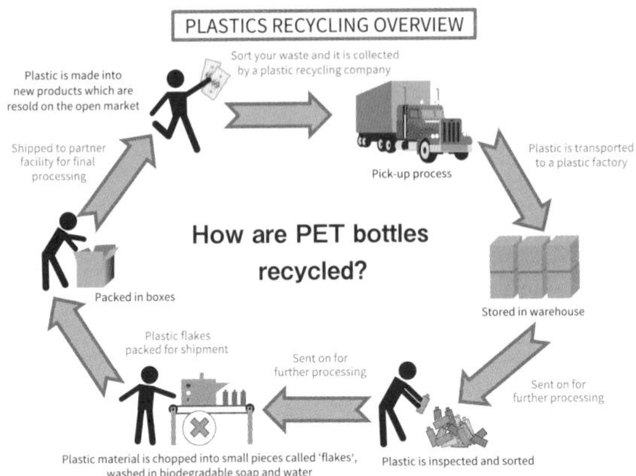

The **diagram** depicts how PET bottles are recycled. Overall, this is a fairly simple process with six **steps**, from the **consumer** to processing and back to the consumer. Bottles are collected and transported by *lorries to warehouses, where they are stored. In the next step, the bottles are inspected and **sorted** by size and colour before **being sent on** for further processing. Then, the plastic is **chopped up** into smaller pieces and *scrubbed in biodegradable soap and water. These *granular pieces called 'flakes' are **packed** into boxes for final processing. The flakes are made into new products and resold.

以下の一連の変遷は、ペットボトルがどのようにリサイクルされるかを示しています。

この図はどのようにペットボトルがリサイクルされるかを示しています。全体としては、消費者から処理へ、そしてまた消費者へ戻るまでの6段階の比較的単純な工程です。ボトルは回収されトラックで倉庫に運ばれ、そこで保管されます。次の段階ではボトルは検査され、更なる処理に**送られる**前に、大きさと色によって**分別されます**。そしてプラスチックは小さい破片に**裁断され**、生物分解可能な石鹸と水で汚れを落とされます。この粒状の「フレーク」と呼ばれる破片は最終処理のために箱に**詰められます**。フレークから新しい製品がつくられ、再販売されます。

---

* lorry「大型トラック」 scrub「洗う」 granular「粒状の」

3513 □□□
diagram [ˈdaɪəgræm] 名 図

類 3514 □□□ **representation** [ˌreprɪzenˈteɪʃn] 画像 3515 □□□ **flowchart** [ˈfləʊ.tʃɑːt] 流れ図

The **flowchart** illustrates the recycling process of PET bottles.
このフローチャートは、ペットボトルのリサイクル工程を示しています。

3516 □□□
step [step] 名 段階

類 3517 □□□ **stage** 段階

The first **stage** is to collect the bottles and ship them to the plastic factory.
最初の段階は、ボトルを集めプラスチック工場に送ることです。

3518 □□□
consumer [kənˈsjuːmə] 名 消費者、購入者

類 3519 □□□ **customer** [ˈkʌstəmə] 顧客 3520 □□□ **purchaser** [ˈpɜːtʃəsə] 購入者

The **customer** deposits the bottles into *receptacles.
買い手はボトルを容器に入れます。

3521 □□□
sort [sɔːt] 動 分類する

類 3522 □□□ **organise** [ˈɔːgənaɪz] 整理する 3523 □□□ **categorise** [ˈkætəgəraɪz]
3524 □□□ **group** [gruːp] 分類する

In some countries, the consumer has to **organise** the bottles by colour before collection.
国によっては、消費者が回収の前に色別にボトルをまとめる必要があります。

3525 □□□
send STH **on** ～を送る

類 3526 □□□ **forward** [ˈfɔːwəd] 送る

The plastic flakes are **forwarded** to another factory to be remade into new products.
プラスチックのフレークは、他の工場に送られ、新しい製品に作り変えられます。

3527 □□□
chop STH **up** ～を切り刻む

類 3528 □□□ **shred** [ʃred] 細かく切る

The plastic is **shredded** into pieces 2 cm in size.
プラスチックは2センチの大きさの破片に裁断されます。

3529 □□□
pack [pæk] 動 詰める

類 3530 □□□ **load** [ləʊd] 詰める

The workers **load** the bottles into boxes and ship them to the recycling centres.
作業員はボトルを箱に詰め、リサイクリングセンターに輸送します。

* receptacle　容器（英語ではbinとも言う）

IELTSでは、受験者は1～9のバンドスケール（得点帯）上のスコアを受け取ります。4分野のテストそれぞれに、「バンドスコア」が与えられます。バンドスコアは、4.5、5.0、5.5、6.0、6.5、7.0……など0.5刻みで、4分野のテストスコアを加算平均し、「総合バンドスコア」(Overall BandScore)を出します。それが受験者の最終的なIELTSレベルとなります。

9 エキスパート・ユーザー	十分に英語を駆使する能力を有している。適切、正確かつ流暢で、完全な理解力もある。
8 非常に優秀なユーザー	時折、非体系的な不正確さや不適切さがみられるものの、十分に英語を駆使する能力を有している。慣れない状況においては、誤解が生ずることもありえる。込み入った議論に、うまく対応できる。
7 優秀なユーザー	時折、不正確さや不適切さがみられ、また状況によっては誤解が生ずる可能性もあるが、英語を駆使する能力を有している。複雑な言語も概して上手く扱っており、詳細な論理を理解している。
6 有能なユーザー	不正確さ、不適切さ、および誤解がいくらか見られるものの、概して効果的に英語を駆使する能力を有している。特に、慣れた状況においては、かなり複雑な言語を使いこなすことができる。
5 中程度のユーザー	部分的に英語を駆使する能力を有しており、大概の状況において全体的な意味をつかむことができる。ただし、多くの間違いを犯すことも予想される。自身の分野においては、基本的なコミュニケーションを行うことができる。
4 限定的ユーザー	慣れた状況においてのみ、基本的能力を発揮できる。理解力、表現力の問題が頻繁にみられる。複雑な言語は使用できない。
3 非常に限定的なユーザー	非常に慣れた状況において、一般的な意味のみを伝え、理解することができる。コミュニケーションが頻繁に途絶える。
2 一時的なユーザー	確実なコミュニケーションを行うことは不可能。慣れた状況下で、その場の必要性に対処するため、極めて基本的な情報を単語の羅列や短い定型句を用いて伝えることしかできない。英語による会話、および文章を理解するのに非常に苦労する。
1 非ユーザー	いくつかの単語を羅列して用いることしかできず、基本的に英語を使用する能力を有していない。
0 非受験者	評価可能な情報なし。

PART 3

意見を書く英単語

スポーツにおけるスポンサーシップ①

066

何回読んだ？ □□□□□

Some companies use sports sponsorship as a way to advertise themselves.
Why do companies do this?
Is this a benefit or a risk to the company?

Sponsorship of individual **athletes** and teams is quite common these days. While it is obvious that the athlete or team get funding or equipment out of the deal, what is the benefit for the sponsoring company? Is this **affiliation** good for the company **in the long run**? The main reason why companies **sponsor** sportspeople is that it is very effective advertising, and overall this is a *win-win situation for both the company and the athletes.

Sponsoring a team is one of the best ways to *garner attention for a company. As the fans *have their eyes glued to their television screens watching the action, they are also staring directly at the company's **logo** that is **visible** on the *kit. Providing individual players with sports equipment can be even more effective. If a winning athlete uses a particular tennis racket or shoes, fans will *flock to the stores that **carry** that equipment.

スポーツのスポンサーになることを広告の手段として使う企業があります。
なぜ企業はそうするのでしょうか。
これは企業にとって利益、それともリスクにつながるでしょうか。

個人**アスリート**やチームのスポンサーになることは、最近ではごく普通のことです。アスリートやチームは、この取決めによって資金や用具を得ることができるのは明らかですが、資金を提供する企業にとってのメリットは何でしょうか？　この**連携**は企業にとって**長期的に**よいことでしょうか。企業がスポーツ選手の**スポンサーになる**主な理由は、それがとても効率のいい広告であり、概して企業にとっても、アスリートにとっても、双方に利益のある状況だからです。

チームのスポンサーになることは、企業にとっては注目を集める最善の方法の一つです。ファンたちは動きを観るためテレビのスクリーンにくぎ付けになるので、選手の道具一式に**見える**企業の**ロゴ**も直接見つめることになります。スポーツ用具を個人の選手に提供することは、さらに効果的になり得ます。もし勝利を収めた選手がある特定のテニスラケットや靴を使っていたら、ファンはその用具を**取り扱っている**店に群がるでしょう。

---

* win-win situation「互いにプラスになる状況」 garner attention「注目を集める」
have (one's) eyes glued to STH「～を食い入るように見つめる」 kit「道具一式」
flock to STH「～に群がる」

3531 □□□
athlete [ˈæθliːt] 名 アスリート、運動選手

類 3532 □□□ **sportsperson** スポーツ選手 3533 □□□ **player** 競技者

It is extremely costly to become a professional **sportsperson**.
プロのスポーツ選手になるのは、極めてお金がかかります。

3534 □□□
affiliation [əˌfiliˈeɪʃn] 名 提携

類 3535 □□□ **association** 3536 □□□ **connection** 関係

Sometimes the **association** between the sponsor and the athletes is very close.
スポンサーとアスリートの関係は、とても密接なこともあります。

3537 □□□
in the long run 長い目で見れば

類 3538 □□□ **in the fullness of time** 機が熟して、時機が来れば

Most companies see some benefits **in the fullness of time**.
しかるべき時が来ると、ほとんどの企業はいくばくかの利点があることを理解します。

3539 □□□
sponsor [ˈspɒnsə] 動 後援する

類 3540 □□□ **bankroll** [ˈbæŋkrəʊl] 融資する

Banks, phone companies, and airlines all **bankroll** football teams.
銀行、電話会社、そして航空会社もみなサッカーチームに融資しています。

3541 □□□
logo [ˈləʊgəʊ] 名 シンボルマーク、ロゴ

類 3542 □□□ **corporate symbol** 社章 3543 □□□ **trademark** 商標

Trademarks are important for marketing the company.
商標は、企業を売り出すために重要です。

3544 □□□
visible [ˈvɪzəbl] 形 目に見える

類 3545 □□□ **discernible** [dɪˈsɜːnəbl] 認識できる
3546 □□□ **unmistakable** 間違えようのない、明白な

Companies need a simple logo that is **discernible** from far away.
企業は、遠くからでも認識できるシンプルなロゴが必要です。

3547 □□□
carry 動（商品を）店に置く、扱っている

類 3548 □□□ **stock** 仕入れる 3549 □□□ **keep STH in stock** ～を在庫しておく
3550 □□□ **have STH for sale** 販売用に～を取り扱う

Most sports stores **keep** the most popular brands **in stock**.
ほとんどのスポーツ用品店では、最も人気のあるブランドを取り揃えています。

スポーツにおけるスポンサーシップ②

067

何回読んだ？
□□□□□

Some companies use sports sponsorship as a way to advertise themselves.
Why do companies do this?
Is this a benefit or a risk to the company?

However, there are certain risks to being a patron of an athlete or team. First of all, if the player gets involved in a **scandal**, it will reflect badly on the sponsor as well. For example, a few years ago, a world-famous golfer was arrested on a drink-driving charge. This resulted in bad publicity and a **nightmare** for his sponsor's PR department, so he was quickly **dropped**. Another possible **scenario** is that the player could **fall ill** or the team could be knocked out of the tournament at an early stage. A German car manufacturer **found** itself **in** this situation when the sailing team it had sponsored failed to *qualify, and the company lost over 200 million dollars.

In conclusion, with extra money in short supply, sportspeople need to look for sponsorships. Usually companies are **happy enough** to provide funding, as it provides good public relations at a relatively low cost. However, companies need to understand they are running a risk and prepare for the worst even as they hope for the best.

スポーツのスポンサーになることを広告の手段として使う企業があります。
なぜ企業はそうするのでしょうか。
これは企業にとって利益、それともリスクにつながるでしょうか。

しかし、アスリートやチームのスポンサーになることは、あるリスクも伴います。第一に、もしその選手が**スキャンダル**に巻き込まれたら、スポンサーにも悪影響が及びます。例えば数年前、世界的に有名なゴルファーが飲酒運転の容疑で逮捕されました。これは彼のスポンサーの広報部にとっては悪い評判、そして**悪夢**のような結果となり、彼はすぐに**スポンサー契約を打ち切られました**。もう一つのありえる**シナリオ**は、選手が**病気になったり**、チームが早い段階でトーナメントから敗退したりしてしまうことです。ドイツのある自動車メーカーは、スポンサーをしているヨットチームが予選を通過できず、その会社が2億ドル以上の損失を被ったとき、このような状況**に陥りました**。

結論としては、スポーツ選手は資金不足になるので、スポンサーを探す必要があります。通常、企業は比較的低コストでよい宣伝広告ができるので、**喜んで**資金を提供します。しかし、企業は危険を冒していることを理解し、最善の結果を期待しながらも最悪の事態に備える必要があります。

---

* qualify「予選を通過する」

3551 □□□
scandal [ˈskændl] 名 不祥事、スキャンダル

類 3552 □□□ **impropriety** [ˌɪmprəˈpraɪəti] 不適切な行為
3553 □□□ **wrongdoing** [ˈrɒŋduːɪŋ] 悪行 3554 □□□ **misconduct** [ˌmɪsˈkɒndʌkt] 不品行

People are very interested when athletes are involved in some kind of **impropriety**.
アスリートが何らかの**不祥事**に巻き込まれると、人はとても興味を持ちます。

3555 □□□
nightmare [ˈnaɪtmeə] 名 悪夢

類 3556 □□□ **ordeal** [ɔːˈdiːl] 苦しい試練 3557 □□□ **traumatic experience** トラウマ的な経験

Scandals are an **ordeal** for the athlete's family as well.
スキャンダルは、アスリートの家族にとっても**苦しい試練**です。

3558 □□□
drop [drɒp] 動 (人を) 解雇する、除名する

類 3559 □□□ **abandon** 3560 □□□ **throw overboard** 3561 □□□ **chuck overboard** 見捨てる

Managers of the sports teams can be **thrown overboard** if they do not perform well.
成績が振るわないと、スポーツチームの監督は**解任される**こともあります。

3562 □□□
scenario [səˈnɑːriəʊ] 名 筋書、シナリオ

類 3563 □□□ **situation** 状況

Being involved in a public scandal can be a scary **situation**.
不祥事に巻き込まれるのは、恐ろしい**状況**になりえます。

3564 □□□
fall ill 病気になる

類 3565 □□□ **get sick** 3566 □□□ **be taken ill** 病気になる

Players have to be careful not to **be taken ill** during the finals.
選手たちは、決勝戦の間**病気にならない**ように気をつけなければなりません。

3567 □□□
find (oneself) in STH (ある状況) にいることに気付く

類 3568 □□□ **land (oneself) in** STH ～に陥る

If an athlete **lands** himself **in** trouble, he or she should find a good PR person.
アスリートが苦境**に陥った**時には、腕利きの渉外担当者を見つけるべきです。

3569 □□□
happy enough 十分に嬉しい

類 3570 □□□ **willing** 快くやる、自発的な 3571 □□□ **agreeable** 乗り気の、進んでする
3572 □□□ **amenable** 快く従う、従順な

Most sports teams are **amenable** to renaming their stadium for more money.
ほとんどのスポーツチームは、お金のためにスタジアムの名称変更を**快く受け入れ**ます。

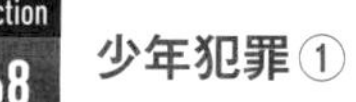

Section 68 少年犯罪①

068　何回読んだ？ □□□□□

Some people believe that juveniles who commit crimes should be treated in the same way as adults, while others feel that there are better alternatives.
Discuss both views and give your opinion.

People who are **in favour of** treating *minors as adults if they *commit a crime feel that only **harsh punishments** can act as a *deterrent. In a recent survey by a leading Japanese newspaper, six out of ten people thought the possibility of going to prison was effective in stopping young people from breaking the law. For those surveyed, it did not matter if the offence was serious or only a petty crime.

However, people on the other side of the debate suggest that these young people may be influenced by others because young people are quite *susceptible to *peer pressure. If this is the case, are they accountable for their **actions**? For example, when I was a teen, one of my friends *shoplifted cosmetics, and I felt **under pressure** to **follow along with** what my friend was doing. Of course, I refused, but if I had stolen something, should I have gone to prison? I think adults need to be more **forgiving**, and young people should **be let off**.

罪を犯した少年少女は成人と同じ方法で扱われるべきだと考える人がいる一方で、より良い代替案があると感じる人もいます。
両方の考え方を論じたうえで、あなたの意見を述べなさい。

罪を犯した未成年者を成人と同じように扱う事に**賛成する**人々は、**厳罰**のみが抑止力となり得ると感じています。日本の主要紙による最近の調査では、10人のうち6人が、刑務所送りになる可能性は若者達が法律を犯すのを止めるのに効果的であると考えていました。調査対象となった人々にとって、その犯罪が重罪か、軽犯罪にすぎないかは問題ではありませんでした。

しかし、反対意見を唱える人々は、若者は仲間からの圧力にかなり弱いので、他人に影響されるかもしれない事を示唆しています。もしこれが本当なら、彼らは自身の**行為**に責任があるでしょうか？　例えば、私が10代だったころ、友人の１人が化粧品を万引きして、私が友人と**同じ事をしなければいけない**ような**圧力を感じ**た事がありました。もちろん私は拒否しましたが、もし何かを盗んでいたら私は投獄されるべきだったのでしょうか？　私は、大人はもっと**寛容**になる必要があり、若者は**許される**べきだと思います。

---

* minor「未成年」 commit a crime (= break the law)「罪を犯す」
deterrent「抑止力」 susceptible to STH「～の影響を受けやすい」
peer pressure「同調圧力、仲間からの圧力」 shoplift「万引きをする」

3573 □□□
be in favour of SB STH ～に賛成して

類 3574 □□□ **advocate for** 3575 □□□ **support** ～を支持する

Some people **support** the idea of community service as a punishment for young offenders.
若い犯罪者が刑罰として社会奉仕活動を行う考えに**賛成する**人もいます。

3576 □□□
harsh punishment 厳罰

類 3577 □□□ **severe punishment** 3578 □□□ **strict punishment** 厳罰

There should be a **strict punishment** for a crime like murder.
殺人のような犯罪には**厳罰**が課されるべきです。

3579 □□□
actions [ˈækʃnz] 名 行為

類 3580 □□□ **behaviour** [bɪˈheɪvjə] 3581 □□□ **conduct** 行為

At what age are children responsible for their **behaviour**?
何歳で子供は自身の**行為**に責任が持てるでしょうか？

3582 □□□
under pressure プレッシャーをかけられて

類 3583 □□□ **pressured** [ˈpreʃəd] プレッシャーをかけられた 3584 □□□ **pushed** せきたてられた

Some teenagers feel **pressured** to commit crimes.
罪を犯すように**圧力をかけられる**と感じる10代の若者もいます。

3585 □□□
follow along with SB STH ～と合わせて動く、～に従う

類 3586 □□□ **go along with SB STH** ～について行く、従う

A lot of teenagers **go along with** what their peers do.
仲間の行動に**従う**10代の若者は多いです。

3587 □□□
forgiving [fəˈgɪvɪŋ] 形 寛大な、大目に見る

類 3588 □□□ **lenient** [ˈliːniənt] 寛大な、大目に見る

Do you think that the courts are too **lenient** towards young criminals?
法廷は若い犯罪者に対して**寛大過ぎる**と思いますか？

3589 □□□
let SB off (人を) 許す、放免する

類 3590 □□□ **escape punishment** 処罰を免れる
3591 □□□ **allow SB to walk free** (人を) 無罪放免する

Some *white collar criminals are **allowed to walk free**.
贈収賄犯の中には、**無罪放免になる**ものもいます。

* white collar criminal　贈収賄などの罪を犯した人

Section 69 少年犯罪②

Some people believe that juveniles who commit crimes should be treated in the same way as adults, while others feel that there are better alternatives.
Discuss both views and give your opinion.

Some people feel that **minors** who **commit crimes** should not be **put in jail** like adults. They hope that these young **offenders** can be **rehabilitated** by doing community service. They are also worried that if you lock up teens with adults, then these young people will learn even worse criminal behaviour from the *hardened criminals in prison. As a result, young people who have been imprisoned are much more likely to *re-offend.
On the other hand, other people believe that **lending a hand** in the community or paying a small fine is just **a slap on the wrist**. Some crimes are so serious that a suitable punishment is necessary. For example, if a minor *commits murder, it is not acceptable for this criminal to be allowed to walk free. Many people feel that society is too concerned with the criminal's fate, and we should not forget justice for the victim.

罪を犯した少年少女は成人と同じ方法で扱われるべきだと考える人がいる一方で、より良い代替案があると感じる人もいます。
両方の考え方を論じたうえで、あなたの意見を述べなさい。

罪を犯した未成年者は、成人同様に**刑務所に入れられる**べきではないと感じている人もいます。彼らは、これらの若い**犯罪者**が地域奉仕活動を行う事で**更生**できるよう願っています。彼らはまた、10**代の若者**を大人と一緒に**閉じ込める**と、刑務所で常習犯達からより悪質な犯罪を覚えると心配しています。結果として、**刑務所に入った**若者はより再犯する傾向があります。
一方で、地域で**手助けをする**事や少額の罰金を払う事は**軽い叱責**でしかないと考える人もいます。犯罪の中には、適切な刑罰が必要となるほど重大なものもあります。例えば、未成年者が殺人を犯した場合、この犯罪者が解放される事は受け入れられません。多くの人が、社会は犯罪者の運命を心配し過ぎていて、被害者への正義を忘れるべきではないと感じています。

---

* hardened criminal「常習犯」 re-offend「再犯する」 commit murder「殺人を犯す」

3592 □□□
minor [ˈmaɪnə] 名 未成年(者)

類 3593 □□□ **juvenile** [ˈdʒuːvənaɪl] 少年少女、青少年 3594 □□□ **adolescent** [ˌædəˈlesnt] 青年
3595 □□□ **teen** [tiːn] 10代の若者

At what age do **juveniles** become adults in your society?
貴方の社会では、何歳で**青少年**は成人になりますか？

3596 □□□
commit a crime 罪を犯す

類 3597 □□□ **break the law** 法を犯す

More and more young people **break the law** these days.
今日では、より多くの若者が**法を犯して**います。

3598 □□□
put SB in jail ～を投獄する

類 3599 □□□ **incarcerate** [ɪnˈkɑːsəreɪt] 3600 □□□ **put SB in prison** ～を投獄する
3601 □□□ **lock SB up** ～を留置する 3602 □□□ **imprison** [ɪmˈprɪzn] 投獄する

Some people think it is wrong to **incarcerate** teenagers for any crime.
どんな犯罪でも、10代の若者を**投獄する**のは間違っていると考える人もいます。

3603 □□□
offender [əˈfendə] 名 犯罪者

類 3604 □□□ **criminal** [ˈkrɪmɪnl] 3605 □□□ **lawbreaker** [ˈlɔːbreɪkə]
3606 □□□ **perpetrator** [ˈpɜːpətreɪtə] 犯罪者（＝perp ※短縮形）

Young **criminals** should be punished like adults if the crime is serious.
犯罪が重い場合は、若い**犯罪者**でも成人と同様に罰せられるべきです。

3607 □□□
rehabilitate [ˌriːəˈbɪlɪteɪt] 動 更生させる

類 3608 □□□ **reform** [rɪˈfɔːm] 改心させる

It is possible to **reform** a young person, so we should not put them in prison.
若い人を**改心させる**事は可能なので、投獄すべきではありません。

3609 □□□
lend SB a hand ～に手を貸す、手助けする

類 3610 □□□ **aid** 3611 □□□ **assist** 3612 □□□ **help SB out** ～を助ける

Teens can learn a lot of new skills if they **help out** in their community.
10代の若者は、地域社会で**手助けをすれば**沢山の新しいスキルを習得する事ができます。

3613 □□□
slap on the wrist 軽い叱責

類 3614 □□□ **lenient punishment** [ˈliːniənt ˈpʌnɪʃmənt] 軽い刑罰

Is community service a **lenient punishment** or is it a deterrent?
地域奉仕活動は**軽い罰**でしょうか、それとも抑止力でしょうか？

Section 70

大学入学前のすごし方①

In some countries, young people are encouraged to work or travel for a year between finishing high school and starting university studies.
Discuss the advantages and disadvantages for young people who decide to do this.

Some students take time off before university to travel, work, or do some volunteering. What are the benefits or drawbacks to setting off for a year? While the costs can be *astronomical, a *gap year can help to **clarify** a young person's best *course of action.

The clearest drawbacks to a gap year abroad are the money problems. Before you go, you need to **put** a lot of **money aside** and then **stick to** your budget. On top of that, you can forget about **splashing out on** anything special while abroad because you may need to pay for your **accommodation**.

On the other hand, the most significant advantages are that it helps young people decide on their futures. People in their early 20s are often not *set on a future career. As a consequence, they often **rush into** choosing majors that do not **suit** them. A gap year gives them a chance to both try a range of jobs and see if they would like to work abroad one day.

一部の国では、若い人たちは高校卒業後、大学に入る前に1年間仕事をしたり旅行したりすることを奨励されています。
このようにすることを決めた若い人たちへのメリット、デメリットを検討してください。

大学入学前に、旅行・仕事・ボランティアをするために休暇を取る学生がいます。1年間休暇をとることのメリット、デメリットは何でしょうか。その費用はけた外れですが、ギャップ・イヤーは若者のベストな行動指針を**明確にする**うえで役に立ちうるものです。

海外で過ごす一年間の最たるデメリットは、費用です。出発前に大きな**金額を貯めておき**、その予算を**しっかり守る**必要があります。それに加えて、外国にいる間に、何か特別なことに**お金を派手に使う**ことを忘れてしまうかもしれません。なぜなら、**宿泊**代を支払う必要があるからです。

一方、最も重要なメリットは，若者たちが将来何をするべきかを決定するのに役に立つことです。20代前半の若者はまだ将来のキャリアを決められないでいることがよくあります。結果として、自分には**合わない**主専攻科目を**急いで**選んでしまうことがよくあります。ギャップ・イヤーによって幅広い仕事を経験し、いつの日か海外で働きたいか決めるのにも役に立ちます。

---

* astronomical「桁外れに大きな」
gap year「ギャップ・イヤー（高校卒業後、大学入学前に1年間遊学することができる制度）」
course of action「行動指針」 set SB on STH「～の心や意志を…に向ける」

3615 □□□
clarify [ˈklærəfaɪ] 動 明らかにする

類 3616 □□□ **make STH clear** ～を明確にする

Young people should **make** their goals **clear** when discussing a gap year with their parents.

若者は両親とギャップ・イヤーについて話し合うとき、自分の目的**を明確にする**べきです。

3617 □□□
put money aside お金を蓄える

類 3618 □□□ **save up** 3619 □□□ **lay aside money** 貯蓄する

3620 □□□ **economise** [ɪˈkɒnəmaɪz] 倹約する

You should begin to **save up** at least a year before you leave.

出発する少なくとも1年前から**お金を貯め**始めるべきです。

3621 □□□
stick to STH ～に忠実である、～から離れない

類 3622 □□□ **adhere to STH** ～を忠実に守る 3623 □□□ **follow** 従う、守る

For volunteering gap years, you must **adhere to** the rules laid down by the charity.

ギャップ・イヤーにボランティアをするなら、慈善団体の定める規則**に従わ**なければなりません。

3624 □□□
splash out on STH ～に派手に金を使う

類 3625 □□□ **splurge on STH** 3626 □□□ **spend lavishly on STH** ～に散財する

Some young people **splurge on** nice luggage before they set off.

出発する前に、素敵なかばん**に散財する**若者もいます。

3627 □□□
accommodation [əˌkɒməˈdeɪʃn] 名 宿泊（施設）

類 3628 □□□ **housing** [ˈhaʊzɪŋ] 住居 3629 □□□ **lodging** [ˈlɒdʒɪŋ] 宿泊（施設）

3630 □□□ **residence** [ˈrezɪdəns] 住居

If you do a volunteering gap year, your **lodging** is usually free.

もしギャップ・イヤーにボランティアをするなら、通常**宿泊**費は無料です。

3631 □□□
rush into STH 早急に～する

類 3632 □□□ **rush headlong into STH** ～に猪突猛進する

3633 □□□ **plunge into STH** ～に飛び付く

There are a lot of factors to consider before you **plunge into** a gap year.

ギャップ・イヤー**に飛び付く**前に、考慮しなければいけない要素は沢山あります。

3634 □□□
suit 動 合う

類 3635 □□□ **be appropriate for SB** ～にふさわしい 3636 □□□ **fit** 合う

A gap year does not **fit** everyone's lifestyle.

ギャップ・イヤーは全ての人のライフスタイル**に合う**わけではありません。

大学入学前のすごし方②

071

何回読んだ？ □□□□□

In some countries, young people are encouraged to work or travel for a year between finishing high school and starting university studies.
Discuss the advantages and disadvantages for young people who decide to do this.

One advantage to a gap year is that you are learning in the real world as opposed to in a classroom, and therefore you can see the **tangible** results of your work. For example, constructing a house with your own two hands is more **impactful** than just theorising about architecture in class. Another benefit of a gap year is that you can **get a taste of** the real aspects of working in a professional environment such as **arriving on time** and working with people from different *backgrounds. This will help to prepare you for a future career.

On the other hand, there are some disadvantages. First of all, many people who choose to live abroad **get homesick** after a few weeks, especially if there is a *language barrier, or the culture is very different. Another *'fly in the ointment' is that people often forget how to study properly. It might be difficult to **get back into the habit of** doing homework after *having an extended break.

In conclusion, although young people can learn some useful life skills, there are issues about **setting off** on a gap year, such as culture shock and losing good study habits.

一部の国では、若い人たちは高校卒業後、大学に入る前に1年間仕事をしたり旅行したりすることを奨励されています。
このようにすることを決めた若い人たちへのメリット、デメリットを検討してください。

ギャップ・イヤーのメリットの一つは、教室の中ではなく実世界で学べるため、自分の仕事の**具体的な**成果をみることができる点です。例えば、自らの手で家を建てることは、クラスで建築について理論を立てるだけより**インパクトがあり**ます。ギャップ・イヤーのもう一つのメリットは、職業環境下で働くことの本当の側面を**経験できる**ことです。例えば、時間通りに到着すること、異なる経歴を持つ人たちとともに働くことなどです。これは、将来のキャリアに備えるために役立つでしょう。

一方、デメリットもあります。まず初めに、海外に住むことを選んだ人の多くは数週間で**ホームシックになります**。言葉の障害があったり、文化が非常に異なったりするときは特に、です。もう一つの「玉に傷」は、人は適切な学習の仕方をよく忘れてしまうことです。長い休暇の後に、宿題をする**習慣に戻る**のは、難しいことかもしれません。

結論としては、若者は有益な生活技能を学ぶことができるかもしれませんが、カルチャーショックや良い学習習慣の喪失など、ギャップ・イヤーを**始める**ことへの問題もある、ということです。

---

* background「経歴」 language barrier「言葉の障壁」 fly in the ointment「玉にキズ」 have an extended break「長い休暇をとる」

3637 □□□
tangible [ˈtændʒəbl] 形 具体的な

類 3638 □□□ **concrete** [ˈkɒŋkriːt] 具体的な 3639 □□□ **palpable** [ˈpælpəbl] 明白な
3640 □□□ **substantial** [səbˈstænʃl] 実体がある

It is more satisfying to see **concrete** results than abstract rewards.
抽象的なご褒美より、**具体的な**結果が見える方がより満足できます。

3641 □□□
impactful [ɪmˈpæktfl] 形 影響力の強い

類 3642 □□□ **moving** 感動的な 3643 □□□ **life-changing** 人生を変えるような
3644 □□□ **meaningful** 有意義な

A gap year can be a **life-changing** experience.
ギャップ・イヤーは**人生を変えるような**経験になりえます。

3645 □□□
get a taste of STH ～を経験してみる

類 3646 □□□ **briefly experience** 少しだけ経験する

By travelling around the world, we can **briefly experience** many different cultures.
世界中を旅することで、多くの異なる文化を**少しだけ経験する**ことができます。

3647 □□□
arrive on time 時間通りに到着する

類 3648 □□□ **be punctual** 時間を守る

Being punctual is one of the life skills that is useful for the workplace.
時間を守ることは、職場で役立つ生活技能の一つです。

3649 □□□
get homesick ホームシックになる

類 3650 □□□ **miss home** 家を恋しく思う

Many young people **miss home** after a few weeks if it is their first time away.
初めて家を離れると、多くの若者は数週間で**家を恋しく思います**。

3651 □□□
get back into the habit of STH ～の習慣に戻る

類 3652 □□□ **return to the practice of STH** ～の習慣に戻る
3653 □□□ **get used to STH again** ～に再び慣れる

It is hard to **get used to** going to class **again** after a gap year.
ギャップ・イヤーの後、授業に通うのに**再び慣れる**のは大変です。

3654 □□□
set off 出発する、始める

類 3655 □□□ **take off** 出発する

Before **taking off** on this journey, you should discuss it with your parents.
この旅に**出発する**前に、両親とよく話し合うべきです。

受験者は「私はタイに行って、touch the cultureしたいです」のように、touch the cultureをよく使います。これは間違っています。その代わりにexperienceを使うべきです。例えば、「私はタイに行ってexperience the cultureしたいです」のようにです。

小学生が外国語を学ぶことへの賛否①

何回読んだ？ □□□□□

Some experts believe that it is better for children to begin learning a foreign language at primary school.
To what extent do you agree?

Some experts in child development suggest that it is best for children to learn a second language as early as possible. Is there any merit to their **hypothesis**? Although ability in a foreign language may be important to get a job in the future, it is essential that children become proficient in their mother tongue first.

I have to **concede**, that, at the moment, speaking foreign languages can *give someone a leg up in the **job market**. These days, employers **are** always **on the lookout for** people that can translate or conduct business with international clients. Unfortunately, we cannot be certain that this will always be the *state of affairs. Technology is advancing at a rapid pace, and even now there are *instantaneous translation apps. As these become more *sophisticated, language skills will **be** less **desired**. It does not **make sense** for parents to commit time and money for their children to develop skills that may be **obsolete** in the future.

子供たちは小学校で外国語を学び始めるのが良いと考える専門家もいます。
あなたはどの程度まで賛成しますか？

児童発達の専門家の中には、子供にとって第二言語の学習はできるだけ早い方が良いと提唱する人もいます。彼らの**仮説**に妥当性はあるでしょうか？　外国語能力は将来的に就職において重要かもしれませんが、子供がまず母国語に熟達する事が必須です。

私が**認めざるを得ない**のは、現状、外国語を話す事は**求人市場**において助けになる事です。今日、雇用主はいつも翻訳や国際的な顧客と仕事を執り行う事ができる人**を求めています**。残念ながら、私達はいつもこの状況であるとあてにできません。技術は速いペースで進歩しており、今でさえ即時翻訳アプリがあります。これがより高性能になるにつれ、言語能力はあまり**求められ**なくなるでしょう。親にとって、子供が将来**廃れる**かもしれないスキルを磨くために時間とお金を費やすのは**理にかなっ**ていないのです。

＊ give someone a leg up「（人を）助ける」 state of affairs「情勢、状況」
instantaneous「即時の」 sophisticated「高性能の、洗練された」

3656 □□□
hypothesis [haɪˈpɒθəsɪs] 名 仮説

類 3657 □□□ **assumption** [əˈsʌmpʃn] 仮定、前提 3658 □□□ **theory** [ˈθɪəri] 学説
3659 □□□ **belief** 考え

The **assumption** that it is better to learn English as early as possible is controversial.
可能な限り早く英語を学んだ方が良いという**仮定**は議論を醸しています。

3660 □□□
concede 動 認める

類 3661 □□□ **admit** 認める

Experts must **admit** that it is more important for children to learn their mother tongue first.
専門家は、子供はまず母国語を覚える事がより重要だと**認め**ざるを得ません。

3662 □□□
job market 求人市場

類 3663 □□□ **labour market** 労働市場

The **labour market** is changing due to the advancement of technology.
労働市場は技術の進歩によって変わりつつあります。

3664 □□□
be on the lookout for SB STH ～を注意して探している

類 3665 □□□ **keep an eye out for** SB STH ～に目を光らせる

Employers **keep an eye out for** people with unique skills.
雇用主は、独自のスキルを持った人**に目を光らせて**います。

3666 □□□
be desired [dɪˈzaɪəd] 求められている

類 3667 □□□ **be coveted** [ˈkʌvətɪd] 求められている

At the moment, English skills **are coveted** by employers.
現状、英語力は雇用主に**求められて**います。

3668 □□□
make sense 意味をなす、道理にかなう

類 3669 □□□ **be justifiable** もっともである 3670 □□□ **be understandable** 理解できる

It **is understandable** that parents would want their children to learn English.
親が子供に英語を学んで欲しいと願うのは**理解できます**。

3671 □□□
obsolete [ˈɒbsəliːt] 形 廃(すた)れた

類 3672 □□□ **out-of-date** 時代遅れの 3673 □□□ **antiquated** [ˈæntɪkweɪtɪd] 廃れた

Foreign language ability could be an **out-of-date** skill in the future.
外国語能力は、将来**廃れる**スキルなのかもしれません。

小学生が外国語を学ぶことへの賛否②

073

何回読んだ？ □□□□□

Some experts believe that it is better for children to begin learning a foreign language at primary school.
To what extent do you agree?

Most experts believe that there is a small **window of opportunity** to learn a new language, and this '**critical period**' lasts from when they are in *infancy to **preadolescence**. During this time, the child can easily **pick up** new vocabulary, use natural grammar, and speak without a *noticeable accent. Adults speaking a new language must consciously think about grammar rules, and it is next to impossible for them to speak it without an accent.

Another point to consider is that children are not afraid to make errors or look foolish, which is essential for learning. In comparison to adults, children are **undaunted** and understand that making mistakes is part of the educational process. Also, teenagers or adults may not want to play vocabulary games or sing songs in another language, whereas kids love doing these activities. This lack of **reticence** allows children to enjoy acquiring this skill.

In conclusion, it seems clear that children should begin learning a new language before **puberty**. The critical period for becoming truly proficient is quite short and developing these skills as an adult is not as much fun.

子供たちは小学校で外国語を学び始めるのが良いと考える専門家もいます。
あなたはどの程度まで賛成しますか？

ほとんどの専門家は新しい言語を習得する**絶好の機会**は限られていて、この「**臨界期**」は幼少期から**前思春期**まで続くと考えています。この期間、子供は簡単に新しい語彙を**覚え**、自然な文法を使い、そして目立った訛り無しに話す事ができます。新しい言語を話す成人は、意識的に文法ルールを考えなくてはならず、訛り無しに話す事は不可能に近いです。

もう一つ考慮すべき点は、子供は間違ったり愚かに見えたりするのを恐れない事で、それは学びに必要不可欠だという点です。成人と比べて子供は**物怖じせず**、失敗は学びのプロセスの一部だと分かっています。また、10代の若者や成人は外国語で言葉遊びや歌を歌いたがらないかもしれませんが、子供はこういった遊びが大好きです。この**遠慮**の欠如のおかげで、子供たちは楽しみながら言語スキルを獲得できるのです。

結論として、子供は**思春期**前に新しい言語の習得を始めるべきだという事は明らかです。言語に本当に熟達するための臨界期はとても短く、これらのスキルを成人になってから発達させるのはあまり楽しいものではありません。

＊ infancy「幼少期」 noticeable「目立った」

3674 □□□
window of opportunity 絶好の機会

類 3675 □□□ **critical period** 3676 □□□ **margin of opportunity**
3677 □□□ **critical window** 臨界期

Experts believe that the **critical window** for learning English begins at two years old.
専門家は英語を覚える臨界期は2歳に始まると考えています。

3678 □□□
preadolescence [ˌpriːædəˈlesns] 名 思春期直前期

類 3679 □□□ **preteen years** 13歳未満の時期、思春期前の時期

Children can learn a great deal during their **preteen years**, so parents should take advantage of that.
子供は思春期前の時期に沢山の事を習得できるので、親はそれを利用すべきです。

3680 □□□
pick up STH 身につける、覚える

類 3681 □□□ **informally learn** (学校の正式な教育でなく) 非正規に学ぶ

It is possible to **informally learn** a new language without going to school.
学校へ行かずに新しい言語を非正規に学ぶ事は可能です。

3682 □□□
undaunted [ˌʌnˈdɔːntɪd] 形 ひるまない、恐れない

類 3683 □□□ **fearless** [ˈfɪələs] 3684 □□□ **unafraid** [ˌʌnəˈfreɪd] 恐れない

Most children are **unafraid** when they try to speak another language.
ほとんどの子供は、外国語を話そうとすることを恐れません。

3685 □□□
reticence [ˈretɪsns] 名 遠慮、控えめさ

類 3686 □□□ **inhibition** [ˌɪnhɪˈbɪʃn] 抑制 3687 □□□ **hang-up** (心理的な) 抵抗 (感)
3688 □□□ **reluctance** 気が進まないこと

Some adults have a lot of **hang-ups** when they speak English.
成人の中には、英語を話す時に大きな抵抗を感じる人もいます。

3689 □□□
in conclusion 結論として

類 3690 □□□ **to conclude** 結論として 3691 □□□ **in summary** 要するに

To conclude, we must encourage children to learn English at an early age.
結論として、私達は子供が早いうちから英語を学ぶのを促進しなければなりません。

3692 □□□
puberty [ˈpjuːbəti] 名 思春期

類 3693 □□□ **adolescence** [ˌædəˈlesns] 思春期、青年期

People should begin learning English before **adolescence**.
英語学習は思春期前に始めるべきです。

オープンプランオフィス①

何回読んだ？ □□□□□

Nowadays, a lot of offices are being built with an open-plan design.
Do the advantages of this trend outweigh the disadvantages?
The **premise** behind open-plan offices is that it creates an atmosphere of **cooperation** and synergy that allows people from different departments to **put** their **heads together** and brainstorm to solve problems. Furthermore, employers hope these office plans will *trigger **spontaneous** conversations in which colleagues *come up with new ideas to grow the business. This does happen to to some extent as more cooperation between departments can be seen in these workplaces.
However, these benefits *come at a cost. Workers in open-plan offices **complain** that they cannot concentrate on their work due to *distractions, such as other people chatting or *gossiping at the next desk. Also, they are less likely to *engage in private conversations about work as they **are in fear of** someone **eavesdropping on** them. These problems result in an overall drop in productivity.

最近では、多くのオフィスがオープンプラン設計で作られています。
この傾向のメリットは、デメリットに勝るのでしょうか。
オープンプランオフィスの**前提**には、このような設計により**協力**と相乗効果の雰囲気が生まれることがあります。それにより、問題解決のために異なる部署の人が**集まり**ブレインストーミングをすることができます。さらに雇用主は、同僚たちが会社を成長させる新しいアイディアを思いつくような、**自発的な**会話のきっかけになることをオープンプランオフィスに期待しています。部署間の協力が職場で多くみられるようになるにつれ、このようなことはある程度は確かに起こっています。
しかし、このようなメリットには代償も伴います。オープンプランオフィスの従業員は、他の人が隣の机でおしゃべりや噂話をすると気がそれるので、自分の仕事に集中できないと**不平を言っています**。また、誰かが**盗み聞きしている**ことを**恐れて**、仕事についての内密な会話をしなくなります。このような問題は、全体的な生産性の低下を招きます。

---

* trigger「～を引き起こす」 come up with STH「～を思いつく」
come at a cost「代償を伴う」 distraction「注意散漫」 gossip「噂話をする」
engage「携わる」

3694 □□□
premise [ˈpremɪs] 名 前提

類 3695 □□□ **assumption** [əˈsʌmpʃn] 仮定、前提 3696 □□□ **thinking** 考え、見解
3697 □□□ **presumption** [prɪˈzʌmpʃn] 推定

The **thinking** is that redesigning office space will increase productivity and cut costs.
見解として、オフィススペースを再設計することは、生産性の向上、もしくはコストの低減につながります。

3698 □□□
cooperation 名 協力

類 3699 □□□ **collaboration** 協力 3700 □□□ **mutual support** 相互のサポート

Open-air office plans can increase **mutual support** among workers.
オープンエアのオフィスによって、従業員間の相互のサポートが増えます。

3701 □□□
put (one's) heads together 集まって相談する

類 3702 □□□ **share ideas** 考えを共有する
3703 □□□ **bounce ideas off one another** 互いにアイデアをぶつけ合う

Workers need private places to **share ideas**.
従業員は、考えを共有できるようにプライベートな場所が必要です。

3704 □□□
spontaneous [spɒnˈteɪniəs] 形 自発的な

類 3705 □□□ **spur-of-the-moment** 3706 □□□ **impromptu** [ɪmˈprɒmptjuː]
3707 □□□ **off-the-cuff** 即席の

Some of the best business ideas come from **spur-of-the-moment** conversations.
最良のビジネスアイディアは、とっさの会話から生まれることがあります。

3708 □□□
complain [kəmˈpleɪn] 動 文句を言う

類 3709 □□□ **grumble** [ˈgrʌmbl] 文句を言う

Workers often **grumble** about the noise that their co-workers make.
同僚が出す騒音に文句を言う人が多いです。

3710 □□□
be in fear of SB STH ～に恐れをなす

類 3711 □□□ **be frightened of** SB STH ～に恐れをなす

Employees should not **be frightened of** change.
従業員は変化に恐れをなすべきではありません。

3712 □□□
eavesdrop on SB [ˈiːvzdrɒp] ～を盗み聞きする

類 3713 □□□ **listen in on** SB ～を盗み聞きする

It's rude to **listen in on** someone else's conversation.
他の人の会話を盗み聞きするのは失礼です。

Section 75

オープンプランオフィス②

075

何回読んだ？ □□□□□

Nowadays, a lot of offices are being built with an open-plan design.
Do the advantages of this trend outweigh the disadvantages?
One issue that people have with open-plan *layouts is the lack of personal space. People like to *personalise their working areas with family photos and **mementos**, so their offices feel like home. However, workers in open-plan offices cannot do this, and therefore do not feel an *attachment to their working area. As a result, they may not **take pride in** their work, resulting in lower productivity and higher employee *turnover.
Despite these issues, open-plan offices are more cost effective than separate offices **to some extent**. First of all, it is expensive to construct walls and doors for offices. On the other hand, open-plan workplaces allow **colleagues** to *'hot-desk' and rearrange working teams to create a dynamic office environment. Also, if employees need to discuss things **in private**, they can use small meeting rooms, so it is the *best of both worlds.
In conclusion, it seems there are **pluses and minuses** for different office designs. *At the end of the day, it is up to the owners of the companies to **opt for** the layout which best suits their needs.

最近では、多くのオフィスがオープンプラン設計で作られています。
この傾向のメリットは、デメリットに勝るのでしょうか。
オープンスペースレイアウトにするにあたり一つ問題なのは、個人の空間がないことです。人は、家族の写真や**思い出の品**を置いて自分の作業空間を好みに変えることが好きで、そうするとオフィスがあたかも家のように感じられます。しかしオープンプランオフィスの従業員はこれをすることができず、それゆえ自分の作業空間に愛着を感じられません。その結果、自分の仕事に**誇りを持て**ないかもしれず、生産性の低下や従業員の離職率の上昇を招きます。
このような問題にもかかわらず、オープンプランのオフィスは仕切られたオフィスに比べて、**ある程度**費用効果が高いものです。第一に、オフィスに壁やドアを作るのは費用が高くつきます。一方、オープンプランの職場では、**同僚**たちがホットデスキングしたり作業チームを再編成することができ、活力のある職場環境を作ることができます。また、従業員が**内密に**話し合う必要があるときは、小さな打ち合わせ室を使うことができ、二つの長所が活かされます。
結論として、異なるオフィス設計にはそれぞれの**長所、短所**があるように思われます。結局、ニーズに合う最良のレイアウト**を選ぶ**のは会社の経営者にゆだねられます。

---

* layout「レイアウト」 personalise「～を個人向けに変える」 attachment to「～への愛着」 turnover「離職率」 hot-desk「ホットデスキング、複数の人たちが一つの机やコンピュータを共有すること」 best of both worlds「二つの異なったもののそれぞれの長所」 at the end of the day「結局のところは」

3714 □□□
memento [məˈmentəʊ] 名 思い出の品

類 3715 □□□ **keepsake** [ˈkiːpseɪk] 記念品

People like to have **keepsakes**, such as souvenirs, on their desks.
人はお土産のような**記念品**を机に置くのが好きです。

3716 □□□
take pride in STH ～を誇りに思う

類 3717 □□□ **take satisfaction in** STH ～に満足する

It is important for everyone to **take satisfaction in** their work.
全ての人にとって、仕事に**満足する**ことは重要です。

3718 □□□
to some extent ある程度は

類 3719 □□□ **to a certain degree** ある程度は

To a certain degree, people prefer to have their own office.
ある程度、人は個人オフィスを持つことを好みます。

3720 □□□
colleague [ˈkɒliːg] 名 同僚

類 3721 □□□ **co-worker** 3722 □□□ **workmate** [ˈwɜːkmeɪt] 同僚

It is the manager's job to make sure **co-workers** get on with each other.
同僚同士がうまくやっていけるようにするのは、マネージャーの仕事です。

3723 □□□
in private 内密に、こっそりと

類 3724 □□□ **behind closed doors** 密室で

Some meetings should be conducted **behind closed doors**.
密室で行うべき打ち合わせもあります。

3725 □□□
pluses and minuses プラス面とマイナス面

類 3726 □□□ **advantages and disadvantages** 長所と短所
3727 □□□ **benefits and drawbacks** 長所と短所
3728 □□□ **pros and cons** 賛否両論

There are also **pros and cons** with workplaces that have separate rooms.
仕切りのある仕事場にも、**賛否両論**があります。

3729 □□□
opt for STH ～を選ぶ

類 3730 □□□ **select** 3731 □□□ **go for** STH ～を選ぶ

Some office planners **go for** a hybrid approach, including both open-plan design and private offices.
オープンプラン設計と個室の両方を含む、混合の方法**を選ぶ**オフィス設計者もいます。

低開発国と観光業①

076

何回読んだ？
□□□□□

More and more people travel to undeveloped countries for holidays. Is this a positive or negative development for the host country?

Visiting **pristine** countries is becoming more common these days as tourists look for new experiences. Can this be **seen in a positive light** or will tourism cause these places to **take a turn for the worse**? In my view, tourism represents a *golden opportunity for these countries to modernise their infrastructures and their economies.

First of all, although many of these countries are **lagging behind** the developed world in terms of basic facilities, tourism can change this. For example, when I visited Thailand twenty years ago, there were few roads or mobile services outside of the urban centres. These days, the *motorways and mobile service are **second to none**. In large part, this *is all down to the tourism industry.

On top of that, tourism provides a lot of high-paying jobs to **those in need**. Poor people in these countries barely survive on the money they earn from farming, fishing, or *logging. In contrast, jobs such as working in a hotel pay much better, and through these better jobs, families can escape **poverty**.

休暇で低開発国へ旅行する人が増えています。その国にとって、これはよい、それとも悪い変化でしょうか？

旅行者は新しい経験を探し求めるので、最近は**未開の**国を訪れることがよく見られるようになっています。これは**肯定的にとらえられる**ことでしょうか、それとも観光業によってこのような場所は**悪化してしまう**でしょうか。私は、このような国がインフラや経済の近代化を図るまたとない機会を、観光業は象徴していると思います。

第一に、このような国々の多くは、基礎的な設備という点で先進国に**後れを取っています**が、観光業でそれを変えることができます。例えば、私が20年前にタイを訪れた時、市の中心部以外では道路や携帯電話サービスがほとんどありませんでした。近年では、高速道路や携帯電話サービスは**どこにも負けません**。この大部分は観光業のおかげなのです。

それに加えて、観光業は**困っている人たち**に、賃金の高い仕事を沢山提供してくれます。このような国々の貧しい人たちは、農業、漁業、林業で得る収入でかろうじて生計を立てています。それに対して、ホテルの仕事などはもっと高い賃金を得られ、このようなよりよい仕事で家族は**貧困**から抜け出すことができます。

---

* golden opportunity「またとない機会」 motorway「高速道路」
be all down to STH「～に依存している」 logging「林業」

3732 □□□
pristine [ˈprɪstiːn] 形 原始状態の、本来の純粋さを保っている

類 3733 □□□ **untouched** [ʌnˈtʌtʃt] 手つかずの 3734 □□□ **unspoiled** [ˌʌnˈspɔɪld] 損なわれていない
The biggest attraction for tourists is the **unspoiled** nature in these countries.
旅行者にとって最大の魅力は、これらの国々にある手つかずの自然です。

3735 □□□
see STH in a positive light ～を肯定的にとらえる

類 3736 □□□ **view STH positively** ～を肯定的にとらえる
Tourism should be **viewed positively**.
観光業は肯定的にとらえられるべきです。

3737 □□□
take a turn for the worse 悪化する

類 3738 □□□ **go downhill** 3739 □□□ **worsen** [ˈwɜːsn] 悪化する
Some sightseeing spots have **gone downhill**.
一部の観光地は悪化してしまいました。

3740 □□□
lag behind 遅れを取る

類 3741 □□□ **trail behind** 3742 □□□ **fall behind** 遅れを取る
These underdeveloped countries are **falling behind** in terms of education as well.
このような発展途上国は、教育の観点からも遅れています。

3743 □□□
second to none 何ものにも劣らない

類 3744 □□□ **incomparable** [ɪnˈkɒmpərəbl] 3745 □□□ **unequalled** [ʌnˈiːkwəld]
3746 □□□ **beyond compare** 無比の、最上の
The views of nature in these countries are **beyond compare**.
これらの国々の自然の景観は、右に出るものがありません。

3747 □□□
those in need 援助を必要としている人

類 3748 □□□ **the poor** 3749 □□□ **the impoverished** 貧困者
3750 □□□ **the disadvantaged** 弱者
It is imperative that tourism help everyone, especially **the poor** throughout the country.
観光業が全ての人、特に国中の貧困にあえぐ人の役に立つことは必須です。

3751 □□□
poverty [ˈpɒvəti] 名 貧困

類 3752 □□□ **economic hardship** 経済的困難 3753 □□□ **destitution** [ˌdestɪˈtjuːʃn] 極貧
Tourism can *lift poor people out of **economic hardship**.
観光業は、貧しい人々を経済的困難から救うことができます。

＊ lift SB out ～を救いだす

Section 77

低開発国と観光業②

More and more people travel to undeveloped countries for holidays. Is this a positive or negative development for the host country?

While many people **point out** the fact that tourism brings high-paying jobs, they fail to consider the negative economic consequences that tourism also brings. First of all, inflation on *staples such as bread or rice *skyrockets due to this rising **income**. Another issue is that if a tourist spot **takes off**, international hotels and tour companies *rush in and **push out** local businesses. This can have a *knock-on effect throughout the economy and reduce local people's overall quality of life. On top of economic issues, there is the threat to the local people's unique culture, such as language loss in which their own language is *supplanted by a more *dominant language. This has already **transpired** with Spanish in some South American countries. Traditional music and art can vanish as young people no longer **go in for** local traditions and prefer more international **tastes**, such as hip-hop or Hollywood movies. In short, there are serious drawbacks to the rise of mass tourism in developing countries, such as *adverse effects on their economies and senses of identity. People in those countries should reconsider whether tourism is the right *road map for success.

休暇で低開発国へ旅行する人が増えています。その国にとって、これはよい、それとも悪い変化でしょうか？

多くの人が観光業は高賃金の仕事になると**指摘する**一方、観光業が同様にもたらす負の経済的影響を考慮していません。第一に、例えばパン、コメといった主食のインフレが、**所得の上昇**によって急に進んでしまいます。もう一つの問題は、もし観光地の**人気が出る**と、国際的なホテルや観光会社が押し寄せ、地元の企業を**押しのけてしまう**ことです。これは経済全体に連鎖反応を起こし、地元の人たちの全般的な生活の質を落としかねません。
経済的な問題の他にも、地元民の独特の文化が危険にさらされることになります。例えば、もっと支配的な言語によって、彼らの固有の言語が奪われてしまう言語消失などです。これは既に、南米の国々ではスペイン語で**起こっています**。伝統的な音楽や美術が消えてしまうかもしれません。なぜなら若い人たちは地元の伝統をもはや**好まず**、より国際的な**テイスト**、例えばヒップホップやハリウッド映画等を好むからです。
つまり、開発途上国の国々で大規模な観光業が起こると、経済やアイデンティ意識への逆効果など、深刻な障害が出ます。このような国の人々は、観光業が成功へ導いてくれる正しい指針であるかどうか、再考するべきです。

---

* staple「必需食糧品」 skyrocket「急上昇する」 rush「押し寄せる」
knock-on effect「波及効果」 supplant「奪い取る」 dominant「優勢な」
adverse「逆の」 road map「導くもの、指針」

3754 □□□
point STH **out** ～を指摘する

類 3755 □□□ **call attention to** STH 3756 □□□ **draw attention to** STH ～に注意を向ける

We need to **draw attention to** the negative side of tourism.
私たちは、観光業の負の側面にも目を向ける必要があります。

3757 □□□
income [ˈɪnkʌm] 名 所得、収入

類 3758 □□□ **earnings** [ˈɜːnɪŋz] 3759 □□□ **wage** [weɪdʒ] 賃金 3760 □□□ **salary** 3761 □□□ **pay** 給料

Tourism helps **wages** to rise.
観光業は、賃金が上がるのに役立ちます。

3762 □□□
take off 盛り上がる、売れ行きがよくなる

類 3763 □□□ **grow in popularity** 人気が出る
3764 □□□ **make a name for oneself** 有名になる

The beaches in Vietnam have **made a name for themselves** in recent years.
ベトナムのビーチは近年**有名になりました**。

3765 □□□
push SB STH **out** ～を押しのける

類 3766 □□□ **force** SB STH **out** 3767 □□□ **drive** SB STH **out** ～を追い出す、追い払う

Family-owned hotels are **driven out** of business by big hotel chains.
家族経営のホテルは、大きなホテルチェーンによって廃業に**追い込まれます**。

3768 □□□
transpire [trænˈspaɪə] 動 起こる

類 3769 □□□ **come about** 3770 □□□ **occur** 起こる

Language loss has already **come about** in parts of Africa.
言語消失は、アフリカの一部で既に**起こっています**。

3771 □□□
go in for STH ～を好む

類 3772 □□□ **embrace** [ɪmˈbreɪs] 受け入れる 3773 □□□ **adopt** 取り入れる

It is difficult for parents to get their children to **embrace** traditions.
親たちが子供に伝統を**受け入れ**させるのは難しいです。

3774 □□□
taste [teɪst] 名 好み

類 3775 □□□ **preference** [ˈprefrəns] 好み

Teenagers' **preferences** change because of the influence of tourists.
ティーンエージャーの**好み**は、旅行者の影響で変わります。

wageとsalaryは似た意味ですが、違う使い方をされます。wageは一般的には時給で、通常ブルーカラー労働者に支払われるお金を指します。一方salaryは月給、または年棒として、ホワイトカラー労働者による仕事に対して支払われるお金です。

INFORMATION

IELTS はイギリス英語のテストなのか、アメリカ英語のテストなのか？

イギリス英語圏のテストというイメージの強いIELTS ですが、特定の英語での解答を要求されることはありません。答えに、イギリス英語やアメリカ英語、または英語が第一言語である他の国々の特徴（主に綴つづりの違い）が含まれていても得点に影響することはありません。
IELTS の I は International の頭文字です。決してイギリス英語のテストということではなく、世界的に話されている英語のテストであることを覚えておきましょう。

PART 4

意見を話す英単語

Section 78 なぜ今の仕事を選んだのですか？

078

何回読んだ？ □□□□□

Why did you choose the job that you do now?

To be honest, I *detested my last job. My boss was a bit of a **slave driver** and **pored over** everything I did. He was a real *micromanager and I was totally *stressed out. Also, it was really difficult to **get ahead** because it was such a small company. In the end, I just couldn't put up with it anymore and I quit.

My workplace now is much more **laid-back** and my boss just lets me **get on with** my work instead of *breathing down my neck. Having said that, one day I would like to be my own boss and **run** my own **business**. Maybe I could **make a living** as a trader.

なぜ今の仕事を選んだのですか？

正直に言うと、私は前職が大嫌いでした。私の上司は少し**人をこき使う人**で、私がすること全てを**監視しました**。彼は本当に細かいことまで管理したがる上司で、私は完全にストレスでまいっていました。また、とても小さな会社だったので、**昇進する**のは本当に難しかったです。結局、私はもう我慢できなくなり、退職しました。

私の今の職場はずっと**のんびりしていて**、私の上司は私をしつこく監視するのではなく、私に仕事を**どんどん進めさせて**くれます。そうはいっても、いつかは自立して自分の**会社を経営したい**です。ひょっとしたら、私はトレーダーとして**生計を立てる**ことができるかもしれません。

＊ detest「ひどく嫌う」 micromanager「細かいことまでコントロールする上司」
stressed out「ストレスでまいる」
breathe down (one's) neck「～にしつこくつきまとう」

3776 □□□
slave driver [ˈsleɪv draɪvə] 奴隷監督、人使いの荒い人

類 3777 □□□ **tyrant** [ˈtaɪrənt] 暴君 3778 □□□ **taskmaster** [ˈtɑːskmɑːstə] 工事監督、酷使者
I don't want to work for a **tyrant**.
私は暴君のために働きたくないです。

3779 □□□
pore over STH ～を凝視する、注目する

類 3780 □□□ **go over** STH **carefully** 3781 □□□ **scrutinise** [ˈskruːtənaɪz] ～を注意深く調べる
Before I hand in a report, I **go over** it very **carefully** to find any mistakes.
私はレポートを提出する前に、間違いがないかとても注意深く確認しました。

3782 □□□
get ahead 出世する

類 3783 □□□ **advance** [ədˈvɑːns] 3784 □□□ **climb the career ladder**
3785 □□□ **get promoted** 昇進する
Learning a language can help you **climb the career ladder**.
語学を学習することは、昇進するのに役立つかもしれません。

3786 □□□
laid-back [ˌleɪd ˈbæk] 形 くつろいだ

類 3787 □□□ **low-pressure** 3788 □□□ **mellow** [ˈmeləʊ] 3789 □□□ **easy-going** のんびりした
I prefer a **low-pressure** atmosphere at work.
私は職場ではのんびりした雰囲気を好みます。

3790 □□□
get on with STH ～をどんどん進める、続ける

類 3791 □□□ **make progress with** STH ～を進める
3792 □□□ **continue with** STH ～を続ける
After lunch, I find it difficult to **continue with** my work.
ランチの後は、仕事を続けるのが難しいと感じます。

3793 □□□
run (one's) business 事業を経営する

類 3794 □□□ **head (one's) company** 会社を率いる
My dream is to **head** my own **company**.
私の夢は、自分自身の会社を持つことです。

3795 □□□
make a living 生計を立てる

類 3796 □□□ **earn money** お金を稼ぐ 3797 □□□ **make ends meet** 生計を立てる
I am still not sure how I should **make ends meet**.
私はどうやって生計を立てていくべきか、いまだにわかりません。

句動詞（例 make up, work out, cut down）の中には、異なる意味を持つものがあります。例えば、get on withは「休むことなく～を続ける」という意味ですが、「～と仲良くする」という意味もあります。どちらの意味が正しいか、会話の内容をよく聞く必要があります。

あなたの地域は住みやすい場所ですか？

079

何回読んだ？ □□□□□

Is your area a good place to live?
I love my neighbourhood. There are **leafy** streets and a nice park *a stone's throw from my house. It doesn't have any **high-rise buildings** and there's no **nightlife** to speak of, but I prefer that because I like the **peace and quiet**. In the summer, the locals **put on** a small festival and the kids *set off some fireworks.
My favourite thing to do in my area is to visit a little place to eat close to where I live. I **get on with** the owners, and the place is so *cheap and cheerful. Personally, I **can't stand** *overpriced restaurants.

あなたの地域は住みやすい場所ですか？
私は自宅周辺地域が好きです。私の家のすぐそばに、緑豊かな道と素敵な公園があります。高層ビルはなく、話すほどの夜の娯楽はありませんが、私は平穏無事が好きなのでその方がいいです。夏には地元民が小さなお祭りを催し、子供たちは花火をします。
私が地元でする好きなことは、私の住んでいる所の近くの小さな食べ物屋さんに行くことです。私はオーナーと仲が良く、そこはとても安くて楽しいです。私としては、高すぎるレストランには我慢できません。

＊a stone's throw from「～の近くに」 set off STH「(花火) に点火する」
cheap and cheerful「安くて楽しい」 overpriced「値段が高すぎる、法外な」

3798 □□□
leafy [ˈliːfi] 形 葉の多い、緑豊かな

類 3799 □□□ **tree-lined** 並木の

I like walking down the **tree-lined** streets and taking photos of the cherry blossoms.

私は並木道を歩き、桜の花の写真を撮ることが好きです。

3800 □□□
high-rise building 高層ビル

類 3801 □□□ **skyscraper** [ˈskaɪskreɪpə] 超高層ビル 3802 □□□ **high-rise** 高層ビル

Tokyo is full of **skyscrapers**.

東京は超高層ビルでいっぱいです。

3803 □□□
nightlife [ˈnaɪtlaɪf] 名 夜の娯楽

類 3804 □□□ **night-time entertainment** 夜の娯楽

New York is known for its **night-time entertainment**.

ニューヨークは夜の娯楽街として知られています。

3805 □□□
peace and quiet 安らぎ、平安

類 3806 □□□ **tranquillity** [træŋˈkwɪləti] 3807 □□□ **peacefulness** [ˈpiːsflnəs] 静けさ

I like to get out of the city and find some **tranquillity**.

私は町を離れ、多少の静けさを見つけるのが好きです。

3808 □□□
put on (an event) 催す

類 3809 □□□ **organise (an event)** 企画する

My city **organises** a fireworks display during the summer.

私の街は、夏には花火大会を企画します。

3810 □□□
get on with SB ～と仲良くする

類 3811 □□□ **be on friendly terms with** SB
3812 □□□ **hit it off with** SB ～と仲良くする

I'm on friendly terms with my neighbours.

私はご近所の方と仲良くしています。

3813 □□□
can't stand 我慢できない

類 3814 □□□ **loathe** [ləʊð] 3815 □□□ **despise** [dɪˈspaɪz] 3816 □□□ **detest** [dɪˈtest] ひどく嫌う
3817 □□□ **hate** SB STH **with all (one's) heart** ～を心底嫌う

I **hate** the traffic noise in my area **with all my heart** because it keeps me up all night.

私の地域の交通騒音が心底嫌いです。そのせいで、一晩中眠れません。

Section 80

友達とどのくらい会えますか？

080

何回読んだ？

How often do you see your friends?
Unfortunately, I only see my friends **from time to time** because **I'm snowed under with** work. To be honest, I really miss my best friend, who lives in Kyoto now. We had the best time together when we were in secondary school. We were both very **easy-going** and fun-loving. We even **looked alike**! We **were like two peas in a pod**! Actually, I think I'm going to **get hold of** him and **touch base**. Maybe we can **hang out** and chat.

友達とどのくらい会いますか？
残念ながら、私は仕事に**追われて**友人とは**時々**しか会えません。正直なところ、今は京都に住んでいる親友に会えなくて、私は本当に寂しいです。私達は高校でとても楽しい時間を共に過ごしました。私達はお互いに**のんき**で楽しい事が好きでした。私達は**似て**すらいました！ **うり二つ**でした！ 実際、私は彼に**連絡を取り**たいと思います。**ブラブラと時を過ごしたり**、話したりできるかも知れません。

'My friends or I'とも言えますし、より口語的に、順番を逆にして'me'を使って言うこともできます（例'Me and my friends'）。
ネイティヴスピーカーは'rarely'や'seldom'は硬すぎるので話し言葉で使いません。代わりに、'hardly ever'や'almost never'や'once in a blue moon'を使いましょう。
例I almost never go to expensive restaurants. または I go to restaurants once in a blue moon.
また、日本人が多用し過ぎる'frequently'や'often'は使わないようにしましょう。代わりに'all the time'が使えます。
例I go to the movies all the time.
もし何かをするのが久しぶりな場合は'for ages'を使います。
例I haven't seen my friends for ages.

3818 □□□
from time to time 時々

類 3819 □□□ **now and again** 3820 □□□ **every now and then** たまに

I go out with my mates **now and again** and catch a baseball game.
私はたまに友人と出かけて、野球を観に行きます。

3821 □□□
be snowed under with STH ～で多忙である

類 3822 □□□ **be swamped with** STH ～に忙殺される
3823 □□□ **be overwhelmed with** STH ～に圧倒される

At the end of the year, I'**m** usually **swamped with** work.
年末には、私はたいてい仕事に忙殺されます。

3824 □□□
easy-going 形 のんきな、のんびりした

類 3825 □□□ **carefree** 気楽な

I wish my friend were more **carefree**, but he's always worried about something.
私は、友人がもっと気楽だったら良いのにと思いますが、彼はいつも何かを気にしています。

3826 □□□
look alike そっくりである

類 3827 □□□ **be like two peas in a pod** うり二つである
3828 □□□ **be the spitting image of** SB ～とうり二つである

The twins **are like two peas in a pod**.
双子はうり二つです。

3829 □□□
get hold of SB ～に連絡を取る

類 3830 □□□ **get in touch with** SB 3831 □□□ **contact** SB ～に連絡を取る

I **got in touch with** some old classmates through the internet.
私はインターネットで昔のクラスメートに連絡をとりました。

3832 □□□
touch base 連絡を取る

類 3833 □□□ **catch up** (最新の情報などを) 取り入れる

It's much easier these days to **catch up** with friends through social media.
今日ソーシャルメディアを通して友人の最新情報を得るのははるかに簡単です。

3834 □□□
hang out ブラブラして時を過ごす

類 3835 □□□ **get together** 会う、集まる

Me and my friends **get together** at the weekends to chat about what's happening in our lives.
私は友人と週末集まって、近況報告をします。

Section 81 映画館にどのくらい行きますか？

081

何回読んだ？ □□□□□

How often do you go to the cinema?

Actually, I go to my local shopping centre all the time to *catch the latest movie. I know it's **a bit steep** and *streaming a movie at home is more convenient, but I like to **treat** myself and feel the atmosphere of watching a film on the big screen.

It really **cheers** me **up**, and I like to just **chill out** and *lose myself in the film. To be honest, I'**m crazy about trashy** Hollywood *blockbusters. I even like the trailers! I suppose it's my *guilty pleasure. I **can't wait** until the next one.

映画館にどのくらい行きますか？

実は、私はいつも最新の映画を観るために地元のショッピングセンターに行きます。確かに**少し高くつき**、家で映画を観る方がより便利なのですが、私は**奮発して**、大きなスクリーンで映画を観る雰囲気を感じるのが好きなのです。

これは本当に私を**元気にして**くれて、ただ**落ち着いて**映画に没頭するのが好きです。正直なところ、私はハリウッドの**くだらない**ヒット作に**熱中しています**。私は予告編すら好きです。多分やましい楽しみなのでしょう。次回作が**待ち遠しい**です。

＊catch a movie「映画を観に行く」 stream「（動画などを）流す、再生する」
lose (oneself) in STH「～に没頭する」 blockbuster「ヒット作」
guilty pleasure「やましい楽しみ（出来の悪い又はつまらない映画のような、ほとんどの人が質が低いとみなすようなものを楽しむこと）」

3836 □□□
be a bit steep 少し高くつく

類 3837 □□□ **be a bit pricey** 3838 □□□ **be a bit dear** 少し高くつく

Movie tickets **are a bit pricey**, especially if it's a 3D movie.

映画のチケット、特に3D映画は少し高くつきます。

3839 □□□
treat oneself 奮発する、自前で楽しむ

類 3840 □□□ **indulge oneself** 自分自身を甘やかす、楽しむ、(〜に) ふける

I also like to **indulge myself** and get a big tub of popcorn when I go to the cinema.

私は映画に行く時、自分自身を甘やかして大きなポップコーンを買うのも好きです。

3841 □□□
cheer SB up 〜を元気にする

類 3842 □□□ **make SB happy** 〜を喜ばせる

Getting a DVD of my favourite film **makes me happy** when I'm down.

大好きな映画のDVDを手に入れる事は、落ち込んだ時に私を幸せにしてくれます。

3843 □□□
chill out 落ち着く

類 3844 □□□ **unwind** [ˌʌnˈwaɪnd] くつろぐ

I like to **unwind** in front of the TV after a hard day.

私は忙しい一日の後にTVの前でくつろぐのが好きです。

3845 □□□
be crazy about SB STH 〜に熱中している

類 3846 □□□ **be mad about SB STH** 3847 □□□ **be nuts about SB STH** 〜に夢中である

My girlfriend **is nuts about** sci-fi films.

私の彼女はSF映画に夢中です。

3848 □□□
trashy [ˈtræʃi] 形 くだらない

類 3849 □□□ **cheesy** [ˈtʃiːzi] 安っぽい、低級な

I quite like **cheesy** dramas with lots of overacting.

私は大げさな演技でいっぱいの安っぽいドラマがとても好きです。

3850 □□□
can't wait 待ち切れない

類 3851 □□□ **can hardly wait** 待ち切れない

3852 □□□ **be really looking forward to STH** 〜を本当に楽しみにしている

A sequel to my favourite film is coming out this summer and I **can hardly wait**!

私の大好きな映画の続編がこの夏発表されるので、待ち切れないです！

どちらが好きですか？①

082

何回読んだ？
□□□□□

Do you prefer comfortable or stylish shoes?

I think it depends. Sometimes, I'm on my feet all day, but I've got a pair of black trainers that are so **comfy** I hardly notice I **have** them **on**. They're also my *go-to shoes because they're the most versatile shoes I own and **go with** most of my *everyday clothes.

On the other hand, if I'm going to **have a night out**, I might want to **dress up**. In that case, I **throw on** a pair of heels. I just pray that I don't need to run for a cab! At the end of the night, I can't wait to **take** them **off**!

あなたは快適な靴、もしくはスタイリッシュな靴のどちらを好みますか？

私は、それは場合によると思います。時には一日中立ったままの日もありますが、とても**快適**な黒い運動靴を持っていて、**履いている**のを殆ど気付かないほどです。その靴はまた、私が持っている中で最も用途の広い靴で、私の普段着のほとんどと**合う**ので、一番使う靴でもあります。

その一方で、**夜出かける**時は、**お洒落をしたい**こともあります。そういった場合はハイヒールを**さっと履きます**。そんな時は、タクシーを捕まえるために走る事が無いように、ただ祈るのみです。夜が終わる頃にはヒールを**脱ぐ**のが待ちきれなくなります。

＊ go-to「頼りになる、主力の」 everyday「普段の」

3853 □□□
comfy [ˈkʌmfi] 形 快適な

類 3854 □□□ **comfortable** 心地よい、くつろがせる
I wear **comfortable** clothes at home and a business suit at work.
私は家では楽な服を着て、仕事ではスーツを着ます。

3855 □□□
have STH on ～を身に着けている

類 3856 □□□ **wear** 3857 □□□ **be dressed in STH** ～を着ている
He **was dressed in** a blue navy suit.
彼はネイビーのスーツを着ていました。

3858 □□□
go with STH ～に合う

類 3859 □□□ **complement** 補足する、よさを引き立たせる
3860 □□□ **do not clash with STH** ～に合う
I look for ties that **complement** my suits but are colourful.
私はスーツを引き立たせ、かつカラフルなネクタイを探しています。

3861 □□□
have a night out 夜に外出する、夜遊びする

類 3862 □□□ **hit the town** 街へ繰り出す 3863 □□□ **party** パーティーに行く
3864 □□□ **go out** 出かける
When I was younger, I **hit the town** more often.
若かった頃はもっと沢山街に出かけていました。

3865 □□□
dress up おしゃれする

類 3866 □□□ **dress smartly** おしゃれする
3867 □□□ **be dressed (up) to the nines** 念入りに着飾る
If I'm going to meet a client, I like to **be dressed to the nines**.
お客様に合う時は念入りにおしゃれして行くのが好きです。

3868 □□□
throw on (one's clothing) (衣服を) さっと身につける

類 3869 □□□ **put (one's clothing) on quickly** (衣服を) 急いで着る
In the morning, I **put** my clothes **on quickly** and rush out the door.
朝はさっと服を着て急いでドアから出ます。

3870 □□□
take (one's clothing) off (衣服を) 脱ぐ

類 3871 □□□ **remove (one's clothing)** (衣服を) 脱ぐ
3872 □□□ **kick off (one's shoes)** (靴を) 脱ぎ捨てる
After a long day, I like to **kick off** my shoes and relax in front of the TV.
長い一日の後、私は靴を脱ぎ捨ててテレビの前で寛ぐのが好きです。

どちらが好きですか？②

083

何回読んだ？ □□□□□

Do you prefer using an electronic or paper map?
Definitely I'd choose an electronic map, like the navigation app on my phone, especially when I go on a **holiday**. It's so **handy**! It also helps me **take in** a new place because it shows me the best spots to *grab a quick bite to eat or see a bit of culture. Also, if I **get lost** while I'm **exploring**, I just **whip** my phone **out** and tap on the app icon.
Having said that, if my phone *died, it'd be a disaster! That's why I always print out a map of the area before I go, which works **at a pinch**.

電子地図、もしくは紙の地図のどちらを使用するのが好きですか？
私は絶対的に、携帯のナビアプリのような電子地図を選びます。**休暇旅行**に出かける時は特に、です。とても**便利**なのです！　何かさっと食べたり、文化的なちょっとしたものを観たりするのに最適な場所を示してくれるので、新しい場所を**訪れる**のにもまた役立ちます。加えて、**探検している**時に**迷子になったら**、私はただ携帯を**さっと出して**アプリアイコンをタップします。
とは言え、もし携帯が使えなくなったら災難です！　そこで、いつも出かける前に地域の地図を印刷しておいて、**緊急用に**役立てます。

＊ grab a quick bite to eat「軽い食事をする」 die「ダメになる、使えなくなる」

3873 □□□
holiday [ˈhɒlədeɪ] 名 休暇（旅行）

類 3874 □□□ **some time off** 休暇
Whenever I take **some time off**, I like to visit another city.
休暇を取る時はいつも、他の都市を訪れるのが好きです。

3875 □□□
handy [ˈhændi] 形 便利な

類 3876 □□□ **convenient** 便利な
Mobile phones are so **convenient** because you can connect to the internet wherever you are.
携帯電話は、どこにいてもインターネットに接続する事が出来るので、とても便利です。

3877 □□□
take STH in （名所などを）訪れる、見物する

類 3878 □□□ **absorb** 吸収する 3879 □□□ **soak STH up** ～に浸る
The best way to **soak up** a new city is to wander around at night.
新しい都市に浸るには、夜に歩き回るのが一番です。

3880 □□□
get lost 道に迷う

類 3881 □□□ **lose (one's) way** 道に迷う、迷子になる
I hate asking directions if I **lose** my **way**.
道に迷った時、道を聞くのは嫌です。

3882 □□□
explore [ɪkˈsplɔː] 動 探険する

類 3883 □□□ **have a look round** 見てまわる
After checking into my hotel when I'm on holiday, I **have a look round** the area.
休暇旅行でホテルにチェックインした後は、その地域を見てまわります。

3884 □□□
whip STH out ～をさっと取り出す

類 3885 □□□ **take STH out quickly** 3886 □□□ **get STH out quickly** ～をさっと取り出す
I keep my phone in my coat pocket so I can **take** it **out quickly**.
私は携帯をさっと取り出せるように、コートのポケットに入れておきます。

3887 □□□
at a pinch 緊急の場合に、ピンチの時に

類 3888 □□□ **if need be** 必要とあれば 3889 □□□ **at a push** 緊急の場合には
You can ask directions at the police station, **if need be**.
必要であれば、警察署で道を聞く事ができます。

日本人はholidayとday offをよく混同します。day offは一週間の中で働かなかったり、学校に行かない定期的な休日です（例土曜や日曜）。holidayは一年の中で働いたり学校に行ったりしなくても良い特別な時期です（例クリスマス休暇）。英国では、米語で言うvacationのように、家を離れる旅行も意味します。

過去を語る①

Describe the best present you have ever received.
The best gift that I've ever received was the *brand-new bike I got from my parents when I turned ten. I was completely **floored**! I'd never seen such an **awesome** bike before! It was **as black as coal** and **as clean as a whistle**. I was **over the moon**. I wanted to take it out **straightaway** but my Dad told me to wait until he **pumped up** the tyres. Once that was *out of the way, I jumped on and rode to my friend's house. I was **chuffed to bits**.

あなたが今までに受けた最高のプレゼントを説明してください。
私が今までに受け取った最高の贈り物は、10歳になった時に両親からもらった新品の自転車でした。これには完全に**驚きました**！ 私はそれほど**素晴らしい**自転車をそれまで見た事がありませんでした！ それは**真っ黒で**、**ぴかぴかで**した。私は**大喜び**でした。私は**即座に**それを持ち出したかったのですが、父は私にタイヤに**空気を入れる**まで待つように言いました。それが片付くと、私は飛び乗って友人の家まで乗って行きました。私は**大喜び**でした。

＊ brand-new「新品の」 out of the way「片付いて」

受験者の中には、presentとgive me a presentを混同する人がいます。例えば、My mother presented me a bike for my birthday. という文は誤りです。
My mother gave me a bike for my birthday. または My mother gave me a present for my birthday. と言う必要があります。

3890 □□□
floored [flɔːd] 形 驚いて

類 **3891** □□□ **speechless** **3892** □□□ **stunned** [stʌ́nd] 唖然(あぜん)とした
3893 □□□ **overwhelmed** [òuvə(h)wélmd] 圧倒された

I was **stunned** when I heard how much the bike cost.
その自転車がいくらするか聞いた時、私は**唖然とし**ました。

3894 □□□
awesome [ˈɔːsəm] 形 素晴らしい

類 **3895** □□□ **fantastic** **3896** □□□ **superb** **3897** □□□ **amazing** 素晴らしい

All of my friends thought my bike was **fantastic** too.
私の友人も皆、その自転車が**素晴らしい**と思っていました。

3898 □□□
as black as coal 真っ黒の

類 **3899** □□□ **pitch-black** **3900** □□□ **jet-black** 真っ黒の

The frame was **pitch-black** with a thin red stripe.
フレームは**真っ黒**で、細い赤のストライプが入っていました。

3901 □□□
as clean as a whistle ぴかぴかの、全くきれいで

類 **3902** □□□ **spotless** きれいな、よごれのない

I kept it **spotless** so it wouldn't get *rusty.
私はそれがサビだらけにならないように**きれい**に保ちました。

3903 □□□
over the moon 大喜びで

類 **3904** □□□ **as pleased as Punch** **3905** □□□ **thrilled to bits**
3906 □□□ **chuffed to bits** 大喜びで

My father was **thrilled to bits** because I was so happy with the bike.
私の父は、私が自転車をとても喜んでいたので、**大喜び**でした。

3907 □□□
straightaway [ˌstreɪtəˈweɪ] 副 すぐに

類 **3908** □□□ **right away** **3909** □□□ **immediately** **3910** □□□ **right off the bat** すぐに

I loved my bike **right off the bat**.
私は**すぐに**自転車を気に入りました。

3911 □□□
pump STH up ～に空気を入れる

類 **3912** □□□ **inflate** **3913** □□□ **blow STH up** **3914** □□□ **put air in STH** ～に空気を入れる

You should always check your tyres to see if you need to **blow** them **up**.
いつもタイヤをチェックして、**空気を入れる**必要があるか見るべきです。

＊rusty　サビた

過去を語る②

Describe an interesting lesson you have attended.
I once attended an amazing *workshop at a job fair. The reason I think it was the best lesson I've ever had was because the instructor was so **witty** and **unassuming**. He had a very **magnetic** personality and told us some **hilarious** jokes. On top of that, the lesson was absolutely **riveting** because he related what he was teaching to the real world! He **involved** everyone in the workshop, which was all **interactive**. That really suited my learning style.
I think if I hadn't gone to that fair, I wouldn't've become a doctor.

あなたが出席した面白いレッスンを説明してください。
私は以前就職フェアで素晴らしい研修会に参加した事があります。それが私の経験上最高のレッスンだったと思う理由は、インストラクターが**機知があって気取らない**人だったからでした。彼はとても**魅力的な**人柄で、**面白い**冗談を言いました。その上、教える内容が現実世界と関連付けられていたので、レッスンがものすごく**魅力的**でした。彼は全員を研修に**巻き込み**、とても**インタラクティブ**でした。それは正に私の学習スタイルに合っていました。
もしそのフェアに行っていなかったら、医師になっていなかったでしょう。

---

* workshop「研修会」

3915 □□□
witty [ˈwɪti] 形 機知のある

類 3916 □□□ **humorous** ユーモアのある 3917 □□□ **amusing** 面白い
3918 □□□ **clever and funny** 気の利いた面白い

My science teacher in secondary school told us **clever and funny** stories.
私の高校の科学の先生は、気の利いた面白いお話をしてくれました。

3919 □□□
unassuming [ˌʌnəˈsjuːmɪŋ] 形 出しゃばらない、気取らない

類 3920 □□□ **modest** [ˈmɒdɪst] 3921 □□□ **humble** [ˈhʌmbl] 謙虚な
3922 □□□ **unpretentious** [ˌʌnprɪˈtenʃəs] もったいぶらない

The reason I loved my maths teacher was because she was so **modest**.
私が数学の先生を好きだったのは、彼女がとても謙虚だったからです。

3923 □□□
magnetic [mægˈnetɪk] 形 魅力的な

類 3924 □□□ **charming** [ˈkæptɪveɪtɪŋ] 3925 □□□ **captivating**
3926 □□□ **irresistible** [ˌɪrɪˈzɪstəbl] 3927 □□□ **engaging** [ɪnˈgeɪdʒɪŋ] 魅力的な

Having an **engaging** personality isn't necessary to be a teacher, but it helps.
魅力的な人柄をしている事は教師になる上で必要ではありませんが、役に立ちます。

3928 □□□
hilarious [hɪˈleəriəs] 形 とても面白い

類 3929 □□□ **hysterical** [hɪˈsterɪkl] 笑いが止まらない

I like it when teachers tell **hysterical** stories.
先生達がとてもおかしい話をするのが好きです。

3930 □□□
riveting [ˈrɪvɪtɪŋ] 形 素晴らしい、魅惑的な

類 3931 □□□ **gripping** [ˈgrɪpɪŋ] 3932 □□□ **enthralling** [ɪnˈθrɔːlɪŋ] 人を魅了する

My first chemistry class was absolutely **gripping**.
私の最初の化学の授業は絶対的に面白かったです。

3933 □□□
involve [ɪnˈvɒlv] 動 (人を) 巻き込む、参加させる

類 3934 □□□ **include** 含む

A good teacher **includes** everyone in the lesson.
良い先生は、レッスンに全員を参加させます。

3935 □□□
interactive [ˌɪntərˈæktɪv] 形 インタラクティブな、双方向の

類 3936 □□□ **hands-on** 実践的な、実地体験できる

I like **hands-on** learning activities because they feel more practical.
より実用的だと感じるので、私は実践的な学習アクティビティが好きです。

086 何回読んだ？ □□□□□

Describe a restaurant or café you enjoy going to.
Usually I prefer home-cooked food, but when I want to **eat out**, I go to a little place I know near my work. It's perfect if you're **dying of hunger** and you want to *pig out on a *slap-up meal. The food is **to die for** and I love every **bite**! I have to be careful because I quite often **fill** myself **up** with too much bread and **spoil** my appetite for the main course. They have a *buffet, or if you're trying to **watch** your **weight**, there's a salad bar.

行くのが楽しいと感じるレストランやカフェについて説明してください。
普段私は家で料理した食事が好きなのですが、**外食し**たい時には職場近くの知っているちょっとした店に行きます。**ひどく空腹**で美味しい料理をお腹いっぱい食べたい時には最高です。食べ物は**本当に美味しく**、**一口一口**が大好きです！　私はパンを食べ過ぎて**お腹がいっぱいになり**、メイン料理を食べる食欲を**無くす**ことがよくあるので、気をつけなくてはいけません。そこにはビュッフェがあり、もし**体重を気にしている**ならサラダバーもあります。

＊ pig out on STH「～を沢山食べる」 slap-up meal「一流の料理」
buffet「ビュッフェ、セルフサービス式の食事」

日本人はbuffet（ビュッフェ）としてViking（バイキング）という言葉を使います。バイキングは北ヨーロッパの古代戦士の事で、好きなだけ食べられる食事のことではありません。

3937 □□□
eat out 外食する

類 3938 □□□ **go out for (a meal)** 外食する
I **go out for dinner** about twice a month.
私は月に2度ほど夕食を外食します。

3939 □□□
die of hunger 餓死する

類 3940 □□□ **starve** 飢える、お腹がペコペコである
I skipped breakfast so I'm absolutely **starving**.
私は朝食を食べていないので、完全に**お腹が空いて**います。

3941 □□□
to die for 非常に素晴らしい

類 3942 □□□ **unbelievable** 信じられないほど素晴らしい
3943 □□□ **ace** [eɪs] 一流の、素晴らしい 3944 □□□ **brilliant** 素晴らしい
The wine selection at my favourite restaurant is **ace**!
私のお気に入りのレストランのワインセレクションは**素晴らしい**です！

3945 □□□
bite [baɪt] 名（食べ物の）一口（分）

類 3946 □□□ **mouthful** 3947 □□□ **morsel** [ˈmɔːsl] 一口
Each **mouthful** of the food is better than the last.
食べ物の**一口一口**が最高です。

3948 □□□
fill (oneself) up （食欲を）満たす

類 3949 □□□ **stuff (oneself)** いっぱい食べる
I usually **stuff myself** with the main course and I don't *have room for dessert.
私はたいていメイン料理で**お腹がいっぱいになって**、デザートを食べる余裕がありません。

3950 □□□
spoil [spɔɪl] 動だめにする

類 3951 □□□ **ruin** だめにする
I don't eat any sweets before dinner so I don't **ruin** my appetite.
私は食欲を**無くさない**ために、夕食の前はお菓子を食べません。

3952 □□□
watch (one's) weight 体重に気を使う

類 3953 □□□ **stick to a diet** 食事制限をする
3954 □□□ **watch what (one) eats** 食べ物に気をつける
It's hard to **stick to a diet** during the holidays.
休暇中に**食事制限をする**のは難しいです。

＊ have room for ～への余裕がある

Describe an activity you like to do.
I *got into squash at *uni and it really helps me **keep fit**. I'm constantly **running after** the ball, so it's a great way to **work out**. Sometimes the games are so **full-on** that I want to **pass out**. By the end of the game, I'm totally **knackered**, and my body aches **from head to toe**.
In terms of equipment, the *basics are a racket, of course, a ball, and a *pair of trainers. A *sweatband is a good idea too.

好きなアクティビティを説明してください。
私は大学でスカッシュテニスに打ち込むようになり、それが**健康維持**に本当に役立っています。ずっとボール**を追いかけ**続けるので、とても良い**運動**になります。時には試合があまりに**圧倒的**で、**倒れ**たくなります。試合が終わる頃には**へとへとに疲れ**て、**頭のてっぺんから足の先まで**身体中が痛みます。
用具に関して言えば、基本となるものはラケットと、もちろん、ボールと運動靴です。汗止めバンドも良いですね。

＊ get into「～に打ち込む」 uni (university)「大学」 basics「基本装備、基本となるもの」 pair of trainers「一足の運動靴」 sweatband「汗止めバンド」

3955 □□□
keep fit 健康を維持する
類 3956 □□□ **stay healthy** 健康を維持する
I try to **stay healthy** by exercising and watching what I eat.
私は運動と食事に気をつけることで健康を維持しようとしています。

3957 □□□
run after SB STH ～を追いかける
類 3958 □□□ **chase** 追いかける
I get a lot of exercise from **chasing** my kids around the garden.
庭で子供達を追いかける事が良い運動になります。

3959 □□□
work out 運動する
類 3960 □□□ **exercise** 運動する
I **exercise** by lifting weights and going for a run.
私はウェイトリフティングと走りに行く事で運動します。

3961 □□□
full-on 形 圧倒的な、徹底した、極限までの
類 3962 □□□ **extreme** 極端な、行き過ぎた 3963 □□□ **all-out** 徹底的な、全力の
I can't stand an **all-out** workout.
私は全力で行う運動には耐えられません。

3964 □□□
pass out 倒れる、卒倒する
類 3965 □□□ **lose consciousness** 意識を失う 3966 □□□ **faint** [feɪnt] 失神する
If you don't drink enough water, you can **lose consciousness**.
もし充分な水を飲まなければ、意識を失うかも知れません。

3967 □□□
knackered [ˈnækəd] 形 へとへとに疲れた
類 3968 □□□ **done in** 3969 □□□ **exhausted** 3970 □□□ **wiped out** 疲れ果てている
After playing a game of footie, I'm completely **wiped out**.
サッカーをした後は、完全に疲れ果てます。

3971 □□□
from head to toe 頭のてっぺんから足の先まで、体中
類 3972 □□□ **all over (one's) whole body** 全身くまなく
I tried karate once, but afterwards I had *bruises **all over my whole body**.
私は空手に挑戦した事がありますが、後で**身体中**に痣(あざ)ができました。

* bruise 痣

keep fitとwork outはとても似ているように思えますが、少しだけ違う意味があります。食事制限又は運動で'keep fit'できますが、'work out'は何らかの身体的運動のみを意味します。

Describe a foreign country in which you would like to live for a short time.

I'm not much of a **globetrotter** but if I had the chance, I'd like to live in Paris for a while. Then I could **cross** that **off** my *bucket list! **In terms of** what I would do there, I'd **sign up for** a cooking class and learn to make gorgeous desserts. Before I set off, I'd need to get some **guidance** about what to do. Also, I might need to **brush up on** my French because my language skills are *rusty.

I know it's a bit of **wishful thinking** but you know, it'd be a dream come true.

あなたが短期間住みたい外国について説明してください。

私は**世界旅行者**というわけではないですが、もし機会があれば暫くパリに住んでみたいと思います。そうしたら、死ぬまでにしたいことのリストから、私はパリを**削除できます**！ そこで何をするかという**事については**、料理教室に**参加して**、豪華なデザートを作れるようになります。旅立つ前に、何をすべきか多少の**アドバイス**が必要です。また、私のフランス語はさびついてしまったので、**勉強し直す**必要があるでしょう。

これはちょっとした**願望的思考**だと分かっていますが、でもね、（もしフランスに住むことが実現すれば）夢が叶ったことになるでしょうね。

---

* bucket list「バケットリスト（死ぬまでにしたいことのリスト）」 rusty「さびついて」

3973 □□□
globetrotter [ˈɡləʊbtrɒtə] 名 世界を旅する人

類 3974 □□□ **world traveller** 世界を旅する人
If I had more money, I'd like to be a **world traveller**.
もしお金があったら、私は世界旅行者になりたいです。

3975 □□□
cross STH off (リストから) ~を消去する

類 3976 □□□ **tick STH off** ~にチェックマークをつける
Visiting Machu Picchu is another thing I'd like to **tick off** my bucket list.
マチュピチュ訪問は、バケットリストにチェックマークをつけたい事の一つです。

3977 □□□
in terms of STH ~に関しては

類 3978 □□□ **as for STH** ~に関しては
As for things I'd need to bring, well...
持ち物に関しては、ええと…

3979 □□□
sign up for STH ~に参加する

類 3980 □□□ **register for STH** ~に登録する
You have to **register for** some cooking classes weeks in advance.
何週間も前もって料理教室に登録しておく必要があります。

3981 □□□
guidance [ˈɡaɪdns] 名 助言、アドバイス

類 3982 □□□ **recommendation** 3983 □□□ **tip** 3984 □□□ **advice** 助言
There are some great websites where you can get **tips** about where to go in Paris.
パリでどこを訪れると良いか助言が見つかる素晴らしいウェブサイトがあります。

3985 □□□
brush up on STH ~の能力を磨き直す

類 3986 □□□ **get back up to speed on STH** ~について期待どおりの水準を取り戻す
After a few years, it's hard to **get back up to speed on** your language skills.
何年か経った後では、言語スキルの水準を取り戻すのは難しいです。

3987 □□□
wishful thinking 願望的思考、希望的観測

類 3988 □□□ **pipe dream** 空想的な考え 3989 □□□ **fantasy** 想像
Some of the things on my bucket list are just **pipe dreams**.
私が死ぬまでにやりたい事の中には、単なる空想もあります。

Tipとrecommendationは可算名詞なので複数形があり、tips, recommendationsとなります。しかし、guidanceとadviceは不可算名詞なので、I need some advices.は誤りです。I need some advice.又はI need some pieces of advice.とは言えます。

089 何回読んだ？ □□□□□

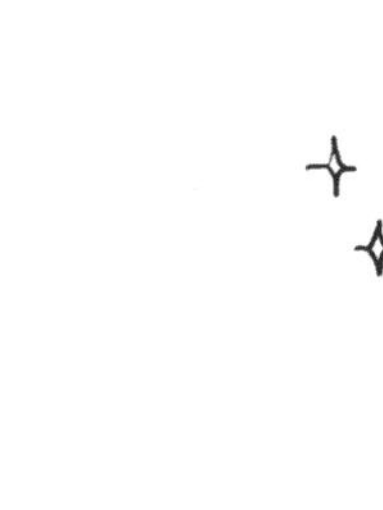

Describe a habit or characteristic that someone you know has that you would like to adopt.

I've got a *mate who lives life like he *doesn't have a care in the world and nothing **gets** him **down**. For example, the trains on our journey to work in the morning are so **congested** that it really **gets on** my **nerves**. But it doesn't **bother** him at all. He's just so **calm and collected**. If someone pushes or *shoves him as he's getting off, he just **brushes** it **off** and **keeps on** smiling. I **reckon** it's the reason I like him so much, and I wish I were more like him.

あなたの知り合いが持っていて、あなたも自分のものとして取り入れたいと思う習慣や特徴を説明してください。

私には、天真爛漫で何事にも**落胆しない**ような友人がいます。例えば、朝の通勤電車はとても**混んでいる**ので私は本当に**イライラします**。でも彼は全く**気にしません**。彼はただ**冷静で落ち着いています**。彼が電車を降りようとしている時にもし誰かが押したりしても、彼はただ**無視して**微笑み**続けます**。それが、私が彼をとても好きな理由で、自分ももっと彼のようだったら良いのにと**思います**。

＊ mate「友人」 not have a care in the world「天真爛漫な、悩みの無い」 shove「押す」

Journey、trip、travelはよく混同されます。Journeyは、ある場所から他の場所への、乗り物または脚を使った片道の移動です。例えば、My journey to work is an hour by train door to door.（職場への移動は、自宅の玄関から職場の入り口まで、電車で一時間です）といった使い方です。他方、tripはその場所への移動とそこから戻ってくる移動、さらにはそこで過ごした時間も含みます。例えば、My trip to Paris was lovely, and I especially enjoyed the food.（パリへの旅は素晴らしく、特に食事を楽しみました）などです。Travelは不可算名詞です。例えば、Travel broadens your horizons.（旅行をすると視野が広がる）のように使います。

3990 □□□
get SB down ～を落胆させる

類 3991 □□□ depress SB 3992 □□□ weigh SB down ～を落胆させる

Rainy weather **weighs** me **down** unless I can stay in all day.
もし一日家に籠ることができないなら、雨は私を落胆させます。

3993 □□□
congested [kənˈdʒestɪd] 形 混雑した

類 3994 □□□ packed 3995 □□□ crowded 混雑した 3996 □□□ jam-packed すし詰めの
3997 □□□ heaving 膨れ上がった

Trains are **packed** during peak hours such as eight in the morning.
電車は朝8時のようなピーク時には混んでいます。

3998 □□□
get on (one's) nerves ～をイライラさせる

類 3999 □□□ bother 悩ます 4000 □□□ irritate 4001 □□□ annoy 4002 □□□ aggravate 苛立たせる

When the trains break down on my way to work, it really **aggravates** me.
通勤中に電車に故障があると、本当に苛立ちます。

4003 □□□
calm and collected 冷静で落ち着いた

類 4004 □□□ poised 4005 □□□ even-tempered 落ち着いた
4006 □□□ restrained 抑制された

I'm lucky because my boss is so **even-tempered**.
私は上司がとても落ち着いた人なのでラッキーです。

4007 □□□
brush SB STH off ～を無視する

類 4008 □□□ tune SB STH out 4009 □□□ ignore
4010 □□□ brush SB STH aside ～を無視する

I usually listen to music on the train so I can **tune out** other people.
私は他の人達を無視できるように、電車では大抵音楽を聴いています。

4011 □□□
keep on ～し続ける

類 4012 □□□ go on 4013 □□□ continue ～し続ける

Although the trains are not perfect, I'll **go on** using them.
電車は完璧ではないですが、私は使い続けます。

4014 □□□
reckon [rékən] 動 思う

類 4015 □□□ suppose 思う

I **suppose** taking the train is still less stressful than driving a car in Tokyo.
東京では電車に乗る方が車を運転するよりストレスがずっと少ないと思います。

子供たちと伝統文化①

Should children be made to learn about their country's traditional culture?

I don't think so because some children just **aren't really into** traditional culture, so a lot of parents *end up forcing them to take part. For example, my father used to *drag me along to festivals and parades during the summer. Eventually I **grew out of** it and he **gave up**. To this day, it really **sticks in** my **memory**. It even **holds** me **back from** taking my boys to festivals. Instead, I think it's better to **enlighten** kids **about** other cultures. Children are more accepting of other people if they're **well-rounded** and know more about the world.

子供たちに自分たちの国の伝統文化を学ばせるべきでしょうか？

私はそうは思いません。伝統文化に**それほど興味を持っていない**子供もいて、親の多くが無理やり子供を参加させる結果になるからです。例えば、私の父は夏になるとお祭りやパレードに私を無理やり連れて行きました。結果的に、私**は成長して**お祭りには**行かなくなり**、父は**諦めました**。今日でも、それは未だに私の**記憶に焼きついています**。それは、私が息子達をお祭り**から遠ざける**ことにすらなっています。

代わりに、私は他の文化**に関して**子供達に**教える**方が良いと思います。子供は、**博識**で世界についてより多くを知っている方が、他人にさらに素直になれます。

＊end up「結果として～になる、最後には～になる」
drag (one) along「～を無理やり連れて行く」

4016 □□□
be really into STH ～に夢中である

類 4017 □□□ **be a massive fan of** SB STH ～の大ファンである

I'm **a massive fan of** Brazilian culture, especially samba dancing.
私はブラジル文化の大ファンで、特にサンバが大好きです。

4018 □□□
grow out of STH 成長して（子供じみた習慣から）卒業する

類 4019 □□□ **outgrow** 成長して～しなくなる

By the time I was a teenager, I had **outgrown** video games.
私は13歳になる頃までにテレビゲームを**卒業していました**。

4020 □□□
give up 諦める、断念する

類 4021 □□□ **quit** [kwít] 4022 □□□ **call it quits** やめる

I used to play football, but after I got injured, I **called it quits**.
私はサッカーをやっていましたが、怪我をして**やめました**。

4023 □□□
stick in (one's) memory（人）の記憶に焼きつく

類 4024 □□□ **be very memorable** とても記憶に残る

4025 □□□ **leave a lasting impression** いつまでも印象が残る

The first time I saw a fireworks display **was very memorable**.
初めて花火を見た時のことは**とても記憶に残っています**。

4026 □□□
holds SB back from STH ～から…を遠ざける

類 4027 □□□ **stop** SB **from** STH ～が…するのを妨げる

4028 □□□ **keep** SB **from** STH ～から…を遠ざける

My bad experience with festivals **stops** me **from** enjoying them.
私はお祭りの苦い経験からそれを楽し**めずに**います。

4029 □□□
enlighten SB about STH ～に関して…に教える

類 4030 □□□ **make** SB **aware of** STH ～に…を気付かせる

I wish someone had **made me aware of** other traditions when I was a child.
私が子供だった頃に、誰かが他の伝統に関して**気付かせて**くれたら良かったのに、と思います。

4031 □□□
well-rounded 形 博識な

類 4032 □□□ **informed** 4033 □□□ **knowledgeable** 博識な

Travelling to other countries helps people to become more **informed**.
外国への旅行は、人がもっと**知識を得る**事に役立ちます。

Section 91 子供たちと伝統文化②

091

何回読んだ？ □□□□□

Should children be made to learn about their country's traditional culture?

I *reckon shared traditions help kids **fit in with** their peers and are an important part of children's sense of identity. Also, if they don't participate in festivals or customs that their friends take part in, they could **feel left out**.

In my opinion, I think culture is the **bedrock** of society. Basically, we **hold** these customs **dear** because they *bring everyone together to *commemorate our history. It also helps us *reminisce about the times we previously *got together. So it's important to **get across** to young people why it **matters** that we **keep** these traditions **alive**.

子供たちに自分たちの国の伝統文化を学ばせるべきでしょうか？

私は、伝統を共有する事は子供が仲間に**上手く溶け込む**のに役立ち、子供のアイデンティティー意識の重要な部分を占めると思います。また、友達が参加しているお祭りや慣習に加わらなければ、**仲間外れに感じる**かも知れません。

私の意見では、文化は社会の**基盤**だと思います。基本的に、これらの慣習は歴史をしのび、皆を一つにするため、人は慣習**を大切にします**。また、それは人が前回集まった時の事を回想するのにも役立ちます。よって、これらの伝**統を存続させる**事が何故**重要な**のか、若者達に**理解させる**のは重要なのです。

---

* reckon「～と思う」 bring (people) together「（人を）集める」
commemorate「しのぶ」 reminisce about「～を回想する」 get together「集まる」

日本人受験者はよく、大切なものを説明する際にtreasureを使いますが、ネイティヴスピーカーにはそれが変に聞こえます。例えば、My baseball glove is my treasure.（野球用グラブは私の宝物です）は不自然に聞こえます。代わりにMy baseball glove is important to me.（野球用グラブは私にとって大切です）と言うべきです。

4034
fit in with SB ～に上手く溶け込む

類 4035 **be accepted by** SB ～から受け入れられる
It's important for young people to **be accepted by** their peers.
若い人達にとって、仲間に受け入れられる事は大切です。

4036
feel left out 仲間外れにされていると感じる

類 4037 **feel excluded** 4038 **feel ostracised** [ˈɒstrəsaɪz]
4039 **feel shunned** [ʃʌnd] 疎外されたと感じる
It's very upsetting for teenagers if they **feel excluded**.
10代の若者にとって、疎外されたと感じることはとても悲しいものです。

4040
bedrock [bédrɑːk] 名 基盤

類 4041 **foundation** 4042 **basis** 基礎 4043 **backbone** 基幹、中軸
4044 **core** 中心部、中核部 4045 **underpinning** 4046 **base** 土台
Traditions should be kept alive because they're the **backbone** of our civilization.
伝統は文明の基幹なので存続されるべきです。

4047
hold STH dear ～を大切にする

類 4048 **treasure** 4049 **cherish** 大切にする
We should also **treasure** the time we spend with our families during traditional events.
伝統行事の時に家族と過ごす時間も大切にするべきです。

4050
get STH across ～を理解させる

類 4051 **make STH clear** ～をはっきりさせる
4052 **make STH understood** ～を理解させる
It's sometimes difficult to **make** it **understood** to children why traditions are important.
伝統が何故大事かを子供達に理解させる事が難しい場合もあります。

4053
matter [mǽtər] 動 重要である

類 4054 **make a difference** 違いを生む、重要である
Some people think that it doesn't **make a difference** whether or not we preserve customs.
私達が慣習を失わないようにするかどうかは重要でないと考える人もいます。

4055
keep STH alive ～を存続させる

類 4056 **preserve** 保つ 4057 **uphold** 守る
It's becoming more difficult to **uphold** traditions in the modern age.
現代において、伝統を守る事はより難しくなっています。

Section 92

テクノロジーと働き方①

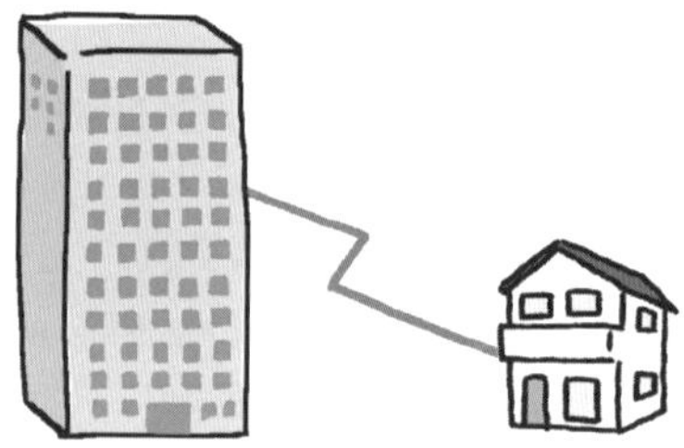

How has technology changed the way we work? Has it been a good or bad development?

I think technology has been a bit of a **mixed blessing**. On the one hand, 'virtual jobs', in which people work from home, give employees the freedom to **rearrange** their *workloads and schedules to suit their **needs**. Also, you don't have to meet your colleagues **face-to-face** if you are *collaborating on a project. The details can all be **worked out** over the internet!

On the other hand, although technology frees us from our desks, there'll be a lot less **security** for our future. With the *advent of AI, our jobs could *be made redundant. We could all *end up **living from paycheck to paycheck** working in the *'gig economy'.

テクノロジーによって私たちの働き方はどのように変わったでしょうか？　それはよい変化だったでしょうか、または悪い変化だったでしょうか？

私は、テクノロジーは**良い面も悪い面も**あると思います。一方では、家で働ける「ネットワーク上の仕事」によって、従業員は自分の**ニーズ**に合わせて仕事量やスケジュールを自由に**再調整する**ことができるようになります。また、プロジェクトに共同で取り組んでいるとしても、同僚に**直接**会う必要がなくなります。詳細は全てインターネット上で**解決できるのです**！

他方、テクノロジーによって私たちはオフィスから離れることができますが、私たちの将来の雇用の**安定性**はずっと低くなります。AIの出現により、私たちの仕事はなくなるかもしれません。私たちはみんな、結局ギグエコノミーで**その日暮らしをする**ことになるかもしれません。

---

* workload「仕事量」 collaborate「協調して取り組む」 advent of「～の出現」
be made redundant「人員が不要になる」 end up「結局～になる」
gig economy「ギグエコノミー、ネットで企業から単発または短期の仕事を請け負う働き方」

4058 □□□
mixed blessing 良くもあり悪くもあること

類 4059 □□□ **double-edged sword** 諸刃の剣
Instant communication is a **double-edged sword** because it's also *distracting.
瞬時に取れるコミュニケーションは諸刃の剣です。なぜならそれは注意散漫にもなるからです。

4060 □□□
rearrange [ˌriːəˈreɪndʒ] 動 再整理する、再調整する

類 4061 □□□ **rejig** [ˌriːˈdʒɪg] 再調整する 4062 □□□ **juggle** STH **around** ~をうまく調整する
It's easier to **juggle** your calendar **around** if you work flextime.
フレックスタイムで働いていたら、予定をやりくりしやすいです。

4063 □□□
need 名 必要、要求、ニーズ

類 4064 □□□ **requirement** 4065 □□□ **demand** 要求
The **demands** of the workplace have changed considerably over the last 20 years.
過去20年で職場の要求は様変わりしました。

4066 □□□
face-to-face 副 顔を突き合わせて、対面で

類 4067 □□□ **in person** 直接に
Some people are losing the ability to speak to others **in person**.
他の人に直接話をする能力を失いつつある人もいます。

4068 □□□
work STH **out** ~を解決する

類 4069 □□□ **resolve** 4070 □□□ **iron** STH **out** 解決する
Technology helps us **iron out** problems efficiently.
テクノロジーにより、問題を効率的に解決できます。

4071 □□□
security [sikjú(ə)rəti] 名 安全、安定

類 4072 □□□ **peace of mind** 心の安定 4073 □□□ **surety** 4074 □□□ **confidence** 自信
People with families need to have **peace of mind** about their futures.
家族がいる人は、将来について心の安定が必要です。

4075 □□□
live from paycheck to paycheck その日暮らしをする

類 4076 □□□ **live hand to mouth** その日暮らしをする
If you have to **live hand to mouth**, it's impossible to save money.
あなたがその日暮らしをしなければならないなら、貯蓄をするのは不可能でしょう。

＊distract 気を散らす

How has technology changed the way we work? Has it been a good or bad development?

Although there are a lot of **pros and cons**, mostly I'd say it's been a negative **development**. The biggest drawback is the **intrusion** on our personal time. What I mean is that we're constantly getting **bombarded** by emails and texts from the office. For example, I see people commuting home on the train checking their *inboxes on their phones for an email from their boss because if they don't write back **promptly**, they'll **get in trouble**. This is completely **unpaid** *overtime and it's not fair. So basically, I think technology has *blurred the lines between our working hours and our private life.

テクノロジーによって私たちの働き方はどのように変わったでしょうか？　それはよい変化だったでしょうか、または悪い変化だったでしょうか？

多くの**賛成、反対意見**がありますが、私は概して否定的な**変化**だと言えると思います。最大の欠点は、私たちの個人の時間への**侵入**です。つまり、私たちは絶え間なく職場からのEメールや携帯メール**攻めにあっている**ということです。例えば、電車で帰宅する人を見かけると、上司からのメールのため携帯電話の受信箱をチェックしています。もし**即座に**返信しないと、**トラブルになります**。これは完全に**無給**の残業であり、公正ではありません。ですから基本的に、テクノロジーによって、仕事の時間とプライベートの区別が曖昧になっていると思います。

＊inbox「受信箱」　overtime「残業」　blur the lines「区別を曖昧にする」

A.S.A.P.（as soon as possible）は、「エィ・エス・エィ・ピー」とそれぞれのアルファベットで発音されることも、「エィサップ」と一単語として発音されることもあります。

4077 □□□
pros and cons 賛否両論
（注：通常、複数形で用いられます）

類 4078 □□□ **advantages and disadvantages**
4079 □□□ **good and bad points** 長所と短所

There are both **advantages and disadvantages** with technology in the workplace.
職場におけるテクノロジーには、長所と短所の両方があります。

4080 □□□
development 名（事態の）進展、展開

類 4081 □□□ **turn of events** 情勢の変化

The expanded use of AI is an interesting **turn of events.**
AIの利用が拡大されることは、興味深い情勢の変化です。

4082 □□□
intrusion [ɪnˈtruːʒn] 名 侵入

類 4083 □□□ **encroachment** [inkróuʧmənt] 侵略 4084 □□□ **imposition** [impəzíʃən] 負担

For most employees, getting work calls at the weekends is an **imposition** on their time.
仕事の電話を週末に受けるのは、ほとんどの従業員にとってプライベートな時間への負担です。

4085 □□□
bombard [bɒmˈbɑːd] 動 爆撃する、攻めたてる

類 4086 □□□ **besiege** [bɪˈsiːdʒ] 悩ませる 4087 □□□ **barrage** [bærɑːʒ]（要求などを）浴びせる

If there's a problem at work, employees can expect to be **besieged** by emails.
職場で問題が起きると、従業員はEメールで悩まされることが予想されます。

4088 □□□
promptly [ˈprɒmptli] 副 即座に

類 4089 □□□ **A.S.A.P.** 4090 □□□ **at once** 4091 □□□ **on the double** すぐに

People these days expect their emails to be answered **A.S.A.P.**
今日では、人々はEメールがすぐに返信されるのを期待します。

4092 □□□
get in trouble トラブルに巻き込まれる

類 4093 □□□ **run into difficulty** 4094 □□□ **get into a mess** 問題に遭遇する

It's easy to **run into difficulties** if you rely too much on technology.
テクノロジーに頼りすぎると、問題に遭遇しやすくなります。

4095 □□□
unpaid 形 無給の

類 4096 □□□ **uncompensated** 無給の

Japanese people often do **uncompensated** work.
日本人はしばしば無給の仕事をします。

政府と環境保護①

Do you think the government should do more to protect natural areas of beauty in your country?

I fully **get** the reason that people want to protect these places, but I'm not sure that's the best solution. If the government gets involved, it could mean a lot more **red tape**. I mean, they'd pass a *bunch of laws *banning plastic bottles or **handing out** fines, but these rules may be impossible to enforce. I think it could be a big **waste of time**.

It's not that I **utterly** reject the idea of government involvement; I just think it'd be better if it were *on a voluntary basis. **At the end of the day**, each individual has to **pitch in** to clean the environment instead of just relying on the government to save the day.

政府は自国の自然の美しさを保護するためにもっと何かをすべきだと思いますか。

私は、人々がこのような場所を保護したいと思うことは完璧に**理解できます**が、それが最良の解決策なのかはわかりません。政府が関与すると、ずっと**お役所仕事**的になるかもしれません。つまり、ペットボトルを禁止する多くの法律を可決し、罰金を**科したり**するでしょう。でもこのような規則は施行するのは不可能かもしれず、大きな**時間の無駄**になりかねないと思います。

私は、政府の関与を**完全に**受け入れないというわけではありません。私はただ、任意ベースの方がいいのではないかと思います。**最終的には**、政府が窮地から救ってくれるのを頼りにするのではなく、それぞれ個人が環境美化に**協力するべき**です。

＊ bunch of STH「沢山の～」 ban「～を禁止する」 on a voluntary basis「自主的に」

utterly（全く、完全に）は極端な副詞で、fascinating（興味をそそる、魅力的な）、futile（無駄な）、useless（役に立たない）といった特定の極端な形容詞とだけ一緒に用います。interesting（興味深い、面白い）のような他の形容詞はutterlyと共に用いられることはありません。ですから、really interesting（本当に興味深い）とは言えますが、utterly interesting（全く興味深い）とは言えません。

4097 □□□
get 動 理解する

類 4098 □□□ **comprehend** 4099 □□□ **appreciate** 理解する
I can **appreciate** why people think that only the government can solve this problem.
人々はなぜ政府だけがこの問題を解決できると思うのか、私には**理解**できます。

4100 □□□
red tape お役所仕事、官僚主義的手続き

類 4101 □□□ **excessive bureaucracy** [bjʊəˈrɒkrəsi] 過度なお役所仕事
4102 □□□ **burdensome regulations** [ˈbɜːdnsəm] 面倒な規制
Excessive bureaucracy causes unnecessarily lengthy delays.
お役所仕事が過度になると、不要に大幅な遅れを生じさせます。

4103 □□□
hand out 配る

類 4104 □□□ **dispense** 分配する 4105 □□□ **provide** 支給する
The government could **dispense** rubbish bags at these places to collect the litter.
政府はごみ収集を行うために、これらの場所でごみ袋を**配る**ことができるかもしれません。

4106 □□□
waste of time 時間の無駄

類 4107 □□□ **exercise in futility** 4108 □□□ **pointless exercise** 無駄足
Trying to educate people about littering is sometimes a **pointless exercise**.
ごみの投げ捨てについて人々を教育しようとするのは、時には**無駄なこと**です。

4109 □□□
utterly [ʌtərli] 副 全く、完全に

類 4110 □□□ **completely** 4111 □□□ **totally** 4112 □□□ **wholly** 全く、完全に
Some people are **wholly** unaware of the damage they are doing when littering.
ごみの投げ捨てが与えるダメージに**全く**気付いていない人もいます。

4113 □□□
at the end of the day 最終的には、結局は

類 4114 □□□ **when all's said and done** 結局のところ
4115 □□□ **all things considered** 全てを考慮すると
All things considered, it's not a bad thing if the government helps a little.
全てを考慮してみると、政府が少し手伝うことは悪いことではありません。

4116 □□□
pitch in 協力する

類 4117 □□□ **help out** 援助する 4118 □□□ **do (one's) bit** 貢献する
4119 □□□ **do (one's) part** 自分の役目を果たす
People should learn to **do** their **bit** at a young age.
人々は、若いうちに**貢献する**ことを学ぶべきです。

政府と環境保護②

Do you think the government should do more to protect natural areas of beauty in your country?

Oh, **absolutely**! We need to *safeguard natural places in Japan. Last year, I **went up** Mt. Fuji, and I was shocked. The summit was covered in **rubbish**, like plastic bottles, from people **littering**.

I think the government should *impose fines on anyone caught **throwing** rubbish **away** on the mountain. In fact, I'd be happy if the government completely **banned** using plastic bottles up there, but most people probably wouldn't *take to that idea.

Well, if we can't ban them immediately, we should begin to **phase** them **out**. We're running out of time to do something.

政府は自国の自然の美しさを保護するためにもっと何かをすべきだと思いますか。

まさにその通りです！ 私たちは、日本の自然を守らなければなりません。昨年、**富士山に登り**、ショックを受けました。山頂は人々が**投げ捨てた**ペットボトルなどの**ごみ**で覆いつくされていました。

私は、山で**ごみを捨てて**つかまったどんな人にも、政府は罰金を科すべきだと思います。実際、政府が山で完全にペットボトルの使用を**禁止したら**私は嬉しいですが、おそらくほとんどの人はこの考えにはなじまないでしょう。

そうですね、ペットボトルをすぐに禁止することができないなら、それらを**徐々に廃止する**ことを始めるべきです。私たちが行動を起こすために残された時間は僅かです。

---

* safeguard「保護する」 impose「（罰金などを）科す」 take to STH「～になじむ」

4120 □□□
absolutely [ˈæbsəlu:tli] 間 そのとおり、もちろん

類 4121 **definitely** 4122 **certainly** 4123 **of course**
4124 **no doubt about it** 4125 **unquestionably** もちろん、確かに

No doubt about it! We need to clean up our sightseeing spots in Japan.
もちろんそうです！ 私たちは日本の観光名所をきれいにする必要があります。

4126 □□□
go up STH ～を登る

類 4127 **climb up** STH 4128 **hike up** STH ～を登る

More and more tourists are coming to Japan to **hike up** our mountains.
日本の山に登るため、ますます多くの旅行者が日本を訪れています。

4129 □□□
rubbish [ˈrʌbɪʃ] 名 ごみ

類 4130 **trash** ごみ 4131 **garbage** 生ごみ

When I was in secondary school, my class picked up **trash** around our school.
私は高校にいた時、クラスで学校の周りのごみ拾いをしました。

4132 □□□
litter [lítər] 動（物やごみを）散らかす

類 4133 **toss** STH **on the ground** ～を投げ捨てる

It's not common to **toss** rubbish **on the ground** in Japan.
日本ではごみを投げ捨てるのは一般的ではありません。

4134 □□□
throw STH **away** ～を捨てる

類 4135 **throw** STH **out** 4136 **dispose of** STH ～を捨てる

You should **dispose of** your rubbish in the proper place.
ごみは適切な場所に捨てるべきです。

4137 □□□
ban [bæn] 動 禁止する

類 4138 **prohibit** [prəˈhɪbɪt] 禁止する 4139 **officially forbid** 公式に禁止する

The government **prohibits** people from throwing away cigarette ends in the street.
政府は、煙草の吸殻を道に捨てることを禁止しています。

4140 □□□
phase STH **out** ～を徐々に廃止する、減らす

類 4141 **slowly get rid of** STH ～を徐々に処分する

We should **slowly get rid of** all plastic bottles.
私たちは全てのペットボトルを徐々に処分していくべきです。

社会変化と家族①

What have been some of the biggest changes in your society over the past few decades?

Fifty years ago, the father was usually the *sole **breadwinner** and the mother was in charge of the **household** *chores. But these days, families can't *get by on a single income so more women are entering the **workforce** to *make ends meet. As a result, men are *bearing more of the burden of **raising** the children. For example, fathers try not to work late so they have time to help with dinner, **do the washing up**, or just **bond with** the kids. I think it's great that both parents are **getting involved in** their kids' lives.

過去数十年間の、社会で最も大きな変化は何ですか。

50年前、通常父親は唯一の**稼ぎ手**であり、母親は**家事**を担っていました。しかし最近は、一人の収入では家族は暮らしていけず、多くの女性が生活のために**労働市場**に参入しています。その結果、男性は子**育て**をより負担するようになってきています。例えば、父親は夜遅くまで残業はしないで、夕食の手伝い、**食器洗い**、また単に子供**との絆を深める**ことに時間を割きます。私は、両親が子供の暮らし**に関わる**のは素晴らしいと思います。

---

* sole「唯一の」 chore「雑用」 get by「何とか生きていく」
make ends meet「やりくりする」 bear the burden「負担を背負う」

4142 □□□
breadwinner [ˈbredwɪnə] 名（一家の）稼ぎ手

類 4143 □□□ **main wage earner** 4144 □□□ **main provider** 主な稼ぎ手
4145 □□□ **head of the household** 世帯主、家長

In many countries, men are expected to be the **main wage earner** to support the family.
多くの国では、男性は家族を養う**主な稼ぎ手**であることを期待されています。

4146 □□□
household [ˈhaʊshəʊld] 形 家庭の

類 4147 □□□ **domestic** 家庭の

More men are helping with **domestic** work like *hoovering and washing up.
より多くの男性が、掃除や食器洗いなどの家事を手伝っています。

4148 □□□
workforce [ˈwɜːkfɔːs] 名 労働人口

類 4149 □□□ **labour market** 4150 □□□ **job market** 労働市場

The *make-up of the **job market** has certainly changed over the last fifty years.
労働市場の構成は、過去50年で確かに変わりました。

4151 □□□
raise [réiz] 動 育てる

類 4152 □□□ **bring SB up** ～を育てる

Bringing up kids these days is getting more expensive.
最近の子**育て**は、もっとお金がかかるようになってきています。

4153 □□□
do the washing up 食器洗いをする

類 4154 □□□ **do the dishes** 4155 □□□ **wash the dishes** 食器を洗う

It's easier to **do the dishes** if you can just load them into a dishwasher.
食洗器に入れてしまえば、**食器洗い**はもっと簡単です。

4156 □□□
bond with SB ～と親密になる

類 4157 □□□ **develop a close connection with SB** ～と親密になる
4158 □□□ **connect with SB** ～と（気持ちが）通じる
4159 □□□ **build a relationship with SB** ～と人間関係を築く

Fathers need to **develop a close connection with** their children.
父親は、子供と**親密な関係を築く**必要があります。

4160 □□□
get involved in STH ～に関与する

類 4161 □□□ **take an interest in STH** ～に興味を持つ

Fathers should **take an interest in** their children's hobbies.
父親は子供の趣味に**興味を持つ**べきです。

* hoover 掃除機をかける　make-up 構成

社会変化と家族②

何回読んだ？ □□□□□

What have been some of the biggest changes in your society over the past few decades?

That's a tough one. Maybe family life and divorces are the biggest changes. **Let's see**, people used to just *settle down and have a 'nuclear family'. Even if mother and father **grew apart**, **you know**, they stayed married. But these days, if a couple **have a row**, they don't even try to **make up**. They just **split up** and someone moves out.

And being a single parent isn't easy. **Like**, if your kids are *naughty and you take away their **pocket money**, you look like the *villain, but if you let them *get away with it, they could grow up to be anti-social teenagers.

過去数十年間の、社会で最も大きな変化は何ですか。

それは難しい質問ですね。おそらく、家族生活と離婚が最大の変化です。**そうですね**、以前はただ結婚して身を固め、「核家族」をもつだけでした。母親と父親の**心が離れて**しまっても、**ええと**、結婚生活は続けていました。しかし最近では、夫婦が**口論をしたら**、**修復しよう**とすらしません。ただ**離婚して**、どちらかが出ていくのです。

ひとり親であるのは簡単なことではありません。**まあその、例えば**、子供が言うことを聞かず**お小遣い**を取り上げたら、あなたは悪者のように見えます。でももしあなたが子供に罰を与えずに放っておけば、反社会的なティーンエイジャーに育ってしまうかもしれません。

＊settle down「身を落ち着ける」 naughty「言うことを聞かない」 villain「悪人」 get away with STH「～への罰を逃れる」

anti-social「反社会的」という語句は、IELTSテストの受験者がよく誤解します。anti-social behaviour「反社会的言動」は against society「社会に反抗的な」ものを意味し、例えばテロのような深刻な犯罪を犯すことだと受験者は思い込みます。しかし実際は、anti-social behaviourは夜中に大きな騒音を出したり、ご近所とけんかしたりするような、コミュニティを困らせる行為を指します。

4162 □□□
That's a tough one. それは難しい質問です。

類 4163 □□□ **That's a difficult question.** 4164 □□□ **That's a hard one.** それは難しい質問です。
4165 □□□ **I've never thought about that before.** それについては考えたことがありません。

That's a hard one. I guess the most important thing is...
それは難しい問題です。私が思うに、最も大切なことは…

4166 □□□
Let's see ええっと、そうねぇ（間を埋める表現）

類 4167 □□□ **you know** 4168 □□□ **like** 4169 □□□ **right** 4170 □□□ **OK** 4171 □□□ **um**
4172 □□□ **let me see** ええっと、そうねぇ

Right, so if couples split up or **um**, get divorced, it can cause problems for the kids.
そうですね、ですからもし夫婦が別れたら、うーん、離婚したら、子供にとっては問題です。

4173 □□□
grow apart 距離ができる、心が離れる

類 4174 □□□ **grow distant** 距離ができる

My parents **grew distant** after my father retired.
父の定年退職後、私の両親の間には距離ができてしまいました。

4175 □□□
have a row 口喧嘩する

類 4176 □□□ **argue** 4177 □□□ **have an argument** 4178 □□□ **fight** 4179 □□□ **have a fight**
4180 □□□ **quarrel** 口論する

Some couples **fight** over the smallest things.
些細なことで口喧嘩する夫婦もいます。

4181 □□□
make up（喧嘩の）仲直りをする

類 4182 □□□ **reconcile** 仲直りさせる 4183 □□□ **bury the hatchet** 和解する
4184 □□□ **put** STH **behind you** 4185 □□□ **let bygones be bygones**
4186 □□□ **forgive and forget**（過去のことを）水に流して忘れる

It's sometimes difficult to **put** the argument **behind you** if you've had a massive row.
大げんかをしたら、それを水に流すのは難しいこともあります。

4187 □□□
split up 別れる、離婚する

類 4188 □□□ **break up** 4189 □□□ **separate** 別れる

Breaking up is usually hard for both people in the relationship.
交際している２人にとって、別れるのは通常大変なことです。

4190 □□□
pocket money 名 小遣い

類 4191 □□□ **allowance** 小遣い

Giving kids an **allowance** teaches them how to save money.
子どもに小遣いをあげることで、貯金の仕方を教えることができます。

索引 INDEX

A

B

D

F

G

H

I

J

K

L

M

N

O

P

Q

R

U

著者
ジョン・グラント (John Grant)
アゴス・ジャパン専任講師。カールトン大学卒、トリニティ大学院ディプロマ修了。アストン大学院理学修士号取得。Trinity ESOL Certificate コースの教師トレーナー。チェコ共和国で英語講師を務めた後、TOEFL・ケンブリッジ試験準備に特化した英語学校を開設。バルセロナに移り、他の言語の講師に英語を教えるためのディプロマを修了。その後東京に移り、IELTS 準備コースで教鞭を執る。

監修
マイケル・サンダークリフ (Michael Thundercliffe)
元アゴス・ジャパン専任講師、ネイティブ・スピーカー講師マネージャー。ウェストミンスター大学卒。ケンブリッジ DELTA 教授資格取得。アゴス・ジャパンにて 2013 年から IELTS コースを設立・設計し、教壇にも立つ。

土橋　健一郎 (つちはし　けんいちろう)
アゴス・ジャパン専任講師。フルブライト奨学金を得て米国テネシー大学大学院修士課程 (アメリカ史) 修了 (M.A.)。アゴス・ジャパンにて IELTS、TOEFL® iBT TEST、GMAT® 対策コースを担当し、教材開発にも力を注ぐ。

アゴス・ジャパン
MBA/LLM/大学院/大学留学指導、TOEFL® TEST/IELTS/GMAT®/GRE® TEST/SAT®/TOEIC® TEST 対策のエキスパート。トップ校合格のために必要な各種英語テストの攻略法および出願コンサルティング指導により、ハーバード大学やスタンフォード大学、ケンブリッジ大学など海外トップスクールへ1万件以上 (2000 年以降の累計) という、圧倒的な合格実績を誇る。また、国内 70 社以上の企業派遣生への特別テスト対策講座・留学指導、東京大学を始めとする大学でのテスト対策講座等も行っている。

装幀&本文デザイン　Pesco Paint (清水裕久)
イラスト　いけがみますみ
DTP　株式会社加藤文明社

文脈で覚える IELTS 英単語

2024 年 3 月12日　第 1 刷発行
2024 年 5 月 9 日　第 2 刷発行

著　　者　アゴス・ジャパン　ジョン・グラント
発 行 人　土屋徹
編 集 人　滝口勝弘
編集担当　安達正
発 行 所　株式会社 Gakken
〒 141-8416　東京都品川区西五反田 2-11-8
印 刷 所　株式会社リーブルテック

この本に関する各種お問い合わせ先

- 本の内容については、下記サイトのお問い合わせフォームよりお願いします。
https://www.corp-gakken.co.jp/contact/
- 在庫については
Tel 03-6431-1199 (販売部)
- 不良品 (落丁、乱丁) については
Tel 0570-000577
学研業務センター
〒 354-0045 埼玉県入間郡三芳町上富 279-1
- 上記以外のお問い合わせは
Tel 0570-056-710 (学研グループ総合案内)

①